Bundesumweltministerium und Umweltbundesamt (Hrsg.)

Handbuch Umweltcontrolling für die öffentliche Hand

Handbuch Umweltcontrolling für die öffentliche Hand

herausgegeben vom

Bundesumweltministerium

und

Umweltbundesamt

Verlag Franz Vahlen München

Herausgeber:

Bundesministerium für Umwelt, Naturschutz und Reaktorsicherheit,
Heinrich-von-Stephan-Straße 1, 53175 Bonn, Tel.: (01888) 305-0,
Fax: (01888) 305-3225

Umweltbundesamt,
Bismarckplatz 1, 14193 Berlin, Tel.: (030) 8903-0, Fax: (030) 8903-2285

Die Deutsche Bibliothek – CIP-Einheitsaufnahme

Handbuch Umweltcontrolling für die öffentliche Hand / hrsg.
vom Bundesumweltministerium und Umweltbundesamt. –
München: Vahlen, 2001

ISBN 3-8006-2727-2

ISBN 3 8006 2727 2

© 2001 Verlag Franz Vahlen GmbH, Wilhelmstr. 9, 80801 München

Hauptverantwortliche der Forschungsgruppe
Projektleitung, inhaltliche Redaktion: Jens Clausen, Heinz Kottmann
Institut für ökologische Wirtschaftsforschung gGmbH, Berlin
Fachliche Mitkoordination: Jens Libbe
Deutsches Institut für Urbanistik, Berlin
Verwaltungsmodernisierung: Prof. Dr. Hermann Hill
Deutsche Hochschule für Verwaltungswissenschaften, Speyer

Sprachliche Redaktion, Grafik und Layout:
Renate Volk (verantw.), Michael Lörcher, Marion Rappl, Cornelia Rüping
Akzente Kommunikationsberatung, München

Druck und Bindung: Stürtz AG, Würzburg

Umschlaggestaltung: Bruno Schachtner, Dachau

Gedruckt auf mattgestrichenem Bilderdruck aus 100% Altpapier;
ausgezeichnet mit dem Blauen Engel

Vorwort

Behörden und andere öffentliche Einrichtungen spielen bislang eine eher untergeordnete Rolle in der Diskussion über eine nachhaltige Entwicklung in Deutschland – trotz zahlreicher Aktivitäten – etwa im Rahmen der lokalen Agenda 21. Die Umsetzung des Leitbilds einer nachhaltigen, also dauerhaft umweltgerechten Entwicklung ist aber eine Herausforderung, der sich gerade die öffentliche Hand stellen muss. Auf sie entfällt mit derzeit knapp 19 Prozent ein bedeutender Anteil am Bruttoinlandsprodukt, und staatliche Regelungen beeinflussen wirtschaftliche Entscheidungen, die auch unsere natürlichen Lebensgrundlagen betreffen. Staatliche Stellen sollten sich darüber hinaus vorbildlich verhalten.

Umweltcontrolling als wesentlicher Bestandteil des Umweltmanagements kann einen wichtigen Beitrag dazu leisten, dass die öffentliche Hand dieser Verantwortung gerecht wird. Denn mit Hilfe dieses betriebswirtschaftlichen Informations-, Planungs- und Kontrollinstruments zur Steuerung der Abläufe lassen sich die direkten und indirekten Umwelteinwirkungen des Verwaltungshandelns systematisch erfassen und reduzieren. Ausgangspunkt sind die Planung und Vereinbarung von Umweltzielen und -kennzahlen, anhand derer regelmäßige Erfolgskontrollen durchgeführt werden können. Umweltcontrolling ermöglicht es so, eine konsequente Umweltorientierung im täglichen Verwaltungshandeln effektiv und eigenverantwortlich umzusetzen.

Sowohl ökologische als auch ökonomische Gründe sprechen für die Einführung eines Umweltcontrollings, das die gewerbliche Wirtschaft schon seit längerem erfolgreich einsetzt. Zahlreiche Beispiele aus der Praxis belegen, dass mit geeigneten Maßnahmen, zum Beispiel Überwachung und Optimierung der Nutzung energetischer Anlagen, Schulung und Weiterbildung des Personals und Investitionen, nicht nur beachtliche Entlastungseffekte für die Umwelt, sondern auch erhebliche Kosteneinsparungen möglich sind. So lassen sich beispielsweise von den jährlich 30 Euro pro Einwohner von kommunalen Liegenschaften ausgegebenen Energiekosten etwa 5 Euro einsparen. Dabei führt häufig schon die Realisierung organisatorischer Maßnahmen zu erheblichen Einsparungen. Durch solche Kosteneinsparungen unterstützt Umweltcontrolling zugleich wichtige Ziele des übergreifenden Prozesses der Verwaltungsmodernisierung.

Mit dem „Handbuch Umweltcontrolling für die öffentliche Hand" liegt erstmals ein Werk vor, das alle wesentlichen Aspekte des Themas aufgreift. Es beschreibt den Nutzen eines Umweltcontrollings und die Schnittstellen zum Verwaltungscontrolling sowie zum Umweltmanagement. Insbesondere bei der Anwendung der neuen, im Frühjahr 2001 in Kraft getretenen EG-Umweltaudit-Verordnung (EMAS II), die auch der öffentlichen Hand die Teilnahme an einem Gemeinschaftssystem für das Umweltmanagement und die Umweltbetriebsprüfung ermöglicht, ist das Handbuch hilfreich. Detailliert schildert das Handbuch, wie Umweltcontrolling in den verschiedenen umweltrelevanten Handlungsfeldern eingesetzt werden kann, verknüpft materielles Controlling der Stoff- und Energieströme mit der Kosten- und Wirtschaftlichkeitsrechnung und richtet den Blick auf neue Herausforderungen im Umweltschutz. Das sind beispielsweise die Berücksichtigung indirekter Umwelteinwirkungen durch Produkte und Dienstleistungen der öffentlichen Hand oder die Integration von Umweltschutzgesichtspunkten beim Beteiligungscontrolling, um eine umweltorientierte Steuerung auch der Unternehmen zu erreichen, an denen die öffentliche Hand beteiligt ist.

Das Handbuch soll dazu beitragen, den Verantwortlichen in Politik und Verwaltung die Entscheidung für die Einführung eines Umweltcontrollings zu erleichtern – und natürlich besonders den Praktikern eine umfassende Hilfe bei der Realisierung bieten. Grundlage für seine Erarbeitung waren zahlreiche Pilotprojekte, Forschungs- und Modellvorhaben, die für das Handbuch ausgewertet wurden. Viele der in der Praxis gewonnenen Erfahrungen sowie Beispiele und Tipps haben Eingang in das Buch gefunden.

Unser Dank gilt den Autorinnen und Autoren dieses Handbuchs sowie den Mitarbeitern des Instituts für ökologische Wirtschaftsforschung, die für die Projektleitung und -koordination sowie die inhaltliche Redaktion verantwortlich waren. Hilfreich waren auch die zahlreichen Stellungnahmen von Verwaltungspraktikern.

Dank sagen wir auch dem Fachbegleitkreis, dessen Mitglieder aus Kommunen, Landes- und Bundesbehörden und aus der Wissenschaft diesem Projekt konstruktiv und kritisch zur Seite standen.

Jürgen Trittin   Prof. Dr. Andreas Troge
Bundesminister für Umwelt,   Präsident des
Naturschutz und Reaktorsicherheit   Umweltbundesamtes

Inhalt

Ein Überblick für Eilige

Das „Handbuch Umweltcontrolling für die öffentliche Hand" hat Bedeutung für die gesamte öffentliche Verwaltung in Deutschland: Behörden bei Bund, Ländern und Kommunen ebenso wie deren Regie- und Eigenbetriebe.

Das Buch wendet sich in erster Linie an die Leiterinnen und Leiter der Organisationseinheiten (Ämter, Abteilungen), die für ein systematisches Umweltcontrolling oder Umweltmanagement verantwortlich sind. Es soll ihnen beim Aufbau und bei der Weiterentwicklung eines wirkungsorientierten Umweltcontrollings Hilfestellung leisten. Die einzelnen Kapitel sind auch für die Fachverantwortlichen in den zuständigen Dienststellen von Interesse. Aber auch politisch Verantwortlichen aus Parlament und Räten, Bürgermeistern, Beigeordneten, Dezernenten und Referatsleitern gibt dieses Handbuch eine Einführung in das Thema. Die folgende Abbildung zeigt die Elemente des Umweltcontrollings, die in diesem Handbuch beschrieben werden:

Das Handbuch im Überblick

1. Umweltcontrolling als Chance

2. Umweltcontrolling und Verwaltungscontrolling

3. Einführung des Umweltcontrollings

4. Umweltschutz in den Handlungsfeldern
4.1 Beschaffung   4.2 Gebäude und Liegenschaften   4.3 Energie
4.4 Wasser   4.5 Abfall   4.6 Mobilität   4.7 Gefahrstoffe

5. Informationsbasis Umweltdaten

6. Berichterstattung

7. Wirtschaftlichkeit

8. Umweltkostenrechnung

9. Finanzierung

10. Umweltmanagementsysteme

11. Indirekte Umwelteinwirkungen

12. Beteiligungscontrolling

13. Fallbeispiele aus elf Funktionsbereichen

Das Handbuch im Überblick

Umweltcontrolling als Chance für mehr Umweltschutz

Die gesunde Umwelt zu erhalten, ist bereits seit vielen Jahren Ziel öffentlichen Handelns. Durch die Agenda 21 und die damit angestrebte nachhaltige Entwicklung gewinnt diese Aufgabe noch mehr an Bedeutung. Die in Kapitel 1 beschriebenen Anstrengungen zum Umweltschutz von Verwaltungen auf allen Ebenen richten sich nicht nur nach außen (z.B. ordnungspolitische Maßnahmen), sondern auch nach innen. Als Informations-, Planungs-, Steuerungs- und Kontrollinstrument ermöglicht ein systematisches Umweltcontrolling die Definition konkreter Umweltziele sowie fundierte Entscheidungen zu umweltrelevanten Fragestellungen und damit eine kontinuierliche Verbesserung des Umweltschutzes.

Umweltcontrolling ist logische Folge umweltverantwortlicher Politik.

Ökologische und ökonomische Vorteile von Umweltcontrolling

Auf Organisationen der öffentlichen Hand entfallen ungefähr sechs Prozent des Endenergieverbrauchs in Deutschland und sieben Prozent des aus dem öffentlichen Netz bezogenen Trinkwassers. Allein die Krankenhäuser verursachen rund 1,7 Millionen Tonnen Abfall pro Jahr. Die Umweltentlastungs- und Einsparpotenziale sind enorm: Durch Umweltschutzmaßnahmen ließen sich beispielsweise der Stromverbrauch um mindestens zehn Prozent und die Heizenergie um 25 bis 60 Prozent reduzieren.

Neben ökologischen sprechen auch ökonomische Gründe für die Einführung eines Umweltcontrollings. So schätzt das Deutsche Institut für Urbanistik (Difu) allein die von Ländern und Kommunen (ohne die Bundesliegenschaften) verursachten Energiekosten auf jährlich rund 3,2 Milliarden Euro. Wasser- und Abwasserkosten der öffentlichen Hand summieren sich auf etwa 1,3 Milliarden Euro pro Jahr (s. auch Tab. 1.1). Ein konsequentes Umweltcontrolling in öffentlichen Verwaltungen rechnet sich also nicht nur für die Umwelt, sondern auch für die öffentlichen Kassen.

Kapitel 1 stellt Ihnen das Umweltcontrolling vor und zeigt den Zusammenhang zum allgemeinen Controlling auf. Sie erfahren, welche Ansätze des Umweltcontrollings, beispielsweise in den Handlungsfeldern Energie oder Beschaffung, in vielen Verwaltungen bereits vorhanden sind. Außerdem wird deutlich gemacht, warum es sinnvoll und nützlich ist, aus diesen Ansätzen im Laufe der Zeit ein systematisches Umweltcontrolling zu entwickeln.

Umweltcontrolling und Verwaltungscontrolling

Leitbild der gegenwärtig auf allen Ebenen stattfindenden Modernisierung der Verwaltung ist ein Staat, der sein Handeln wirkungsorientiert ausrichtet, klare Ziele für das Verwaltungshandeln im demokratischen Prozess festlegt, die Zielerreichung regelmäßig auf den Prüfstand stellt und das Verwaltungshandeln selbst effektiv organisiert. Kapitel 2 „Umweltcontrolling und Verwaltungscontrolling" setzt das Konzept Umweltcontrolling in Beziehung zur ergebnisorientierten Steuerung, zu Zielvereinbarungsverfahren, Budgetierung und dezentraler Ressourcenverantwortung und bindet es so in die Anstrengungen des Staats zur Verwaltungsmodernisierung ein.

Einführungsstrategie für Umweltcontrolling

Kapitel 3 beschreibt eine mögliche Projektorganisation zur Einführung eines Umweltcontrollings. Dabei wird die schwierige Koordination der Interessen der Beschäftigten und der Verwaltungsleitung vor dem Hintergrund knapper Haushaltmittel und begrenzter personeller Kapazitäten berücksichtigt.

Die im Handbuch enthaltenen Ratschläge und Anleitungen können Sie grundsätzlich auf zwei Arten umsetzen:

■ Sie können in einzelnen Problemfeldern, zum Beispiel Energie, Abfall oder Beschaffung, ein bereichsspezifisches Umweltcontrolling etablieren und dieses – je nach Kapazitäten – nach und nach zu einem Gesamtsystem ausbauen. Sie erhalten dadurch ein Umweltcontrollingsystem, das Sie bei der Berücksichtigung von Umweltaspekten im Verwaltungshandeln unterstützt, das Setzen von Umweltzielen sicherstellt und den kontinuierlichen Verbesserungsprozess auch im Umweltschutz in Gang bringt.

■ Sie können das Umweltcontrolling aber auch als eine die Führung unterstützende und abteilungsübergreifende Querschnittsfunktion innerhalb Ihres Umweltmanagements aufbauen. In diesem Fall fungiert es als „Motor" des kontinuierlichen Verbesserungsprozesses und trägt zur Wirkungs- und Zielorientierung innerhalb des Umweltmanagementsystems bei. Damit können Sie verhindern, dass sich das Umweltmanagementsystem nach EMAS oder ISO 14001 zu sehr auf korrekte Abläufe und zu wenig auf zielorientierten Fortschritt konzentriert.

Umweltschutz in einzelnen Handlungsfeldern

Kapitel 4 gibt Ihnen Informationen zum Umweltschutz im operativen Verwaltungsbetrieb und praxisorientierte Anleitungen zu den wesentlichen umweltrelevanten Handlungsfeldern. Für jedes Handlungsfeld sind die Zielsetzungen, die rechtlichen Rahmenbedingungen, die Informationsbeschaffung, die Analyse und Bewertung der Informationen und die Erfolgskontrolle dargestellt. Das Kapitel umfasst folgende Handlungsfelder:

■ Beschaffung

■ Gebäude und Liegenschaften

■ Energie

■ Wasser

■ Abfall

■ Mobilität

■ Gefahrstoffe

Umweltdaten und Umweltberichterstattung

Kapitel 5 fasst die Aspekte der Informationsverarbeitung für die sieben Handlungsfelder zusammen und stellt die Möglichkeiten der Softwareunterstützung dar. Datensammlung, verschiedene Methoden der Systematisierung der Daten, der ökologische Kontenrahmen und die Kennzahlenbildung werden detailliert erklärt. Neben dem Zeitreihenvergleich und der Orientierung an Umweltzielen wird vertieft auf die Möglichkeiten des Benchmarkings eingegangen. Das Muster eines Formblatts zur Zielkontrolle unterstützt Sie dabei, Umweltcontrolling in Zielvereinbarungssysteme einzubinden.

Kapitel 6 stellt Ihnen die interne, aber auch die öffentliche Berichterstattung zum Umweltcontrolling vor, nennt die entscheidenden Zielgruppen sowie ihre spezifischen Interessen und gibt Ihnen Tipps für ein wirksames Berichtswesen.

Kosten- und Wirtschaftlichkeitsrechnung sowie Finanzierung

Wirtschaftlichkeit ist ein Grundsatz im öffentlichen Haushaltsrecht. Trotzdem sind Verfahren der Wirtschaftlichkeitsrechnung noch vergleichsweise wenig verbreitet.

In Kapitel 7 werden eine Reihe von Verfahren der Wirtschaftlichkeits- und Investitionsrechnung grundlegend dargestellt. Die besondere Beachtung des Umweltbezugs wird anhand einiger Beispiele erläutert.

Kapitel 8 führt Sie in die Rahmenbedingungen der Umweltkostenrechnung im Bereich der öffentlichen Hand ein und beschreibt die grundlegenden Systeme Kostenarten-, Kostenstellen- und Kostenträgerrechnung. Als konkrete Anregung enthält es das Muster für einen Betriebsabrechnungsbogen und viele Beispiele, in denen die Anwendung der Methoden demonstriert wird.

Die tatsächlich getätigten Umweltschutzmaßnahmen in öffentlichen Verwaltungen entsprechen aufgrund der begrenzten Eigenmittel vielfach nicht den wirtschaftlich umsetzbaren Potenzialen. Daher werden in Kapitel 9 Handlungsspielräume im Rahmen des öffentlichen Haushaltsrechts aufgezeigt und Ansätze zur bestmöglichen Nutzung der Instrumente für die Finanzierung von Umweltschutzmaßnahmen (Eigenmittel, Kredite, Fördermittel etc.) benannt.

Umweltmanagementsysteme in der öffentlichen Verwaltung

Während das Umweltcontrolling als Motor des kontinuierlichen Verbesserungsprozesses Wirkungs- und Zielorientierung der Aktivitäten fördert, werden durch ein Umweltmanagementsystem nach EMAS oder ISO 14001 zusätzlich die Zuständigkeiten sowie die Abläufe geregelt und in die übergreifende Managementaktivität integriert. Kapitel 10 erläutert die EMAS-Verordnung und schildert den Aufbau sowie die Einführung von Umweltmanagementsystemen nach EMAS und ISO 14001. Gleichzeitig hebt es die Bezüge zwischen Umweltmanagement und Umweltcontrolling hervor.

Verwaltungshandeln mit indirekten Umwelteinwirkungen

Ein spezielles Feld des Umweltcontrollings sind die indirekten Umwelteinwirkungen durch die Planungs- und Verwaltungstätigkeiten, mit denen Rahmenbedingungen für die Öffentlichkeit gestaltet werden. Hier steht das Umweltcontrolling noch am Anfang, und die Grenzen zu umfassenden Instrumenten, wie der Lokalen Agenda 21 oder der ökologischen Regional- und Stadtentwicklungsplanung, sind fließend. Kapitel 11 beschränkt sich deshalb darauf, einige Grundlagen und Ansätze für das Umweltcontrolling im Bereich der indirekten Umwelteinwirkungen vorzustellen.

In Kapitel 12 wird auf die Bedeutung einer umweltorientierten Beteiligungsverwaltung eingegangen und die Einflussmöglichkeiten, abhängig von der Organisations- und Rechtsform der Unternehmen, aufgezeigt. Sie erfahren, wie Sie ein umweltorientiertes Beteiligungscontrolling einführen können. Die Praxiserfahrungen mit diesem Instrument sind jedoch noch gering.

Beispiele des Umweltcontrollings aus elf Funktionsbereichen

Die Beispiele in Kapitel 13 demonstrieren die Anwendung von Umweltcontrolling in verschiedenen Funktionsbereichen der öffentlichen Hand. Sie liefern Informationen über Ablauf und Schwerpunkte des jeweiligen Projekts sowie die dabei erzielten Erfolge. Zudem finden Sie Hinweise auf Erfahrungsberichte, Leitfäden und andere Literatur zu den Projekten sowie auf hilfreiche Kontaktadressen. Damit haben Sie die Möglichkeit, auf Erfahrungen aus und Empfehlungen für Ihren spezifischen Funktionsbereich zurückzugreifen.

1. Umweltcontrolling als Chance für mehr Umweltschutz

Mehr Umweltschutz und gleichzeitig ökonomischer Nutzen sind die Ziele von Umweltcontrolling. Bisher wurde dieses Instrument hauptsächlich in der privaten Wirtschaft eingesetzt, doch es gewinnt auch im Bereich der öffentlichen Hand zunehmend an Bedeutung. Schließlich hat der Staat aufgrund seiner wirtschaftlichen und gesellschaftlichen Verantwortung eine besondere Verpflichtung für das Gemeinwohl. Die eingeleitete Verwaltungsmodernisierung und eigene Umweltziele zu einer nachhaltigen Entwicklung zu verknüpfen, ist daher ein zentrales Anliegen der öffentlichen Hand. Als Instrument bietet sich hier das Umweltcontrolling mit seinen vier Funktionsbereichen Information, Planung, Steuerung und Kontrolle an. Wenn Sie es einsetzen, haben Sie schon einen wichtigen Schritt hin zur kontinuierlichen Verbesserung Ihrer Umweltleistung, der internen Abläufe und Produkte unternommen.

1.1 Umweltcontrolling in der modernen Verwaltung

Die Weltkonferenz für Umwelt und Entwicklung in Rio de Janeiro beschloss 1992 die Agenda 21. In ihr werden alle Politikbereiche aufgefordert, Zielsetzungen und Pläne für eine nachhaltige Entwicklung aufzustellen sowie die lokale, regionale und nationale Politik zukunftsfähig zu gestalten. Ökologische, soziale und ökonomische Fragen sollen so gelöst werden, dass sie die Bedürfnisse der gegenwärtig lebenden Generation befriedigen, ohne die Existenzgrundlagen der zukünftigen Generationen zu gefährden. Zu den zentralen Zielen der Agenda 21 gehört die Erhaltung einer gesunden Umwelt. Hierzu muss die öffentliche Hand ihren Beitrag leisten, denn mittlerweile ist überzeugend nachgewiesen, dass öffentliche Einrichtungen die Umwelt in einem nicht unerheblichen Umfang belasten.

Die Agenda 21 nimmt die Verwaltung in die Pflicht.

   Der Staat hat wegen seiner organisatorischen Größe mit rund fünf Millionen Beschäftigten, aufgrund seines ökonomischen Stellenwerts und seiner Verantwortung für die Gesellschaft eine besondere Gemeinwohlverpflichtung. Er stellt allein deshalb ein überaus wichtiges Handlungsfeld dar. Vor diesem Hintergrund haben die Umweltminister der OECD-Staaten 1996 in Paris unter dem Motto „Greening the Government" eine Resolution verabschiedet, mit der die Staaten dazu angehalten werden, unter Umweltschutzgesichtspunkten ihre eigenen Aktivitäten auf den Prüfstand zu stellen und eine Vorbildfunktion zu übernehmen. Die systematische Berücksichtigung des Umweltschutzes in der öffentlichen Verwaltung ist damit eine wichtige Aufgabe der Zukunft. Dabei gilt es, die in Deutschland eingeleitete Verwaltungsmodernisierung mit den Umweltzielen einer nachhaltigen Entwicklung zu verbinden. Mit Umweltcontrolling eröffnet sich ein Zugang zur Verwirklichung dieses Anliegens, der in der gewerblichen Wirtschaft schon seit Jahren erfolgreich genutzt wird.

Verwaltungsmodernisierung mit Zielen einer nachhaltigen Entwicklung verbinden.

Die Einführung eines wirksamen Umweltcontrollings in der öffentlichen Verwaltung ist auch Gegenstand eines Beschlusses des Deutschen Bundestags vom April 2000 (Drucksache 14/2907), der die Bundesregierung auffordert,

1. in allen Bundesbehörden und Liegenschaften ein Umweltcontrolling mit dem Ziel des Umweltschutzes und der Kostenreduzierung einzuführen,

2. zu prüfen, wie im Rahmen der Flexibilisierung der Haushaltsführung und innerhalb der vorhandenen Personalkapazitäten ökonomische Anreize für mehr Umweltschutz in den Bundesbehörden geschaffen werden können, wobei zum Beispiel die Einführung des Umweltcontrollings bei der Planung und Verteilung von Haushaltsmitteln genutzt werden kann,

3. zu vereinbaren, dass in allen größeren Liegenschaften beziehungsweise Organisationseinheiten ein Umweltmanagementsystem nach EMAS und/oder ISO 14001 eingeführt wird,

4. im Rahmen des Beschaffungswesens umweltverträglich erzeugte Produkte und Dienstleistungen bevorzugt zu berücksichtigen; Einsparungen sollen teilweise für den Bezug von Strom aus erneuerbaren Energien verwendet werden.

Bei der Umsetzung dieser Forderungen kann das „Handbuch Umweltcontrolling für die öffentliche Hand" eine wichtige Hilfe sein.

1.2   Konzept Umweltcontrolling

Das Controlling entstand als Reaktion auf die Wirren und Dynamiken in der Wirtschaft während der zwanziger und dreißiger Jahre. Änderungen des Umfelds und das rasche Wachstum der Unternehmen zwangen diese dazu, ihre Situation systematisch zu beobachten, um bedeutsame Veränderungen rechtzeitig erkennen und die einzelnen Aktivitäten des Unternehmens besser aufeinander abstimmen zu können. Dazu wurde das Controlling als Führungshilfe etabliert. Es liefert Informationen, mit deren Hilfe das Management die betrieblichen Prozesse besser beeinflussen kann. Ziele des Controllings sind:

- ■ Schaffung und Erhaltung der Steuerungs- und Reaktionsfähigkeit durch Einführung eines Informationssystems, das laufend über das Verhältnis zwischen der geplanten und der tatsächlichen Entwicklung (Soll-Ist-Vergleich) informiert,

- ■ Schaffung und Erhaltung der Anpassungsfähigkeit durch Bereitstellung von Daten über eingetretene und absehbare Veränderungen des Umfelds sowie

■ Schaffung und Erhaltung der Koordinationsfähigkeit durch die innerbetrieb-
liche Zielkontrolle und übergeordnete Koordination sämtlicher Teilbereiche
der Organisation.

Controlling geht also weit über Kontrolle hinaus. Es schließt die Informationsbeschaffung und -aufbereitung, die Analyse von Daten sowie die Planung und die
Koordination im Rahmen der Steuerung ein. Controlling unterstützt die Füh-
rungsaufgaben, indem es zukunftsgerichtete Entschei-
dungsgrundlagen für den kontinuierlichen Verbesserungsprozess liefert. Auf Basis dieser Informationen greift das
Management steuernd ein.

*Controlling ist ein
wichtiges Informa-
tions- und Planungs-
instrument.*

In Unternehmen sichert strategisches Controlling die
langfristige Existenz, operatives Controlling richtet sich auf
die kurz- bis mittelfristige Gewinnerzielung. Obwohl sich
das Controlling in Unternehmen in dieser Hinsicht vom öffentlichen Bereich unterscheidet, gelten die gleichen Grundgedanken. Während strategisches Controlling in der öffentlichen Verwaltung auf die zukünftig benötigten Potenziale zur
Erreichung der politisch festgesetzten Ziele und die Erfüllung der Aufgaben ausgerichtet ist, liegt der Schwerpunkt des operativen Controllings auf der unter Effi-
zienzgesichtspunkten kurz- bis mittelfristigen optimalen Ausgestaltung von Prozessen.

In den achtziger Jahren wurde das „wirtschaftliche" Controlling um ein auf
den Umweltschutz gerichtetes Controlling ergänzt, welches wie folgt definiert
wird:

> *Umweltcontrolling ist ein bereichsübergreifendes Führungskonzept inner-
> halb des Umweltmanagements mit Informations-, Planungs-, Steuerungs-
> und Kontrollfunktion. Es ist auf die Erfassung der Stoff- und Energiedaten,
> ihrer ökologischen Einwirkungen und deren rechtliche und gesellschaftliche
> Bewertung sowie auf die damit zusammenhängenden Kosten und Erlöse aus-
> gerichtet. Umweltcontrolling gestaltet das Umweltinformationssystem, be-
> reitet Umweltinformationen entscheidungsorientiert auf und ermöglicht so
> die Beschlussfassung zu umweltrelevanten Themen und die Festlegung von
> Umweltzielen durch das Umweltmanagement.*

1.3   Umweltcontrolling als Erfolgsfaktor des Umwelt-
managements

Nach bisherigen Erfahrungen mit dem Aufbau von Umweltmanagementsystemen (vgl. Kap. 10) können durch die unregelmäßige Anwendung der Umweltma-
nagementinstrumente (z.B. zur Vorbereitung anstehender Audits oder Zertifizierungen) die formalen Anforderungen erfüllt und damit auch eine Zertifizierung
erreicht werden. Doch eine kontinuierliche Verbesserung der Umweltleistung ist
damit nicht unbedingt sichergestellt.

Ein Umweltcontrolling – als wesentlicher Bestandteil des gesamten Umweltmanagementsystems – kann dieses Defizit beheben. Während Umweltcontrolling
die Informations-, Planungs-, Kontroll- und Steuerungsfunktion beinhaltet, um-

fasst das Umweltmanagementsystem darüber hinaus die notwendigen Entscheidungen, die gesamte Umsetzung, die Aufbau- und Ablauforganisation sowie die Personalführung. Umweltcontrolling kann also auch als Dienstleister des Umweltmanagements verstanden werden (s. Abb. 1.1).

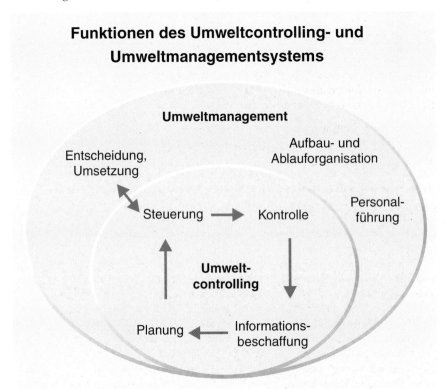

Abb. 1.1: Funktionen des Umweltcontrolling- und Umweltmanagementsystems

Umweltcontrolling erfüllt wichtige Funktionen im Rahmen des kontinuierlichen Verbesserungsprozesses. Damit wird es zum Erfolgsfaktor und Motor des Umweltmanagementsystems. Die bisherigen Erfahrungen haben gezeigt, dass eine weitgehende Integration in das übergreifende Managementsystem sinnvoll und notwendig ist. Das zielorientierte Umweltcontrolling wirkt unter Umständen der Tendenz zur Formalisierung entgegen, die Managementsysteme entwickeln können. Das Hauptaugenmerk einer Behörde sollte jedoch auf der wirkungsvollen Verbesserung der Umweltleistung liegen und nicht auf einer aufwändigen sowie formalen Organisation und Dokumentation.

Beim Aufbau von Umweltmanagementsystemen (vgl. Kap. 10) ist es daher zweckmäßig, während der Planungsphase (z.B. Ermittlung wesentlicher Umweltaspekte, Festlegung der Zielsetzungen, Einzelziele und Umweltmanagementprogramme) die Instrumente des Umweltcontrollings einzusetzen. Diese sind auch im Bereich der Kontroll- und Korrekturmaßnahmen (z.B. Überwachung und Messung, Aufzeichnungen) unverzichtbare Bausteine des Umweltmanagements.

1.4 Funktionen des Umweltcontrollings

Grundsätzlich lassen sich vier Funktionsbereiche des Umweltcontrollings unterscheiden: Informations-, Planungs-, Steuerungs- und Kontrollfunktion.

Die Informationsfunktion

Aktuelle Informationen sind für die Erhebung der Ist-Situation und für eine sinnvolle Planung unerlässlich. Fehlen sie, sind häufig mangelnde Rechtssicherheit oder Misserfolge bei der Zufriedenstellung politischer Akteure oder Kundinnen und Kunden die Folge. Umweltcontrolling muss Informationen liefern über:

1. Stoff- und Energieströme, die mit dem Behördenbetrieb verbunden sind,

2. sämtliche ökologische Wirkungen, die von den Aktivitäten der Organisation ausgehen,

3. den Zustand der Umwelt (für gebietsverantwortliche Behörden),

4. den ökologischen Lebenszyklus der Produkte und Dienstleistungen,

5. die Stoff- und Energiekosten sowie die mit den Umweltschutzmaßnahmen verbundenen Kosten.

Auch Ihre Verwaltung muss herausfinden, welche Bestandteile ihrer Tätigkeiten, Produkte oder Dienstleistungen in Wechselwirkung mit der Umwelt treten können. Diese werden nach EMAS und ISO 14001 als Umweltaspekte bezeichnet. Da sie sich im Laufe der Zeit ändern können, müssen sie regelmäßig kritisch in Frage gestellt werden. Da jedoch letztlich alles in „Wechselwirkung mit der Umwelt" treten kann, ist es notwendig, durch eine gezielte Analyse diejenigen Aspekte herauszuarbeiten, die „bedeutende Auswirkungen" auf die Umwelt haben können und bei denen aktuell „eine Einflussnahme erwartet werden kann".

Umweltaspekte von Tätigkeiten, Produkten und Dienstleistungen ermitteln.

Die Betrachtung der Stoff- und Energieströme sowie der Kosten und der rechtlichen Anforderungen erklärt meist recht gut, mit welchen Tätigkeiten, Produkten oder Dienstleistungen die „bedeutenden Auswirkungen" zusammenhängen und welche dies genau sind. Unsicher werden Sie sich aber unter Umständen darüber sein, ob von Ihrer Behörde „eine Einflussnahme erwartet werden kann". Genau hier ist der Hinweis aus Anhang I B von EMAS zum offenen Dialog mit den „interessierten Kreisen" sehr hilfreich. Dazu gehören alle Personen und Gruppen, die vom Handeln Ihrer Verwaltung betroffen sind oder die aus anderen Gründen versuchen, Einfluss auf Ihre Verwaltung auszuüben. Genau diese Personen und Gruppen sind es, die möglicherweise in Hinblick auf bedeutende Umweltaspekte von Ihnen „eine Einflussnahme erwarten". Auch die Bürgerbeteiligung zur Zielfindung im Rahmen der Entwicklung einer Lokalen Agenda 21 ist, in der Sprache des Umweltcontrollings, als Gespräch mit interessierten Kreisen zu bezeichnen und wird damit zum Element von Umweltcontrolling.

Die Ermittlung der umweltbezogenen Ansprüche an die Verwaltung ist Teil der Informationsfunktion des Umweltcontrollings. Hier geht es um:

- das geltende und auf die Verwaltung anzuwendende Umweltrecht,

- die Ansprüche seitens der Kundinnen und Kunden sowie der Bürgerinnen und Bürger,

- die Entwicklung der gesellschaftlichen Werthaltungen,

- die Veränderung gesellschaftlicher Ansprüche an die Verwaltung sowie

- politische Ansprüche.

Die Fähigkeit der Verwaltung, mit Umweltproblemen umzugehen, hängt nicht nur vom Umfang der bereitgestellten Informationen ab, sondern auch davon, wie sie diese analysiert und auswertet. Ziel der Analyse sollte es sein, eingetretene sowie zukünftige Sachverhalte und Ereignisse zu erklären und soweit zu beurteilen, dass zumindest eine Positiv- oder Negativwertung möglich ist.

Praxisbeispiel: Umweltcontrolling im Fuhrpark

Im Rahmen des Umweltcontrollings werden beim Betanken der Fahrzeuge des Fuhrparks jeweils die Daten zum Dieselverbrauch und zur gefahrenen Kilometerzahl der LKWs erfasst. Wöchentlich analysiert und beurteilt der Fuhrparkleiter den durchschnittlichen Verbrauch der LKWs und entscheidet, welcher LKW in die Wartung muss, um wieder einen optimalen Verbrauch zu erreichen. Genauso wie im Qualitätsmanagement ist es hierbei zweckmäßig, ein Ziel – den optimalen Verbrauch – zu formulieren und Grenzen festzulegen, bei deren Überschreiten gehandelt wird.

Mit Hilfe des Umweltcontrollings sollte es dem jeweils Verantwortlichen in der Verwaltung möglich sein, die ökologische Ist-Situation zu erkennen und zu beurteilen sowie daraus Entscheidungen über Handlungen abzuleiten. Dabei ist immer eine Abstimmung mit den Fachzielen der Verwaltungseinheit notwendig.

Zur Analyse stehen eine Reihe ökologischer Bewertungsverfahren zur Verfügung, die in den Kapiteln 4 und 5 sowie im Leitfaden „Betriebliche Umweltauswirkungen" beschrieben werden (vgl. UBA, 1999 a).

Die Planungsfunktion

Die Planung hat die Aufgabe, gemeinsam mit allen an der Umsetzung beteiligten Personen periodisch Umweltziele und Umweltprogramme zu formulieren. Das Umweltcontrolling stellt Informationen bereit, die es ermöglichen, aus der Analyse des Ist-Zustands den notwendigen Handlungsbedarf und die Verbesserungspotenziale abzuleiten.

Die Aufgabe der Planung besteht darin,

- den Sollzustand auf Basis der derzeitigen und zukünftigen gesellschaftlichen und gesetzlichen Ansprüche zu beschreiben sowie realisierbare und überprüfbare Umweltziele zu formulieren,

- die ökologische Situation der Verwaltung anhand derzeit vorliegender Daten abzuschätzen,

- mittels des Soll-Ist-Vergleichs den Handlungsbedarf zu bestimmen,

- die Handlungsmöglichkeiten und -spielräume in Bezug auf den derzeitigen Stand und die zukünftigen Entwicklungen umweltrelevanter Techniken und Dienstleistungen aufzuzeigen sowie die mit den umweltrelevanten Tätigkeiten verbundenen Kosten und Erlöse zu ermitteln,

- einen konkreten Maßnahmenkatalog (Umweltprogramm) aufzustellen, der eine Zuordnung zu den Zielen, den benötigten Mitteln, den Verantwortlichen sowie den festgelegten Fristen für die Durchführung enthält.

In der Verwaltung ist die Unterscheidung der strategischen Zielebene (Behördenleitbild und langfristige Umweltziele) von der operativen Zielebene (amts-, bereichs- oder prozessbezogene, eher kurz- und mittelfristige Ziele) wichtig. Umweltcontrolling dient der Umsetzung der strategischen Ziele, die auf politischer Ebene oder durch die Amtsleitung formuliert werden. Zudem unterstützt es die Erarbeitung operativer Ziele und Maßnahmen. So entsteht eine Zielhierarchie mit unterschiedlichen Verantwortlichkeiten der Behördenleitung, des Umweltcontrolling-Steuerungskreises und der unteren Leitungsebene.

Die Steuerungsfunktion

Ziel des Steuerungssystems ist die Integration ökologischer Fragen in die alltäglichen Entscheidungen und Abläufe, jedoch ohne alle ökologisch relevanten Parameter per Anweisung von oben festzulegen. Die Steuerungsfunktion ist originärer Bestandteil des Umweltmanagements. Im Organisationshandbuch – im Rahmen des Umweltmanagements auch als Umwelthandbuch bezeichnet – werden Verantwortlichkeiten und Abläufe festgelegt.

Darüber hinaus sollte ein ökologisch orientiertes Steuerungssystem die notwendige Kreativität sowie die Gestaltungsspielräume der Handelnden durch systematische und funktionsorientierte Kontrollinformationen unterstützen.

Die folgenden Kapitel stellen eine Vielzahl von Instrumenten vor, die für eine derartige Unterstützung der Steuerung geeignet sind. Als wichtigste seien hier nur die Entwicklung von Umweltkennzahlen (vgl. Kap. 4 und 5) sowie der umweltbezogenen Wirtschaftlichkeits- und Kostenrechnung (vgl. Kap. 7 und 8) aufgeführt.

> *Ökologische Fragestellungen in Entscheidungen und Abläufe integrieren.*

Die Kontrollfunktion

Die Bereitstellung von Informationen sowie die Festlegung von Zielen und Maßnahmen garantieren nicht, dass der gewünschte Erfolg tatsächlich eintritt. Die geplanten Maßnahmen können geringere Effekte erzielen, als erhofft wurde; aber auch die Ausgangssituation innerhalb der Verwaltung und in ihrem Umfeld kann sich verändern. Dadurch wird unter Umständen eine Zielkorrektur erforderlich. Vorschläge hierzu können Sie in Diskussionen mit dem Projektverantwortlichen erarbeiten. Die kontinuierliche Gegenüberstellung der Soll- und Ist-Werte hält Sie auf dem Laufenden, wie es um die Zielerreichung steht. Die Kontrollfunktion dient also in erster Linie der Sicherstellung, dass die geplanten Ziele erreicht werden. Sie umfasst folgende Aufgaben:

- die Durchführung eines Soll-Ist-Vergleichs in Bezug auf die geplanten Ziele und Maßnahmen,

- das frühzeitige Erkennen von Umsetzungsproblemen und

- die Entwicklung von Korrekturmaßnahmen.

Es ist allerdings auch möglich, dass Maßnahmen größere oder schnellere Erfolge erzielen als prognostiziert. Hierbei gilt es, die Erfolgsfaktoren zu analysieren und entsprechend auf andere Bereiche zu übertragen.

Im Rahmen der folgenden Kapitel werden Ihnen unterschiedliche Instrumente hierfür vorgestellt. Als wichtigste seien hier nur die Entwicklung von Stoff- und Energiestromkennzahlen (vgl. Kap. 4 und 5) und die Umweltkostenrechnung (vgl. Kap. 8) genannt. Die Durchführung von Soll-Ist-Vergleichen trägt auch zur Motivation der Mitarbeiterinnen und Mitarbeiter bei. Regelmäßige Information darüber, welche Erfolge durch das eigene Handeln bereits erzielt werden konnten, ist der beste Anreiz zum Weitermachen.

Die Kontrollfunktion hängt eng mit dem Berichtswesen zusammen (vgl. Kap. 6). Das interne Berichtswesen soll sicherstellen, dass der Behördenleitung zeitnah alle steuerungsrelevanten Informationen vorliegen. Viele Informationen zum Umweltschutz interessieren auch die Öffentlichkeit, die laut dem Umweltinformationsgesetz (UIG) einen Anspruch auf Informationen hat.

1.5   Umweltcontrolling der direkten und indirekten Umwelteinwirkungen

Durch ihre Tätigkeit wirkt die öffentliche Hand in unterschiedlicher Weise und Stärke auf die Umwelt ein. Umweltcontrolling richtet sich auf die kontinuierliche Verbesserung der Umweltleistung, der internen Abläufe und auch der Produkte einer Behörde. Der Umweltcontrollingkreislauf für die öffentliche Verwaltung stellt sich als „zweischaliges" System (s. Abb. 1.2) dar. Der innere Kreislauf optimiert den operativen Verwaltungsbetrieb, also die direkten Umwelteinwirkungen (vgl. Kap. 4), die sich aus der konkreten Verwaltungs- und Investitionstätigkeit am Standort ergeben. Zu den wesentlichen direkten Umwelteinwirkungen der öffentlichen Hand gehören Material- und Ressourcenverbräuche, Flächenbeanspruchungen durch die Liegenschaften sowie stoffliche Emissionen in Form von Abfall, Abluft oder Abwasser. Die Reduzierung der Umwelteinwirkungen soll auch zur Senkung der Umweltauswirkungen (Reaktion der Umwelt auf die Umwelteinwirkungen) führen.

Umweltcontrolling ermöglicht die kontinuierliche Verbesserung der Umweltleistung.

Die Umwelteinwirkungen sind dabei je nach Aufgabe der Organisation unterschiedlich hoch. Wird ein Gebäude als reine Verwaltungseinrichtung genutzt, sind die Umwelteinwirkungen quantitativ und qualitativ geringer als zum Beispiel bei einem Klinikum mit vergleichbarer Nutzfläche.

Umwelteinwirkungen und Umweltauswirkungen

Die Unterscheidung dieser beiden Begriffe ist einfacher, als es zunächst scheint. Unter Umwelteinwirkungen werden alle belastenden Wirkungen der Organisation auf die Umwelt verstanden, zum Beispiel Ressourcenverbrauch, stoffliche Emissionen, Flächenbeanspruchung usw. Wenn diese Umwelteinwirkungen über die Pfade Boden, Wasser oder Luft auf die Schutzgüter Ökosysteme oder Menschen treffen, reagieren diese gegebenenfalls darauf. Erst diese Reaktion der Umwelt auf die Einwirkung stellt eine Umweltauswirkung dar. Beispielsweise gelangen in die Luft emittierte Stickstoffoxide über den Pfad Luft in den Boden und tragen zur Bodenversauerung bei, wodurch die dort wachsenden Pflanzen geschädigt werden könnten. Diese Schäden würden die Umweltauswirkung darstellen (vgl. Georgi, 2000). Auch nach EMAS stellt jede positive oder negative Veränderung der Umwelt, die ganz oder teilweise auf Tätigkeiten, Produkte oder Dienstleistungen einer Organisation zurückzuführen ist, eine Umweltauswirkung dar.

Das auf direkte Umwelteinwirkungen gerichtete Umweltcontrolling erstellt im jährlichen Planungsrhythmus betriebliche Umweltbilanzen, analysiert diese und fasst Sachstände, Ziele und Maßnahmen regelmäßig in Berichten sowie, bei Teilnahme an EMAS, in öffentlichen Umwelterklärungen zusammen.

Der äußere Kreislauf optimiert die Produkte und Dienstleistungen mit ihren indirekten Umwelteinwirkungen (vgl. Kap. 11). Indirekte Umwelteinwirkungen ergeben sich einerseits aus der Wahrnehmung öffentlicher Aufgaben der Daseins-

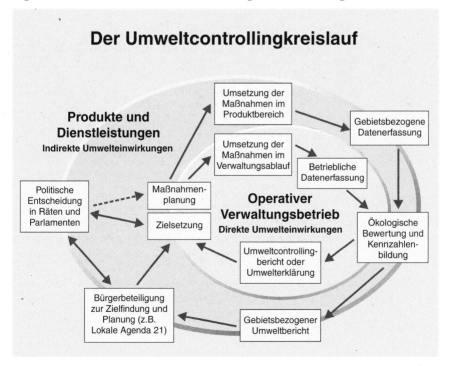

Abb. 1.2: Der Umweltcontrollingkreislauf als zweischaliges System

vorsorge und planerischer Entscheidungen, sind also quasi Resultate der Arbeitsergebnisse („Produkte") einer Verwaltung. Andererseits gehören hierzu auch die (direkten) Umwelteinwirkungen, die von den im öffentlichen Auftrag tätigen Organisationen oder Unternehmen ausgehen. Denn diese unterliegen als (teil-)private Organisationen nur noch mittelbar dem Einfluss der öffentlichen Hand (vgl. Kap. 12). Schließlich zählen zu den indirekten Umwelteinwirkungen auch die mit der öffentlichen Tätigkeit verbundenen Folgen, die sich aus den Ver- und Entsorgungsleistungen ergeben.

Das auf indirekte Umwelteinwirkungen gerichtete Umweltcontrolling ist intensiv mit der politischen Entscheidungsfindung vernetzt und auch für die Bürgerinnen und Bürger wichtig, die oftmals darauf drängen, bei Planungen beteiligt zu werden. Daher besteht die Notwendigkeit, regelmäßig Daten zum Zustand der Umwelt zu erheben, daraus geeignete Umweltzustandsindikatoren zu berechnen und die Ergebnisse regelmäßig in gebietsbezogenen Umweltberichten (vgl. Kap. 6) zu veröffentlichen.

Der Umweltcontrollingkreislauf muss mit der allgemeinen Planung und dem regulären Verwaltungsablauf verzahnt sein. Daher sollten Sie im Frühjahr die Daten sowohl erfassen als auch bewerten und dann im Frühsommer die Ziele setzen sowie die Maßnahmen planen. So können bei der jährlichen Erstellung der Haushaltspläne im Spätsommer die Finanzbedarfe für Umweltbelange angemeldet und begründet werden.

1.6 Erfolgreiche Bausteine des Umweltcontrollings im modernen Verwaltungshandeln

Bei der Implementierung von Umweltcontrolling in öffentlichen Verwaltungen muss oftmals nicht bei Null angefangen werden. Umweltcontrolling basiert auf einer Reihe von Instrumenten des Umweltschutzes, die von engagierten Behörden und ihren Beschäftigten in jahrelanger Arbeit entwickelt wurden und mit denen bereits viel erreicht werden konnte. Umweltcontrolling will diese Instrumente zusammenführen und so deren Wirksamkeit vergrößern. Als bedeutendste Beispiele sind die umweltfreundliche Beschaffung, das Energie- und Gebäudemanagement sowie die Umweltberichterstattung zu nennen (vgl. UBA, 1999 b).

Umweltfreundliche Beschaffung

Das heute meistgenutzte Instrument des Umweltschutzes in öffentlichen Verwaltungen ist die umweltfreundliche Beschaffung. Trotzdem werden immer noch teure Fortbildungsseminare „Beschaffung der öffentlichen Hand" angeboten, in denen der Begriff nicht einmal auftaucht. Umweltfreundliche Beschaffung existiert als Begriff und Handlungsfeld in Deutschland seit Anfang der achtziger Jahre. Insbesondere das Umweltbundesamt hat durch Handbücher und Forschungsaufträge zur Einführung und Verbreitung dieses Instruments beigetragen. Der umweltfreundlichen Beschaffung kommt eine Schlüsselrolle bei internen Umweltschutzmaßnahmen der öffentlichen Hand zu, da sie gleichermaßen die direkten und die indirekten Umwelteinwirkungen beeinflusst. Das Handlungsfeld bezieht sich etwa auf den Einkauf von Büromaterialien, Reinigungsmitteln und

Baumaterialien, die Vergabe von Leistungen (z.B. ökologisch optimierte Bauvorhaben im Hoch- und Tiefbau) oder den Abschluss von Pachtverträgen (z.B. mit Kantinenwirten).

Die umweltfreundliche Beschaffung zeigt beispielhaft, dass der immer wieder angeführte Gegensatz zwischen Umweltverträglichkeit und dem Prinzip der Sparsamkeit im Haushaltsrecht durchaus relativiert werden kann (vgl. Kap. 7). Grundsätzlich muss die öffentliche Hand bei mehreren Angeboten stets das wirtschaftlichste auswählen. Dabei ist es nicht grundsätzlich wirtschaftlich, das billigste Produkt zu kaufen, sondern möglicherweise das mit den geringsten Energiekosten im Betrieb. Viele Beschaffungsstellen haben daher für den Erwerb von Produkten (anspruchsvolle) Umweltstandards definiert.

> *Umweltfreundliche Beschaffung spielt Schlüsselrolle bei internen Umweltmaßnahmen.*

Energie- und Gebäudemanagement

Das Energiemanagement ist sozusagen der „Klassiker" unter den umweltbezogenen Aktivitäten der öffentlichen Hand. Insbesondere die Städte und Gemeinden haben in den vergangenen 20 Jahren ein kommunales Energiemanagement aufgebaut, das den Energieverbrauch in den eigenen Gebäuden senken soll. Nach bisherigen Erfahrungen können je nach Ausgangslage mindestens zehn Prozent beim Stromverbrauch und 25 bis 60 Prozent bei der Heizenergie eingespart werden. Energiemanagement zahlt sich auch finanziell aus, wie eine Auswertung kommunaler Energieberichte durch das Difu ergab. Durchschnittlich ist es möglich, für jeden Euro, der für Personal- und Sachkosten im Energiemanagement öffentlicher Gebäude aufgewendet wird, nachfolgend fünf Euro einzusparen. Das Beispiel des Energiemanagements zeigt aber auch, dass der Schlüssel für Erfolge im Umweltcontrolling in der klaren Festlegung von Zielen und Maßnahmen sowie von Aufgaben und Zuständigkeiten für die Umsetzung liegt.

Umweltberichte

Ebenfalls weit entwickelt ist die Umweltberichterstattung. So sind über 600 Umweltberichte aus Städten und Gemeinden bekannt (Stand 2001). Anfänglich widmete sich die Berichterstattung dem Umweltordnungsrecht. Hierzu zählen etwa die umfangreichen Informationen zum Zustand der Umwelt sowie die Dokumentation der Überwachung und Einhaltung von Umweltschutzvorschriften. Zunehmend wird seit einigen Jahren auf so genannte freiwillige Aufgaben eingegangen, die auf vorsorgenden Umweltschutz und Ressourcenschonung abzielen (z.B. Umweltbildungsangebote und Öffentlichkeitsarbeit zum Klimaschutz in den neunziger Jahren). Wenn auch noch wenig ausgeprägt, wird doch zunehmend über den „betrieblichen" Umweltschutz berichtet, so zum Beispiel über das Beschaffungswesen oder Maßnahmen zur Energie- und Trinkwassereinsparung.

Die Umweltberichte der Länder greifen in der Regel umweltpolitische Tätigkeiten und Umweltschutzaufgaben ihres Bundeslands auf. Einige Bundesländer geben themenspezifische Veröffentlichungen wie etwa Berichte zur Energiepolitik oder zum Klimaschutz heraus, in denen sie unter anderem auf die Aktivitäten in öffentlichen Liegenschaften hinweisen. In den zum Teil vorhandenen Landesenergie(spar)gesetzen ist eine entsprechende Berichtspflicht festgeschrieben. Obwohl diese Berichte mit einer Fülle energiewirtschaftlicher Daten ausgestattet sind, weisen sie den Anteil und Umfang des Endenergieverbrauchs in öffentlichen Einrichtungen nur selten gesondert aus.

1.7 Motive für die Einführung von Umweltcontrolling

Der Anreiz zur Einführung von Umweltmanagement- und Umweltcontrollingsystemen im Bereich der öffentlichen Hand hängt nicht nur von den zuvor aufgeführten politischen Verpflichtungen (vgl. Kap. 1.1) ab. Vielmehr wird die Entscheidung vor Ort eher vom konkreten Nutzen beeinflusst. Vor dem Hintergrund der Finanzkrise und der zunehmenden öffentlichen Kritik an der Funktionsweise des öffentlichen Dienstes befindet sich die öffentliche Hand in einem dynamischen Prozess der Verwaltungsmodernisierung. Zahlreiche zentrale Elemente der Verwaltungsreform wie die dezentrale Ressourcenbewirtschaftung und die Stärkung der (auch finanziellen) Eigenverantwortung, das Kontraktmanagement, die Entwicklung einer Kosten- und Leistungsrechnung oder die Einführung von Controllingsystemen zur Steuerung der Verwaltung sind gleichsam Grundlagen für ein zielorientiertes Umweltcontrollingsystem (vgl. Kap. 2).

Umweltcontrolling als zentrales Element eines jeden Umweltmanagementsystems (vgl. Kap. 1.3) trägt wesentlich zur Reduzierung des Ressourcenverbrauchs und der Umwelteinwirkungen durch die öffentliche Hand bei. Insbesondere im Zusammenhang mit der ökologischen Steuerreform gewinnt Umweltcontrolling zusätzlich an ökonomischer Bedeutung. Denn durch seine Einführung können Sie sowohl ökonomische und ökologische Einsparpotenziale im Bereich des internen Verwaltungshandelns aufzeigen als auch – durch das damit verbundene Berichtswesen – den politischen Mandatsträgern ein adäquates Kontrollinstrument zur Verfügung stellen. Die Kombination aus Verwaltungsmodernisierung und Umweltcontrolling hilft Ihnen dabei, die Umweltbelange langfristig und effektiv in Planungs- sowie Entscheidungsstrukturen zu integrieren. Daher sollten Sie die Einführung des Umweltcontrollings nicht als neues „Experimentierfeld", sondern als Chance begreifen, da es sich in laufende Reformprozesse integriert und diese sinnvoll ergänzt.

Bei der Identifizierung der Motive für die Einführung des Umweltcontrollings können Erfahrungen aus der privaten Wirtschaft, die auf den Bereich der öffentlichen Hand übertragbar sind, einbezogen werden.

Motive der privaten Wirtschaft

Das Umweltbundesamt hat im Jahr 1999 die Ergebnisse einer Umfrage in 1.228 an EMAS teilnehmenden Unternehmen vorgelegt (vgl. UBA, 1999 c). Neben Verbesserungen in der Organisation und Dokumentation wurden dabei eine Reihe von Nutzeffekten besonders hervorgehoben. So weisen die Unternehmen auf erhöhte Rechtssicherheit, Imageverbesserungen, Mitarbeitermotivation, Ressourcenschonung und Anlagensicherheit hin. Umfangreiche Kosteneinsparungen konnten in den Bereichen Abfall (49 % der Unternehmen), Energie (39 %), Wasser / Abwasser (38 %) und Recycling (35 %) erzielt werden.

In Deutschland hat die Einführung von Umweltmanagementsystemen in mehr als 3.000 Unternehmen gezeigt, dass die Aufgaben und Schwerpunkte eines Umweltmanagements sich sowohl im Laufe der Zeit als auch abhängig von Branche und Strategie ändern. Der ersten Phase lassen sich die Erschließung kurzfristiger Einsparpotenziale, technische Einzelmaßnahmen und organisatorische Aufgabenzuweisungen zuordnen. Das Umweltmanagement wird so weit entwickelt, um die Anforderungen von EMAS oder ISO 14001 erfüllen zu können. Viele Potenziale in den Bereichen Mitarbeiterführung sowie Innovation und Markt bleiben aber oft unerschlossen.

Bei einigen Organisationen schließt sich eine zweite Phase an, in der das Umweltmanagement stärker in die allgemeine Strategie hineinwächst. Die Organisation strebt nicht mehr nur Fortschritte der Öko-Effizienz im betrieblichen Ablauf an, sondern hinterfragt ihr Handeln auf vielen Ebenen. Neben dem betrieblichen Ablauf werden auch die Produkte und Dienstleistungen stofflich oder funktional optimiert, der Kundennutzen bedacht und die Organisationsentwicklung stärker hervorgehoben. In dieser Phase zeigt sich, dass Erfolg im Umweltmanagement nur in einer generell und auf allen Feldern entwicklungsfähigen Organisation möglich ist. Das Umweltmanagement muss nachweisen, dass es zur Verwirklichung der Ziele beiträgt – sowohl durch wirkliche Umweltentlastungen in der Produktlinie als auch durch Beiträge zum wirtschaftlichen Erfolg. Analog könnte sich in Verwaltungen im Anschluss an die Konzentration auf direkte Umwelteinwirkungen im operativen Betrieb der Fokus auf die mit dem Verwaltungshandeln zusammenhängenden indirekten Umwelteinwirkungen verlagern.

Erfolgreiches Umweltmanagement erfordert eine entwicklungsfähige Organisation.

Folgende Motive für die Einführung von betrieblichen Umweltmanagement- und -controllingsystemen in der privaten Wirtschaft können auch für Verwaltungen von Bedeutung sein:

- Erhöhung der Rechtssicherheit, Einhaltung der Umweltgesetze und reduzierte Haftungsrisiken

- Kostensenkungen durch effizienteren Einsatz von Energie, Roh-, Hilfs- und Betriebsstoffen

- Minimierung schädlicher Umwelteinwirkungen sowohl standortbezogen als auch aufgabenbezogen

- Reduzierung von Gesundheits- und Unfallrisiken sowie Verbesserung der Arbeitssicherheit

- Verbesserung der Öffentlichkeitswirkung als Grundlage für Bürgernähe und gutes Standortmarketing

- Verbesserung der Umweltdatenbasis und damit vollständigere Bearbeitung wichtiger Umweltaspekte

- Verbesserung der Marktposition durch umweltverträglichere Produkte

- Vorsprung bei Know-how und Innovationen

■ Verbesserter Behörden- und Nachbarschaftskontakt durch Transparenz der
Abläufe und klare Zuständigkeiten

■ Steigerung der Mitarbeitermotivation

Nutzen für die öffentliche Hand

Das Aufspüren ökologischer und – angesichts der angespannten Haushaltssituati-
on von Bund, Ländern und Gemeinden – auch ökonomischer Einsparpotenziale
ist ein Gebot der Stunde. Umweltcontrolling trägt dazu bei, diese Potenziale aufzuzeigen und Kosten zu senken. Ähnlich wie in der gewerblichen Wirtschaft lässt
sich damit ein doppelter Nutzen erreichen: Die Umweltqualität wird verbessert
und zugleich werden die öffentlichen Haushalte entlastet. Insbesondere die um-
weltschutzbedingten Ausgaben und die Kosten der Ressourceninanspruchnahme
(z.B. Energie-, Wasser-, Abwasserkosten) sowie finanzielle Engpässe sind daher
ausschlaggebende Argumente für Umweltcontrolling in Behörden.

Ein konsequentes Umweltengagement der öffentlichen Verwaltungen entlastet die Umwelt und die öffentlichen Kassen gleichermaßen. In der Vorstudie „Umweltcontrolling im Bereich der öffentlichen Hand" wurde untersucht, wie hoch
derartige Einsparpotenziale sein können (s. Tab. 1.1).

	Ressourcen-verbrauch (Jahresmengen)	Umweltkosten (ohne externe Effekte)	Einsparpotenzial
Energie-verbrauch	478,1 PJ (5–6 % des Endenergie-verbrauchs); ohne Bundeswehr (1 % des Endenergie-verbrauchs)	Rund 3,2 Mrd. €/ Jahr bei Kommunen und Ländern (Difu-Schätzung); ohne Bundesliegenschaf-ten	5–15 % durch organi-satorische Maßnah-men; 25–60 % bei der Heiz-energie (je nach Aus-gangslage); mindestens 10 % beim Stromverbrauch
Wasser-verbrauch	338 Mio. m^3 (7 % des aus dem öffent-lichen Netz gelieferten Trinkwassers)	1,3 Mrd. €/Jahr (inkl. Abwasser-kosten)	Bis zu 45 % Kostenre-duktion wurden im Einzelfall erreicht
Abfall-mengen	K.A. zur Gesamtmenge; 20,7 Mio. t Bauabfälle; 1,67 Mio. t aus Kranken-häusern (1990)	K.A. zu den Ge-samtkosten der Ab-fallbeseitigung bei der öffentlichen Hand	Bis zu 50 % Kostenre-duktion wurden im Einzelfall erreicht; 2–5 % der Bausumme bei Bauabfällen
Fuhrpark, Mobilität	K.A. zu Fuhrpark und Fahrleistung der öffent-lichen Hand	K.A. zu Fuhrpark und Fahrleistung der öffentlichen Hand	K.A. (bisher kaum Er-fahrungen)

Tab. 1.1: Ressourcenverbrauch, Umweltkosten und Einsparpotenziale im Bereich der
öffentlichen Hand in der Bundesrepublik Deutschland (Quelle: UBA, 1999 b)

Bei Betrachtung der Werte wird deutlich, dass durch eine konsequente Erschließung dieser Einsparpotenziale enorme umweltentlastende und damit auch wirtschaftliche Effekte verbunden sind. Bessere Argumente für die Einführung eines Umweltcontrollingsystems kann es wohl kaum geben:

- Systematische und nachhaltige Minderung der Umwelteinwirkungen (Senkung des Stoff- und Ressourcenverbrauchs, Verdeutlichung der Wechselwirkungen und Zusammenhänge durch systematische Datenerfassung sowie Beurteilung der Daten),

- systematische Erschließung der Kosteneinsparmöglichkeiten durch Umweltschutzmaßnahmen (Umsetzungserfolge bereits durch erste Schwachstellenanalysen und Verfahren zur Prioritätensetzung),

- Bündelung der bereits zahlreich vorhandenen Aktivitäten im Bereich der öffentlichen Hand und modellhafte Entwicklung integrierter, vorsorgender Umweltschutzansätze,

- verbesserte Informationsgrundlagen und Datenbasis sowohl für die interne als auch externe Umweltberichterstattung,

- offensive Wahrnehmung der Vorbildfunktion gegenüber der Öffentlichkeit,

- Sicherstellung der Einhaltung gesetzlicher Vorschriften durch die Verwaltung und damit bessere Reaktionsfähigkeit bei Veränderung der Vorschriften,

- Motivationssteigerung bei Mitarbeitern durch erhöhte Identifikation mit der eigenen Arbeit sowie durch Umsetzung von Anreiz- oder Prämienlösungen,

- Verbesserung des Images und damit Unterstützung der Standortwerbung und des Stadtmarketings.

Literatur

Arbeitsgemeinschaft für wirtschaftliche Verwaltung e.V. (AWV): Qualitätsmanagement in der öffentlichen Verwaltung. Eschborn 1998.

Deutscher Bundestag: Antrag der Fraktionen SPD und Bündnis 90/Die Grünen. Umweltcontrolling und Umweltmanagement in Bundesbehörden und Liegenschaften. Drucksache 14/2907. Berlin 2000.

Georgi, B.: Mißverständnis Umweltauswirkungen. In: Umwelttechnik. März 2000.

Sachverständigenrat „Schlanker Staat": Leitfaden zur Modernisierung von Behörden. Bonn 1998.

Umweltbundesamt (UBA) (Hrsg.): Betriebliche Umweltauswirkungen – Ihre Erfassung und Bewertung im Rahmen des Umweltmanagementsystems. Berlin 1999 a.

Umweltbundesamt (UBA) (Hrsg.): Umweltcontrolling im Bereich der öffentlichen Hand (Vorstudie). Texte 8/99. Berlin 1999 b.

Umweltbundesamt (UBA) (Hrsg.): EG-Umweltaudit in Deutschland – Erfahrungsbericht 1995–1998. Berlin 1999 c.

Internet

OECD report on greening government: www.oecd.org (unter „Activities" dann „Environmental Issues").

2. Umweltcontrolling und Verwaltungscontrolling

Die öffentlichen Verwaltungen in Bund, Ländern und Kommunen müssen sich in den kommenden Jahren einer Reihe von Herausforderungen stellen. Dazu gehören immer knappere Finanzmittel, wachsende Anforderungen an Effizienz und Qualität der Verwaltungsleistungen, eine stärkere Kunden- und Serviceorientierung sowie das steigende Bedürfnis der Mitarbeiterinnen und Mitarbeiter nach Eigenverantwortung und Gestaltungsmöglichkeiten. Da den Verwaltungen gleichzeitig eine steigende Bedeutung als Wettbewerbsfaktor am Standort zukommt, muss dem Thema nachhaltige Entwicklung sowie den mit dem Verwaltungshandeln verbundenen Folgen und Wirkungen verstärkt Aufmerksamkeit gewidmet werden (vgl. Kap. 11.3). Als Antwort auf diese Herausforderungen stellt das vorliegende Kapitel die Bausteine eines Verwaltungscontrollings als Bestandteil einer umfassenden Verwaltungsmodernisierung in Bund, Ländern und Kommunen dar. Es beschreibt erste Ansätze eines Umweltcontrollings in verschiedenen Verwaltungen und will Ihnen durch das Aufzeigen von Gemeinsamkeiten und Schnittstellen zwischen Umweltcontrolling und Verwaltungscontrolling ermöglichen, beide Konzepte harmonisch miteinander zu verbinden.

2.1 Überblick über aktuelle Konzepte zur Verwaltungsmodernisierung

Anfang der neunziger Jahre haben die Kommunen unter Führung der Kommunalen Gemeinschaftsstelle für Verwaltungsvereinfachung (KGSt), Köln, damit begonnen, Elemente des so genannten Neuen Steuerungsmodells in ihre Verwaltungen einzuführen. Ausgangspunkt war dabei das Leitbild „Von der traditionellen Behörde hin zu einem modernen Dienstleistungsunternehmen". Die Länder und der Bund sind diesem Weg gefolgt und haben ebenfalls betriebswirtschaftliche Steuerungsinstrumente eingeführt, um die Wirksamkeit und Wirtschaftlichkeit staatlichen Handelns in ihren Verwaltungen zu steigern.

In jüngerer Zeit hat sich der Schwerpunkt der Verwaltungsreformen stärker von der Binnenmodernisierung hin zur Außenorientierung des Verwaltungshandelns verlagert. Entsprechend dem Motto „Vom Leistungsstaat zum Gewährleistungsstaat" wird anerkannt, dass es zahlreiche Aufgaben gibt, deren Erfüllung vom Staat sichergestellt, jedoch nicht unbedingt von staatlichen Organen selbst durchgeführt werden muss. Die Bundesregierung hat in ihrem Programm vom 1. Dezember 1999 dazu das Leitbild des aktivierenden Staats entwickelt. Es enthält eine neue Verantwortungsteilung zwischen Staat und Gesellschaft: „Eine darauf ausgerichtete Staats- und Verwaltungsreform muss eine neue Balance zwischen staatlichen Pflichten und zu aktivierender Eigeninitiative und gesellschaftlichem Engagement herstellen" (BMI, 1999, S. 8).

Die Erneuerung der Binnenstrukturen der Bundesverwaltung ist nach dem Programm der Bundesregierung „zwingend erforderlich, auch um die begrenzten finanziellen Mittel besser nutzen zu können. Aus dem Leitbild des aktivierenden Staates folgt der Anspruch des Bürgers auf einen verantwortlichen Umgang mit den Mitteln, die er dem Staat über seine Steuern zur Verfügung stellt. Leistungs-stärkeres und kostengünstigeres Arbeiten ist daher ein wesentlicher Beitrag der Verwaltung zum aktivierenden Staat" (Ebd., S. 10). Im Abschnitt „Leistungsstar-ke, kostengünstige und transparente Verwaltung" des Programms der Bundesre-gierung heißt es dazu: „Das Bundesministerium der Finanzen hat für die Bundes-verwaltung einen Standard für die Kosten- und Leistungsrechnung entwickelt. Mit diesem betriebswirtschaftlichen Instrument wird eine outputorientierte Leis-tungserfassung und -bestimmung sowie die Ermittlung der hierfür benötigten Ressourcen ermöglicht. Die Standard-KLR ist in Controlling-Systeme einzupas-sen, die als wesentlichen Bestandteil Zielvereinbarungen enthalten. Hieraus las-sen sich einheitliche Kennzahlen für übergeordnete Steuerungszwecke und zur Vergleichbarkeit von Verwaltungen ableiten und erproben" (Ebd., S. 17).

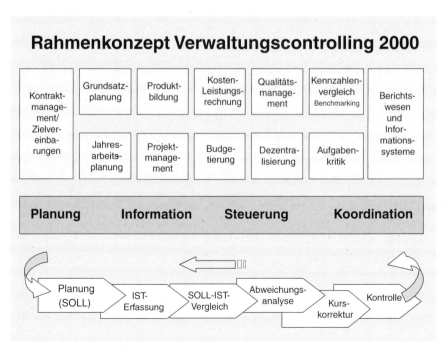

Abb. 2.1: Rahmenkonzept Verwaltungscontrolling 2000
(Quelle: Kammerschen/Kretschmann, 1999)

Ähnliche Ansätze enthält auch das Rahmenkonzept Verwaltungscontrolling 2000 des Sächsischen Staatsministeriums für Umwelt und Landwirtschaft (s. Abb. 2.1). Darin ist der Steuerungskreislauf des Verwaltungscontrollings mit den Bereichen Planung (Soll), Ist-Erfassung, Soll-Ist-Vergleich, Abweichungsanalyse, Kurskorrektur und -kontrolle dargestellt. Im oberen Teil der Grafik sind die Bausteine eines Verwaltungscontrollings zu sehen. Den Rahmen bilden auf der einen Seite das Kontraktmanagement beziehungsweise die Zielvereinbarungen sowie auf der anderen Seite das Berichtswesen und Informationssysteme. Weitere Bausteine

> **Kennzahlen ermöglichen die Steuerung und den Vergleich von Verwaltungen.**

sind die Produktbildung, die Kosten- und Leistungsrechnung, der Kennzahlenvergleich sowie die Budgetierung. In den folgenden Abschnitten werden die einzelnen Bausteine des Verwaltungscontrollings näher erläutert und Verbindungen zum Umweltcontrolling aufgezeigt.

2.2   Steuerung durch Zielvereinbarungen

Im Dritten Gesetz zur Reform der Berliner Verwaltung vom 17. Mai 1999 legt § 2 Abs. 5 fest: „Zielvereinbarungen sind Absprachen der Behördenleitung mit den Leistungs- und Verantwortungszentren oder anderen Organisationseinheiten innerhalb der Behörde oder mit nachgeordneten Behörden (...) Zielvereinbarungen bedürfen der Schriftform und sind auf eine Geltungsdauer für ein Haushaltsjahr angelegt. Sie umfassen als abgestimmte Vorgaben mindestens Festlegungen zu qualitativen und quantitativen Leistungszielen, Finanzzielen und einzusetzenden Mitteln" (GVBl, 1999, S. 171).

In der Zwischenbilanz zur Reform beschreibt die Berliner Senatsverwaltung für Inneres Hintergrund und Zielrichtung von Zielvereinbarungen und erste Erfahrungen: „Mithilfe von Zielvereinbarungen soll sichergestellt werden, dass Prioritäten richtig gesetzt werden und dass die gesetzten Leistungs- und Finanzziele in einem Haushaltsjahr auch erreicht werden. Vereinbart wird beispielsweise, in welcher Menge und Qualität und mit welchen Kosten die Dienstleistungen für den Bürger in einem Haushaltsjahr erbracht werden. Um die vereinbarten Ziele erreichen zu können, sind auch Kompetenzen in Zielvereinbarungen so zu dele-

> **Zielvereinbarungen gewährleisten das richtige Setzen von Prioritäten.**

gieren, dass fachkundige Mitarbeiter genügend Entscheidungsspielräume für wirtschaftliches Handeln haben (Dezentralisierung von Ressourcenverantwortung). Durch die ‚lange Leine' der Zielvereinbarungen (Festlegung des ‚Wohin', aber nicht in der Regel des ‚Wie') wird Kreativität und Unternehmergeist sowie ein kooperativer Führungsstil in der Verwaltung gefördert. (...) Allerdings ist auch erkennbar, dass der erfolgreiche Einsatz von Zielvereinbarungen im starken Maß von Rahmenbedingungen abhängt, die im Rahmen der Verwaltungsreform erst Schritt für Schritt geschaffen werden. Für ein konzertiertes Zusammenspiel ist beispielsweise eine funktionsfähige Kosten- und Leistungsrechnung wichtig sowie darauf basierende verwaltungsinterne Leistungsvergleiche, eine verwaltungsproduktbezogene Budgetierung u.a." (Senatsverwaltung für Inneres des Landes Berlin, 1999, S. 32).

Praxisbeispiel: Etablierung eines Controllingsystems im Ministerium für Umwelt, Naturschutz und Raumordnung des Landes Brandenburg

Das Ministerium für Umwelt, Naturschutz und Raumordnung Brandenburg hat seit 1996 eine Controllingeinheit innerhalb des Organisationsreferats eingerichtet. Controlling wurde dabei als ein Instrumentarium definiert, welches zur Verbesserung von Verwaltungsabläufen und deren Steuerung beitragen soll. Dies bedeutet, dass zunächst Planungsmaßstäbe (sprich Ziele) festzulegen sind, deren Erfüllung halbjährlich durch einen einheitlichen Berichtsbogen abgefragt werden. Zusammen mit den Abteilungsleitern des Ministeriums wurden die jeweils wichtigsten politischen Handlungsschwerpunkte und -ziele für ihren Politik-/Fachbereich ermittelt und zusammen mit der Hausleitung endgültig festgelegt. Sie sind seitdem für die Abteilungen verbindlich. Die Handlungsziele sind dabei meist Mengen- oder Zeitziele, zum Beispiel das Ausweisen von 30 Prozent der Landesfläche als Landschaftsschutzgebiet bis Ende 1999 (vgl. Wagner, 1999, S. 224).

Da Zielvereinbarungen aber nur etwas bewirken, wenn sie verfolgt werden, wollte das Ministerium durch einen zweiseitigen standardisierten Berichtsbogen die Zielerreichung und die Gründe für etwaige Abweichungen ermitteln. Die ersten Rückläufe machten jedoch gewisse Mängel dieser schematischen Abfrageform deutlich. Sie traten vor allem dort auf, wo es Probleme der Operationalisierbarkeit gab. Künftig soll die Abfrage deshalb mündlich über die Abteilungs- oder die für die Schwerpunkte verantwortlichen Referatsleitungen erfolgen. Die beschriebene Vorgehensweise stellt einen pragmatischen, aber entwicklungsfähigen Weg dar.

Einhalten der Zielvereinbarungen pragmatisch kontrollieren.

Er greift die spezifischen Probleme der Organisation „Ministerium" auf, die nach politischen und nicht primär nach wirtschaftlichen Prämissen handelt.

Mögliche Inhalte von Zielvereinbarungen

Das „Netzwerk Kommunen der Zukunft" der Bertelsmann Stiftung, der Hans-Böckler-Stiftung sowie der KGSt legte im Rahmen des KGSt-Forums im November 1999 in Leipzig den Leitfaden „Mitarbeiterorientierte Zielvereinbarungen in der Kommunalverwaltung" vor. Dieser enthält in Anlage B ein Muster für mögliche Inhalte von Zielvereinbarungen (vgl. Netzwerk Kommunen der Zukunft, 1999, S. 16ff.):

■ Wortlaut der Zielvereinbarung

■ Beschreibung der Ausgangslage (Ist-Zustand und Orientierungsrahmen)

■ Wer sind die an der Zielvereinbarung beteiligten Personen?

■ Was ist der Gegenstand der Zielvereinbarung?

■ Wer ist unsere Zielgruppe?

■ Welche Prioritätenfolge der vier Zielfelder (Auftragserfüllung, Wirtschaftlichkeit, Kundenzufriedenheit, Mitarbeiterzufriedenheit) ergibt sich daraus?

■ Welche Maßnahmen sollen ergriffen werden?

- Welchen Beitrag leistet die Maßnahme zur Erreichung des gesteckten Ziels?
- Wie können wir den Erfolg dieser Maßnahme messen?
- Welchen Zeitrahmen geben wir uns für diese Maßnahme?
- Welche Ressourcen brauchen wir dafür?
- Wer ist für die Durchführung verantwortlich?

■ Angaben zu den insgesamt benötigten Ressourcen (Personalbedarf, Qualifizierungbedarf, Finanzen/Budget, Technik/Sachmittel, Informationsbedarf)

■ Zeitrahmen der Zielvereinbarung

■ Zielerreichungskontrolle: Wann wird mit welchem Instrument gemessen und wer ist dafür zuständig (getrennt nach den vier Zielfeldern)?

■ Unterschriften der Beteiligten

Gütekriterien für Zielvereinbarungen

Im Leitfaden des Netzwerks sind darüber hinaus folgende Gütekriterien für Zielvereinbarungen genannt.

Formale Kriterien	Inhaltliche Kriterien
Messbar	Realisierbar
Eindeutig	Beeinflussbar
Zeitlich befristet	Ernsthaft
Personenbezogen	Widerspruchsfrei
	Akzeptiert

Tab. 2.1: Gütekriterien für Zielvereinbarungen
(Quelle: Netzwerk Kommunen der Zukunft, 1999)

Die Stadt Bad Harzburg hat Umweltziele als „konkrete, wann immer möglich quantifizierte Vorgaben (z.B. Senkung des Heizenergiebedarfs der Gerhart-Hauptmann-Schule um 2,5 Prozent innerhalb von zwei Jahren)" definiert. Das Umweltprogramm enthält deshalb auch genaue Angaben, wie diese Zielsetzungen realisiert werden sollen (zum Beispiel durch den Austausch der Einfachfenster in der Turnhalle).

Das Netz für interkommunale Vergleiche (IKO-Netz der KGSt) organisiert Vergleichsringe auch zum Umweltschutz. In einem in der VOP 5/2000 erschienenen Zwischenbericht steht: „Im Umweltbereich erfolgt eine Zieldiskussion oft fokussiert auf qualitative Aspekte, die so genannten Umweltziele, wobei Faktoren, die die Leistungsfähigkeit einer Kommune beeinflussen, nicht immer ausreichend berücksichtigt werden. Zwar sind in den letzten Jahren die finanziellen Ressourcen immer stärker in den Vordergrund gerückt, so dass zum Beispiel die Mitarbeiterzufriedenheit und Prozesse innerhalb einer Kommunalverwaltung bei der Zieldiskussion eher eine unbedeutende Rolle spielten. Die Erfahrungen zeigen, dass diese Aspekte, wie mangelnde Kommunikation und Mitarbeitermotivation, für

Umsetzungsprobleme mit verantwortlich sind" (Maurer/Korte, 2000, S. 26). Im Vergleichsring Umwelt des IKO-Netzes wurde deshalb ein ganzheitliches Zielsystem für die Vergleichsarbeit entwickelt.

Zielsystem für die Vergleichsarbeit

Abb. 2.2: Zielsystem für die Vergleichsarbeit (Quelle: Maurer/Korte, 2000)

Umweltcontrolling-Tipp: Zielvereinbarungen formulieren

Nutzen Sie bei der Einführung von Umweltcontrolling in Ihrer Verwaltung die Vorteile von Zielvereinbarungen:

■ *Die gemeinsame Diskussion über die Ziele stärkt das Umweltbewusstsein bei allen Beteiligten.*

■ *Durch die Einbeziehung des Fachwissens und der Verbesserungsvorschläge der Ausführenden erhöht sich die Eignung der Umsetzungsmaßnahmen im Hinblick auf die Zielerreichung.*

■ *Die Mitwirkung der Ausführenden bei der Zielvereinbarung erhöht ihre Identifikation mit den vereinbarten Zielen und dadurch die Motivation, diese umzusetzen.*

2.3 Produkte, Kosten- und Leistungsrechnung, Benchmarking

Die Steuerung durch Zielvereinbarungen erfolgt anhand konkret messbarer Ergebnisse des Verwaltungshandelns. Diese werden in der Terminologie des Neuen Steuerungsmodells Produkte genannt. Sie beinhalten eine Beschreibung der Verwaltungsleistungen und ihrer Qualität sowie der damit verbundenen Kosten. Produkte sind insofern Informations- und Kostenträger, das heißt, sie sind mit Leistungs-, Finanz- und Qualitätskennzahlen zu versehen.

Die ersten Produkte wurden Anfang bis Mitte der neunziger Jahre in den Kommunen entwickelt. Im Bericht 8/1994 der KGSt ist folgendes Beispiel (s. Tab. 2.2) enthalten. Die DM-Beträge der ursprünglichen Tabelle wurden in Euro umgerechnet und gerundet.

Kostenanalysen für verschiedene Produkte						
Produkt	**32.14**		**32.15**		**32.16**	
	Eheschließungen		**Beglaubigungen**		**Kfz-Zulassungen**	
	1992/93	**Ansatz 1994**	**1992/93**	**Ansatz 1994**	**1992/93**	**Ansatz 1994**
Gesamtkosten in €	60.040	60.556	6.667	6.693	183.569	187.141
Einnahmen/ Erlöse in €	7.158	7.158	2.710	2.710	291.436	317.001
Überschuss/ Defizit in €	-52.882	-53.398	-3.957	-3.983	107.867	129.860
Kosten- deckungsgrad in %	11,9	11,8	40,6	40,5	158,8	169,4

Tab. 2.2: Informationen über Produkte (Quelle: KGSt, 1994)

Für jedes Produkt, zum Beispiel Beglaubigungen, werden nun in den Informationen an die Verwaltungsspitze beziehungsweise den Rat die Ansätze von 1993 und 1994 einander gegenübergestellt – jeweils bezogen auf die Gesamtkosten des Produkts, die Einnahmen beziehungsweise Erlöse, den Überschuss oder das Defizit und den Kostendeckungsgrad. Die erarbeiteten Produktinformationen bilden die Grundlage sowohl für die Steuerung als auch für die Kontrolle des Handelns der Verwaltung.

Auf Landes- und Bundesebene wurde anfangs argumentiert, dass Produktdefinitionen zwar auf kommunaler Ebene, nicht aber im Landes- und Bundesbereich möglich seien. So sei zwar die Ausstellung eines Passes oder die Pflege von Grünanlagen im Hinblick auf Zeit, Kosten und Qualität messbar und kontrollierbar, nicht aber strategische oder politische Entscheidungen wie Planung, Aufsicht und Kontrolle im Bereich von Oberbehörden oder gar Ministerien. Sicher sind strategische und politische Entscheidungen ebenso wie wissenschaftliche und künstlerische Leistungen schwerer definierbar. Dennoch ist es grundsätzlich auch bei (obersten) Landes- und Bundesbehörden möglich, Produkte zu definieren und entsprechende Kennzahlen festzulegen.

Im Jahr 1997 wurde vom Bundesministerium der Finanzen (BMF) ein Handbuch für eine Standardkosten- und -leistungsrechnung herausgegeben, das zur Zeit überarbeitet wird. Darin sind 48 Produkte für den allgemeinen Organisations- beziehungsweise Verwaltungsbereich der Bundesverwaltung definiert sowie Empfehlungen für das Vorgehen im Fachaufgabenbereich enthalten. Zu den im Handbuch beschriebenen Produkten gehören Beschaffungsangelegenheiten und Beschaffungen. In dem beigefügten Auszug aus dem betreffenden Produktsteckbrief (s. Tab. 2.3) sind Kennzahlen und Qualitätskriterien für das Produkt festgelegt worden.

Handbuch des BMF definiert Produkte für den Verwaltungsbereich.

Produktcharakteristika	
Teil der Produktgruppe	Allgemeiner Servicebereich
Produktziel	Versorgung des Hauses mit Mobiliar, Geschäftsbedarf
Produktkurzbe-schreibung und -inhalt	Entgegennahme und ggf. Prüfung von Beschaffungsan-forderungen/Wünschen Ausschreibungen für Beschaffungen vornehmen Steuerung des Beschaffungswesens Preisvergleiche durchführen und Angebote auswerten Ausstattung der Diensträume Abrechnung und Bezahlung
Kennzahlen für das Produkt	
Zähleinheit/ Anzahl Kostenträger	Zahl der Beschaffungen Zeit
Kennzahlen und Vergleichs-möglichkeiten	Zeit/Kosten pro Beschaffungsvorgang Anzahl Waren(-gruppen) im Lager/Lagerbestand im Verhältnis je Arbeitsplatz in Stück und €
Qualitätskriterien für das Produkt	
Qualitäts-merkmale (objektive und subjektive)	Schnelligkeit der Auftragsbearbeitung und Beschaffung Präzision der Auftragsdurchführung/Fehlerfreiheit und Vollständigkeit Verhandlungsgeschick gegenüber Lieferanten Flexibilität in der Auftragswahrnehmung Freundlichkeit Richtigkeit der Beschaffung/Fehlerfreiheit/ Reklamationen

Tab. 2.3: Produktsteckbrief Beschaffungen (Quelle: BMI, 1997)

Nach dem Handbuch des Bundes zur Standardkosten- und -leistungsrechnung erfolgt mit der Leistungsrechnung eine Messung von Einnahmen, Mengen und Qualitäten. Die Leistungsrechnung muss auch die Qualität der Produkte beinhalten. Zu den objektiven Qualitätsindikatoren gehören die Fehlerquote, die Bearbeitungsdauer sowie die Rückfragequote. Als subjektive Qualitätsindikatoren gelten die Empfängerzufriedenheit, die Verständlichkeit des Produkts sowie die Freundlichkeit bei der Produkterstellung.

Aufgabe bei der Integration des Umweltcontrollings in das Verwaltungscontrolling muss sein, im Rahmen der Kostenrechnung Umweltkosten auszuweisen (vgl. dazu auch Kap. 8) und bei der Leistungsrechnung (zu Produkten und Leistungen vgl. Kap. 5.3) Umweltziele als Qualitäts- und Wirkungsziele zu entwickeln sowie beides mit anderen Kosten- und Sachzielen abzustimmen. Hinweise zur gesetzlichen Verankerung von Umweltschutzgesichtspunkten im Rahmen der Beschaffungs- und Vergabepolitik erhalten Sie in Kapitel 4.1.

Das Berücksichtigen von Umweltschutzgesichtspunkten kann deshalb einerseits zu einer finanziellen Mehrbelastung führen, andererseits aber auch dazu beitragen, erhebliche Einsparpotenziale zu identifizieren. Dass Ökonomie und Ökologie oftmals Hand in Hand gehen, verdeutlicht eine von der Landeshauptstadt München im Jahr 1999 durchgeführte Kampagne zum energiebewussten Nutzerverhalten in Verwaltungsgebäuden. Der Strom- und Wärmeverbrauch der 23 teilnehmenden Gebäude lag vorher bei rund 27.000 Megawattstunden (MWh) pro Jahr. Eine Reduzierung um zehn Prozent führte zur Senkung der Kohlendioxidemissionen um 5.600 Tonnen und sparte Kosten von rund 135.000 Euro im Jahr.

Umweltcontrolling trägt dazu bei, Einsparpotenziale zu identifizieren.

Während im Rahmen des Verwaltungscontrollings die allgemeinen Verwaltungsprodukte Gegenstand von Zielvereinbarungen sind, stehen bei den bisher vorhandenen Ansätzen eines Umweltcontrollings eher Objekte (z.B. Gebäude, Liegenschaften) und objektübergreifende Tätigkeiten (z.B. Abfallwirtschaft, Beschaffungswesen) sowie Aufgabenbereiche im Mittelpunkt. Beide Ansätze sind jedoch durchaus vereinbar. Bei Produkten kann es sich um Sachleistungen (Ausweise, Fahrerlaubnisse, Baugenehmigungen etc.), aber auch um Dienstleistungen (Beratung, Beschaffung, Führung eines Registers) handeln. Je nach Sichtweise wird etwa bei Genehmigungen die vorgangsbeziehungsweise prozessorientierte oder die ergebnisorientierte Perspektive dominieren.

Die Gebäudeunterhaltung und die Bereitstellung von Arbeitsmöglichkeiten stellen ebenso wie die Beschaffung eher vorbereitende Hilfstätigkeiten dar. Fasst man diese Vorgänge jedoch zusammen, kann daraus ein einheitliches Produkt in Form einer Serviceleistung werden, die eine Verwaltungseinheit gegenüber anderen erbringt. Darüber lässt sich dann eine Zielvereinbarung in Form eines so genannten Servicekontrakts abschließen, in den Umweltschutzgesichtspunkte einfließen können. Gegenstand der Zielvereinbarung kann auch ein Projekt, etwa die Durchführung eines Turnfests oder eines Stadtjubiläums, sein.

Umweltziele können sich somit auf folgende Gegenstände einer Zielvereinbarung beziehen:

- ■ den Prozess der Produkterstellung, zum Beispiel die Beschaffung und Verwendung von Materialien oder den Verbrauch von Ressourcen,

- ■ das Ergebnis beziehungsweise die Wirkung von Produkten, zum Beispiel von genehmigten Bauten oder zugelassenen Fahrzeugen,

- ■ die Gestaltung von Projekten, zum Beispiel die Durchführung einer Veranstaltung,

- ■ die Schaffung von Infrastruktur und die Gestaltung von Objekten, zum Beispiel Schulen, Kindergärten, Spielplätze, Rathaus oder Kläranlage,

- ■ die Gestaltung von Aufgabenbereichen beziehungsweise Handlungsfeldern wie Abfallwirtschaft, Registerführung oder Umweltüberwachung.

Die Ermittlung von Kosten bestimmter Produkte und Aufgabenbereiche der Verwaltung sowie das Bestimmen und Messen von Leistungsmerkmalen und Qualitätsindikatoren führen zu einer verbesserten Transparenz des Verwaltungshandelns. Allerdings sagt die Kenntnis eines numerischen Werts allein noch nichts darüber aus, ob er als angemessen oder zufriedenstellend angesehen werden kann. Schlichte Kennzahlen oder Indikatoren werden erst dadurch transparent, dass dieser Wert anderen gegenübergestellt wird. Für einen Vergleich kommen in Betracht:

- Verhältnis des erreichten Werts zu den angestrebten Zielen (Soll-Ist-Vergleich)

- Vergleich des Werts mit den Werten des Vorjahres

- Interner Vergleich verschiedener Einrichtungen derselben Verwaltung

- Vergleich mit anderen Verwaltungen

Ausführliche Informationen zur Bewertung der Umweltdaten und -kennzahlen mittels Vergleichen enthält Kapitel 5.5.

2.4   Neugestaltung der Prozesse

Soweit Verwaltungen Produkte definiert und Produktkataloge entwickelt haben, können Prozesse als die zur Erstellung der Produkte nötigen Verwaltungsabläufe verstanden werden. Bisher allerdings ist die Neugestaltung der Prozesse als Modernisierungsansatz in der öffentlichen Verwaltung weniger verbreitet als die Steuerung über Produkte. Sind bereits Qualitäts- und Umweltmanagementsysteme (etwa nach ISO 9000, dem TQM-Modell des European Quality Award oder der EMAS-Verordnung) eingeführt worden, bildet die Neugestaltung der Prozesse einen wesentlichen Teil dieser Managementsysteme. Wie im Leitfaden „Integrierte Managementsysteme" (HLfU, 1997) dargestellt, ist das Managementsystem in seiner Struktur auf Dauerhaftigkeit anzulegen. Dies ist vor allem dann der Fall, wenn es auf Geschäftsprozessen basiert und nicht auf der Struktur des Unternehmens. Geschäftsprozesse weisen eine größere Stabilität auf und sind entscheidend für den Unternehmenserfolg. Ein auf ihnen basierendes Managementsystem bleibt flexibel bezüglich der Berücksichtigung von Prozessänderungen und unterstützt so eine kontinuierliche Verbesserung der Prozesse.

Moderne Managementsysteme basieren auf Geschäftsprozessen.

Diese Betrachtung gilt grundsätzlich auch für Verwaltungen. Ist dort ein Umweltmanagementsystem vorhanden, lässt sich ein Umweltcontrolling als führungsunterstützende und abteilungsübergreifende Querschnittsfunktion innerhalb dieses Managementsystems etablieren. Es wird dann, sozusagen als Motor des kontinuierlichen Verbesserungsprozesses, die Wirkungs- und Zielorientierung innerhalb des Umweltmanagementsystems fördern. Damit kann das Umweltcontrolling verhindern, dass sich das Umweltmanagementsystem zu sehr auf korrekte Abläufe und zu wenig auf zielorientierten Fortschritt konzentriert (vgl. dazu auch Kap. 1.4).

Praxisbeispiel: Erstellung eines Produktkatalogs in Horb am Neckar

Im baden-württembergischen Horb am Neckar ging man bei der Erstellung eines Pro-duktkatalogs wie folgt vor: Auf Basis des Tätigkeitskatalogs der Stadtverwaltung Horb sowie der Produktbörse Baden-Württemberg erarbeiteten die Amtsleiter einen ersten Entwurf. Jeder gab darüber hinaus an, welche der in seinem Verantwortungs-bereich wahrgenommenen Tätigkeiten in welchem Umfang in welches Produkt ein-fließen. Anhand dieser Datenbasis ließen sich Gesamtpersonalkosten des Produkts darstellen und aufzeigen, welche Beschäftigten mit welchen Tätigkeiten und welchem Zeitaufwand an der Produkterstellung beteiligt sind. Anschließend wurden drei Pro-zesse ausgewählt, die näher untersucht und analysiert wurden. Dabei handelte es sich um Bebauungs- und Erschließungsplanungen, Serviceleistungen gegenüber den Bürgern und den Betrieb eines Kindergartens. Für die Auswahl der genannten Pro-zesse wurden folgende Kriterien herangezogen:

- *Output des Prozesses: Die Leistungsqualität des betreffenden Produkts hat eine hohe Bedeutung für die Bürger und/oder die politischen Gremien.*

- *Input des Prozesses: Die Produkterstellung ist für die Gemeinde mit erheblichen Kos-ten verbunden; diese sind nicht vollständig gesetzlich fixiert, sondern zumindest zu erheblichen Teilen grundsätzlich beeinflussbar.*

- *Der Prozess selbst: An der Produkterstellung sind zwei oder mehrere Organisations-einheiten beteiligt (mögliche Schnittstellenprobleme).*

Jeder der drei genannten Prozesse durchlief das gleiche Verfahren. Nach der Benen-nung eines Arbeitsteams erfolgte zunächst die Ist-Analyse des Prozesses. Das Ar-beitsteam konzipierte anschließend einen „Grüne-Wiese"-Ansatz, der die rechtlichen Vorgaben berücksichtigte und gleichzeitig die identifizierten Mängel im Bereich der Leistungsqualität und der Wirtschaftlichkeit beseitigte. Kernpunkt war dabei die Be-nennung eines verantwortlichen Projektmanagers.

Darüber hinaus erarbeitete das Arbeitsteam konkrete Vorschläge, wie das derzeit praktizierte Modell dem „Grüne-Wiese"-Ansatz schrittweise angenähert werden kann. Als Ergebnis der Ablaufoptimierung wurde zum Beispiel im Bereich der Bau- und Erschließungsplanung die Gesamtdurchlaufzeit des Prozesses in etwa halbiert und die Wirtschaftlichkeit um einen sechsstelligen Betrag erhöht (vgl. Theurer/Krai-bühler/Patig, 1998).

Die traditionelle Aufteilung des Verwaltungshandelns in verschiedene Behörden und Zuständigkeiten führte zu einer fehlenden Gesamtverantwortung und Koor-dination, einer Vielzahl von Schnittstellen und erheblichen Liege- und Durchlauf-zeiten sowie einer Beeinträchtigung der Prozessqualität.
Maßnahmen zur Neugestaltung der Prozesse sollen daher zu einer verbesserten Erfüllung der Sachziele, zur Verrin-gerung des Zeit- und Kostenaufwands sowie zu ihrer Be-schleunigung beitragen. Prozesse sollten vom Ergebnis be-ziehungsweise vom Kunden her und im Hinblick auf ihre Wertschöpfung neu konzipiert werden. Unverzichtbar ist der Einsatz moderner Informationstechnik, um die an verschiedenen Stellen vor-handenen Informations- und Wissenspotenziale zusammenzubringen und eine effektive Abfolge und Wertschöpfung zu ermöglichen.

Einsatz moderner Informationstechnik ist unverzichtbar.

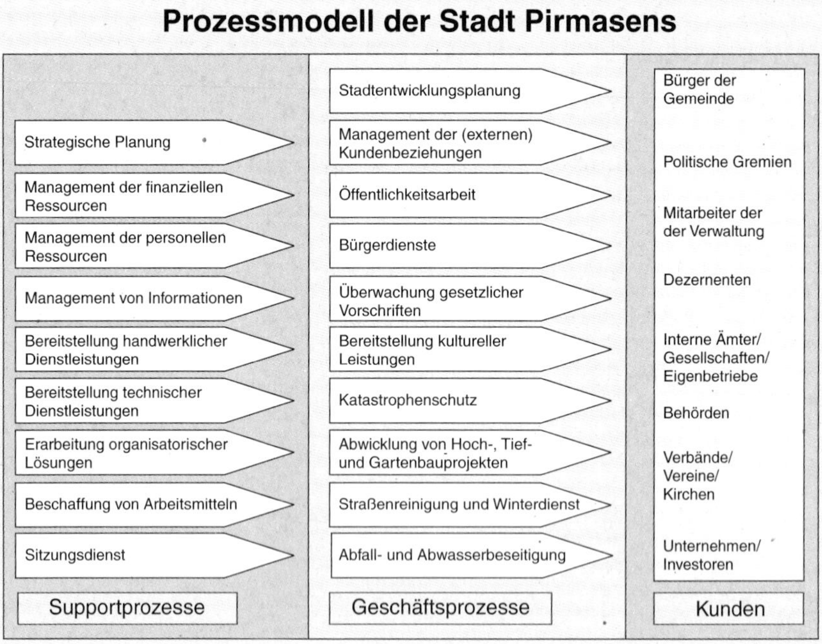

Prozessmodell der Stadt Pirmasens

Supportprozesse	Geschäftsprozesse	Kunden
	Stadtentwicklungsplanung	Bürger der Gemeinde
Strategische Planung	Management der (externen) Kundenbeziehungen	
		Politische Gremien
Management der finanziellen Ressourcen	Öffentlichkeitsarbeit	
		Mitarbeiter der der Verwaltung
Management der personellen Ressourcen	Bürgerdienste	
		Dezernenten
Management von Informationen	Überwachung gesetzlicher Vorschriften	
Bereitstellung handwerklicher Dienstleistungen	Bereitstellung kultureller Leistungen	Interne Ämter/ Gesellschaften/ Eigenbetriebe
Bereitstellung technischer Dienstleistungen	Katastrophenschutz	Behörden
Erarbeitung organisatorischer Lösungen	Abwicklung von Hoch-, Tief- und Gartenbauprojekten	Verbände/ Vereine/ Kirchen
Beschaffung von Arbeitsmitteln	Straßenreinigung und Winterdienst	
Sitzungsdienst	Abfall- und Abwasserbeseitigung	Unternehmen/ Investoren

Abb. 2.3: Prozessmodell der Stadt Pirmasens (Quelle: Institut für Technologie und Arbeit der Universität Kaiserslautern/Stadtverwaltung Pirmasens, 1999, S. 32)

Praxisbeispiel: Neugestaltung von Ablaufprozessen in Pirmasens

Das Prozessmodell bildete die Basis für die Auswahl von Schlüsselprozessen. Die Stadt Pirmasens hat dabei folgende Kriterien herangezogen: Auswirkungen auf (Kunden-)Anforderungen, Einfluss auf das Image der Verwaltung und Verbesserungspotenzial der Prozesse. Anschließend wurden folgende Schlüsselprozesse ermittelt, die Gegenstand der weiteren Betrachtung waren:

- *Strategische Planung*

- *Bürgerdienste (z.B. Ausstellung der Lohnsteuerkarten, Abwicklung von An- und Abmeldungen der Bürger, Kfz-Zulassung)*

- *Handwerkliche Dienstleistungen (z.B. Instandhaltung und Reinigung öffentlicher Flächen und Straßen, Gebäudeunterhalt, Schreinerarbeiten) inklusive Straßenreinigung und Winterdienst*

- *Management der finanziellen Ressourcen (Haushaltsplanung und Budgetierung)*

- *Management von Informationen*

Diese Schlüsselprozesse wurden anschließend unter Berücksichtigung der Kundenanforderungen sowie der definierten Zielsetzungen neu gestaltet. Für die handwerklichen Tätigkeiten wurde beispielsweise eine zentrale Koordination eingeführt. Um die Gestaltungsmaßnahmen bewerten zu können, sollen nach einer Erprobungsphase Mitarbeiter- und Kundenbefragungen durchgeführt sowie Prozesskennzahlen zu Kosten und Nutzen der Neugestaltungsmaßnahmen erarbeitet werden.

Dass eine Neugestaltung von Ablaufprozessen innerhalb der Verwaltung auch ohne eine vorherige Definition von Produkten möglich ist, zeigt das Beispiel der Stadt Pirmasens. Wie in Abbildung 2.3 dargestellt, wurde das Prozessmodell in Support- und Geschäftsprozesse unterteilt und eine Zuordnung zu bestimmten Kundengruppen vorgenommen.

Vor allem beim Prozess „Handwerkliche Dienstleistungen" ist offensichtlich, dass umweltrelevante Gesichtspunkte, etwa bei der Beschaffung und Verwendung von Materialien, dem Verbrauch von Ressourcen oder der Zusammenarbeit verschiedener Dienststellen, eine Rolle spielen können. Wenn bei der Neukonzeption von Prozessen Teilbereiche der zu erfüllenden Aufgaben an private Träger übergeben werden oder mit diesen eine Zusammenarbeit erfolgt (Public-Private-Partnership), besteht im Rahmen der Gewährleistungsverantwortung der öffentlichen Hand sowie einer Privatisierungsfolgenverantwortung die Möglichkeit und gegebenenfalls Notwendigkeit, Umweltschutzgesichtspunkte in Kooperations- und Privatisierungsverträge mit aufzunehmen.

2.5 Budgetierung und dezentrale Ressourcenverantwortung

Die Steuerung durch Zielvereinbarungen wird im Neuen Steuerungsmodell mit der Zuweisung finanzieller Mittel verbunden. Die Summe dieser Mittel bezeichnet man als Budget. Sie orientiert sich an der Gesamtheit der vereinbarten Produkte oder den Produktpreisen und wird auch outputorientiertes Budget genannt (vgl. dazu auch Kap. 7.2). Das Verfahren der Budgetierung im Rahmen der Aufstellung des Haushaltsplans geht von zwei Grundsätzen aus:

- Man kann nicht mehr ausgeben als man einnimmt.

- Die insoweit verfügbaren Mittel sind auf die notwendigen Produkte/Leistungen zu verteilen.

Daraus ergeben sich folgende Fragen:

- Welche beziehungsweise wie viele Leistungen können wir mit den vorhandenen Mitteln finanzieren?

- Welche Leistungen sind am wichtigsten? Welche können/müssen gestrichen werden?

- Welchen (Qualitäts-)Standard dürfen einzelne Leistungen haben?

Praxisbeispiel: Durchführung eines Ziel- und Ressourcencontrollings in Wyk auf Föhr

Die Stadt Wyk auf Föhr hat entsprechend der dargestellten Methode ein Ziel- und Ressourcencontrolling durchgeführt. An die Gewichtung des Produktkatalogs nach politischen Prioritäten schlossen sich Überlegungen an, in welchem Grad die produktbezogen angemeldeten Haushaltsmittel tatsächlich zur Zielerreichung des jeweiligen Produkts beitragen. Daraus ergab sich an einer bestimmten Stelle der Prioritätenliste

*eine Budgetschnittlinie, unterhalb derer keine Mittel für Produkte mehr vorhanden
waren, die verfügbare Finanzmasse also aufgebraucht war.*

*Aufgabe war nun, beginnend mit den am wenigsten relevanten Produkten, die
Leistungsniveaus im Rahmen der Mittelanwendungen stufenweise so weit abzusen-
ken, bis mindestens alle Pflichtleistungen finanzierbar waren. Stellte die Stadt beispielsweise fest, dass Leistungen auf einem hohen und damit teuren (Qualitäts-)Ni-
veau erbracht werden, aus Sicht der Leistungsempfänger dafür jedoch nur ein geringer Bedarf besteht, senkte sie deren Leistungsniveau und die Ressourcenintensität.
Dadurch ließ sich in Wyk die Verwaltungstätigkeit so steuern, dass das Niveau der
Leistungen, ihre Bedarfsdringlichkeiten sowie ihre Ressourcenintensität in einem an-
gemessenen Verhältnis zueinander stehen (vgl. Arbeitsgruppe Neue Steuerung,
1999, S. 179).*

Das Bilden von Budgets ist in der Regel auch mit Sparauflagen verbunden. Durch
die globale Vergabe der Mittel soll eine so genannte Effizienzrendite in Höhe von
zwei oder drei Prozent erwirtschaftet werden.

Im Gegenzug erhalten die Verwaltungen einen gewissen Spielraum bei der
Budgetbewirtschaftung. Sie können also selbst entscheiden, wie viele Mittel sie wo
einsetzen wollen, um die vereinbarten Ergebnisse zu errei-
chen. Ein fiktives Beispiel soll dies verdeutlichen: Aus Si-
cherheitsgründen muss die Hecke an einer Straßenkreu-
zung geschnitten werden. Der Hausmeister beantragt beim
Haushaltsreferat deshalb die Bewilligung einer neuen He-
ckenschere. Der entsprechende Haushaltstitel für Sachaus-
gaben ist für dieses Jahr aber schon verbraucht. Da der He-
ckenschnitt gleichwohl dringlich und im Titel für Aufträge an Externe noch Geld
vorhanden ist, wird ein externes Gartenbauunternehmen für diese Aufgabe hinzugezogen. Die Bindung an eine vorgegebene Haushaltstitelstruktur (sachliche
Spezialität) erweist sich in diesem Fall als unwirtschaftlich. Vermeiden lässt sich
dies nun durch die globale Vorgabe eines Budgets für das Gesamtprodukt „Unterhaltung und Pflege der Einrichtungen" sowie die Ermächtigung der Verwaltung
zur dezentralen Ressourcenverantwortung im Rahmen der vereinbarten Ziele.
Der ganzheitliche Ansatz der Budgetierung kann darüber hinaus auch dazu dienen, integrative und medienübergreifende Gesichtspunkte des Umweltschutzes
besser zu verwirklichen.

> **Globale Mittelvergabe
> eröffnet Spielräume
> bei der Budgetbewirt-
> schaftung.**

Im Rahmen von Ziel- beziehungsweise Budgetvereinbarungen werden häufig
auch Anreize für zielbewusstes Verhalten aufgenommen. Als Anreiz für zielbewusstes Verhalten können einzelne Dienststellen Einspa-
rungen, die durch eine Managementleistung erzielt wurden, zu einem Teil für sonstige Zwecke verwenden. Dies ist
nicht der Fall, wenn Minderausgaben beispielsweise deshalb erreicht werden, weil der Streudienst im Winter man-
gels Schnee nicht erforderlich war, also keine Managementleistung erbracht wurde.

> **Anreize für Einsparun-
> gen schaffen.**

Ähnlich funktioniert es auch bei Energieeinsparprojekten, wie ein Beispiel aus
dem Energiemanagementbericht 1999 der Landeshauptstadt München anschaulich verdeutlicht.

Praxisbeispiel: Energieeinsparprojekt in München

Im Rahmen eines Energieeinsparprojekts wurde in Münchner Kindertagesstätten und Schulen ein so genanntes Fifty-fifty-Modell eingeführt. Zielsetzung war, durch eine Einbindung der Nutzer Strom-, Wärme- und Wasserverbräuche zu senken und neben den praktizierten baulichen und technischen Maßnahmen weitere Energieeinsparpotenziale auszuschöpfen. Um die Nutzer zu bewusstem Verhalten zu motivieren, bekommt die jeweilige Organisation die Hälfte des von ihr eingesparten Geldbetrags zur Verfügung gestellt.

Im Rahmen der dezentralen Ressourcenverantwortung ist jeweils zu entscheiden, ob die Dezentralisierung der Verantwortung vollständig erfolgen soll beziehungsweise welche Entscheidungen zentralen Organisations- oder Serviceeinheiten vorbehalten bleiben. Im Rahmen der allgemeinen Verwaltungsmodernisierung werden Aufgaben nur dann zentral wahrgenommen, wenn es beispielsweise gilt, spezielles Fachwissen zu bündeln, einheitliche Standards im Interesse der Gesamtverwaltung zu fördern, einen fachbereichsübergreifenden Interessenausgleich zu erzielen oder wenn wirtschaftliche Gründe (z.B. bei Einkaufsgemeinschaften) dafür sprechen.

Unter Umweltschutzgesichtspunkten kann für eine zentrale Verantwortung sprechen, dass bestimmtes Know-how nicht verloren geht, einheitliche Umweltstandards gewahrt werden, ein fachbereichsübergreifender Interessenausgleich stattfindet und sich Vorteile für den Umweltschutz nutzen lassen.

Praxisbeispiel: Pilotprojekt „Kommunales Öko-Controlling" der Stadt Bad Harzburg

Im Rahmen der Überprüfung ihres Beschaffungswesens erstellte die Stadt Bad Harzburg zunächst eine Liste der in den Betriebsstätten vorhandenen und als Gefahrstoffe eingestuften Produkte. Dabei stellte sich heraus, dass es 202 verschiedene Gefahrstoffe gab, von denen nach Aussage der Mitarbeiter nur ein kleiner Teil tatsächlich benötigt wurde. Durch die Etablierung eines Controllingsystems konnte die Gefahrstoffvielfalt auf 79 Produkte reduziert werden. Um die Anforderungen der Gefahrstoffverordnung zu erfüllen und ein erneutes Ansteigen der Gefahrstoffzahl zu vermeiden, legte die Stadt Abläufe sowie Befugnisse detailliert fest und erstellte verbindliche Anweisungen. Von den Mitgliedern der freiwilligen Feuerwehr bis hin zu den Verwaltungsangestellten müssen nun sämtliche Mitarbeiterinnen und Mitarbeiter der Stadt die Verfahrens- und Arbeitsanweisungen befolgen. Handkäufe sind prinzipiell untersagt. Für Produkte, die in Eigeninitiative beschafft werden, gibt es keine Rückerstattung der Ausgaben.

2.6 Berichtswesen

Das Berichtswesen bildet einen Eckpfeiler des Controllings, ermöglicht es doch eine Rückkopplung und Erfolgskontrolle der vereinbarten Ziele. Sie sollten bereits in den Zielvereinbarungen festlegen, wie oft und auf welche Ziele bezogen berichtet werden soll. Das heißt, der Bericht muss aus der Sicht des Berichtsempfängers erstellt werden, um diesem damit Steuerung und Kontrolle des Verwaltungshandelns zu ermöglichen.

Ein guter Bericht enthält keinen „Datenfriedhof", sondern zeichnet sich durch zukunftsorientierte Anregungen und Handlungsempfehlungen aus. Er nimmt zu Abweichungen von den Zielsetzungen Stellung, beschreibt Schwachstellen und Ursachen, soll aber auch Konsequenzen und Lösungsmöglichkeiten aufzeigen. Üblicherweise wird unterschieden zwischen festgelegten Berichtssystemen (Standardberichte), Melde- und Warnsystemen (Ausnahmeberichte) sowie Abruf- und Auskunftssystemen (Bedarfsberichte).

Im Leitfaden „Mitarbeiterorientierte Zielvereinbarungen in der Kommunalverwaltung" (Netzwerk Kommunen der Zukunft, 1999, S. 7) heißt es dazu: „Die Bewertung der Ergebnisse darf nicht nur nach Abschluss der Umsetzungsphase erfolgen. Sie muss diese Phase vielmehr kontinuierlich begleiten und zu den Zeitpunkten stattfinden, die in der Zielvereinbarung gesetzt wurden (Controlling- bzw. Berichtstermine). Die Ergebnisse der kontinuierlichen Bewertung bilden gleichzeitig die Grundlage einer sich anschließenden Zielvereinbarung. Je nach Ergebnis sind zum Beispiel folgende Fragen zu beantworten: Waren die Ziele die richtigen? Waren die getroffenen Maßnahmen geeignet? Gab es externe Einflüsse? Was können wir zukünftig korrigieren? Welche Auswirkungen hat das konkrete Ergebnis?"

Im Rahmen eines Beteiligungscontrollings werden Berichte nicht nur für die Kernverwaltungen, sondern auch für ausgelagerte Betriebe und Gesellschaften entwickelt. Dabei geht es vor allem um die Einbindung aller Beteiligungen in fachliche Ziele der Gesamtverwaltung. Die Gemeindeordnungen sehen einen regelmäßigen Beteiligungsbericht vor, der insbesondere Angaben über den Stand der Erfüllung des öffentlichen Zwecks – dazu gehören auch Gesichtspunkte des Umweltschutzes – durch das Unternehmen enthalten soll (ausführlich zum Beteiligungscontrolling vgl. Kap. 12).

Ebenso wie im allgemeinen Verwaltungscontrolling und im Beteiligungscontrolling erfüllen Berichte im Umweltcontrolling eine wichtige Funktion. Durch die regelmäßige Analyse der Daten und die Ermittlung von Kennzahlen können die Wirksamkeit der ergriffenen Maßnahmen überprüft und gegebenenfalls neue Vorschläge erarbeitet werden. Mittels einer Analyse der statistischen Auswertung durch die Aufstellung von Auffälligkeiten lassen sich Unregelmäßigkeiten bei Entsorgungsvorgängen identifizieren und Handlungsbedarf aufzeigen (vgl. Stadt Bad Harzburg, 1997, S. 42).

Die Berichte sollten neben einem Textteil auch Grafiken und Tabellen beinhalten. Sie tragen zur Verständlichkeit und Übersichtlichkeit bei und machen Abweichungen auf einen Blick deutlich. Besonders aussagekräftig ist ein Bericht, wenn die Daten zueinander ins Verhältnis gesetzt werden (vgl. Kap. 6.4 und 6.5).

2.7 Steuerungskreislauf und Einbeziehung des politischen Vertretungsorgans in Kommunen

Ein gutes Beispiel, wie Kennzahlen, Berichte und Zielvereinbarungen in einen Steuerungskreislauf eingebunden werden können, enthält der KGSt-Bericht

11/1997 zur Sozialhilfe. Weil eine Vielzahl von Kennzahlen die Steuerung erschwert, einigte man sich auf fünf Schlüsselkennzahlen im produktorientierten Haushalt. Diese greifen in aggregierter Form wesentliche steuerungsrelevante Merkmale auf (s. Tab. 2.4).

Schlüsselkennzahlen

Musterstadt 1997	Vergleichsstädte 1997	Interpretation bzw. „Botschaft" für Musterstadt	Zielvereinbarung Musterstadt 1998
Sozialhilfedichte (HLU): 5 %	Ø 7 %	Befriedigende Gesamtsituation	< 4,5 %
Fallzahlenentwicklung gegenüber 1996: +0,5 Prozentpunkte	Ø +0,3 Prozentpunkte	Situation verschlechtert sich = Handlungsbedarf bei der Zugangs-/Abgangssteuerung	Rückgang um 0,5 Prozentpunkte, inbesondere durch Verringerung von Missbrauch
Gesamtkosten je Person während der Bezugszeit: 7.500 €	Ø 6.500 €	Ursache der höheren Kosten: durchschnitt-lich längere Bezugszeiten = Handlungsbedarf bei den Verselbstständigungshilfen	Maximal 60 % der Hilfeempfänger sollen länger als 1 Jahr HLU beziehen < 7.000 €
Struktur- und Prozessqualität: 2. Platz von 14 Vergleichskommunen		Kein Handlungsbedarf	Bei keinem Merkmal mehr als 10 % Qualitätsverlust
Kundenzufriedenheit: Note 2,1	Ø 2,9	Kein Handlungsbedarf	< 2,3

Tab. 2.4:   Schlüsselkennzahlen im produktorientierten Haushalt
             (Quelle: KGSt-Bericht 11/1997)

Die erste Schlüsselkennzahl betrifft die Sozialhilfedichte in der betreffenden Musterstadt, genauer die so genannte Hilfe zum Lebensunterhalt (HLU), die bei fünf Prozent liegt. Für sich allein sagt diese Zahl noch nichts aus. Da die Stadt aber an einem interkommunalen Leistungsvergleichsring teilgenommen hat, weiß man, dass der Durchschnitt der Vergleichsstädte bei sieben Prozent liegt (zweite Spalte). Erst durch diesen Vergleich wird aus der bloßen Zahl eine Information. Die Interpretation beziehungsweise „Botschaft", die sich daraus für unsere Musterstadt ergibt, ist eine befriedigende Gesamtsituation, schneidet sie doch besser ab als der Durchschnitt. Da sie sich in einem ständigen Verbesserungsprozess befindet, ist man mit dieser Leistung aber noch nicht zufrieden und legt deshalb in der Zielvereinbarung fest, die Sozialhilfedichte 1998 auf unter 4,5 Prozent zu senken (letzte Spalte). Ebenso verfährt man bei den anderen Schlüsselkennzahlen.

Man kann nun noch einen Schritt weitergehen und dem politischen Vertretungsorgan (Rat) größere Einflussmöglichkeiten einräumen. Als die Einführung des
Neuen Steuerungsmodells in den Kommunen begann, hatte die KGSt die Abgrenzung der Kompetenzen zwischen Rat und Verwaltung dadurch gekennzeichnet,
dass der Rat sich auf die Festlegung des „Was" (strategische Ziele) beschränken
und der Verwaltung das „Wie" (operative Ausführung) überlassen solle. Einige
Räte zeigten sich davon irritiert, da sie befürchteten, der Verwaltung zu viel Einfluss bei der Umsetzung der Verwaltungsziele überlassen zu müssen. Ein Mittelweg wäre, dem Rat auch einen gewissen Einfluss auf die Umsetzung der Ziele einzuräumen, indem man ihm die Wahl der Kernprozesse überlässt, auf die sich die
Verwaltung konzentrieren soll, um die Zielsetzungen zu verwirklichen. Bezüglich
der Sozialhilfe beispielsweise sind dies Zugangsprüfung / Antragsaufnahme, Hilfeplanung, Transferleistungen nach Bundessozialhilfegesetz (BSHG), Vermittlungsmöglichkeiten / Verselbstständigungshilfen sowie vorbeugende und Strukturhilfen (vgl. KGSt, 1997).

Gehen Sie in ähnlicher Weise vor, wenn sich das Controlling nicht nur auf die
Leistungen der Verwaltung im engeren Sinn (Output), sondern auch auf weitergehende strategische beziehungsweise komplexe Ziele und Wirkungen (Outcome)
beziehen soll. So hat beispielsweise die Stadt Passau 1998 verschiedene Zielfelder
für das politische Wirkungsfeld „Förderung der heimischen Wirtschaft" entwickelt (vgl. Schmithals-Ferrari, 1999). In diesen Zielfeldern wurden die einzelnen
strategischen Ziele mit konkreten Leistungsmaßstäben und -zielen versehen. Zur
Verwirklichung dieser Leistungsziele, wie etwa die Neuansiedlung von drei Betrieben jährlich oder die Schaffung von 500 neuen Arbeitsplätzen im Jahr, wurden
konkrete Maßnahmen vereinbart (s. Abb. 2.4).

Controlling in politischen Wirkungsfeldern

Strategisches Ziel	Leistungsmaßstab (= Kennzahl)	Leistungsziel (= Kennzahlenwert)	Maßnahmen
Wirtschaftsstandort für Investoren attraktiv gestalten	Zahl der neu angesiedelten Betriebe	3 Betriebe jährlich (branchen-unabhängig)	Weiche Faktoren für Ansiedlungen stärken
	Zahl der neuen Arbeitsplätze	500 Arbeitsplätze jährlich	Gewerbesteuersätze in den nächsten 5 Jahren stabil halten
			Berufsbildungszentrum und Gründerzentrum einrichten

Abb. 2.4: Controlling in politischen Wirkungsfeldern
(Quelle: Schmitthals-Ferrari, 1999)

Auch dies erlaubt eine weitergehende Einflussnahme des Rats auf die Art und Weise, wie die Ziele von der Verwaltung umgesetzt und ihr Erfolg gemessen wird. In diesem strategischen Zielsystem für das nach außen orientierte Handeln der Verwaltung könnten auch indirekte Umwelteinwirkungen durch das Verwaltungshandeln Berücksichtigung finden (vgl. dazu ausführlich Kap. 11).

Ebenso wie im allgemeinen Verwaltungscontrolling sollte auch der Rat oder Umweltausschuss beim Umweltcontrolling in den Steuerungs- und Kontrollkreislauf einbezogen werden. Dies kann folgendermaßen geschehen:

- Im Ziel- und Ressourcencontrolling der Stadt Wyk auf Föhr legt die Politik die Rangfolge der Produkte fest. Jede Fraktion vergibt für jedes zu bewertende Produkt eine Bewertungsnote. Die maßgebliche Bedarfsdringlichkeit wird gemäß Fraktionsstärke errechnet. Ebenso wie in diesem Beispiel aus dem allgemeinen Verwaltungscontrolling könnte der Rat oder der Umweltausschuss die Rangfolge der Zielfelder der Umweltpolitik sowie der vorrangig zu bearbeitenden Projekte und Aufgabenbereiche festlegen.

- Der Vergleichsring Abfallwirtschaftsbetriebe des IKO-Netzes der KGSt erfasste in der ersten Projektphase detailliert Mengen und Kosten sämtlicher Aktivitäten der kommunalen Abfallwirtschaftsbetriebe auf der Basis umfassender und detaillierter Kennzahlendefinition und -anwendung. Im zweiten Projektschritt wurde der Umfang des Kennzahlensystems reduziert und bezogen auf acht Müllfraktionen so aufgebaut, dass die wichtigsten Steuerungsinformationen bezüglich der Aufwände, Mengen und Kosten dargestellt und verglichen werden. Dies ähnelt dem Vorgehen bei der Definition von Schlüsselkennzahlen im Rahmen des dargestellten Beispiels aus der Sozialhilfe. Der Rat muss dabei festlegen, welche Informationen ihm für die Steuerung wichtig sind.

In Anlehnung an das vorher dargestellte Beispiel aus dem Bereich Sozialhilfe kann der Rat auch in die Bewertung und Priorisierung von Maßnahmen unter ökonomischen und ökologischen Gesichtspunkten einbezogen werden (vgl. Kap. 11).

Literatur

Arbeitsgruppe Neue Steuerung / Stadt Wyk auf Föhr: Ziel- und Ressourcencontrolling. In: Hill, H. / Klages, H. (Hrsg.): Innovationen durch Spitzenverwaltungen. Eine Dokumentation zum 4. Speyerer Qualitätswettbewerb. Wyk auf Föhr 1998, 1999.

Bundesministerium der Finanzen (BMF) (Hrsg.): Kosten- und Leistungsrechnung, Vorschriftensammlung Bundes-Finanzverwaltung. Bonn 1997.

Bundesministerium des Innern (BMI) (Hrsg.): Moderner Staat – moderne Verwaltung, Kabinettsbeschluss vom 1. Dezember 1999. Bonn 1999.

Hessische Landesanstalt für Umwelt (HLfU) (Hrsg.): Leitfaden Integrierte Managementsysteme. Wiesbaden 1997.

Institut für Technologie und Arbeit der Universität Kaiserslautern / Stadtverwaltung Pirmasens (Hrsg.): Prozessmanagement in der Stadtverwaltung Pirmasens. Pirmasens 1999.

Kammerschen, B.-D. / Kretschmann, H.-D.: Verwaltungscontrolling im Sächsischen Staatsministerium für Umwelt und Landwirtschaft. In: Verwaltung und Management. 5 (1999) Nr. 2.

Kommunale Gemeinschaftsstelle (KGSt) (Hrsg.): Das neue Steuerungsmodell: Definition und Beschreibung von Produkten. Bericht Nr. 8/1994. Köln 1994.

Kommunale Gemeinschaftsstelle (KGSt) (Hrsg.): Steuerung der Sozialhilfe. Bericht 11/1997. Köln 1997.

Landeshauptstadt München, Baureferat (Hrsg.): Energie-Managementbericht. München 1999.

Maurer, M./Korte, R. (KGSt-IKO-Netz): Ziele und Kennzahlen im kommunalen Umweltschutz. VOP 5/2000. Köln 2000.

Netzwerk Kommunen der Zukunft. Eine Gemeinschaftsinitiative der Bertelsmann Stiftung, der Hans-Böckler-Stiftung und der KGSt (Hrsg.): Mitarbeiterorientierte Zielvereinbarungen in der Kommunalverwaltung. 1999.

Schmithals-Ferrari, E.: Balanced Scorecard – Ganzheitliches Ziel- und Berichtssystem. In: Meyer-Teschendorf/Föttinger et al.: Neuausrichtung kommunaler Dienstleistungen. Stuttgart 1999.

Senatsverwaltung für Inneres des Landes Berlin (Hrsg.): Die Reform der öffentlichen Verwaltung in Berlin – eine Zwischenbilanz. Berlin 1999.

Stadt Bad Harzburg (Hrsg.): Leitfaden zum Pilotprojekt der Stadt Bad Harzburg „Kommunales Öko-Controlling". Bad Harzburg 1997.

Theurer, M./Kraibühler, H./Patig, J.: Optimierung von Geschäftsprozessen am Beispiel der Stadt Horb am Neckar. In: Baden-Württembergische Gemeindezeitung (BWGZ), S. 824. 1998.

Wagner, M.: Zielvereinbarungen im Einsatz – Beispiel Ministerium für Umwelt, Naturschutz und Raumordnung Brandenburg. In: Senatsverwaltung Berlin (Hrsg.): Netzwerk Reform. Dokumentation des Bundeskongresses vom 24./25. Juni 1999 in Berlin. Berlin 1999.

Internet

Das Programm der Bundesregierung „Moderner Staat – Moderne Verwaltung" sowie eine Reihe weiterer Informationen finden Sie unter www.staat-modern.de

3. Einführungsstrategie unter Beteiligung der Mitarbeiterinnen und Mitarbeiter

Die Einführung eines Umweltcontrollingsystems muss sorgfältig geplant und durchgeführt werden, wenn Sie es dauerhaft und stabil einrichten wollen. Dies ist erforderlich, da zahlreiche wirtschaftliche, organisatorische, informatorische sowie psychologische Hemmnisse dieses Vorhaben erschweren können. Dieses Kapitel gibt Ihnen daher zum einen Hinweise zur Vorgehensweise bei der Projektplanung, Bestandsaufnahme und endgültigen Einführung eines Umweltcontrollingsystems. Zum anderen steht die Beteiligung der Mitarbeiterinnen und Mitarbeiter an derartigen Projekten im Mittelpunkt. Nur gemeinsam mit Ihren Beschäftigten können Sie Verbesserungspotenziale aufdecken und die nötigen Veränderungen herbeiführen. Themenbezogene Arbeitskreise, das Vorschlagswesen sowie Weiterbildung und Qualifizierung sind geeignete Maßnahmen, mit denen Sie Ihre Beschäftigten in die Entwicklung des Umweltcontrollingsystems integrieren können.

3.1 Einführung eines Umweltcontrollings im Kontext anderer Veränderungsprozesse

Wie alle Veränderungsprozesse in Organisationen orientiert sich auch die Einführung von Umweltcontrolling an den Erfahrungen des „Management of Change" (vgl. z.B. Doppler / Lauterburg, 1998). Ähnlichkeiten bestehen daher beispielsweise zum Vorgehen bei aktuellen Veränderungen, die mit der Verwaltungsreform sowie der Einführung der Kosten- und Leistungsrechnung zusammenhängen. Falls in Ihrer Verwaltung aktuell einer oder mehrere dieser Veränderungsprozesse durchgeführt werden oder bevorstehen, sollten Sie diese und das Projekt Umweltcontrolling, gegebenenfalls unter Berücksichtigung der hier genannten Empfehlungen, aufeinander abstimmen.

Das nachfolgend beschriebene Verfahren ist insbesondere mit der Einführung eines Umweltmanagementsystems kompatibel. Zum einen können Sie im Rahmen der Umsetzung von EMAS die Funktionen des Umweltcontrollings in das Umweltmanagement integrieren, zum anderen sind in beiden Fällen die Projektabläufe ähnlich. Allerdings sind bei der Einführung eines Umweltmanagementsystems nach EMAS oder ISO 14001 eine Reihe zusätzlicher Schritte nötig: Sie müssen zum Beispiel eine dokumentierte Organisation aufbauen, Audits planen und durchführen sowie bei der Teilnahme an EMAS eine Umwelterklärung schreiben (vgl. Kap. 10).

3.2 Initiative für den Aufbau eines Umweltcontrollingsystems

In vielen Fällen sind es engagierte und fachkundige Einzelpersonen, so genannte Promotoren, die ein Umweltcontrollingprojekt initiieren. Sie benötigen dabei sowohl Fach- wie auch Machtpromotoren, also einerseits Menschen, die Fachkenntnisse einbringen und andererseits Personen, die in der Lage sind, wichtige Entscheidungen herbeizuführen und durchzusetzen.

Für den öffentlichen Bereich stellt sich darüber hinaus die wichtige Frage, inwieweit die Einführung eines Umweltcontrollingsystems politisch gewollt ist. Dementsprechend stehen Aufwand und Finanzierbarkeit dem Nutzen und dem politisch Gewollten gegenüber. Eine Organisation, die ein Umweltcontrollingprojekt plant, wird sich die Frage nach dem Nutzen und Erfolg eines solchen Vorhabens rechtzeitig stellen. Daher sollten Sie Motive, Ziele und Erwartungen vorab dokumentieren und vorgesetzte Entscheider und vor allem die Beschäftigten frühzeitig darüber informieren. Dabei ist es besonders wichtig, den Erfolg des geplanten Projekts klar darzustellen, weil es zahlreiche Hemmnisse gibt, welche die Einführung eines Umweltcontrollings erschweren können.

Wirtschaftliche Hemmnisse	Organisatorische Hemmnisse	Informatorische und psychologische Hemmnisse
– Personal-/Stellenabbau	– Personalmangel	– Mangelnde Information der Nutzer bzw. Mitarbeiter über umweltverträglichere Handlungsalternativen
– Finanzierung des Personalaufwands	– Erhöhter Verwaltungsaufwand	
– Fehlende Mittel für Umweltschutzmaßnahmen	– Zersplitterte Zuständigkeiten für Nutzung, Betrieb und Investition	– Informationsflut und widersprüchliche Informationen
– Fehlende haushaltsrechtliche Möglichkeiten für umweltfreundliche Beschaffung und Investitionen	– Aufgeteilte Zuständigkeiten bei Beschaffung	– Fehlende fachliche Qualifikation für den Umgang mit Umweltcontrolling
– Fehlende ökonomische Anreize für umweltverträgliche Verhaltensweisen	– Hierarchische und komplexe Verwaltungsstrukturen mit vielen Schnittstellen	– Fehlende Akzeptanz von Umweltschutzmaßnahmen bei Nutzern und Bediensteten
– Mangelnde Budgetverantwortung	– Mangelnde Verantwortung bei gemeinschaftlich genutzten Liegenschaften sowie bei Unterbringung in Mietobjekten	– Desinteresse bei Nutzern
– Hohe Amortisationszeiten bei niedrigen Energiepreisen	– Verteilte Standorte	– Unzureichende Mitarbeitermotivation

Tab. 3.1: Hemmnisse bei der Einführung von Umweltcontrollingsystemen
(Quelle: UBA, 1999, S. 175, gekürzt)

Den wirtschaftlichen Hemmnissen steht ein nicht unwesentlicher wirtschaftlicher Nutzen gegenüber, der in Kapitel 1.6 dargestellt wurde.

Die organisatorischen Hemmnisse sind im Kontext der in Kapitel 2 beschriebenen Verwaltungsmodernisierung zu sehen. In den letzten Jahren sind in vielen Behörden Organisationsprojekte der Verwaltungsreform, zum Beispiel Kosten- und Leistungsrechnung oder Qualitätsmanagement, eingeführt worden. Zwar haben sich hierdurch erhebliche Synergieeffekte ergeben (vgl. Kap. 2), doch kann es sein, dass die Bereitschaft zu einer weiteren Organisationsentwicklung erlahmt, wenn die vorangegangenen Projekte aus Sicht der Beschäftigten nicht erfolgreich oder eine große Belastung waren. Die Kommunalverwaltungen etwa haben in den letzten Jahren viele Projekte im Rahmen der Verwaltungsmodernisierung umgesetzt, daher ist im Moment eine gewisse Reformmüdigkeit zu beobachten.

Daraus resultieren unter Umständen psychologische Hemmnisse. Wenn Sie die Empfehlungen dieses Kapitels berücksichtigen, sollte es möglich sein, diese sowie die informatorischen Hemmnisse zumindest zu reduzieren.

Der öffentliche Bereich kann aus den Erfahrungen der privaten Wirtschaft lernen, denn dort war die Einführung von pragmatischen und effektiven Umweltcontrollingsystemen – im Gegensatz zu den manchmal bürokratisch umgesetzten Qualitätsmanagementsystemen – in vielen Fällen erfolgreicher. In letzter Zeit sind viele Managementsysteme „integriert" worden, das heißt, dass die Themen Qualität, Umwelt, Sicherheit und gegebenenfalls Arbeitsschutz nun unter einem gemeinsamen Dach organisiert werden. Dabei haben die Verantwortlichen eine zu starke Bürokratisierung vermieden und statt dessen häufig mehr Wert auf die Partizipation der Beschäftigten gelegt. Die Verknüpfung der die Beschäftigten betreffenden Themen mit dem Umweltcontrolling- oder dem Qualitätsmanagementansatz ist ein starker Anreiz für die Mitarbeiterinnen und Mitarbeiter, sich trotz der oben genannten Hemmnisse in ein solches Projekt einzubringen.

Beteiligung der Beschäftigten verringert bürokratische Hemmnisse.

Von zentraler Bedeutung ist, dass die Initiatoren verwaltungsintern vorher bedenken, wer beziehungsweise welches Referat die Zusatzaufgaben, die durch das Projekt entstehen, mit Engagement und Fachkunde umsetzen kann, damit sich dies wiederum motivierend auf die anderen Verwaltungsteile auswirkt.

Die ersten modellhaften Umweltcontrollingsysteme wurden vor allem in Behörden mit der Ressortaufgabe Umweltschutz eingeführt, deren Aufgabe es war, die Umsetzung von EMAS zu betreuen. Von Seiten der Industriebetriebe kam häufiger die Frage, warum denn die Behörden, die das neue umweltpolitische Instrument EMAS so intensiv förderten, es nicht selbst auch einführten. Das Bayerische Umweltministerium sowie die Baden-Württembergische und die Hessische Landesanstalt für Umweltschutz strebten darauf die Übertragung von EMAS auf den behördlichen Bereich an und führten erste Pilotprojekte in den eigenen Behörden durch. Die zuständigen Fachreferate hatten bereits Erfahrungen gesammelt, wie Unternehmen zur Teilnahme an EMAS motiviert werden können. Diese Überzeugungsarbeit musste nun auch innerhalb der Behörden geleistet werden, denn schließlich sind vor allem Pilotprojekte sehr aufwändig. Zudem standen einige der mit ordnungsrechtlichen Aufgaben betrauten Umweltbediensteten diesem neuen, auf Freiwilligkeit basierenden Instrument sehr kritisch gegenüber. Auch die Umweltrelevanz von Behörden und damit die Notwendigkeit von umweltorientierten Controllinginstrumenten im Verwaltungsbetrieb musste erst nachgewiesen werden.

In vielen Fällen wird die Behördenleitung dem Umweltcontrolling positiv gegenüberstehen, da eine große Mehrheit der Bevölkerung den Schutz der Umwelt als eine wichtige, längerfristige politische Aufgabe sieht (vgl. BMU/UBA, 2000). Allerdings ist die Leitungsebene bei der Einführung auf die Unterstützung der Abteilungen und Referate angewiesen.

Alle Beteiligten müssen vom Projektnutzen überzeugt sein.

Darüber hinaus gilt es, die für das Projekt zuständige mittlere Führungsebene (Abteilungs- und Referatsleitungen) für das Vorhaben zu gewinnen. Erst dann kann die Projektplanung und -durchführung erfolgreich sein.

Bei der Initiierung eines Umweltprojekts ist es also entscheidend, dass Sie alle Beteiligten – oberste Leitung, mittlere Führungsschicht und die Beschäftigten – von dem Projektnutzen überzeugen. Besteht Skepsis auf einer Ebene, ist es wichtig, die Kritiker zu „neutralisieren", also deren Haltung von „Widerstand" in „Abwarten" zu ändern. Dann können Sie den Beweis antreten, dass sich ein solches Projekt lohnt.

Im Gegensatz zu vielen Landes- und Bundesbehörden geht im kommunalen Bereich eine Projektinitiative häufig vom Rat aus. Dabei gründet sich der politische Beschluss des Rats zur Einführung von Umweltcontrollingsystemen oft auf schon weitreichende Aktivitäten der Kommunen im Umweltschutz. Viele Kommunen beteiligen sich an der lokalen Agenda 21 oder sind dem Klimabündnis beigetreten, andere wollen sich aufgrund ihrer langjährigen Erfahrung im operativen Umwelt- und Naturschutz durch den Aufbau eines Umweltcontrollingsystems weiterentwickeln. Insbesondere für Kur- und Ferienorte stellen die damit einhergehenden Marketingeffekte auch Wettbewerbsvorteile dar. Hier wird der gleichzeitige ökologische und ökonomische Nutzen besonders deutlich. In jedem Fall sollten auf kommunaler Ebene der Rat, auf Landes- und Bundesebene die zuständigen Ministerien oder gegebenenfalls Parlamentsausschüsse in geeigneter Weise über das anlaufende Projekt informiert und entsprechend der jeweiligen Interessen in die weiteren Planungs- und Arbeitsgänge eingebunden werden.

Rat oder zuständige Ministerien in Projekt einbeziehen.

Die Initiative für Umweltcontrollingsysteme kann von der Politik, von der Behördenleitung, von den Bediensteten und ebenso von den Bürgerinnen und Bürgern ausgehen. Gerade im öffentlichen Bereich kann auch der Personalrat ein entscheidender Machtpromotor sein, insbesondere wenn die Idee von den Mitarbeitern stammt.

Folgende Vorarbeiten können verhindern, dass eine solche Initiative in der Schublade verschwindet:

- ■ Breite Öffentlichkeitsarbeit leisten, damit alle Betroffenen die Notwendigkeit und den Nutzen von Umweltcontrollingsystemen erkennen können:
    - – Motive und Nutzen aufzeigen
    - – Politischen Beschluss herbeiführen
    - – Anreiz für die Beschäftigten sichern

- ■ Behördenleitung zur Unterstützung gewinnen

- ■ Fach- und Machtpromotoren einbeziehen

- ■ Grobkonzeption mit Aufwandsabschätzung erstellen

Die Reihenfolge der einzelnen Schritte muss dabei auf die jeweilige Organisation und Situation zugeschnitten werden. Sie müssen sich auch darüber klar werden, ob Sie sich zunächst nur mit einem Öko-Check Übersicht verschaffen wollen, oder ob Sie von Anfang an die Einführung eines Umweltcontrolling- oder Umweltmanagementsystems anstreben.

- Öko-Check: Einige Behörden werden sich nicht gleich festlegen, da sie vielleicht gegenüber dem Instrument skeptisch sind oder erst aufgrund einer Analyse über das weitere Vorgehen entscheiden wollen. Dort wird zunächst der Beschluss zu einem Öko-Check, gegebenenfalls beschränkt auf die besonders umweltrelevanten Bereiche, getroffen werden (vgl. Kap. 10).

- Umweltcontrollingsystem: Geht es hauptsächlich um die Analyse der internen ökologischen Schwachstellen oder soll der Umweltschutz bei der Einführung des neuen Steuerungsmodells mit berücksichtigt werden, wird das Umweltcontrollingsystem im Vordergrund stehen. Sind bestimmte Schwachstellen besonders gravierend, so kann mit einzelnen Handlungsfeldern des Umweltcontrollings begonnen werden.

  Vorgehensweise hängt von der Situation der Organisation ab.

- EMAS-Teilnahme: Kommt dem externen Imagegewinn eine hohe Bedeutung zu, wird oft die Teilnahme an EMAS angestrebt. Sie fordert den Aufbau eines umfassenden Umweltmanagementsystems sowie regelmäßige Auditierungen. Dabei ist das Umweltcontrollingsystem ein wesentlicher Baustein.

Wichtig ist auch, dass Sie sich über die zu erwartenden Kosten Klarheit verschaffen. Die Tabelle 3.2 hilft Ihnen dabei:

Schritt	Interner Aufwand in Personenmonaten	Interne Kosten (in €)	Externe Kosten (in €)
Öko-Check			
Konzeption			
Aufbau Umweltcontrolling			
Ggf. externe Berater			
Aufbau Umweltmanagement			
Validierung nach EMAS oder Zertifizierung nach ISO 14001 durch Externe			
Gesamt			

Tab. 3.2: Abschätzung von Aufwand und Kosten

Praxisbeispiel: Durchführung eines Umweltmanagementprojekts bei der Stadtverwaltung Nürnberg

Das Gesamtprojekt „Umweltmanagement in der Stadtverwaltung Nürnberg" erforderte insgesamt 1,5 Personenjahre. Darin war die Arbeitszeit der Projektleiterin zu fast 100 Prozent und die weiterer sieben Mitarbeiter des Umweltteams zu je zehn Prozent eingerechnet. Dies entsprach circa 64.000 Euro ohne Gemeinkosten. Hinzu kamen vier Vollzeitmitarbeiter auf ABM-Basis, die mit einem geringen Eigenanteil der Stadt über zwei Jahre vom Bayerischen Umweltministerium finanziert wurden. Insgesamt führte das Projekt zu Einsparungen von circa 135.000 Euro im Jahr (vgl. Stadt Nürnberg, 1999).

Nicht nur die gewerbliche Wirtschaft, sondern auch Behörden oder Betriebe des öffentlichen Rechts können zurzeit noch Förderungen bei der Einführung von Umweltmanagementsystemen in Anspruch nehmen. So werden zum Beispiel in Schleswig-Holstein und Bayern Kommunen unterstützt, die sich am EMAS-System beteiligen wollen. Eine Übersicht zu den Fördermöglichkeiten stellt das Bundesumweltministerium im Internet unter www.bmu.de vor. Wenn alle wichtigen Punkte im Vorfeld geklärt sind, können Sie die Entscheidung für oder gegen die Einführung eines Umweltcontrollings in Ihrer Organisation treffen.

3.3   Projektplanung

Die Einführung eines Umweltcontrollingsystems erfordert Änderungen in der Aufbauorganisation sowie in den Geschäftsprozessen und gliedert sich in vier Phasen.

1. Projektplanung unter besonderer Berücksichtigung der Beteiligung von Mitarbeiterinnen und Mitarbeitern:

   ■ Personalentscheidungen

   ■ Gegebenenfalls Auswahl eines Beraters

   ■ Festlegen der Untersuchungsbereiche und des methodischen Konzepts

   ■ Information über und Beteiligung der Mitarbeiter am Umweltcontrolling

2. Bestandsaufnahme:

   ■ Informationssammlung

   ■ Analyse der Stärken und Schwächen

   ■ Auswertung

3. Einführung des Umweltcontrollingsystems:

   ■ Umweltleitlinien und -ziele

   ■ Organisatorische Verankerung

   ■ Dokumentations- und Berichtssystem

4. Evaluation und Institutionalisierung

Personalentscheidungen

Zu den Personalentscheidungen gehören die Benennung der Beteiligten in einem Steuerungskreis sowie der Projektleitung und die Beauftragung der federführenden Fachverantwortlichen. Eine gute Projektorganisation verteilt die Verantwortung und die Arbeitslast auf mehrere Schultern und definiert klare Aufgabengebiete. Die formelle Projektverantwortung wird häufig bei einem Amts- oder Dienststellenleiter liegen, der zur Beschlussfassung einen Steuerungskreis einberuft, um den Beteiligungsgedanken zu realisieren. Ihr Prinzip sollte dabei sein: So wenig Personen wie möglich, so viele wie nötig. Prinzipiell kann eine kleine Gruppe diese Steuerungsaufgabe einfacher bewältigen, aber jede Organisation hat für die Besetzung ihrer Steuerungsgremien eigene Regeln.

Klare Aufgabengebiete definieren.

Neben dem oder der Projektverantwortlichen sollte der Personalrat und die Frauenbeauftragte einbezogen werden, zudem die Projektkoordination mit beratender Funktion. Gegebenenfalls kommen je nach Themengebiet die Vertreterinnen und Vertreter aus den Arbeitsbereichen des Projekts sowie die externe Beratung hinzu.

Zur tatsächlichen Organisation und Koordination der Projektarbeit ist es notwendig, einen federführenden „Fachpromotor" zu bestimmen, der über die nötigen Kenntnisse verfügt, um ein Umweltcontrolling aufzubauen. Für seine Aufgaben muss eine angemessene Arbeitszeit eingeplant werden, gegebenenfalls ist er im erforderlichen Rahmen von seiner sonstigen Tätigkeit freizustellen.

Umweltcontrolling-Tipp: Personalbedarf klären

Natürlich muss letztlich eine konkrete Person die Aufgaben des Umweltcontrollings übernehmen. Der dafür nötige Zeitbedarf beziehungsweise das Stellenvolumen hängt dabei von der Institution sowie dem Umfang der Verantwortlichkeiten ab. In der Aufbauphase sollte mindestens ein Tag in der Woche, bei größeren Institutionen mindestens eine halbe Stelle eingeplant werden. Aufgrund des Personal- und Stellenabbaus lässt sich diese Forderung oft schwer durchsetzen. Ist zu wenig Personal vorhanden, um die zusätzlichen Aufgaben zu erfüllen, sollten Sie andere Wege der Personalbeschaffung beschreiten. Zum Beispiel können im Rahmen von Praktika und Studienarbeiten Teilaufgaben bearbeitet werden. Doch ist bei externen Lösungen sowie bei der Einbeziehung von Beratern darauf zu achten, dass gleichzeitig im Haus Know-how aufgebaut wird, damit es auch nach dem Weggang der Externen noch zur Verfügung steht.

Weiterhin ist es sinnvoll, für bestimmte Aufgaben Arbeitskreise zu bilden. Dies betrifft zum Beispiel die umweltfreundliche Beschaffung, die Abfallwirtschaft, die EDV-Unterstützung, besondere Produktuntersuchungen oder die interne und externe Kommunikation. Auch hier müssen Sie geeignete Personen auswählen und für eine Mitarbeit gewinnen. Voraussetzung dafür ist außerdem, dass deren Vorgesetzte der Mitarbeit in diesem Arbeitskreis zustimmen. Sicher wird es immer Personen geben, die aufgrund ihrer Funktion am Arbeitskreis teilnehmen, dennoch ist es ratsam, eine offene Ausschreibung vorzunehmen, damit sich die Beschäftigten je nach Interesse an den Arbeitsgruppen beteiligen können.

Abb. 3.1: Projektstruktur im Umweltamt der Stadt Hannover

Auswahl eines Beraters

Der externe Berater kann einerseits durch sein Wissen und andererseits durch seine gruppendynamische Funktion beim Aufbau eines Umweltcontrollingsystems mithelfen. Nicht zuletzt aufgrund der Kosten, die mit der Beauftragung eines Beraters verbunden sind, kommt seiner Auswahl eine hohe Bedeutung zu. Eine gesonderte Liste der Umweltcontrollingberater gibt es nicht. Erfahrungen im Umweltmanagement sind aber ein nützlicher Hinweis auf die Qualifikation eines Beraters.

Praxisbeispiel: Kriterien des Umweltbundesamts bei der Auswahl externer Berater

Das Umweltbundesamt legte für die Auswahl des externen Beraters folgende zentrale Kriterien fest:

1. *Umfangreiche Praxiserfahrungen bei der Einführung von Umweltcontrolling und Umweltmanagement in öffentlichen Verwaltungen und*

2. *Praxiserfahrungen im Bereich Mitarbeiterbeteiligung.*

Da das Umweltbundesamt einen Berater für die Einführung eines Umweltmanagementsystems nach EMAS suchte, waren zusätzlich die folgenden Kriterien von Bedeutung:

3. *Umfangreiche Kenntnisse der Vorgaben von EMAS und ISO 14001 als Grundlage einer möglichen Validierung oder Zertifizierung und*

4. *Validierungen von ähnlichen Organisationen gemäß EMAS oder Zertifizierungen gemäß ISO 14001.*

Zwischen den in Frage kommenden Personen und Organisationen gibt es, soweit keine Referenzlisten vorliegen, nur wenige Unterscheidungsmerkmale:

Zugelassene Umweltgutachter haben öffentliche Anforderungen und akkreditierte Zertifizierer private Anforderungen erfüllt. Beide Gruppen unterliegen einer Überwachung und entsprechen mit hoher Wahrscheinlichkeit den oben angeführten Kriterien 3 und 4.

Umweltgutachter und akkreditierte Zertifizierer, die für die öffentliche Verwaltung, das Kreditwesen oder Versicherungen zugelassen sind, bekunden damit ihre Erfahrung in diesen Bereichen und ihr Interesse, in diesen Branchen zu arbeiten. Sie entsprechen mit hoher Wahrscheinlichkeit den oben angeführten Kriterien 1, 3 und 4.

Durch Einbeziehung von Beratern, die bereits in öffentlichen Verwaltungen tätig waren, sowie die Auswertung der Referenzen von zugelassenen Umweltgutachtern und akkreditierten Zertifizierern lässt sich sicherstellen, dass die Kriterien 1, 3 und 4 erfüllt werden.

Im Anschluss an eine detaillierte Ausschreibung sollten Sie die eingegangenen Angebote daraufhin überprüfen, ob die Bewerber auch Kriterium 2 erfüllen. Doch erst die persönliche Präsentation ermöglicht die Bewertung einer Reihe weiterer Faktoren. So ist zum Beispiel wichtig, dass ein Berater auch hinsichtlich seiner Kommunikationsfähigkeit, Organisationskultur sowie seiner Vorstellung von Mitarbeiterpartizipation und Verwaltungsmodernisierung zu Ihnen passt. Zudem sollte er in der Lage sein, die existierenden Umweltleitlinien zu verstehen und zu vertreten.

Praxiserfahrung und Persönlichkeit sind wichtig bei der Wahl des Beraters.

Eine komplette Liste der Umweltgutachter verwaltet die Deutsche Akkreditierungs- und Zulassungsgesellschaft für Umweltgutachter GmbH (DAU). Viele Umweltgutachter und Zertifizierer sind, zum Teil mit einer besonderen Abteilung, auch als Berater tätig, daher hilft Ihnen diese Zusammenstellung dabei, sich einen ersten Überblick über die in Frage kommenden Beratungsorganisationen und Personen zu verschaffen. Die Liste der DAU finden Sie als Download auf der Homepage der Industrie- und Handelskammern (www.ihk.de). Sie sollten vor allem jene Umweltgutachter berücksichtigen, die für die Prüfung von Organisationen zugelassen wurden, deren Umweltaspekte mit denen Ihrer Behörde vergleichbar sind. Hierzu zählen zum Beispiel die öffentliche Verwaltung sowie das Kredit- und das Versicherungsgewerbe.

Weitere Organisationen und Personen, die von der Trägergemeinschaft für Akkreditierung GmbH (TGA) zur Zertifizierung von Umweltmanagementsystemen nach ISO 14001 zugelassen sind, finden Sie in der Liste der von der TGA akkreditierten Zertifizierer (www.tga-gmbh.de).

Einige Organisationen der öffentlichen Hand haben sich bereits erfolgreich beim Aufbau eines Umweltcontrollings oder Umweltmanagements beraten lassen. Fragen Sie Kolleginnen oder Kollegen in solchen Organisationen nach ihren Erfahrungen und beziehen Sie dort bekannte Berater in die Auswahl ein. Bei der Beraterauswahl empfiehlt es sich, folgendermaßen vorzugehen:

1. Schritt: Sie können ein Interessenbekundungsverfahren durchführen.

2. Schritt: Aus den Rückmeldungen sollten Sie diejenigen Personen oder Organisationen auswählen, die über die überzeugendste, durch Referenzen ausgewiesene Beratungs- und/oder Begutachtungserfahrung verfügen.

3. Schritt: Diese Personen oder Organisationen werden durch ein detailliertes Schreiben zur Abgabe eines Angebots aufgefordert.

4. Schritt: Prüfen Sie die eingegangenen Angebote und laden Sie die am geeignetsten erscheinenden Anbieter zur persönlichen Vorstellung ein. Die Präsentation sollte der zukünftige Berater persönlich vornehmen, denn nur so können Sie auch den Menschen kennen lernen, der Sie beraten wird. Die Auswahl der Auftragnehmer erfolgt durch ein Gremium, das sich aus folgenden Personen zusammensetzt:

- Die oder der Umweltbeauftragte Ihrer Organisation,

- eine Vertreterin oder ein Vertreter des Controllings,

- die Leitung der Dienststelle, in der das Umweltcontrollingsystem aufgebaut werden soll,

- eine Vertreterin oder ein Vertreter des Personalrats sowie

- eine Vertreterin oder ein Vertreter der Beschaffungsstelle.

Festlegung der Untersuchungsbereiche und Auswahl des methodischen Konzepts

Die Festlegung des Untersuchungsbereichs richtet sich unter anderem nach Ihren personellen Kapazitäten. Große und komplexe Behörden, beispielsweise Kommunen, führen die Methodik häufig zunächst in einem Amt oder in einer Liegenschaft ein, um sie dann mit erprobten Arbeitsmaterialien und Konzepten auf den gesamten Bereich oder schrittweise von Amt zu Amt auszuweiten. Dadurch zieht sich die Einführungsphase aber möglicherweise über mehrere Jahre hin. In einigen kleineren Kommunen wurde trotz der Komplexität in allen Bereichen mit der Einführung begonnen. Dies ist vor allem dann sinnvoll, wenn externe Berater mit bewährten Methodenkenntnissen und Arbeitsmaterialien hinzugezogen werden.

Mittlerweile liegen auch Leitfäden vor, die auf die verschiedenen Funktionsbereiche zugeschnitten sind (vgl. Kap. 13). Sie ermöglichen es, sowohl die Konzeption als auch die Bestandsaufnahme bereits nach einer kürzeren Vorbereitungszeit durchzuführen.

Sie können Umweltcontrolling auch – wie schon erwähnt – nach und nach in den einzelnen Handlungsfeldern (vgl. Kap. 4) einführen und im Lauf der Jahre zu einem Gesamtsystem ausbauen. Je nach der Modernisierungskraft Ihrer Behörde und abhängig von den aktuellen Belastungen können Sie Ihrem Ziel Schritt für Schritt näher kommen. Dabei ist es wichtig, in den jeweiligen Handlungsfeldern wirklich ein Controlling aufzubauen, also nicht nur Maßnahmen zu planen, sondern tatsächlich Daten zu erfassen, Zielvergleiche durchzuführen und gegebenenfalls korrigierend einzugreifen. Sie sollten in jedem einzelnen Handlungsfeld Wert auf einen funktionierenden Verbesserungsprozess legen. Um dieses Ziel zu erreichen, werden Sie auch bei einem solchen Vorgehen planende, ausführende und entscheidende Personen in einer projektbegleitenden Arbeitsgruppe zusammenführen müssen.

Für den Zeitplan ist es sinnvoll, Meilensteine zu definieren. Nach jeder Phase sollte der Steuerungskreis die Aufgabenerfüllung kontrollieren und gegebenenfalls Korrekturmaßnahmen beschließen. Die folgende Tabelle zeigt Ihnen, welche Schwerpunkte es im Projektablauf bei der Einführung von Umweltcontrolling in Bad Harzburg gab.

Termin	Projektmeilenstein
Ende 1993	Planung des Projekts gemeinsam mit einem Beratungsunternehmen, Informationsgespräche Zeit- und Kostenplanung, Förderantrag an das Land Niedersachsen
Oktober 1994	**Projektstart**
Ende 1994	Vorlaufphase, Feinplanung, Informationsgespräche mit relevanten Gruppen
Januar bis Dezember 1995	Möglichst umfassende Untersuchung der Aktivitäten der Kommune auf Umwelteinwirkungen Datenerhebung sowie Dokumentierung der Abläufe zur Erfassung für die EDV, um regelmäßige Neuerfassung zu ermöglichen
Januar bis März 1996	Untersuchung und Bewertung der Relevanz der Umwelteinwirkungen Dokumentierung der Bewertungssystematik
März 1996	**Zwischenbericht**
April bis Juni 1996	Ermitteln von Maßnahmen zur Reduzierung der Umwelteinwirkungen Ressourcenplanung zur Maßnahmenumsetzung
Juli bis Dezember 1996	Festlegung von Zuständigkeiten Erstellen eines Umwelthandbuchs sowie von Verfahrens- und Arbeitsanweisungen
Februar 1997	**Veröffentlichung des Leitfadens „Kommunales Öko-Controlling" als Abschlussbericht**

Tab. 3.3: Projektablauf bei der Einführung von Umweltcontrolling in Bad Harzburg

Information und Beteiligung der Mitarbeiter im Umweltcontrolling

Zur erfolgreichen Einführung des Umweltcontrollingsystems gilt es, sowohl die direkt am Projekt beteiligten Beschäftigten für die Idee zu gewinnen als auch alle anderen vom Nutzen des Projekts zu überzeugen, um sie auf diese Weise zur Mitarbeit zu motivieren.

Die direkt am Projekt beteiligten Beschäftigten sind oft schon durch die ihnen anvertrauten Verantwortlichkeiten motiviert. Sie arbeiten schließlich für einen guten Zweck („Der Umwelt zuliebe"), zudem vertreten sie das Projekt innerhalb der Verwaltung. Besonders sinnvoll ist es, wenn die Umweltthemen mit Beschäftigtenthemen (z.B. aus dem Bereich Arbeitsschutz) verbunden sind. Dies fördert die Motivation und stärkt das Ansehen der Projektmitarbeiter.

Doch kann es zu Enttäuschungen und Demotivation kommen, beispielsweise durch:

- Projektverzögerungen, wenn der Grund nicht verstanden wird,

- nicht anerkannte Mehrarbeit,

- Maßnahmen, die zwar geplant, aber aus fadenscheinigen Gründen nicht umgesetzt werden,

- fehlende Kompetenzen, wenn sich daraus Handlungsunfähigkeit ergibt.

Es ist sehr wichtig, dass Sie während des Projektverlaufs im Steuerungskreis regelmäßig nachfragen, ob die verantwortlichen Mitarbeiterinnen und Mitarbeiter eventuell unzufrieden sind und wenn ja, warum. So können Sie einer Demotivation rechtzeitig entgegenwirken und Projekte oft besser vorantreiben, als durch knappe Zeitpläne und rigide Kontrollen.

Mitarbeitern Feedback ermöglichen.

Sie sollten nicht nur die verantwortlichen Personen, sondern auch sämtliche anderen Mitarbeiterinnen und Mitarbeiter über das Projekt informieren, so dass alle die Projektabläufe verstehen und gegebenenfalls notwendige Arbeiten erledigen können. Dadurch geben Sie auch den nicht unmittelbar Beteiligten die Gelegenheit, ihre Verbesserungsvorschläge einzubringen.

Wenn Sie ein gutes Klima schaffen wollen, sollten Sie einige Aspekte beachten:

- Beteiligung des Personalrats,

- Ermittlung des Nutzens, den Umweltcontrolling für die Beschäftigten hat,

- möglichst große Offenheit im Projekt und die umfassende Information der Mitarbeiterinnen und Mitarbeiter über Pläne, Umsetzungsstand und Erfolge,

- geeignete Qualifizierungsmaßnahmen für die Mitarbeiterinnen und Mitarbeiter sowie

- möglichst vielen Beschäftigten Mitgestaltungsmöglichkeiten bei der Einarbeitung des Umweltcontrollings in den täglichen Arbeitsablauf und in eine passende Aufbauorganisation bieten.

Beteiligung des Personalrats

Die frühzeitige Einbeziehung des Personalrats ist innerhalb eines partizipativen Projekts unerlässlich. Oftmals unterstützen Gewerkschaften und Personalräte den Aufbau von Umweltcontrolling- und Umweltmanagementsystemen, besonders wenn diese auch Vorteile für die Beschäftigten bieten.

Eine Reihe von Projekten wurde durchgeführt, um die Mitwirkungsmöglichkeiten der Personal- oder Betriebsräte auszuloten (vgl. Hans Böckler Stiftung, 1995). Sie können die Einführung von Umweltcontrolling- und Umweltmanagementsystemen auch durch eine Dienstvereinbarung

Den Personalrat frühzeitig beteiligen.

regeln. Eine solche Vereinbarung beinhaltet Verabredungen zu Projektzielen, Projektdauer und -verlauf ebenso wie zur Projektorganisation. In Detailfragen können Sie sich durch die entsprechenden Referate der Gewerkschaften beraten lassen oder sich dort in Sachen Umweltschutz im Betrieb weiterbilden (www.dgb-bildungswerk.de).

Ermittlung des Nutzens für die Beschäftigten

Das Ziel von Umweltcontrolling ist es, den Umweltschutz zu verbessern. Gleichzeitig bringt dieses Führungsinstrument Synergien mit sich, die auch den Beschäftigten Vorteile bringen:

- Die Auswahl, die Lagerung und der Umgang mit Gefahrstoffen aller Art wird systematisiert und richtet sich nach den aktuellen Gesetzen und Vorschriften. Dies führt insgesamt zu mehr Arbeitssicherheit und besserem Gesundheitsschutz, was ein originäres Interesse der Beschäftigten und des Personalrats ist.

- Abläufe werden hinterfragt und gegebenenfalls neu geplant. Dies ermöglicht es den Beschäftigten, Verbesserungen an ihren eigenen Arbeitsplätzen anzuregen und durchzusetzen.

- Bei einer partizipativen Festlegung der Umweltleitlinien haben besonders aktive Beschäftigte und der Personalrat die Chance, diese mitzugestalten.

Sie sollten sich also vor der Einführung eines Umweltcontrollings in einer Verwaltungsorganisation fragen, ob Synergien erreichbar sind und welche Gründe es für die Beschäftigten jenseits des „idealistischen Umweltschutzes" geben könnte, das Projekt zu unterstützen. Oftmals ist die Möglichkeit, individuelle Verbesserungen zu erzielen, ein weit wichtigeres Motivationsargument als der Umweltschutz.

Offenheit im Projekt und umfassende Information der Mitarbeiterinnen und Mitarbeiter

Unbedingte Voraussetzungen für erfolgreiche Projekte, an denen die Beschäftigten wirklich mitarbeiten, sind Offenheit und Transparenz. Informieren Sie daher Ihre Mitarbeiter ehrlich über die Absichten und Hintergründe sowie über die Struktur eines Projekts. Geben Sie auch frühzeitig bekannt, welche Mitwirkungsmöglichkeiten bestehen. Im weiteren Verlauf des Projekts sollten Sie regelmäßig über die erzielten Fortschritte berichten und den Beschäftigten die Möglichkeit geben, ihre Themen anzusprechen.

Nutzen Sie dazu entweder bewährte Informationskanäle, die in Ihrer Organisation bereits vorhanden sind, oder beschreiten Sie einmal ganz neue Wege, um Ihre Mitarbeiter auf den jeweils neuesten Stand zu bringen:

- Die Thematisierung des Projekts bei Personalversammlungen ermöglicht direkte Rückfragen und Anregungen und ist darum als Auftakt sowie zum Abschluss das Mittel der Wahl.

- Existiert eine Mitarbeiterzeitung, kann diese im Projektverlauf Hauptmedium sein und durch aktuelle Aushänge ergänzt werden.

- Das Intranet kann als Diskussionsforum genutzt werden, wenn bereits viele der Mitarbeiter darauf Zugriff haben.

- Ist das Projekt so weit fortgeschritten, dass ganz konkret über Veränderungen einzelner Aufgaben nachgedacht wird, empfehlen sich Dienstbesprechungen oder Teilpersonalversammlungen, um mit den Beschäftigten eines Arbeitsbereichs über die bestehenden Vorschläge zu sprechen. In dieser kleineren Runde werden spezielle Informationen gegeben, Pläne diskutiert und damit Ängste genommen. Die Mitarbeiter lernen den auf ihren Arbeitsplatz bezogenen Nutzen des Projekts kennen, was zu einer Erhöhung der Mitwirkungsbereitschaft führt. Achten Sie darauf, dass an derartigen Besprechungen immer auch die Personalvertretung teilnimmt.

Qualifizierung der Mitarbeiterinnen und Mitarbeiter

Auch in Verwaltungen ist die Fortbildung und Qualifizierung der Mitarbeiter immer ein wichtiges Thema. Sie sollten allerdings beachten, dass in Bezug auf das Umweltcontrolling eine Reihe typischer Qualifizierungsbedarfe auftreten kann:

- Allgemeine Information zum Zweck und zur Funktionsweise von Umweltcontrolling für alle Beschäftigten,

- eine vertiefende Schulung zum Thema Umweltcontrolling für die beteiligten Fachverantwortlichen,

- Schulungen zu einzelnen Themen des Umweltschutzes und anderen Fachthemen, bei denen sich im Verlauf des Projekts Defizite im Fachwissen zeigen,

- Moderationsmethoden für die mit der Leitung der Arbeitsgruppen betrauten Personen sowie für andere Interessierte.

Abhängig von deren Vorbildung kann es auch sinnvoll sein, die Projektleiterin beziehungsweise den Projektleiter gesondert vorab in den Bereichen Projektmanagement und Moderations- oder Präsentationstechniken zu schulen. Bei einem auf Beteiligung orientierten Prozess ist das „Handwerkszeug" Methodenkenntnisse eine große Hilfe. Diese Qualifizierung kann in externen oder internen Fortbildungsveranstaltungen erfolgen, aber auch schon im Rahmen der Ausbildung angestrebt werden.

Mitgestaltung durch die Mitarbeiterinnen und Mitarbeiter

Ihre Mitarbeiter sind die Expertinnen und Experten für die Geschäftsprozesse, niemand weiß so gut wie sie darüber Bescheid. Daher sollten sie schon bei der Erhebung der Abläufe und Prozesse einbezogen werden. Eine solche Untersuchung können Sie im Rahmen von individuellen Befragungen oder (moderierten) Gruppenbesprechungen durchführen.

Zu konfliktträchtigen Themen und Aufgaben Arbeitskreise bilden.

Hilfreich ist es, wenn Sie zu Themen und Aufgaben, die konfliktträchtig sind oder die mehrere Stellen betreffen, Arbeitskreise bilden. Lassen Sie Organisationsmodelle oder Verbesserungsvorschläge in moderierten Sitzungen erarbeiten. Mit diesen Mitteln erhöhen Sie zum einen die Akzeptanz, zum anderen werden die Arbeiten umsetzungsorientierter, da auch die Praktiker zu Wort kommen.

Beziehen Sie Ihre Mitarbeiter gleichfalls bei der Ausformulierung der Umweltleitlinien ein. Die Ausführungen sollten allgemein verständlich und klar sein sowie die für die Beschäftigten relevanten Themen berücksichtigen.

Eine solche Mitgestaltung des Projekts durch die Beschäftigten sichert langfristig den Erfolg des Umweltschutzes im Kleinen. Durch selbst erarbeitete Ergebnisse wächst ihr ökologisches Bewusstsein. Auf diese Weise kann sich eine generelle „ökologische Arbeitskultur" entwickeln. Viele Handlungsweisen, die den Umweltschutz im Kleinen fördern, setzen sich nur durch, wenn sich die Mitarbeiter gegenseitig auf ihr Fehlverhalten aufmerksam machen. So zum Beispiel, wenn der halb volle Farbeimer im Hausmüll landet oder die Heizung über das Wochenende nicht abgestellt wird. Gleichzeitig muss aber sichergestellt sein, dass keine „ökologische Kontrollmentalität" aufkommt.

Achten Sie des Weiteren darauf, dass Sie Verantwortlichkeiten im Projekt nicht nur schaffen, sondern auch entsprechend kontrollieren und würdigen. Dazu müssen Sie die Arbeitsbelastung der Beteiligten berücksichtigen. Prüfen Sie also, ob es notwendig oder sinnvoll ist, einen Mitarbeiter teilweise oder komplett von anderen Tätigkeiten zu befreien, damit er seine speziellen Aufgaben im Bereich Umweltcontrolling erfüllen kann.

Das Ziel aller dieser Anstrengungen besteht darin, ein Umweltcontrollingsystem zu schaffen, das ökologisch effektiv ist und gleichzeitig durch Mitgestaltungsmöglichkeiten und individuellen Zusatznutzen die Zufriedenheit der Mitarbeiter erhöht.

Ein umweltorientiertes Vorschlagswesen fördert das Engagement der Mitarbeiter.

Zur Sicherung eines breiten Engagements trägt entscheidend das Verbesserungsvorschlagswesen im Umweltschutz bei. Die Beschäftigten können ihre Vorschläge bei einem Beauftragten für das Verbesserungsvorschlagswesen oder einem Prüfungs- und Bewertungsausschuss direkt einreichen und umgehen somit den hierarchischen Weg. Zudem werden ihnen häufig finanzielle Anreize gegeben. In Behörden kann dies dazu beitragen, die Eigeninitiative der Mitarbeiterinnen und Mitarbeiter auch nach Ablauf eines Projekts weiter zu stärken.

3.4 Bestandsaufnahme

Die Bestandsaufnahme gliedert sich in die aufeinander aufbauenden Schritte Informationssammlung, Analyse der Stärken und Schwächen sowie Bewertung. Gegenstand der Informationssammlung sind:

- Umweltrelevante Daten und Informationen zu Stoff- und Energieströmen, mit denen die direkten und gegebenenfalls indirekten Umwelteinwirkungen ermittelt werden,

- umweltrelevante Rechtsvorschriften und externe Anforderungen sowie

- umweltrelevante Abläufe.

Wie Sie die Daten erfassen, ist in den Kapiteln 4 und 5 detailliert beschrieben. Dokumentieren Sie immer, woher oder von wem Sie Informationen bekommen haben, denn im Rahmen des Umweltcontrollings werden Sie viele dieser Informationen jedes Jahr wieder benötigen. Zudem sollten Sie die vorliegenden Daten in einer Stoff- und Energiebilanz zusammenfassen. In vielen Fällen ist es außerdem sinnvoll, eine Reihe von Kennzahlen zu bilden und zu bewerten (vgl. Kap. 4 und 5).

Daten in einer Stoff- und Energiebilanz zusammenfassen.

Des Weiteren sollten Sie eine Liste der für Ihre Institution relevanten umweltrechtlichen Vorschriften anfertigen. Oft zeigt sich, dass auch „der Staat selbst" seine eigenen, komplizierten Regelwerke nicht in allen Punkten kennt und anwendet. Andere umweltrelevante externe Anforderungen, zum Beispiel Beschwerden von Nachbarn, sollten Sie ebenfalls auflisten und regelmäßig auswerten.

Berücksichtigen Sie bei der Konzeption des Umweltcontrollingsystems die bisherige Organisation des Umweltschutzes. Wesentlich ist es dabei zu prüfen, welche Ziele es in diesem Bereich bereits gibt, wer bislang verantwortlich war, wer über das Know-how im Umweltschutz verfügt und welche Regelungen (z.B. Gesetze oder Verwaltungsanweisungen) den umweltrelevanten Abläufen zugrunde liegen.

An der Bestandsaufnahme sind viele verwaltungsinterne Akteure beteiligt. In diesem Beziehungsgeflecht müssen Sie sich zurechtfinden, um zu verstehen, welche Motivationen im Spiel sind, und um Handlungsmöglichkeiten zu schaffen. In Abbildung 3.2 sehen sie das Beispiel der Baden-Württembergischen Landesanstalt für Umweltschutz (LfU).

Als Hilfestellung bei der Bestandsaufnahme stehen mittlerweile viele Checklisten zur Verfügung, die einfach ausgewählt oder gegebenenfalls in abgeänderter Form übernommen werden können (vgl. Literatur und Kap. 13). Auch die Kapitel 4 und 5 in diesem Buch geben Ihnen detaillierte Anweisungen für die erstmalige Erfassung von Daten. Zudem finden Sie in diesen beiden Kapiteln Hinweise für die Analyse und Bewertung des Datenmaterials. Ziel der Analyse und Bewertung ist es, Stärken und Schwächen sicher zu erkennen und Optimierungsmöglichkeiten aufzuzeigen.

Datenanalyse und Bewertung zeigt Optimierungspotenziale auf.

Wenn Sie die umweltrelevanten Daten einmal zusammengetragen, analysiert und bewertet haben, ist damit bereits der Grundstein für das spätere Umweltcontrolling gelegt. Sie wissen jetzt, welche Daten bedeutsam sind und woher Sie diese bekommen können. Zudem werden Sie bereits eine Menge Hinweise auf Stärken, Schwachstellen und Verbesserungsmöglichkeiten erhalten haben, die Sie bei der Planung Ihres Umweltprogramms gut brauchen können.

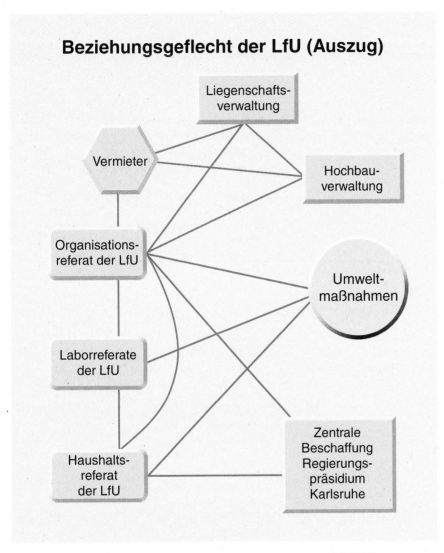

Beziehungsgeflecht der LfU (Auszug)

Liegenschafts-
verwaltung

Vermieter

Hochbau-
verwaltung

Organisations-
referat der LfU

Umwelt-
maßnahmen

Laborreferate
der LfU

Haushalts-
referat
der LfU

Zentrale
Beschaffung
Regierungs-
präsidium
Karlsruhe

Abb. 3.2: Beispiel für ein Beziehungsgeflecht (Quelle: LfU, 1996)

3.5 Einführung des Umweltcontrollingsystems

Zentrale Aspekte für die Einführung des Umweltcontrollingsystems auf Grundlage der von Ihnen erhobenen Informationen sind:

- die Einordnung des Umweltschutzes in das Zielsystem der Behörde,
- die organisatorische Verankerung des Umweltcontrollings in alle Bereiche der Behörde sowie
- das Dokumentations- und Berichtssystem.

Umweltleitlinien und -ziele

Die Einführung von Umweltcontrolling- oder Umweltmanagementsystemen wirft grundsätzlich die Frage auf, welche strategischen Ziele Ihre Organisation damit verfolgt. Basierend auf der politischen Legitimierung des Umweltschutzes

Praxisbeispiel: Umweltleitlinien des Umweltbundesamts

Präambel

Im Leitbild des Umweltbundesamtes setzen sich seine Mitarbeiterinnen und Mitarbeiter zum Ziel,

1. *die natürlichen Lebensgrundlagen zu schützen und zu pflegen,*

2. *die nachhaltige Entwicklung zu fördern und*

3. *den Umweltschutz als Selbstverständlichkeit im Denken und Handeln aller zu verankern.*

Wir verfolgen diese Ziele insbesondere auch in unserem Amt und verwirklichen konsequent, was wir anderen zur Förderung einer dauerhaft umweltgerechten Entwicklung empfehlen. Hierzu nutzen wir ein Umweltmanagementsystem. Als dessen Grundlage dienen unsere Umweltleitlinien.

Zum Selbstverständnis

1. *Das Umweltbundesamt trägt insbesondere durch die Wahrnehmung seiner fachlichen Aufgaben zum Umweltschutz bei. Wir halten die geltenden Umweltschutzbestimmungen ein und verpflichten uns darüber hinaus zu weiteren kontinuierlichen Verbesserungen des Umweltschutzes im Zusammenhang mit unserer Tätigkeit. Wir setzen uns dafür konkrete Umweltziele und bewerten das Erreichte regelmäßig; dabei berücksichtigen wir auch mögliche unerwünschte Umwelteinwirkungen unserer Produkte und Dienstleistungen.*

2. *Die Dienststelle fördert das Verantwortungsbewusstsein und aktive Handeln aller Beschäftigten für den Umwelt- und Gesundheitsschutz.*

Zur Verringerung der negativen Umwelteinwirkungen

3. *Wir beschaffen bevorzugt die in Herstellung, Gebrauch und Entsorgung insgesamt umweltverträglichsten Produkte.*

4. *Wir nutzen Energie, Wasser, Materialien und Flächen sparsam und umweltgerecht.*

5. *Wir tragen dafür Sorge, dass Abfälle vermieden und unvermeidbare Abfälle verwertet oder umweltverträglich entsorgt werden.*

6. *Wir führen unsere Dienstreisen möglichst umweltverträglich durch.*

7. *Wir beziehen unsere Vertragspartner in unsere Aktivitäten zum Umwelt- und Gesundheitsschutz ein.*

Zur Förderung der Transparenz

8. *Wir führen regelmäßig Umweltbetriebsprüfungen durch, veröffentlichen die Ergebnisse und die daraus abgeleiteten Maßnahmen in einer Umwelterklärung und stellen uns damit der öffentlichen Diskussion.*

sollte auch Ihre Behörde Leitlinien zum Umweltschutz in die Behördenleitlinien aufnehmen.

In die Entwicklung und Verabschiedung der Umweltleitlinien sollten Sie die Verwaltungsleitung und die Beschäftigten einbinden. Die Umweltleitlinien, in EMAS und ISO 14001 als Umweltpolitik bezeichnet, sollen eine wichtige Entscheidungsgrundlage werden. Dies können sie aber nur sein, wenn sie die Werte der Beschäftigten und der Verwaltungsleitung wiedergeben und wenn sie spezifisch auf den jeweiligen Verantwortungsbereich zugeschnitten sind.

Praxisbeispiel: Umweltleitlinien der Nymphenburger Schulen

Umweltbildung ist ein wichtiges Element unserer Bildungsarbeit

Wir fördern das Wissen und Bewusstsein unserer Schülerinnen und Schüler für Umweltfragen durch Maßnahmen der Umweltbildung und sensibilisieren sie für machbaren Umweltschutz im eigenen Umfeld. Anhand von Unterrichtsprojekten mit umweltrelevanten Themen verknüpfen wir Theorie und Praxis. Außerunterrichtliche Aktivitäten (Skilager, Projektwoche, Klassenfahrten, Schulfeste, Cafeteria) werden genutzt, um unseren Schülerinnen und Schülern Umweltthemen und den sanften Umgang mit der Natur nahe zu bringen.

Umweltschutz und Umweltvorsorge gehören zum festen Bestandteil unseres Schulbetriebs

... Im Rahmen einer Bestandsaufnahme erfassen wir die aktuelle Umweltsituation an unserer Schule, unter anderem unter den Gesichtspunkten Abfall, Energie, Wasser, Bürobedarf/Unterrichtsmaterial, Essensversorgung, Verkehr und Schulgelände. Wir werten regelmäßig erfasste Daten aus, kritisieren Schwachstellen und entwickeln Ideen zur Verbesserung. Wir fassen mit der Unterstützung externer Fachleute die Ergebnisse der Bestandsaufnahme zusammen, bewerten diese und erarbeiten Maßnahmen zur Umsetzung. Die Ergebnisse werden der Öffentlichkeit vorgestellt. ...

Wir schaffen ein finanzielles Anreizsystem

Um unsere Schülerinnen und Schüler und alle Mitarbeiter unserer Schule zu einem sparsamen Umgang mit Ressourcen zu motivieren, realisieren wir das Einsparkonzept „fifty/fifty": Die Hälfte der durch Verbesserungsmaßnahmen eingesparten Kosten für Energie, Wasser und Abfall wird zugunsten schulbezogener Ausgaben zur Verfügung gestellt.

(Auszug aus der Umweltpolitik der Nymphenburger Schulen, BStMUK, 1999)

Neben der Festlegung der langfristigen, strategischen Ziele ist auch die der kurzfristigen Ziele wesentlicher Bestandteil des Umweltcontrollings. Diese sind nach Möglichkeit in das System der Zielvereinbarungen (vgl. Kap. 2) zu integrieren. Formulieren Sie konkrete und überprüfbare Ziele, die bei den Umwelteinwirkungen ansetzen, bei denen Verbesserungen möglich erscheinen (vgl. Kap. 4).

Organisatorische Verankerung

Zentrale Punkte bei der Verankerung des Umweltcontrollingsystems sind die Aufbau- und Ablauforganisation der stetigen Aufgaben des Umweltcontrollings.

Aufbauorganisation

Die Ausgestaltung der Aufbauorganisation ist von der Projektorganisation zu unterscheiden. Während im Projekt vielfach die Fachbereiche die Federführung übernehmen, zum Beispiel das Umweltamt der Kommune oder das Fachreferat bei der Landesanstalt für Umweltschutz, werden die Aufgaben des Umweltcontrollings zur Verstetigung den Funktionsbereichen zugeordnet, insbesondere der Zentralabteilung. Hier sind die Verantwortlichen für den Verwaltungsbetrieb, die Beschaffung, die Entsorgung und die Hausverwaltung angesiedelt. Auch das Dokumentationswesen gehört dazu.

Ein erfolgreiches Umweltcontrolling erfordert die konstruktive Zusammenarbeit vieler Beschäftigter mit der Verwaltungsleitung und geeigneten Fachleuten, wobei wesentliche Entscheidungen letztlich der Verwaltungsleitung vorbehalten sind. Die Verwaltungsleitung ist dafür verantwortlich, dass Ziele gesetzt und diese Vorgaben erfüllt werden. Auch die Delegierung von Verantwortlichkeiten an geeignete und entsprechend geschulte Mitarbeiterinnen und Mitarbeiter ist Aufgabe der Verwaltungsleitung.

Praxisbeispiel: Umweltschutzverantwortung in der Hessischen Landesanstalt für Umwelt (HLfU)

Die Gesamtverantwortung für den Umweltschutz liegt beim Präsidenten, die Umweltschutzverantwortung innerhalb der Linie ist bei den Abteilungsleitern verankert. Die HLfU etablierte einen Umweltausschuss auf höchster Ebene. Ihm gehören sowohl der Präsident als auch fünf Abteilungsleiter, ein Vertreter des Auditteams, ein Vertreter der Standortzuständigen, ein Vertreter des Gesamtpersonalrats, die Frauenbeauftragte und die Schwerbehinderten-Vertrauensperson an. Der Ausschuss trifft sich einmal pro Quartal und beschließt mit Zweidrittelmehrheit. Die Aufgaben des Umweltausschusses sind:

- *Fortschreibung, Kontrolle, Auswertung und Bewertung der Daten*

- *Aufstellung des HLfU-Umweltprogramms*

- *Betreuung eines Vorschlagswesens für Umweltschutz, Beurteilung der Vorschläge und gegebenenfalls Weiterleitung an die Abteilungsleitersitzung zur Entscheidung*

- *Förderung einschlägiger Fortbildung*

- *Begleitung und Pflege des Umweltmanagementsystems der HLfU*

- *Durchführung der Umweltbetriebsprüfungen sowie Auswertung und Darstellung der Ergebnisse*

- *Überprüfung der Umweltgrundsätze der HLfU*

Umweltausschüsse oder Auditteams unterstützen die inhaltliche Arbeit. Ihre Aufgaben sind wesentlich für die hierarchische Ansiedlung eines Ausschusses in der Organisation und dessen Besetzung. Ist der Umweltausschuss eher ein Steuerungsgremium, dann sollten ihm die Hausleitung sowie die Abteilungsleiterinnen oder Amtsleiter sowie die üblichen Beschäftigtenvertretungen angehören. Hat der Ausschuss eher den Charakter eines Arbeitskreises und ist er dementsprechend mit Beratungs- und/oder Vorschlagsrechten ausgestattet, wird er hierarchisch in der „Werkstattebene" angesiedelt sein.

Ablauforganisation

Für die Behörden gilt es, einen Zyklus zu finden, der sowohl der Umsetzung der Umweltziele dient als auch die saisonale Arbeitsbelastung der Bediensteten berücksichtigt. Insbesondere in Funktionsbereichen mit klarer zeitlicher Aufteilung der Aufgabenausübung sollten Sie die Umweltcontrollingaufgaben an den üblichen Rhythmus anpassen. Für Datenerfassungen ist der Jahresanfang sinnvoll, da das Haushaltsjahr zumeist mit dem Kalenderjahr übereinstimmt.

Abb. 3.3: Ablauforganisation des Umweltcontrollings an der Berufsschule Mindelheim (Quelle: BStMUK, 1999, S. 20)

Dokumentations- und Berichtssystem

Damit ein Controllingsystem seinen Zweck erfüllen kann, müssen Sie die Datenerfassung, die Ziele, die Maßnahmen sowie die Verantwortlichkeiten dokumentieren. Dazu brauchen Sie ein Dokumentations- und Berichtssystem. Dieses System

- ■ macht die Vorgänge im Umweltcontrolling nachvollziehbar,
- ■ dient als Nachschlagewerk für die Beschäftigten und
- ■ verdeutlicht den Beteiligten die Veränderungen und Verbesserungen.

Für eine fehlerfreie Fortschreibung der Daten sind sowohl die Ergebnisberichte als auch Dokumentationen zu Erhebungsart und Bewertungsmethode notwendig. Besonders wesentliche Dokumente des Umweltcontrollings sind die möglichst quantifizierten Umweltzielsetzungen, die jährlich aktualisiert werden müssen.

Diese sollten gemeinsam mit den jeweils verantwortlichen Personen in Zielvereinbarungen überführt werden (vgl. Kap. 2.2).

Entsprechend den gesetzten Zielen und geplanten Maßnahmen wird es notwendig sein, Informationen für die Ausschusssitzungen und Haushaltsplanungen zur Verfügung zu stellen. Hierbei ist zu prüfen, in welchem Rahmen vorliegende Berichte erweiterbar sind und wo besondere, umweltbezogene Berichte entwickelt werden müssen. Eine wesentliche Frage ist die Berichterstattung an die Mitarbeiterinnen und Mitarbeiter sowie an externe Gruppen. Die EMAS-Verordnung schreibt eine Umwelterklärung vor (vgl. Kap. 10). Aber auch Behörden, die sich nicht am EMAS-System beteiligen, können freiwillig einen Umweltcontrollingbericht veröffentlichen (vgl. Kap. 6).

In allen Behörden liegen Organisationshandbücher vor. Es ist zu klären, inwieweit umweltrelevante Abläufe in diese integriert werden können oder ob ein separates Umweltmanagement- oder Umweltcontrollinghandbuch sinnvoller erscheint. Eine besonders genaue Erläuterung der Aufgaben, Zuständigkeiten, förmlichen Verfahren und Abläufe, auch in Verfahrens- und Arbeitsanweisungen, ist dann notwendig, wenn sich die Behörde am EMAS-System beteiligen will.

3.6   Evaluation und Institutionalisierung

Ein Ziel des Einführungsprojekts ist die dauerhafte Aufrechterhaltung der neu eingeführten Umweltcontrollingprozesse und natürlich die kontinuierliche Verringerung der direkten und indirekten Umwelteinwirkungen der Verwaltung. Eine Reihe von Kriterien bestätigen die erfolgreiche Projektdurchführung:

- Die Umwelteinwirkungen wurden verringert, und dies ist in Form von Stoff- und Energiedaten sowie durch Berechnung der Umweltkosten nachgewiesen und dokumentiert.

- Die Motivation zur Mitwirkung am Umweltcontrolling ist hoch und zeigt sich in der Einhaltung von Zusagen und Terminen.

- Die neu eingerichteten Umweltcontrolling-Geschäftsprozesse wurden über ein volles Jahr betrieben.

- Das Umweltcontrolling wurde als Teil eines Umweltmanagementsystems nach EMAS durch einen Umweltgutachter geprüft und die Umwelterklärung validiert.

Prüfen Sie im Rahmen einer Evaluation, ob diese Erfolgskriterien bei Ihnen nachweisbar sind. Ist dies der Fall, können Sie auf Ihre Arbeit zur Veränderung der Verwaltung stolz sein. Zum dann anstehenden Projektabschluss gehört die Auflösung der Projektorganisation und, wenn es gewünscht wird, das Erstellen eines Projektabschlussberichts. Ein solcher Bericht macht besonders dann Sinn, wenn andere Teile Ihrer Verwaltung ebenfalls ein Umweltcontrolling einrichten wollen. Denn für sie ist es hilfreich, auf einen Erfahrungsbericht zurückgreifen zu können. Der Bericht kann kurz sein, sollte jedoch möglichst über die Informationen hinausgehen, die schon in den Leitfäden enthalten sind. Ein Erfahrungsbericht sollte folgende Fragen beantworten:

- Konnten die Projektziele erreicht werden?
- Welcher Aufwand war nötig?
- Welche Erfolge im Umweltschutz konnten schon erzielt werden?
- Welche Hemmnisse waren besonders groß und wer half, sie auszuräumen?
- Auf welche Problembereiche sollte künftig besonders geachtet werden?
- Was waren die Themen der Beschäftigten? Wie wurde damit umgegangen?

Unbedingt sollten Sie zum Projektabschluss einen Beschluss zur Bereitstellung der notwendigen Ressourcen für die Institutionalisierung fassen. Sie müssen dazu festlegen, in welcher Organisationseinheit das Umweltcontrolling zukünftig und dauerhaft angesiedelt werden soll. Des Weiteren empfiehlt es sich, eine Stellen- und eine Finanzplanung zu erarbeiten und zu beschließen.

Literatur

Bayerisches Staatsministerium für Landesentwicklung und Umweltfragen (BStMLU)/Bayerisches Staatsministerium für Wirtschaft, Verkehr und Technologie (BStWVT) (Hrsg.): Integriertes Qualitäts- und Umweltmanagement. München 1999.

Bayerisches Staatsministerium für Landesentwicklung und Umweltfragen (BStMLU) (Hrsg.): Umwelterklärung. München 1997.

Bayerisches Staatsministerium für Landesentwicklung und Umweltfragen (BStMLU) (Hrsg.): Leitfaden Öko-Audit in Kommunen. München 2000.

Bayerisches Staatsministerium für Unterricht und Kultus (BStMUK)/Bayerisches Staatsministerium für Landesentwicklung und Umweltfragen (BStMLU)/Institut für Management und Umwelt (Hrsg.): Umweltaudit an Schulen. München 1999.

Beckröge, T.: Vier Jahre Umweltcontrolling in Bad Harzburg. In: Bundesumweltministerium/Umweltbundesamt (BMU/UBA) (Hrsg.): Umweltcontrolling im Bereich der öffentlichen Hand. Tagungsband zur Tagung am 3. April 2000 in Hannover. Schriftenreihe des IÖW 150/00. Berlin 2000 a.

Bundesumweltministerium/Umweltbundesamt (BMU/UBA) (Hrsg.): Umweltbewusstsein in Deutschland. Ergebnisse einer repräsentativen Bevölkerungsumfrage. Berlin 2000.

Doppler, K./Lauterburg, C.: Change Management. Den Unternehmenswandel gestalten. Frankfurt am Main 1998.

Hans Böckler Stiftung (Hrsg.): Orientierungshilfe „Umwelt-Audit" und Arbeitnehmerbeteiligung. Düsseldorf 1995.

Hessische Landesanstalt für Umwelt (HLfU): HLfU – Umwelterklärung 1997. Wiesbaden.

Landesanstalt für Umweltschutz Baden-Württemberg (LfU): Erster Ökobericht. Karlsruhe 1996.

Stadt Bad Harzburg (Hrsg.): Leitfaden zum Pilotprojekt der Stadt Bad Harzburg „Kommunales Öko-Controlling". Bad Harzburg 1997.

Stadt Nürnberg (Hrsg.): Umweltmanagement in der Stadtverwaltung Nürnberg: Ergebnisbericht des Umweltamtes. Nürnberg 1999.

Umweltbundesamt (UBA) (Hrsg.): Umweltcontrolling im Bereich der öffentlichen Hand (Vorstudie). Texte 8/99. Berlin 1999.

Internet

Weiterbildungsangebote, die besonders die Partizipation der Beschäftigten bei der Einführung von Umweltmanagement berücksichtigen, finden Sie im Internet unter www.dgb-bildungswerk.de

Eine Liste der Umweltgutachter gibt es als Download auf den Internetseiten der Industrie- und Handelskammern: www.ihk.de

Zur Zertifizierung von Umweltmanagementsystemen nach EMAS zugelassene Personen finden Sie unter www.tga-gmbh.de

4. Umweltschutz in einzelnen Handlungsfeldern

Kapitel 4 legt den Schwerpunkt auf das operative Umweltcontrolling. Dabei gilt es, die Prozesse des Verwaltungshandelns so zu gestalten, dass die Umwelteinwirkungen reduziert werden. Wie Sie bei der Lektüre der Unterkapitel feststellen werden, fließen dabei auch Aspekte des strategischen Controllings ein, etwa wenn Kommunen mittels ihres Energiemanagements einen Beitrag zu politisch gesetzten Klimaschutzzielen leisten wollen. Vorrangig geht es jedoch darum, die Umweltleistungen der internen Verwaltungsabläufe kurz- und mittelfristig zu verbessern, sprich die direkten Umwelteinwirkungen des Verwaltungshandelns zu minimieren.

Dies betrifft im Wesentlichen die Handlungsfelder Beschaffung, Gebäude und Liegenschaften, Energie, Wasser, Abfall, Mobilität und Gefahrstoffe. Die Kapitel 4.1 bis 4.7 beinhalten jeweils

- eine kurze fachliche Einführung in die verschiedenen Handlungsfelder,

- Ziele für die einzelnen Handlungsfelder,

- zu beachtende gesetzliche Vorgaben,

- Hinweise zu Möglichkeiten der Informationsbeschaffung,

- Empfehlungen zur Analyse, Bewertung und Erfolgskontrolle sowie

- Maßnahmen zur Minimierung von Umwelteinwirkungen und -kosten.

Bei der Einführung eines Umweltcontrollings ist es nicht zwingend erforderlich, sämtliche der genannten Bereiche gleichzeitig auf- beziehungsweise auszubauen. Sie können sich zunächst auf bestimmte Handlungsfelder wie Gebäude und Liegenschaften, Energie oder Beschaffung beschränken. Insbesondere bei begrenzten Ressourcen aufgrund knapper finanzieller Mittel oder fehlenden Personals kann eine schrittweise Einführung und Aktivierung vorhandener Potenziale zweckmäßig sein.

Bei der Entscheidung über die geeignete Vorgehensweise sollten Sie die Relevanz des jeweiligen Handlungsfelds im Hinblick auf seine Umweltein- und -auswirkungen, die Qualität und den Umfang vorhandener Daten, das Einsparpotenzial sowie die Motivation der Mitarbeiterinnen und Mitarbeiter berücksichtigen. Beginnen Sie mit jenen Organisationseinheiten, die sich freiwillig dazu bereit erklären und bei denen Sie möglichst große Spareffekte und pädagogische Wirkungen erzielen können. Auch werden vermutlich zahlreiche der hier gezeigten Maßnahmen bereits in Ihrer Einrichtung praktiziert, so dass Sie darauf aufbauen können.

Die Einführung des Umweltcontrollings ist auch schrittweise möglich.

Präferenzen hinsichtlich der Maßnahmenplanung in den einzelnen Bereichen werden im Rahmen dieses Handbuchs nur begrenzt aufgestellt. Die Planung ökologischer Optimierungsmaßnahmen hängt von zu vielen Faktoren ab und wird je

nach Ausgangslage in jeder Organisationseinheit unterschiedlich ausfallen. Hilfestellung bieten die in den Kapiteln genannten Arbeitshilfen.

Neben der Frage der technischen Machbarkeit spielen ökonomische Rahmenbedingungen sowie organisatorische Aspekte eine zentrale Rolle. Mit der systematischen Erschließung der dargestellten Bausteine können Sie sowohl ökologische als auch betriebswirtschaftliche Vorteile erzielen. Sie sollten deshalb prüfen,
inwieweit zur Erhöhung der Wirtschaftlichkeit alle gebäudebezogenen Aufgaben
als zentraler Dienst unter einem Dach erfolgen können und welche Voraussetzungen dafür bereits vorliegen. Die zahlreichen Überschneidungen zwischen den Bereichen heben die im Handbuch getroffenen inhaltlichen Abgrenzungen vielfach
ohnehin auf. So stehen die Handlungsfelder Gebäude und Liegenschaften, Energie und Wasser in engem Zusammenhang. Ähnliches gilt für die hier nicht explizit
behandelten Fragen der Emissionsminderung, der Luftreinhaltung und des Lärm-
schutzes, die auch Bestandteile der übrigen Bausteine sind.

4.1 Beschaffung

Öffentliche Einrichtungen vergeben Bauaufträge und kaufen Waren sowie Dienstleistungen ein. Sie bewegen dabei ein Auftragsvolumen von etwa 100 Milliarden Euro im Jahr, wobei konkrete Schätzungen sehr stark variieren. Die umweltfreundliche Beschaffung ist daher heute ein wichtiger Handlungsansatz zur Förderung nachhaltigen Wirtschaftens. Europaweit gibt die öffentliche Hand rund 720 Milliarden Euro für Beschaffung aus (Grünbuch 1996: Das öffentliche Auftragswesen in der Europäischen Union). Dabei lässt der rechtliche Rahmen, der von europäischen Richtlinien über Gesetze der Bundesländer bis hin zu Vergabe- und Verdingungsverordnungen reicht, die Beachtung von Umweltbelangen ausdrücklich zu. Auf ihrer Grundlage können Schulen, Kindergärten, Krankenhäuser, Verwaltungen und andere öffentliche Einrichtungen umweltverträgliche Produkte und Dienstleistungen einkaufen, Ausschreibungen gestalten und Verträge mit Dritten schließen. Hilfreich kann dabei auch ein politischer Beschluss, beispielsweise eines Stadtparlaments, sein, die Beschaffung umweltfreundlich gestalten zu wollen. Um im Rahmen des Umweltcontrollings eine ausreichende Informationsgrundlage für eine umweltfreundliche Beschaffung zu schaffen, müssen zwei Aufgaben erfüllt werden: Es gilt, die Verbrauchsmengen zu ermitteln und Informationen über die Umweltfreundlichkeit der einzelnen Produkte einzuholen. Letztere können durch Umweltkennzeichen wie den „Blauen Engel" oder das „Europäische Umweltzeichen" gewonnen werden. Hilfreich kann es auch sein, Informationen aus Produktökobilanzen mit heranzuziehen.

4.1.1 Die Organisationsebenen der Beschaffung

Traditionell wird die Beschaffung bei Bund, Ländern und Kommunen durch organisatorisch ausgewiesene Beschaffungsstellen wahrgenommen. Diese ermitteln und prüfen den Bedarf und führen Bedarfsmeldungen zusammen. Zu ihren weiteren Aufgaben zählen das Einholen von Angeboten, deren Prüfung sowie die Entscheidung über die Vergabe und die Auftragsabwicklung.

Jede Organisationseinheit ist für die Beschaffung selbst verantwortlich.

Allgemein gilt dabei die Grundregel, dass jede Organisationseinheit für die Beschaffung der von ihr benötigten Waren und Dienstleistungen selbst verantwortlich ist. Dieser Grundsatz ist Ausdruck der dezentralen Ressourcenverantwortung, die besagt, dass sowohl die Verantwortung für den Geschäftsbereich und damit auch für die Beschaffung als auch die Finanzverantwortung bei den einzelnen Organisationseinheiten liegen sollte. Darüber hinaus soll die dezentrale Organisation bewirken, dass die Marktmacht der öffentlichen Hand nicht missbraucht wird.

Aus Gründen der Kosten- und Ablaufeffizienz ist es jedoch sinnvoll, bei jenen Beschaffungsvorgängen, die mehrere Organisationseinheiten betreffen, das eigentliche Einkaufsgeschäft von der Ressourcenverantwortung zu trennen. Das heißt, die dezentrale Beschaffung wird durch eine teilweise Zentralisierung ergänzt, ohne die dezentrale Ressourcenverantwortung der einzelnen Organisationseinheiten einzuschränken.

Ein Sonderaspekt der Beschaffungsorganisation ist für kleine Kommunen zu beachten. Um wirtschaftliche Vorteile zu erzielen, bietet es sich für diese an, Einkaufsgemeinschaften zu bilden. Aufgrund des geringeren und diskontinuierlichen Bedarfs waren sie bisher im Nachteil gegenüber Großstädten. Zur Bündelung der Nachfrage können Sie eine privatrechtliche Beschaffungsgesellschaft gründen oder sich zu Beschaffungsgemeinschaften zusammenschließen, für die in einer der Kommunen ein zentraler Beschaffungsdienst betrieben wird. Beachten Sie aber, dass es bisher noch keine einheitliche Rechtsprechung zur Vereinbarkeit dieser Nachfragegemeinschaften mit dem Wettbewerbsrecht gibt.

Bei kleinen Kommunen Einkaufsgemeinschaften bilden.

4.1.2 Ziele im Handlungsfeld Beschaffung

Im „Handbuch Umweltfreundliche Beschaffung" werden für 111 Produktgruppen Umwelteigenschaften und Umweltziele aufgeführt (UBA, 1999, S. 44). Die Ziele der umweltfreundlichen Beschaffung sind dabei so vielfältig wie die zu beschaffenden Produkte und Dienstleistungen. Tabelle 4.1.1 führt einige Umwelteigenschaften, zugeordnete Umweltziele und beispielhafte Produktgruppen auf.

Umwelteigen-schaft	Umweltziele	Beispiel(e)	Abschnitt
Gehalt an Gefahrstoffen	schadstoffarm	< 15 % Lösemittel (Lacke)	IV.9
	schadstofffrei	kein Cadmium (Batterien)	II.9
Schadstoffe in der Abluft	emissionsarm	< 60 mg NO_x/kWh (Brennwertkessel)	VI.4
Schadstoffe im Abwasser	emissionsarm	Ersatz gewässerschädigender Stoffe in Wasch- und Reinigungsmitteln	VIII.1 und VIII.6
Stromverbrauch	verbrauchsarm	< 30 W Ruhezustand	II.7 Computer
Langlebigkeit	Garantie	3 Jahre (Drucker)	II.6
Verpackung	Abfallvermeidung und -verwertung	Mehrwegverpackungen: Umlaufzahlen recyclinggerechte Verpackungen	XI.2 Verpackungen
Geräusch-emissionen	lärmarm	< 101 dB (A) Schallleistungspegel (Baumaschinen)	IV.5

Tab. 4.1.1: Beispiele von Umwelteigenschaften und Zielen des produktbezogenen Umweltschutzes (Quelle: UBA, 1999, S. 44)

4.1.3 Rechtliche Rahmenbedingungen

Der rechtliche Rahmen für die umweltfreundliche Beschaffung wird durch nationales und in nationales Recht umgesetztes europäisches Haushalts- und Wettbewerbsrecht abgesteckt. Erstmals wurde 1996 die Aufnahme von Umweltschutzgesichtspunkten in das öffentliche Beschaffungs- und Auftragswesen in einem Bundesgesetz verankert. In § 37 Abs. 1 des Kreislaufwirtschafts- und Abfallgesetzes (KrW-/AbfG) heißt es:

„Die Behörden des Bundes (...) haben (...) bei der Gestaltung von Arbeitsabläufen, der Beschaffung oder Verwendung von Material und Gebrauchsgütern, bei Bauvorhaben und sonstigen Aufträgen zu prüfen, ob und in welchem Umfang Erzeugnisse eingesetzt werden können, die sich durch Langlebigkeit, Reparaturfreundlichkeit und Wiederverwendbarkeit oder -verwertbarkeit auszeichnen, im Vergleich zu anderen Erzeugnissen, die zu weniger oder zu schadstoffärmeren Abfällen führen oder aus Abfällen zur Verwertung hergestellt worden sind."

Der zitierte Passus macht deutlich, dass Umweltverträglichkeit ein relatives Kriterium ist, da jede Produktion mit mehr oder weniger großen Umwelteinwirkungen verbunden ist. Die im Gesetz vorgenommene Charakterisierung von umweltverträglichen Produkten gibt jedoch Orientierungshilfen.

Mit dem zum 1. Januar 1999 in Kraft getretenen Vergaberechtsänderungsgesetz (VgRÄG) sind die europarechtlichen Anforderungen des Rechtsschutzes, insbesondere von Bietern, in nationales Recht umgesetzt und die Vergabe europaweit auszuschreibender öffentlicher Aufträge in den vierten Teil des Gesetzes gegen Wettbewerbsbeschränkungen überführt worden. Diese Regelung löste die so genannte haushaltsrechtliche Lösung ab, welche die europarechtlichen Anforderungen der öffentlichen Auftragsvergabe in das Haushaltsgrundsätzegesetz integrierte. Zudem sollten Sie die folgenden nationalen Rechtsgrundlagen für die Vergabe öffentlicher Aufträge beachten:

- Gesetz gegen Wettbewerbsbeschränkungen (GWB)

- Haushaltsgrundsätzegesetz (HGrG)

- Vergabeverordnung (VgV)

- Bundeshaushaltsordnung (BHO)

- Verdingungsordnung für Leistungen – ausgenommen Bauleistungen, besonders Teil A (VOL/A)

- Verdingungsordnung für Bauleistungen (VOB)

- Verdingungsordnung für freiberufliche Leistungen (VOF)

- Landeshaushaltsordnungen (LHO)

- Gemeindehaushaltsverordnungen (GemHVO)

Schwellenwerte

Die Vorschriften zur Vergabe öffentlicher Aufträge sind zweigeteilt. Erreichen die Auftragswerte die Schwelle zur Anwendbarkeit der europäischen Vergabevorgaben, müssen Sie europaweit ausschreiben. Unterhalb dieser Schwellenwerte können Sie auf rein innerstaatliche Ausschreibungen zurückgreifen. Folgende Schwellenwerte wurden festgelegt:

■ Bei Bauleistungen fünf Millionen Euro

■ Bei Dienstleistungen und sonstigen Lieferungen 200.000 Euro

■ Bei freiberuflichen Leistungen 200.000 Euro

Ab Erreichen dieser Schwellenwerte werden die Grundsätze für Ausschreibungsverfahren öffentlicher Aufträge durch das Gesetz gegen Wettbewerbsbeschränkungen geregelt, das Verfahren selbst ist dagegen in der
Vergabeverordnung festgelegt. Die Vergabepraxis regeln
die Verdingungsordnungen VOB, VOL und VOF.

**Verdingungsordnungen
VOB, VOL und VOF
regeln die Vergabe-
praxis.**

Unterhalb der Schwellenwerte findet das Haushaltsrecht Anwendung. So schreiben die BHO, die LHO und die
GemHVO vor, dass öffentliche Aufträge regelmäßig öffentlich ausgeschrieben werden müssen. Auch hier regeln die
Verdingungsordnungen VOB und VOL die Vergabepraxis, allerdings ohne Berücksichtigung der so genannten a)-Paragraphen, die nur für europaweite Ausschreibungen gelten. Die VOF gilt in diesen Fällen nicht, da sie – soweit dies er-
sichtlich ist – noch nicht für Auftragsvergaben unterhalb der EU-Schwellenwerte
für anwendbar erklärt wurde.

Gesetzliche Verankerung von Umweltschutzgesichtspunkten

In der VOL/A verankerte der Gesetzgeber die Beachtung von Umweltschutzgesichtspunkten, damit sie in die Leistungsbeschreibung Eingang finden können. So
soll gemäß § 4 die Markterkundung auch unter Umweltschutzgesichtspunkten erfolgen sowie diese gemäß § 8 ausdrücklich auch beachtet werden. Darüber hinaus
ist im KrW-/AbfG – wie bereits erwähnt – explizit die Aufnahme von Umweltschutzgesichtspunkten in der Beschaffungs- und Vergabepolitik als Pflicht der öffentlichen Hand bundesrechtlich festgeschrieben worden. Ähnliche Regelungen
finden sich in den meisten Landesabfallgesetzen.

Für die Vergabepraxis gilt jedoch sowohl für die Aufträge unterhalb als auch
oberhalb der EU-Schwellenwerte, dass umweltbezogene Vorgaben möglich sind,
wenn sie in der Leistungsbeschreibung des öffentlichen Auftrags ausdrücklich benannt oder wenn wirtschaftliche Vorteile gegeben sind. Mehrpreise aufgrund von
Umweltverträglichkeit sind zulässig, wenn damit kurz-, mittel- oder langfristige
betriebs- oder volkswirtschaftliche Kosteneinsparungen verbunden sind. So ist
beispielsweise der Kauf vergleichsweise teurer, jedoch verbrauchsarmer Elektro-
geräte gerechtfertigt, wenn die Einsparungen im Betrieb die Zusatzkosten über-
kompensieren. Dagegen sind positive volkswirtschaftliche Effekte häufig schwerer zu beziffern. Als Lösungsvorschlag ist die Berücksichtigung eines pauschalen
Umweltbonus in der Diskussion, der einen Mehrpreis der umweltverträglichen
Produkte von zwei bis fünf Prozent als wirtschaftlich ausweist. Der Bonus kann jedoch beträchtlich höher liegen, prüfen Sie daher den konkreten Einzelfall.

Vergabefremde Aspekte

Vergabefremde Aspekte können Sie festlegen, wenn dies in einem Bundes- oder
Landesgesetz ausdrücklich vorgesehen ist (§ 97 Abs. 4 GWB). Über diese Regelung
hinaus verbietet das GWB bei marktbeherrschender Stellung der öffentlichen
Hand, zum Beispiel bei Tiefbauleistungen, solche Aspekte grundsätzlich zu be-

rücksichtigen, da dies weitergehende Anforderungen sind, die sich nicht unmittelbar auf die Leistung beziehen. Beispiele für vergabefremde Aspekte sind etwa bevorzugte Aufträge an Betriebe, die an EMAS teilnehmen, an regionale Anbieter, aber auch die Berücksichtigung von weiteren wirtschafts-, sozial- und arbeitsmarktpolitischen Gesichtspunkten.

Unterhalb der EU-Schwellenwerte ist die Einbeziehung von weitergehenden Anforderungen, zum Beispiel Quali- **Eigene Vorgaben mit** täts- und Umweltmanagement, im Rahmen der Eignungs- **herrschender Geset-** prüfung in bestimmten Fällen möglich. In jedem Fall sollten **zeslage abstimmen.** Sie sich vergewissern, inwieweit Ihre Vorgaben der herrschenden Gesetzeslage entsprechen, um mögliche Rechtsstreitigkeiten zu vermeiden. Dies erfordert eine entsprechende juristische Fachkompetenz, die Sie in Ihrer Beschaffungsstelle ansiedeln sollten.

Zukünftige Entwicklungen im Bereich des öffentlichen Auftragswesens

Im Mai 2000 hat die Kommission der Europäischen Union einen Vorschlag für eine Richtlinie über die Koordination der Verfahren zur Vergabe öffentlicher Aufträge vorgelegt. Die bisherigen Regelungen werden formal vereinfacht und neu gegliedert, indem die drei klassischen Richtlinien für öffentliche Liefer-, Dienstleistungs- und Bauaufträge zu einem Text zusammengeführt werden. Als inhaltliche Änderung wird vorgeschlagen, ein Verhandlungsverfahren einzuführen, bei dem sich in einem „wettbewerblichen Dialog" Auftragnehmer und Auftraggeber bereits in der Planungsphase über Details verständigen können. Der potenzielle Auftragnehmer soll also bereits vor Auftragsvergabe beratend tätig werden können. Weitere Neuerungen bestehen beispielsweise in der Einführung der Auftragsvergabe auf elektronischem Weg mit dem Ziel, die Bearbeitungszeiten zu verkürzen. Auftraggeber haben nun die Möglichkeit, Rahmenvereinbarungen zu schließen, auf deren Grundlage Aufträge vergeben werden können (vgl. Kommission der Europäischen Gemeinschaften, 2000).

EMAS II fordert in Artikel 11 Behörden auf europäischer wie auf nationaler Ebene dazu auf, zu prüfen, ob und wie die Teilnahme an EMAS bei der Kriterienfestlegung in der öffentlichen Beschaffung berücksichtigt werden kann. Damit wird die Förderung der Beteiligung der Unternehmen an EMAS angestrebt.

4.1.4 Informationsbeschaffung

Um die nötigen Informationen im Rahmen des Umweltcontrollings zu beschaffen, müssen Sie Folgendes beachten: Ermitteln Sie zum einen die Verbrauchsmengen. Informieren Sie sich zum anderen unbedingt über die Umweltverträglichkeit der einzelnen Produkte.

Die Erfassung von Verbrauchsmengen

Sie können schon bei der Aufstellung des ökologischen Kontenrahmens (vgl. Kap. 5) die Grundlage für die Erfassung der Verbrauchsmengen in der Beschaffung legen. Richten Sie für Produkte, die unterschiedlich zu bewerten sind, unterschiedliche Konten ein. Erfassen Sie zum Beispiel Recyclingpapiere getrennt von Neupapier, lösemittelarme Farben getrennt von lösemittelhaltigen Lacken.

Nicht alle Gegenstände der Beschaffung werden aber im ökologischen Kontenrahmen enthalten sein. Besonders Einzelprojekte, wie zum Beispiel Bauleistungen, lassen sich nicht aufsummieren. Für solche Gegenstände müssen gegebenenfalls plausible Methoden der Dokumentation gefunden werden. Eine weitere, einfache Methode der Erfolgskontrolle ist, die Umsetzung einzelner Attribute der umweltfreundlichen Beschaffung zu dokumentieren. Erfassen Sie also, nach Möglichkeit in der EDV, welche Projekte bestimmte Kriterien erfüllt haben oder welche Produkte mit „Blauem Engel" Sie beschaffen. Vergleichen Sie von Jahr zu Jahr die Zahl dieser Positionen. Oder ermitteln Sie, welche Aufträge die Anforderungen des „Handbuch Umweltfreundliche Beschaffung" nicht berücksichtigen und versuchen Sie, ihre Anzahl jährlich zu reduzieren. Zur Umweltverträglichkeit von Produkten gibt es eine Fülle von Informationen. Nutzen Sie daher die nachfolgend genannten Quellen.

Handbuch Umweltfreundliche Beschaffung

Zahlreiche öffentliche Einrichtungen arbeiten seit Jahren erfolgreich mit dem erstmals 1987 und in der vierten Auflage 1999 vom Umweltbundesamt herausgegebenen „Handbuch Umweltfreundliche Beschaffung". Es gliedert sich in ein Einführungskapitel sowie in elf sachbezogene Kapitel, die sich an der Organisation des öffentlichen Auftragswesens orientieren. Jedes Sachkapitel ist wiederum in mehrere themenbezogene Abschnitte unterteilt, die Auskunft zu Bedarf, zu Umweltproblemen sowie Produktinformationen geben und Vorschläge für eine umweltfreundliche Beschaffung machen. Dabei wird häufig auf eine umweltbezogene Kennzeichnung von Produkten und Dienstleistungen als Informations- und Entscheidungshilfe verwiesen.

Abb. 4.1.1: „Blauer Engel"

Umweltzeichen

Das bekannteste Umweltzeichen ist der 1977 von den für Umweltschutz zuständigen Ministern des Bundes und der Länder geschaffene „Blaue Engel".

Er zeichnet jene Produkte aus, die im Vergleich zu konventionellen Produkten weniger umweltbelastend sind. Ziel des Umweltzeichens ist, umweltverträglichere Produktalternativen bekannt zu machen und damit die Marktchancen der Produkte zu verbessern. Vergeben wird der „Blaue Engel" auf Antrag und nach eingehender Prüfung im Rahmen einer ganzheitlichen Betrachtung durch die Jury „Umweltzeichen". Dieses Gremium ist aus Vertreterinnen und Vertretern zahlreicher gesellschaftlicher Gruppen zusammengesetzt. Es entscheidet nach fachlicher Vorbereitung durch das Umweltbundesamt und nach Anhörung von Experten auch über die Vergabegrundlagen, denen die Umweltzeichenprodukte entsprechen müssen. Die Vergabegrundlagen wiederum werden regelmäßig entsprechend dem aktuellen Stand der Technik angepasst. Inzwischen wurde der „Blaue Engel" für über 4.000 Produkte in 82 Produktgruppen vergeben (vgl. RAL, 1999). Informationen über die mit dem Umweltsiegel ausgezeichneten Produkte finden Sie im Internet unter www.blauer-engel.de.

Das europäische Umweltzeichen gibt es seit 1992. Es gilt als geprüftes Kennzeichen für die Mitgliedstaaten der Europäischen Union sowie für die Schweiz, Norwegen, Liechtenstein und Island. Das europäische Umweltzeichen findet zunehmend Verbreitung. Gegenwärtig kann es für 15 Produktgruppen beantragt werden, bis Ende 2003 sollen für etwa 30 Produktgruppen entsprechende Vergabegrundlagen vorliegen. Weitere Informationen können Sie auf der Internetseite des europäischen Umweltzeichens http://europe.eu.int/ecolabel abrufen.

Abb. 4.1.2: Europäisches Umweltzeichen

Neben den staatlich organisierten Umweltzeichen „Blauer Engel" und „Europäisches Umweltzeichen" gibt es noch eine Reihe weiterer umweltbezogener Kennzeichen, die teils von unabhängigen Institutionen, teils von den Herstellern selbst vergeben werden. Sie sollen das Bewusstsein für zukunftsfähige Produkte fördern und sind damit ein wichtiger Baustein für den nachhaltigen Konsum. Die Anforderungen an diese Kennzeichen sind manchmal nicht zu erkennen oder werden nicht offen gelegt. Es existieren aber auch Umweltzeichen, unter anderem von Verbänden und privaten Institutionen, deren Vergabepraxis bekannt ist und die zum Teil einen hohen Umweltstandard gewährleisten, so etwa Gütesiegel des Ökologischen Landbaus oder Regionalsiegel, welche die Herkunft des jeweiligen Produkts vermitteln.

Produkte mit Umweltzeichen fördern den nachhaltigen Konsum.

Ökobilanzen

Als weitere Entscheidungshilfe zur Identifizierung umweltverträglicher Produkte können Sie produktbezogene Ökobilanzen heranziehen. Diese werden in der Regel von Unternehmen und seltener vom Staat initiiert. Kennzeichnend für Ökobilanzen ist, dass sie die mit einem Produkt verbundenen Umweltein- und -auswirkungen über seinen gesamten Lebenszyklus einbeziehen. Die Prinzipien, Verfahrensregeln und Anwendungsbereiche sind in der Normenreihe ISO 14040, 14041, 14042 und 14043 geregelt. Ökobilanzen liegen bisher hauptsächlich für die Produktbereiche Verpackungen, Baustoffe, Hygiene / Reinigung, Kunststoffe und Verkehr vor.

Weitere Informationsquellen

Darüber hinaus können Sie sich anhand von Zeitschriften, beim Umwelt-Produkt-Info-Service des Fachinformationszentrums Karlsruhe, bei Beschaffungsdiensten sowie über Branchenbücher und Netzwerke (z.B. das bundesweite Netz von Arbeitskreisen zur Umweltfreundlichen Beschaffung des Bundesverbands für Umweltberatung, bfub) über umweltverträgliche Produkte informieren.

Bauen Sie auch interne Informationswege auf, um die vorhandenen Kenntnisse der Mitarbeiterinnen und Mitarbeiter zu fördern sowie Produkt- und Umweltinformationen weiterzugeben. Als Mittel stehen Ihnen dafür Umlaufverfahren, Handbibliotheken, regelmäßige Besprechungen, Informationstage, interne Schulungen, die Erstellung eines Verwaltungshandbuchs sowie die Nutzung der EDV-Systeme zur Verfügung.

4.1.5 Analyse, Bewertung und Erfolgskontrolle

Angesichts der Vielfalt der beschafften Güter und Dienstleistungen sowie der großen Zahl unterschiedlicher Kriterien der Umweltverträglichkeit ist es nicht leicht, Fortschritte zu dokumentieren. Haben Sie aber erst einmal Informationen zu Menge oder Wert der beschafften Güter sowie zu ihren Umwelteigenschaften zusammengetragen, stehen Ihnen einige Möglichkeiten der Analyse und Bewertung zur Verfügung.

Durch den Vergleich der jeweiligen Mengen von Jahr zu Jahr können Sie kontinuierliche Fortschritte erkennen. Aus den Einzeldaten lassen sich natürlich auch einfache Kennzahlen errechnen, zum Beispiel der Anteil des Recyclingpapiers am Gesamtpapierverbrauch in Prozent oder der prozentuale Anteil nachfüllbarer Tonerkartuschen. Voraussetzung ist jeweils, dass Sie die Unterschiede bei der Planung ihres Kontenrahmens berücksichtigt haben.

Bei der Erfolgskontrolle sollten Sie besonderen Wert darauf legen, dass die Produkte oder Dienstleistungen

- mit dem größten Wert,

- mit der größten Liefermenge und

- mit der größten Ihnen bekannten Umweltrelevanz

auf alle Fälle einbezogen werden. Selbstverständlich ist es zweckmäßig, auch die wichtigsten Umweltziele der Beschaffung in diesen Zusammenhang zu setzen und der Erfolgskontrolle zu unterziehen. Die Umweltziele sollten Sie auch in die Zielvereinbarungen mit den leitenden Mitarbeiterinnen und Mitarbeitern der Beschaffung integrieren.

4.1.6 Maßnahmen im Handlungsfeld Beschaffung

Maßnahmen zur umweltfreundlichen Beschaffung werden schon in vielen Behörden praktiziert (vgl. Tab. 4.1.2). Aufgrund der großen Zahl der verschiedenen Maßnahmen zur umweltfreundlichen Beschaffung können hier nur einige beispielhaft genannt werden. Sie betreffen die Bausteine Vorgaben und Verpflichtungen, Organisation und Verantwortung, Information und Motivation sowie Dokumentation. Um die für Ihre Organisation geeigneten Handlungsansätze zu identifizieren, sollten Sie daher zusätzlich auf entsprechende Leitfäden und Arbeitshilfen zurückgreifen.

Angewandte Instrumente zur Förderung der umwelt-freundlichen Beschaffung in den befragten Bundesbehörden	Anteil der Anwender
Einbeziehung von Umweltanforderungen in Leistungsbe-schreibungen nach der VOL, Teil A	90 %
Erarbeitung von Leitlinien und Empfehlungen zur umwelt-freundlichen Beschaffung, hauptsächlich im Bereich Papier-waren und Bürobedarf	86 %
Berücksichtigung von Umweltanforderungen bei Pachtverträgen (Kantinenbetreiber)	76 %
Einbeziehung von Umweltanforderungen in Leistungsbe-schreibungen nach der VOB, Teil A	63 %
Nutzung des „Handbuch Umweltfreundliche Beschaffung"	62 %
Benennung von Beauftragten für Umweltschutz	62 %

Tab. 4.1.2: Ausgewählte Ergebnisse einer Umfrage zur umweltfreundlichen Beschaffung im Bereich der Bundesbehörden (BMU, 1997, S. 283–286)

Politischer Beschluss

Ein wesentliches Element ist die selbstverpflichtende Bindung an ökologische Standards. Diese können Sie durch einen Beschluss der politischen Ebene und die anschließende Umsetzung durch Erlass einer Dienstanweisung erreichen. Sie können auch bereits vorhandene Vergabeordnungen, Dienstanweisungen und Verwaltungshandbücher ergänzen sowie Beschlussfassungen gegenüber Dritten mittels Satzungen oder Förderrichtlinien geltend machen.

Verankerung von Umweltzielen in Verträgen mit Dritten

Entsprechend Ihrer Selbstverpflichtung zur umweltfreundlichen Beschaffung können Sie auch Vertragspartner durch Festlegungen in Kantinen-, Pacht- und Miet- oder Dienstleistungsverträgen dazu verpflichten, Umweltkriterien zu beachten. Dies kann auch bei Verträgen mit Reinigungsfirmen und Wachdiensten genutzt werden.

Umweltkriterien in Ausschreibungstexten

Bei Ausschreibungsverfahren sollten Sie möglichst schon im Vorfeld der Entscheidungen Umweltkriterien in Ihre Überlegungen einfließen lassen. Es ist unbedingt notwendig, diese Umweltkriterien in den Ausschreibungstexten und dort insbesondere in der Leistungsbeschreibung zu verankern. Die wesentlichen Möglichkeiten hierfür sind:

- die Verankerung des Wunschs nach Umweltverträglichkeit im Vortext,
- die Zulassung von Nebenangeboten oder Änderungsvorschlägen, die nach Ansicht der Anbieter umweltverträglicher sind,
- das Zugrundelegen der Kriterien zur Vergabe des Umweltzeichens „Blauer Engel",
- die Berücksichtigung der Produktkriterien des „Handbuch Umweltfreundliche Beschaffung",
- das Einbeziehen eigener Umweltkriterien,
- die Aufforderung zur Abgabe von Angeboten für Sekundär- oder Recyclingprodukte,
- Auflagen zu technischen Standards,
- Auflage zu den Erklärungen nach der MAK-Liste (MAK = maximale Arbeitsplatzkonzentration) oder der Gefahrstoffverordnung (GefStoffV),
- die Frage nach der Teilnahme an EMAS oder der Zertifizierung nach ISO 14001 sowie
- die Frage nach weiteren Prüfzeugnissen, Unbedenklichkeitsbescheinigungen, Prüfzertifikaten.

Bevor Sie entscheiden, welches Angebot den Zuschlag erhält, müssen Sie eine formale und inhaltliche Wertung vornehmen. Zunächst ist zu prüfen, ob die im Ausschreibungstext genannten Umweltanforderungen vom Anbieter berücksichtigt worden sind. Ist dies der Fall, so müssen Sie zwischen den einzelnen Angeboten abwägen.

Setzen eigener ökologischer Standards

Zur Bewertung der Umweltverträglichkeit von Produkten und Verfahren können Sie auf Umweltzeichen oder Ökobilanzen zurückgreifen. Sie können auch eigene, aus übergeordneten Umweltqualitätszielen abgeleitete ökologische Standards setzen. Damit machen Sie deutlich, was innerhalb Ihrer Organisation als umweltverträglich angesehen wird und mit welchen Bewertungsmaßstäben Sie dies ermitteln. Auf Grundlage dieser Standards können Sie auch konkrete Vorschläge für die umweltfreundliche Beschaffung ableiten.

Weitere methodische Hilfsmittel

Weitere methodische Hilfsmittel, um Beschaffungs- und Vergabeentscheidungen zu bewerten sind:

- die Aufstellung eines allgemeinen Fragenkatalogs an die Umweltverträglichkeit von Produkten, um einen relativen Vergleich durchführen zu können,

- die Aufstellung von Positiv-Anforderungen und Negativ-Ausschlusskriterien, die neben der durch relativen Vergleich zustande gekommenen Rangliste auch den Ausschluss von Produkten ermöglichen,

- die Aufstellung und Durchführung einer Umweltverträglichkeitsprüfung (Beschaffungs-UVP), bei der mit Hilfe von Checklisten und eines formalisierten Verfahrens die Umweltein- und -auswirkungen von Produkten und Verfahren in den Phasen Herstellung, Nutzung und Entsorgung geprüft und bewertet werden,

- die Durchführung einer Input-Output-Analyse, bei der Stoffe oder ganze Produktgruppen entlang ihres Lebenswegs geprüft und in verschiedene Gefährdungsklassen eingestuft werden. Stoffe der größten Gefahrenklasse sollten einer verschärften Genehmigungspflicht unterworfen werden und

- die periodische Erfassung des Lagerbestands und die kontinuierliche Auflistung der Ein- und Ausgänge.

Umweltcontrolling-Tipp: Verbrauch an Reinigungsmitteln reduzieren

Reinigungsmittel sind ein beträchtlicher Mengen- und Kostenfaktor in Verwaltungen. Hier liegen oft hohe Einsparpotenziale. Reduzieren Sie zunächst die Mittelvielfalt. Dazu ist es sinnvoll, die Mittel entsprechend ihres Verwendungszwecks zu unterteilen (Grundreiniger, Wischpflege, Sanitärreiniger, Desinfektionsmittel usw.) und die zugehörigen Verbrauchsmengen zu erfassen. Innerhalb dieser Kategorien reicht meist ein Reiniger aus, für den sich überschaubare Umweltkriterien definieren lassen. Um einen Überblick über den Verbrauch zu bekommen, sollten Sie die Mengen einheitlich in Kilogramm umrechnen. Bei Flüssigreinigern können Sie ungefähr von einer Dichte von einem Kilogramm pro Liter ausgehen. Weitere Angaben, auch zur ökologischen Relevanz, können Sie aus Sicherheitsdatenblättern (vgl. Kap. 4.7) entnehmen oder von ihren Lieferanten erfragen.

Erarbeitung eines Beschaffungshandbuchs

Um das Verfahren zu vereinfachen sowie zu vereinheitlichen, empfiehlt sich die Erstellung eines Beschaffungshandbuchs. Es umfasst alle beschaffungsrelevanten Vorschriften, Richtlinien, Empfehlungen sowie eine Arbeitsanleitung für das Vergabeverfahren. Zusätzlich können Sie auch einen Artikelkatalog erstellen, der eine Übersicht über alle Waren und Dienstleistungen enthalten sollte, die von den Organisationseinheiten direkt beim Lieferanten zu den zentral ausgehandelten Konditionen abgerufen werden können. Die Organisationseinheiten müssen keine zusätzlichen Umweltschutzgesichtspunkte berücksichtigen, da diese bereits beim Vertragsabschluss durch die zentrale Beschaffungseinheit eingeflossen sind.

Praxisbeispiel: Beschaffungsrichtlinien der Stadtverwaltung Hannover

1987 wurden die Mitarbeiterinnen und Mitarbeiter der Stadtverwaltung Hannover mittels einer Dienstanweisung dazu verpflichtet, künftig alle Vorhaben auf ihre Umweltverträglichkeit hin zu prüfen. Der Bereich Beschaffungswesen entwickelte Anbieterfragebögen, die im Vorfeld zur Markterkundung oder als Bestandteil der Ausschreibungsunterlagen verschickt werden. Sie dienen als Grundlage, um ein Produkt über seinen gesamten Lebenszyklus hinweg zu bewerten. Daraus erarbeitete die Stadtverwaltung ein Beschaffungshandbuch, in dem die Produkte mit Bewertungsstufen „+", „0" (= neutral) oder „–" versehen sind. Es dient als Vorgabe für die dezentralen Beschaffungsstellen und gibt Auskunft darüber, welche Produkte gekauft werden können (vgl. Konerding, 1999).

Schulung und Weiterbildung des Personals

Um einen kontinuierlichen Verbesserungsprozess im Bereich umweltfreundliche Beschaffung zu erreichen, ist darüber hinaus die Schulung und Fortbildung der betroffenen Akteure sicherzustellen – angefangen von den Mitarbeitern der zentralen Beschaffungsstellen bis hin zu Hausmeistern und Reinigungskräften. Erschließen und nutzen Sie die Kreativität, das Engagement und das Praxiswissen Ihrer Mitarbeiterinnen und Mitarbeiter durch ein entsprechendes Ideen- und Wissensmanagement.

Umweltcontrolling-Tipp: Tue Gutes und berichte darüber

Wenn Sie umweltfreundlich beschaffen, ist es für die Entscheidungsbasis der politischen Gremien und als Signal für die Öffentlichkeit wichtig, dass Sie Ihre Erfahrungen und Ergebnisse dokumentieren und anderen zugänglich machen. Sie sollten deshalb in Ihren Umweltberichten ein Kapitel zur umweltfreundlichen Beschaffung aufnehmen, in dem Sie getroffene Maßnahmen dokumentieren, Wirkungs- und Erfolgskontrollen nachweisen sowie Ziele formulieren.

Literatur

Bartl, H.: Handbuch Öffentliche Aufträge. Baden-Baden 1998.

Boesen, Arnold et al.: Die Vergabe öffentlicher Aufträge nach VOF und GRW 1995 mit neuem Vergaberechtsschutz. Praktiker-Leitfaden. München 1999.

Bundesumweltministerium (BMU) (Hrsg.): Umweltfreundliche öffentliche Beschaffung. Ergebnisse einer Umfrage. In: Umwelt Nr. 7–8, S. 283–286. Bonn 1997.

Bundesverband für Umweltberatung e.V. (Hrsg.): Info-Pack „Umweltfreundliche Beschaffung", Informationskoffer mit zahlreichen Fachbüchern und aktuellen Informationen. Bremen o.J.

Deutscher Städte- und Gemeindebund (Hrsg.): Fragen, Antworten und Handlungsempfehlungen zum Vergaberecht. Burgwedel 1998.

Eschenbruch, K. et al.: Kommentar zum Vergaberecht. 4. Teil des GWB Vergabeverfahren, Nachprüfungsverfahren und Schadensersatz. Neuwied 2000.

Gilch, H.: Ökologie im Büro. Leitfaden für die umweltfreundliche Beschaffung. Frankfurt/Main 1999.

Kommission der Europäischen Gemeinschaften (2000) (Hrsg.): Vorschlag für eine Richtlinie des Europäischen Parlaments und des Rates über die Koordinierung der Verfahren zur Vergabe öffentlicher Lieferaufträge, Dienstleistungsaufträge und Bauaufträge. KOM (2000) 275 endgültig.

Kommunale Gemeinschaftsstelle (KGSt): Organisation des Einkaufs, KGSt-Bericht (1997) Nr. 1. Köln 1997.

Konerding, R. et al.: Ökologisch orientiertes Beschaffungswesen in Kommunen. Erfahrungen der Landeshauptstadt Hannover. In: UVP-Report (1999) Nr. 2, S. 100ff.

RAL Deutsches Institut für Gütesicherung und Kennzeichnung e.V. (Hrsg.): Der Blaue Engel, Produktanforderungen, Zeichenanwender und Produkte. Sankt Augustin 1999 (kostenlos zu beziehen über das Umweltbundesamt).

Umweltbundesamt (UBA) (Hrsg.): Handbuch Umweltfreundliche Beschaffung. 4. Auflage, Berlin 1999.

Internet

Umweltzeichen Blauer Engel. Gemeinsam präsentiert vom RAL Deutsches Institut für Gütesicherung und Kennzeichnung e.V. und dem Umweltbundesamt: www.blauer-engel.de

Die DIN-Normen sind unter www.din.de sowie über den Beuth-Verlag direkt unter www.beuth.de oder bei folgender Adresse zu beziehen: Beuth Verlag GmbH, Burggrafenstraße 6, 10787 Berlin, Tel.: 0 30/26 01 22 60, Fax: 0 30/26 01 12 60.

Über die Homepage des Global Ecolabelling Network können Sie Kontakt zu internationalen Umweltzeichen aufnehmen, die dem Typ des „Blauen Engels" entsprechen: www.gen.gr.jp

Europäisches Netzwerk Umweltbewusster Kommunaler Beschaffer (Ecoprocura): www.iclei.org/europe (unter „Ecoprocura").

Informationen zum Europäischen Umweltzeichen sind über die Homepage der EU abrufbar: europa.eu.int/ecolabel

Öko-Test-Magazin: www.oekotest.de

Zeitschrift „test" der Stiftung Warentest: www.test.de

4.2 Gebäude und Liegenschaften

Durch eine ganzheitliche und professionelle Bewirtschaftung ihrer Gebäude beziehungsweise Liegenschaften (Facility Management) können öffentliche Verwaltungen beachtliche wirtschaftliche und ökologische Potenziale erschließen. Dabei werden die Verwaltungsgebäude, Schulen oder Sporthallen nicht nur in der Nutzungsphase, sondern über den gesamten „Lebenszyklus" hin betrachtet. Bereits bei der Planung und Bauausführung sollten Sie auf einen möglichst geringen Flächenverbrauch, eine Konstruktion mit hoher Wärmespeicherfähigkeit, den Einsatz gesundheitsverträglicher Baumaterialien und weitere umweltrelevante Aspekte achten. Maßnahmen wie die Begrünung von Dächern und Fassaden zahlen sich sowohl hinsichtlich Wärmedämmung als auch unter stadtökologischen Gesichtspunkten aus. Darüber hinaus sollten Sie im laufenden Betrieb auch auf den Ressourcenverbrauch achten. Die Überwachung und Steuerung des Wasser- und Energieverbrauchs spart Ressourcen und entlastet den Verwaltungshaushalt. Werden alle Handlungsfelder im Rahmen der Gebäude- und Liegenschaftsbewirtschaftung gebündelt und optimiert und kommen die Instrumente des Umweltcontrollings zum Einsatz, lassen sich ökologische Anforderungen gut mit wirtschaftlichen Erfordernissen verbinden.

4.2.1 Bedeutung der Gebäude- und Liegenschaftsbewirtschaftung

Zur Erfüllung öffentlicher Aufgaben ist die Nutzung und Bereitstellung zahlreicher Gebäude und Grundstücke erforderlich. Einrichtungen wie Schulen, Sporthallen oder Verwaltungsgebäude müssen bedarfsgerecht errichtet, betrieben und instand gehalten werden. Dabei ist der haushaltsrechtliche Grundsatz der Sparsamkeit und Wirtschaftlichkeit (vgl. Kap. 7.1) zu beachten.

Traditionell liegt der Fokus zunächst auf den Investitionskosten. Die Erstellung von Gebäuden ist in Hochbaurichtlinien geregelt, die zum Teil auch Erfordernisse des Umweltschutzes beinhalten. Ihr ineffizienter Betrieb verursacht jedoch hohe Kosten und bindet erhebliche Ressourcen.

Effizientes Gebäude- und Liegenschaftsmanagement spart Kosten und Ressourcen.

Das professionelle Gebäude- und Liegenschaftsmanagement, auch als Facility Management bezeichnet, ist der Versuch, Immobilien ganzheitlich zu bewirtschaften. Es umfasst den gesamten Lebenszyklus der Gebäude (mit Grundstücken) einschließlich der dazugehörigen Technik und Infrastruktur, des Inventars und der Dienstleistungen – angefangen mit der Projektierung bis hin zur Verwertung und Revitalisierung der Objekte. Den operativen Bereich des Facility Managements bildet das Gebäudemanagement. Dieses bezieht sich häufig nur auf die aktive Nutzungsphase eines Gebäudes.

Neben technischen und infrastrukturellen Aufgaben stehen dabei betriebswirtschaftliche Gesichtspunkte im Vordergrund, das heißt die Analyse und Optimierung aller kostenrelevanten Vorgänge mit dem Ziel, Potenziale zur Betriebskostensenkung und Wertsteigerung zu erschließen.

An Bedeutung gewinnt die Gebäude- und Liegenschaftsbewirtschaftung nicht zuletzt durch die vielerorts aufgrund fehlender Haushaltsmittel vernachlässigte

Bauunterhaltung öffentlicher Gebäude. Dies wird in absehbarer Zeit zu einem deutlichen Anstieg der Instandhaltungskosten führen. Ebenso bedeutsam ist aber, dass der Bau und Betrieb der Gebäude mit erheblichen Umwelteinwirkungen verbunden ist. Zu diesen zählen:

- Ressourcenverbrauch (Energieträger, Rohstoffe, Wasser)

- Flächenbeanspruchung

- Optische Wirkungen durch die Dominanz baulicher Strukturen

- Emissionen stofflicher Art (Abfall, Abluft, Abwasser)

- Schallemissionen

Aufgabe einer auch in ökologischer Hinsicht effektiven Gebäudebewirtschaftung ist es, diese Umwelteinwirkungen zu minimieren. In die Betrachtung ist nicht nur die aktive Nutzungsphase einzubeziehen, sondern der gesamte Lebenszyklus eines Gebäudes. Erfahrungen in verschiedenen Verwaltungen zeigen, dass mit einer ökologisch optimierten Gebäudebewirtschaftung in bestehenden öffentlichen Gebäuden und Einrichtungen je nach Ausgangslage folgende Einsparpotenziale verbunden sind (vgl. AMEV, 1999, S. 7):

- Bis zu 50 Prozent beim Wärmeverbrauch

- Bis zu 20 Prozent beim Stromverbrauch

- Bis zu 30 Prozent beim Wasserverbrauch

Das Umweltcontrolling ist aufgrund der regelmäßigen Ermittlung der von den Gebäuden und Liegenschaften ausgehenden Umwelteinwirkungen eine wichtige Entscheidungsgrundlage, die auch in die erweiterte Wirtschaftlichkeitsbetrachtung einfließt. So lassen sich beispielsweise notwendige Maßnahmen zur energetischen Gebäudesanierung überzeugend darlegen und anstoßen.

4.2.2 Ziele im Handlungsfeld Gebäude und Liegenschaften

Die Ziele der ökologisch ausgerichteten Gebäudebewirtschaftung leiten sich aus den skizzierten Umwelteinwirkungen und der Notwendigkeit einer ganzheitlichen, den Lebenszyklus der Gebäude umfassenden Betrachtungsweise ab. Hinzu kommen bauökologische und städtebauliche Gesichtspunkte (vgl. BMU/UBA, 2001, S. 483ff.; UBA, 1997, S. 11f.). Beispielhafte Ziele sind:

- Vermeiden Sie bei Bauvorhaben unnötige Umweltbelastungen und Stoffströme: Achten Sie auf einen geringen Flächenverbrauch, einen möglichst geringen Bodenaushub und -abtransport sowie den Einsatz von Baumaterialien und Konstruktionen mit hoher Dämm- und günstiger Wärmespeicherfähigkeit. Hierzu zählt auch die Verwendung gesundheitsverträglicher Baustoffe, wobei im Sinne des Vorsorgeprinzips keine Materialien verbaut werden sollten, deren Gefährdungspotenzial nicht abschließend geklärt ist.

- Das Gebäude sollte möglichst vollständig aus Baustoffen bestehen, die entweder dem Naturstoffkreislauf entnommen sind und auch wieder in ihn eingehen können oder aber aus recyclingfähigen Rohstoffen, die möglichst bereits aus der Sekundärrohstoffproduktion stammen.

■ Beachten Sie generell den Grundsatz, dass der Erhalt und die Sanierung von Gebäuden ökologisch effizienter ist als der Neubau.

■ Optimieren Sie die Liegenschaften in stadtökologischer Hinsicht, etwa durch Dach- und Fassadenbegrünung, möglichst geringe Versiegelung und Regenwasserversickerung vor Ort.

■ Achten Sie auf einen umweltschonenden Betrieb der Gebäude und der übrigen technischen Anlagen durch laufende Überwachung der Energie- und Wasserbedarfe (vgl. Kap. 4.3 und 4.4).

■ Sorgen Sie für die umweltschonende Entsorgung von Bauabfällen.

Das Gebäudemanagement führt verschiedene, oftmals getrennt bearbeitete Aufgaben aus den Handlungsfeldern Energie, Wasser und Abfall zusammen. Sie bauen häufig auf denselben Kommunikationswegen zwischen fachlichen Serviceeinheiten, Hausmeistern und Nutzern auf. So ergeben sich eine Reihe von Vorteilen:

■ Bisher zersplitterte Kompetenzen und damit verbundene Reibungsverluste bei der Wahrnehmung gebäudewirtschaftlicher Leistungen werden aufgehoben und stattdessen die Zuständigkeiten klar und überschaubar geregelt.

■ Es können gemeinsame Zielvorgaben hinsichtlich Nutzung und Bewirtschaftung entwickelt werden.

■ Verbräuche lassen sich zentral erfassen.

■ Die Ressourcenverantwortung kann der raumnutzenden Organisationseinheit zugeordnet werden, was gleichzeitig zu einer erhöhten Kostentransparenz führt.

■ Die Investitionskosten können durch eine optimierte Gebäudeausnutzung minimiert werden. Nicht benötigte Flächen oder energetische Verbesserungen lassen sich mit anstehenden Umbauten und Bauunterhaltungsmaßnahmen identifizieren.

Durch Bündelung und Optimierung der mit dem Gebäudemanagement verbundenen Handlungsfelder und die gleichzeitige Nutzung der Instrumente und Bewertungsmethoden des Umweltcontrollings können Sie

■ einen integrierten Ansatz zur Energie- und Ressourceneinsparung aufbauen,

■ Entscheidungen zu Investitionen im Gebäudebestand auf höchstmöglichem Informationsniveau hinsichtlich des ökologischen und ökonomischen Nutzens treffen,

■ erkennbare Defizite hinsichtlich der ökologischen Ziele in den aktuell vorhandenen Ansätzen zur Gebäudebewirtschaftung beheben und damit

■ die wirtschaftliche Basis der Gebäudebewirtschaftung verbessern und somit

■ den Verwaltungshaushalt entlasten.

Praxisbeispiel: Serviceeinheit Hochbau und Gebäudewirtschaft der Stadt Remscheid

In der Stadtverwaltung Remscheid erfolgte 1997 unter dem Leitgedanken, die Dienstleistung innerhalb der Verwaltung in einem Dienstleistungsdezernat zu konzentrieren, der Wechsel des Hochbauamts aus dem Baudezernat in das Dezernat Finanzen, Bürger und interne Dienstleistungen. Der neue Name „Serviceeinheit Hochbau und Gebäudewirtschaft" bringt die Umorientierung zum Ausdruck. Ziel ist es, optimale haus- und betriebstechnische Voraussetzungen für die kommunale Leistungserstellung zu schaffen, die sowohl nutzungsgerecht und wirtschaftlich als auch ökologisch sinnvoll sind.

Ganzheitliche Gebäudebewirtschaftung

Gebäudeinformation

Karten, Werte, Flächen, Rauminhalte, Ausführung,
Zustand, Nutzung, Zeichnungen,
Planungen, Verbräuche, Verträge

Planen und Bauen

Technisches Management
Baulich technische Unterhaltung, Gebäudeautomation, Energiemanagement, betriebstechnischer Dienst, Strommanagement, Haushandwerker

Zentral,
objektorientiert

**Gebäude-
management**

Ganzheitlich betrachtet
und bearbeitet

Kaufmännische Bewirtschaftung
Controlling, Vertragsmanagement, Grundabgaben, Kostenkontrolle

Zentrale Dienstleistung
Hausmeister, Pförtner
Gebäudereinigung

**Rundum bewirtschaftetes Gebäude, schlüssel-
fertige Gebäude, zufriedene Nutzer**

Karten und Preis pro m³ und
Einzelobjekt, Kosten-
transparenz, Objekt-
transparenz

Abb. 4.2.1: Ganzheitliche Gebäudebewirtschaftung

Insbesondere in den zuletzt genannten Punkten liegen Chancen für die öffentliche Hand, das Gebäudemanagement auch künftig in Eigenregie wirtschaftlich zu betreiben. Eine öffentliche Verwaltung, die über ausreichend eigene Fachkompetenz im Gebäudemanagement verfügt, um ihre Bauherrenaufgaben und die Beratung der Gebäudenutzer qualifiziert wahrnehmen zu können, ist nicht gezwungen, die notwendigen Dienstleistungen an Dritte zu vergeben. Dies spart nicht nur Kosten und Zeit, sondern unterstreicht auch die Vorbildfunktion der öffentlichen Hand im Umweltschutz und sichert Arbeitsplätze.

4.2.3 Rechtliche Rahmenbedingungen

Im deutschen Bauwesen und Anlagenbau gibt es eine Reihe von Normen und Richtlinien, auf denen das Gebäude- beziehungsweise Facility Management aufbaut. Dazu zählt unter anderem das Richtlinienwerk des Deutschen Verbands für Facility Management (GEFMA e.V. – German Facility Management Association). Sein zentrales Ziel ist, Hilfestellung zu geben und zur inhaltlichen Klärung von Bezeichnungen und Tätigkeitsbeschreibungen beizutragen. Vor allem die Reihen „Definitionen und Leistungsbilder" (z.B. Leistungsbild Energiemanagement) sowie „Kostenrechnung" sollten Sie heranziehen. Sie können diese bei der GEFMA bestellen (www.gefma.de / richtlinien).

Darüber hinaus gilt es, zahlreiche gesetzliche Vorgaben zu beachten. Zu ihrer Erfüllung ist es häufig notwendig, den in Form von DIN-Normen oder Richtlinien des Vereins Deutscher Ingenieure (VDI) niedergelegten „Stand der Technik" umzusetzen. Auch diese Regeln sind damit unbedingt zu beachten.

Für Büro- und Verwaltungsgebäude wurden so genannte Funktions- und Nutzungskennzahlen entwickelt. Sie bieten eine Orientierung hinsichtlich des Flächenverbrauchs pro Büroarbeitsplatz. Anhand solcher Belegungsrichtwerte lässt sich auch die Flächenwirtschaftlichkeit eines Gebäudes ablesen. Sie können diese Kennzahlen außerdem zur Berechnung des Investitionsbedarfs für Neubauten heranziehen.

Umweltcontrolling-Tipp: Aussagekräftige Kennzahlen ermitteln

Ein wichtiges Hilfsmittel, um die Wirtschaftlichkeit des Gebäudebetriebs beurteilen zu können, sind Verbrauchskennwerte. Die am häufigsten ermittelten umweltrelevanten Kennzahlen sind die Energieverbräuche je Flächeneinheit (vgl. Kap. 5.3). Um systematisierte Kennwerte zur eigenen Positionsbestimmung zu erhalten, haben sich eine Reihe von Kommunen zur Teilnahme an so genannten Benchmarking-Projekten entschlossen. So sind mehrere nordrhein-westfälische Städte unter Begleitung und Moderation einer privaten Beratungsgesellschaft zu einem „Vergleichsring Gebäudewirtschaft" zusammengeschlossen.

Eine ähnliche Strategie verfolgt der von der Kommunalen Gemeinschaftsstelle für Verwaltungsvereinfachung (KGSt) gegründete Geschäftsbereich „IKO-Netz", der mehrere interkommunale Vergleichsringe initiiert hat. Benchmarking kann dazu beitragen, die Methodik der Datenerhebung zu vereinheitlichen. Beachten Sie allerdings, dass ein simpler Bestmarkenvergleich irreführend ist. Sie müssen gleichfalls individuelle Bedingungen und Unterschiede, etwa bei Gebäudetyp und Nutzungsart, beachten (vgl. zum Thema auch Kap. 5.5).

4.2.4 Informationsbeschaffung

Für ein effizientes Controlling des operativen Geschäfts ist die Entwicklung einer fundierten Daten- und Informationsstruktur erforderlich. Ziel muss sein, mit möglichst wenig Daten sichere Aussagen über mögliche Ursachen der Ressourcenverbräuche zu erhalten. Erforderlich ist eine übergeordnete und DV-gestützte Managementzentrale. Sie muss in der Lage sein, neben der Zugriffsmöglichkeit auf eine statische Bestandsdokumentation mit so genannter CAFM-Funktion (Computer Aided Facility Management) die dynamischen Informationen aus den komplexen Prozessen der Gebäudetechnik zu protokollieren, auszuwerten und in einer Datenbank homogen zu verwalten. Diese Kontrollfunktion sollte Aufgabe der zentralen Dienstleistungseinheit beziehungsweise Bauverwaltung sein und auch bei Vergabe des operativen Geschäfts an externe Dienstleister in Händen der öffentlichen Verwaltung verbleiben.

Übergeordnete und DV-gestützte Managementzentrale aufbauen.

Der notwendige Datenaustausch zwischen den Systemkomponenten der Gebäudeautomation und der übergeordneten Managementebene scheitert oft an der Heterogenität der vorhandenen technischen Infrastruktur. Um solche Kommunikationsbarrieren zu überwinden, hat der Arbeitskreis Maschinen- und Elektrotechnik staatlicher und kommunaler Verwaltungen (AMEV) das firmenneutrale Datenübertragungssystem (FND) entwickelt. Es ist derzeit die einzige herstellerunabhängige Lösung zur Einbindung von größeren Liegenschaften in das Facility Management.

Praxisbeispiel: Innovative Anlagentechnik im Deutschen Bundestag

Entsprechend dem Willen des Deutschen Bundestags wurden bei der Planung und dem Bau der Gebäude im Berliner Spreebogen zukunftsweisende Konzepte verfolgt. Ziel war, eine hohe energetische Qualität der Gebäude durch innovative Lösungen im Bereich der Anlagentechnik zu gewährleisten. Im Rahmen eines allgemeinen Betriebsführungskonzepts sollen mittels rechnergestützter Registrierungs-, Auswertungs- sowie Prognoseverfahren die Eigenerzeugung von Energie dem Bedarf angepasst und die Betriebskosten möglichst gering gehalten werden. Alle Gebäude des Deutschen Bundestags wie auch das Reichstagsgebäude und das Bundeskanzleramt verfügen über eigenständige Leitzentralen für Energieversorgungsanlagen.

In den Kapiteln 4.3 (Energie) und 4.4 (Wasser) sind weitere Vorgehensweisen zur Informationsbeschaffung, Analyse, Bewertung und Erfolgskontrolle beschrieben. Außerdem sind dort Maßnahmen aufgeführt, die sich in den Kontext eines ökologisch optimierten Gebäudemanagements einordnen lassen. Auch Kapitel 4.5 (Abfall) enthält zahlreiche Anregungen, die für umweltverträgliches Gebäudemanagement von Relevanz sind.

Literatur

Arbeitskreis Maschinen- und Elektrotechnik staatlicher und kommunaler Verwaltungen (AMEV): Planung und Ausführung von firmenneutralen Datenübertragungssystemen in öffentlichen Gebäuden und Liegenschaften, Teil 1–5 (FND). Bonn 1988.

Arbeitskreis Maschinen- und Elektrotechnik staatlicher und kommunaler Verwaltungen (AMEV): Hinweise zur wirtschaftlichen, umweltverträglichen und sparsamen Verwendung von Energie und Wasser in öffentlichen Gebäuden (Energie 2000). Bonn 1999.

Bundesministerium für Verkehr, Bau- und Wohnungswesen (BMVBW) (Hrsg.): Leitfaden Nachhaltiges Bauen. Berlin 2001.

Bundesumweltministerium / Umweltbundesamt (BMU / UBA) (Hrsg.): Handbuch Umweltcontrolling. 2. Auflage, München 2001.

Deutscher Städtetag (Hrsg.): Das Energiemanagement im Rahmen der kommunalen Gebäudewirtschaft. In: DST-Arbeitskreis Energieeinsparung (Hrsg.): Hinweise zum kommunalen Energiemanagement. Ausgabe 4, Bonn 1999.

Deutsches Institut für Normung (DIN) (Hrsg.): DIN 32736 (Entwurf) Gebäudemanagement. Begriffe und Leistungen. Berlin 1999.

Frischmuth, B. (Hrsg.): Kommunales Gebäudemanagement – Konzepte und deren Umsetzung (Materialien des Deutschen Instituts für Urbanistik). Berlin 1998.

GEFMA – Deutscher Verband für Facility Management e.V. (Hrsg.): Richtlinien für Facility Management. Bonn 1999. Zu bestellen unter: www.gefma.de / richtlinien

Kommunale Gemeinschaftsstelle für Verwaltungsvereinfachung (KGSt): Organisation der Gebäudewirtschaft. Köln 1996.

Umweltbundesamt (UBA) (Hrsg.): Leitfaden zum ökologisch orientierten Bauen. 3. Auflage, Heidelberg 1997.

Internet

BMVBW. Leitfaden Nachhaltiges Bauen, 2001: www.nachhaltigesbauen.de

LEGOE. Lebenszyklus von Gebäuden unter ökologischen Gesichtspunkten. Arbeitswerkzeug für Architekten und Planer: www.legoe.de

4.3 Energie

Erklärtes Ziel der Bundesregierung ist es, einen Beitrag zum Klimaschutz zu leisten. Die Emissionen von Kohlendioxid (CO_2) in Deutschland sollen bis zum Jahr 2005 (Basis 1990) um 25 Prozent gesenkt werden. Ein erhebliches CO_2-Minderungspotenzial besteht im Gebäudebereich. Hier kann die öffentliche Hand durch zahlreiche Maßnahmen – von der Verringerung des Energieverbrauchs über bauliche Maßnahmen bis hin zum Einsatz von regenerativen Energieträgern – dazu beitragen, dass weniger CO_2 in die Atmosphäre gelangt. Das setzt jedoch voraus, dass der Energieverbrauch der verwalteten Gebäude und die vorhandenen Einsparpotenziale bekannt sind. Um beides zu ermitteln, steht Ihnen mit Umweltcontrolling ein erprobtes Instrumentarium zur Verfügung. Sie können beispielsweise auf Datenbanken (z.B. GEMIS) und Softwarepakete zurückgreifen. Für den laufenden Betrieb bietet sich der Einsatz von Gebäudeleittechnik (GLT) an, die alle Verbrauchsquellen systematisch erfasst und eine zentrale Steuerung sowie Überwachung der betriebstechnischen Anlagen ermöglicht. Dienstanweisungen und laufende Schulungen der Bediensteten leisten weitere Beiträge, um sparsam mit Strom und Heizenergie umzugehen und die Anwendung erneuerbarer Energien zu fördern.

4.3.1 Beitrag zum Klimaschutz

Um den Energiegehalt von Erdöl, Kohle oder Erdgas nutzbar zu machen, müssen wir sie verbrennen. Dabei entstehen das Treibhausgas CO_2 sowie Stäube und Schadstoffe, insbesondere Stickstoffoxide (NO_x) und Schwefeldioxid (SO_2). Während ein Teil dieser Stoffe durch besondere Verfahren oder technische Vorrichtungen wie Filter zurückgehalten werden kann, lassen sich CO_2-Emissionen nur durch eine Reduzierung des Energieverbrauchs oder die Erschließung regenerativer Energieträger senken.

Das Potenzial zur Minderung der CO_2-Emissionen im Gebäudebereich liegt bei etwa 100 Millionen Tonnen. Als sektorales Ziel für private Haushalte und Gebäude hat die Bundesregierung eine Minderung der CO_2-Emissionen um 18 bis 25 Millionen Tonnen bis 2005 (bezogen auf 1990) festgelegt. Die Bedeutung der Gebäudemodernisierung als zentrales Handlungsfeld wurde durch einen Beschluss des Bundeskabinetts vom Oktober 2000 zum nationalen Klimaschutzprogramm nochmals bekräftigt. Die öffentliche Hand ist aufgrund ihrer Vorbildfunktion besonders verpflichtet, durch eigene Maßnahmen zur Umweltentlastung und zum Klimaschutz beizutragen.

Nach wie vor sind gravierende Mängel an öffentlichen Gebäuden festzustellen: unzureichende Wärmedämmung, fehlende Optimierung beim Stromverbrauch oder der Einsatz von Heizungsanlagen mit schlechtem Wirkungsgrad. All dies führt nicht nur zu überhöhten Energieverbräuchen

Mängel an öffentlichen Gebäuden verursachen hohen Energieverbrauch.

und Emissionen, sondern ist auch ein bedeutender Kostenfaktor im Bereich der Gebäudewirtschaft. Die Ursachen für nicht ausgeschöpfte Einsparpotenziale in öffentlichen Einrichtungen sind vielfältig: Unkenntnis der Energieverbrauchsstruktur und der möglichen Maßnahmen zur Energieeinsparung, mangelnde Abstimmung zwischen den für Einsparmaßnahmen zuständigen Organisationsein-

heiten, fehlende Verantwortung der Gebäudenutzer für die verursachten Energieverbräuche und -kosten sowie falsches energetisches Verhalten der Bediensteten.
Für ein umfassendes Umweltcontrolling im Bereich der Gebäudewirtschaft bildet
das Wissen um den Energieverbrauch der verwalteten Gebäude und die vorhandenen Einsparpotenziale jedoch einen wichtigen Baustein.

4.3.2 Ziele im Handlungsfeld Energie

Das Umweltcontrolling im Energiebereich (Energiecontrolling) umfasst Aktivitäten zur systematischen Erfassung und Bewertung der Verbrauchsdaten. Diese dienen im Rahmen des Energiemanagements als Datengrundlage für Maßnahmen
zur rationellen Energieumwandlung und -verwendung in den Gebäuden und Liegenschaften einer Organisation. Entgegen der formellen Bezeichnung enthält der
Aufgabenbereich organisatorisch häufig auch den Wasserverbrauch, da analog
Maßnahmen zum Wassersparen durchgeführt werden können. Das Energiecontrolling dient dem Ziel, durch geeignete organisatorische und technische Maßnahmen zu einer Verringerung von Luftschadstoff- und CO_2-Emissionen sowie zur
Schonung der fossilen Energieressourcen beizutragen.
Gleichzeitig gilt es, die Energiebezugskosten zu senken.

Die Budgetierung der Energiekosten regt zum Energie-sparen an.

Durch Budgetierung der Energiekosten werden Anreize zur Senkung des Energieverbrauchs und zur Durchführung von Energieeinsparmaßnahmen gegeben.

Zahlreiche Erfahrungen in öffentlichen Einrichtungen
belegen, dass sich allein durch organisatorische Maßnah-
men Kosteneinsparungen von bis zu 15 Prozent erzielen lassen. Die Maßnahmen
lassen sich in relativ kurzer Zeit umsetzen und verursachen keine oder nur geringe
Investitionskosten. Weitere Energieeinsparungen sind durch Sanierungsmaßnahmen möglich.

Zentrale oder dezentrale Organisation

Das Energiecontrolling ist unverzichtbarer Bestandteil der Gebäudewirtschaft
(vgl. Kap. 4.2) und muss daher in die technische und betriebswirtschaftliche Gebäudebewirtschaftung eingebunden werden. Nur so kann eine umfassende Betrachtung der technischen, ökologischen und wirtschaftlichen Aspekte der Energiebewirtschaftung im Sinne einer Energiedienstleistung aus einer Hand erfolgen.
Dies bietet sich insbesondere dann an, wenn eine große Zahl von Gebäuden zu betreuen ist. Für die Organisation des Energiecontrollings gibt es dennoch kein Pa-
tentrezept. Standardisierungen lassen sich aus der gegenwärtigen Situation im öffentlichen Bereich kaum herleiten. Je nach Verwaltungsstruktur, räumlicher
Gebäudeanordnung, Erfahrungen und erzielten Erfolgen sind die Lösungen jeweils sehr unterschiedlich. So werden Teilaufgaben vielerorts auch dezentral, also
verteilt auf Fach- und Zentraleinheiten, erbracht. Umso mehr ist für die Effektivi-
tät einer solchen Lösung die eindeutige Zuordnung von Zuständigkeiten und Be-
fugnissen sowie die zentrale Koordination von Informationen und Entscheidungen wichtig, etwa durch einen engagierten Energiebeauftragten. Von großer
Bedeutung ist zudem die Beteiligung aller Verantwortlichen, insbesondere der
Gebäudenutzer. Diese sollten im Rahmen einer zu bildenden Arbeitsgruppe frühzeitig in die Konzepterarbeitung einbezogen werden.

Umweltcontrolling-Tipp: Verwaltungsanalyse durchführen

Noch immer führt die Verteilung der Verantwortlichkeiten zwischen Planung, Bau, Bewirtschaftung und Nutzung von Gebäuden zu gegenseitigen Schuldzuweisungen, wer denn für die hohen Verbräuche verantwortlich ist. Erfahrungen zeigen, dass ein erfolgreiches Gebäude- und Energiemanagement weniger ein technisches, sondern vielmehr ein organisatorisches Problem ist, das sich etwa als Beharrungsvermögen hergebrachter Strukturen, Mangel an Kooperationsbereitschaft oder Verunsicherung der Mitarbeiter äußert. Die Entscheidung über die bestmögliche Organisation des Energiecontrollings sollte daher auf einer Analyse von Aufgabenverteilung und Arbeitsabläufen der bisherigen Energiebewirtschaftung beruhen. Erfassen und bewerten Sie hierzu die Informationsabläufe, die üblichen Lieferungen und Leistungen Dritter sowie die Zahlungsströme.

4.3.3 Rechtliche Rahmenbedingungen

Achten Sie darauf, dass die für das Energiecontrolling zuständige Organisationseinheit für die Einhaltung der rechtlichen Vorgaben verantwortlich ist. Die Aufbereitung gesetzlicher Änderungen und Ergänzungen sowie deren organisationsinterne Verbreitung begünstigen eine rasche Umsetzung und führen damit zu geringeren Energieverbräuchen. Gerade im Energiebereich gab es in den letzten Jahren mehrfach gesetzliche Änderungen:

- Bundes-Immissionsschutzgesetz (BImSchG) und sämtliche dazu erlassenen Verordnungen

- Gesetz zur Einsparung von Energie in Gebäuden / Energieeinsparungsgesetz (EnEG)

- Verordnung über energiesparenden Wärmeschutz und energiesparende Anlagentechnik bei Gebäuden – Energieeinspar-Verordnung EnEV (Novellierung und Zusammenlegung von Wärmeschutzverordnung und Heizungsanlagenverordnung)

- Heizkostenverordnung

- Stromsteuergesetz

- Energiewirtschaftsgesetz (EnWG)

- Erneuerbare-Energien-Gesetz (EEG)

Darüber hinaus müssen Sie eine Reihe weiterer Standards und Richtlinien heranziehen. Hierunter fallen sowohl verschiedene DIN-Normen zur Berechnung des Energie- und Wärmeverbrauchs in Gebäuden als auch Richtlinien des Vereins Deutscher Ingenieure (VDI) zur energiewirtschaftlichen Bewertung von Anlagen. Die Entwicklung von Normen schreitet auf europäischer Ebene rasch voran. So liegen europäische Normen zum Komplex Energieeinsparung im Gebäudebereich sowie thermische Bauphysik vor und werden die deutschen Normen ersetzen (vgl. Hegner, 1999, S. 11).

Rechtliche Vorgaben sowie Standards und Normen berücksichtigen.

4.3.4 Informationsbeschaffung

Die laufende Erfassung des Wärme-, Strom- und Wasserverbrauchs sowie die mit dem Betrieb der Anlagen verbundenen direkten und indirekten Umwelteinwirkungen bilden die Grundlage für die Auswahl technischer und organisatorischer Maßnahmen zur Verbrauchssenkung in Ihrer Organisation. In dieser Funktion bringt das Energiecontrolling wichtige Datenbestände und Erfahrungen aus dem Bereich der Datenverarbeitung in die Gebäudewirtschaft ein.

Input			Output		
Konto	Maßeinheit	Kennzahlen	Konto	Maßeinheit	Kennzahlen
Verbrauch von Energieträgern			Luftemissionen		
■ Strom	kWh/a	kWh/m² a kWh/Pers. a	■ CO_2	t/a	kg/m² a kg/Pers. a
■ Wärme	kWh/a	kWh/m² a kWh/Pers. a	■ SO_2 ■ NO_x ■ CO	kg/a kg/a kg/a	Anteil der Energieträger an den Emissionen in Prozent
■ Fossile Energieträger	kWh/a	kWh/m² a	■ CH_4	kg/a	
– Heizöl	l/a	Ölanteil in %			
– Erdgas	m³/a	Gasanteil in %			
– Kohle – etc.	kg/a	Kohleanteil in Prozent			
Wasserverbrauch	m³/a	m³/Pers. a l/Pers. a	Abwasser	m³/a	m³/Pers. a

Tab. 4.3.1: Stoff- und Energiebilanz sowie Kennzahlen des Energiecontrollings

Ermittelt werden sowohl Verbrauchswerte als auch die durch den Energieverbrauch verursachten Emissionen. Die Erfassung kann beispielsweise in Form einer Input-Output-Bilanz (s. Tab. 4.3.1 und Kap. 5) erfolgen. Verbrauchsdaten sollten einzelnen Gebäuden zuzuordnen sein, um eine sinnvolle Bewertung zu ermöglichen. Sind in einem Gebäude Bereiche mit stark unterschiedlicher Nutzung untergebracht, sollte darüber hinaus eine Zuordnung des Verbrauchs zu diesen Nutzungsbereichen möglich sein. Es muss zudem unterschieden werden zwischen Energieträgern (Öl, Gas usw.) und Energieanwendung (Licht, Heizung usw.). Die für den Betrieb der Anlagen genutzten Energieträger werden zunächst in unterschiedlichen Einheiten gemessen: beispielsweise Gas in Kubikmeter (m³) und Öl in Liter (l). Damit die Angaben der Brennstoffe miteinander vergleichbar sind, müssen sie anschließend auf einen einheitlichen Wert ihres Energiegehalts, den so genannten Heizwert in Kilowattstunden (kWh) oder Kilojoule (kJ), umgerechnet werden. So enthält ein Liter Öl den Heizwert von 9,93 kWh. Die aufsummierten vereinheitlichten Verbrauchswerte ergeben dann den Energieverbrauch, zum Beispiel eines Gebäudes.

Erdgas	10,0 kWh/m³	12,66 kWh/kg
Heizöl leicht	9,93 kWh/l	11,68 kWh/kg
Heizöl schwer	10,27 kWh/l	11,17 kWh/kg
Steinkohle		8,14 kWh/kg
Braunkohle		5,35 h/kg
Fernwärme	Zu erfragen beim zuständigen Versorgungsunternehmen (Stadtwerke, Fernheizkraftwerk etc.)	

Tab. 4.3.2: Umrechnungsfaktoren Energie in kWh (Quelle: BMU/UBA, 1997, S. 22)

Umrechnung der Einheiten	
1 kWh	= 3.600 kJ
1 kJ	= 0,000278 kWh

Tab. 4.3.3: Umrechnungsfaktoren Energieeinheiten

Die Berechnung der Emissionen ist weitaus schwieriger. So muss die gesamte Prozesskette in die Emissionsbilanz einbezogen werden. Überschlägig können Sie die Emissionen der Gebäudeheizung mit Hilfe der folgenden Tabelle abschätzen.

Emissionen (mit Prozesskette) kg/MWh$_{Endenergie}$	Erdgas	Heizöl	Strom-netz	Flüssig-gas	Fern-wärme/Nahwärme
CO_2	213,4	298,9	648,4	259,2	Zu erfragen beim zuständigen Versorgungsunternehmen (Stadtwerke, Fernheizkraftwerk etc.)
NO_x	0,19	0,26	0,93	0,25	
NMVOC	0,083	0,021	0,093	0,084	
Partikel	0,006	0,019	0,057	0,014	

Tab. 4.3.4: Umrechnungsfaktoren zur Ermittlung von Emissionen aus dem Energieverbrauch (nach GEMIS) (Quelle: ifeu, 1999)

Tabelle 4.3.4 berücksichtigt nicht die unterschiedlichen Techniken von Heizungsanlagen. So können beispielsweise die NO_x-Emissionen moderner Erdgasheizgeräte mit Katalysator die entsprechenden Emissionen der ersten Brennwertgeräte noch um den Faktor 4 unterschreiten. Beim Berechnen der Emissionen aus Energieverbräuchen hilft die GEMIS-Datenbank weiter (Internet: www.oeko.de). Sie enthält Kennwerte unterschiedlicher Techniken und berücksichtigt die gesamte Prozesskette. Die jährlichen Emissionen öffentlicher Gebäude ergeben sich aus der Multiplikation des Verbrauchs der einzelnen Energieträger mit dem jeweiligen spezifischen Emissionsfaktor.

Praxisbeispiel: Energiecontrolling im Dienstgebäude des Ministeriums für Umwelt und Verkehr Baden-Württemberg

In das Projekt „Gebäudemanagement an ausgewählten Landesgebäuden" des baden-württembergischen Umweltministeriums wurde auch das Dienstgebäude in der Hauptstätter Straße 67 (Stuttgart) einbezogen. Ziel des Vorhabens war, neue Wege zur Energieeinsparung durch Drittfinanzierung (vgl. Kap. 9) zu untersuchen. Eine beauftragte Fachfirma installierte im Gebäude eine spezielle Steuerungssoftware und Regeltechnik, um Energieeinsparungen zu realisieren. Dadurch lassen sich jährlich rund 153.000 kWh Strom einsparen, was dem Jahresstromverbrauch von 43 Haushalten entspricht. Gleichzeitig wird die Umwelt um folgende Emissionen entlastet:

- CO_2 99.100 kg
- CO 60 kg
- CH_4 240 kg
- NO_x 140 kg
- SO_2 10 kg

(Quelle: Ministerium für Umwelt und Verkehr Baden-Württemberg, 1999)

Praktische Hinweise zur Verbrauchserfassung

- Stellen Sie zunächst fest, welche Energiedaten in Ihrer Organisation bereits vorliegen. Der jährliche Energieverbrauch, etwa für Strom, Erdgas- oder Heizöl, lässt sich aus den Rechnungen der Versorger ermitteln.

- Die Ablesung der Zähler für einzelne Energieanwendungen wie Heizung, Strom und Wasser sowie die Kontrolle der Brennstoffbestände ist die am meisten verbreitete Methode zur laufenden Verbrauchserfassung. Durch den mit diesem Verfahren verbundenen stetigen und direkten Kontakt mit den verantwortlichen Anlagenbedienern (technischer Dienst, Hausmeister) lassen sich zudem verhaltensbedingte Energieeinsparpotenziale besser erschließen (vgl. Kap. 5.3).

- Verbrauchswerte sollten möglichst zeitnah, mindestens jedoch monatlich erfasst werden und in einer Gebäudedatenbank gesammelt werden. Dies ermöglicht eine relativ schnelle Rückkopplung bei Verbrauchsänderungen. Greifen Sie für das Energiecontrolling auf erprobte Energiemanagementprogramme zurück. Nur so lassen sich größere Datenmengen bewältigen. Die Programme erleichtern Ihnen die Berechnung von Kennzahlen und die Erstellung von Energieberichten. Leistungsbeschreibungen der auf dem Markt befindlichen Softwarepakete erhalten Sie bei den Energieagenturen in den einzelnen Bundesländern (vgl. Wirtschaftsministerium Baden-Württemberg 1998, S. 31ff.; Kallen/Lottermoser, 1998, S. 43f.).

- Prüfen Sie die Möglichkeit des Einsatzes von Gebäudeleittechnik (GLT). GLT ist ein Verbund von selbstständigen, dezentralen digitalen Regel- und Steuereinheiten (Direct Digital Control), die Ihnen die zentrale und systematische Erfassung, Steuerung und Verbrauchsüberwachung aller betriebstechnischen Anlagen (Heizung, Lüftung, Beleuchtung usw.) eines Gebäudes ermöglicht.

Durch diese unmittelbare und kontinuierliche Anlagenüberwachung lassen sich Schwachstellen schnell ermitteln und beheben. Erste Anwendungsbeispiele zeigen, dass sich mit der Einführung des GLT dauerhaft nennenswerte Energieverbrauchsreduzierungen erzielen lassen, zumal dann, wenn das erforderliche Personal zur dezentralen Überwachung nicht vorhanden ist. Das System der Gebäudeleittechnik lässt sich in ein Facility-Management-System (vgl. Kap. 4.2) integrieren.

4.3.5 Analyse, Bewertung und Erfolgskontrolle

Absolute Verbräuche erlauben zunächst kein Urteil darüber, ob Sie Energie sparsam oder verschwenderisch einsetzen. Ein zusätzliches Controllinginstrument für die Beurteilung und Kontrolle des energetischen Verhaltens Ihrer Gebäude oder die Wirtschaftlichkeitsbetrachtung von Sanierungsmaßnahmen und Neubauten sind Verbrauchskennzahlen (vgl. Kap. 5). Kennzahlen in der Gebäudebewirtschaftung stellen in der Regel die Kosten beziehungsweise den Verbrauch je Flächeneinheit dar und haben in vielen Fällen einen Umweltbezug, sind also gleichzeitig Umweltkennzahlen. Als Fläche wird heute zunehmend die Summe aller beheizbaren Bruttogrundflächen (BGF$_E$) eines Gebäudes nach VDI 3807 „Energieverbrauchskennwerte für Gebäude", Blatt 1, verwendet, da sie relativ einfach zu ermitteln ist. Diese umfasst alle Konstruktionsflächen einschließlich Außen- und Innenmauern, Gänge und Treppenhäuser. Ausgeschlossen sind die unbeheizten Flächen wie Keller und Garagen. Die VDI-Richtlinie sollte in Zukunft von möglichst allen Energiebeauftragten übernommen werden, auch wenn bisher mit anderen Rechenmethoden beziehungsweise Bezugsflächen (Reinigungs- oder Nutzfläche) gearbeitet wurde, da nur bei allgemeiner Anwendung ein organisationsübergreifender Vergleich möglich ist.

Verbrauchskennzahlen ermöglichen Beurteilung und Kontrolle des Energieverbrauchs.

Kennwerte für den Heizenergieverbrauch (ohne Warmwasser) müssen korrigiert werden, da jährlich unterschiedliche Witterungsbedingungen den direkten Vergleich einzelner Jahresverbräuche verfälschen. Hierzu werden so genannte Mittelwerte der Heizgradtage nach VDI 3807 errechnet. Genaue Anleitungen zur Berechnung können Sie dem Buch „Energiemanagement für öffentliche Gebäude" entnehmen (vgl. Duscha/Hertle, 1999, S. 229f.).

Die Darstellung der Kennzahlen kann in unterschiedlicher Form erfolgen. Die Abbildung 4.3.1 zeigt exemplarisch den Wärmeverbrauch in Abhängigkeit von der Bruttogrundfläche, wobei die Punkte einzelne Gebäude kennzeichnen. Je höher der Verbrauchskennwert eines Gebäudes im Diagramm liegt, umso größer muss die Ambition sein, diesen zu verringern. Dies sollte in besonderem Maß der Fall sein, wenn ein Gebäude zusätzlich eine große Fläche besitzt.

Wärmeverbrauchskennzahlen

Eine weitere Möglichkeit zur Darstellung des Wärmeverbrauchs besteht darin, eine Häufigkeitsverteilung für den Gebäudebestand zu bilden, wie sie in der VDI-Richtlinie 3807 vorgeschlagen wird. Hierbei werden Verbrauchsklassen gebildet und die Anzahl der Gebäude innerhalb einer Klasse auf der Ordinate aufgetragen.

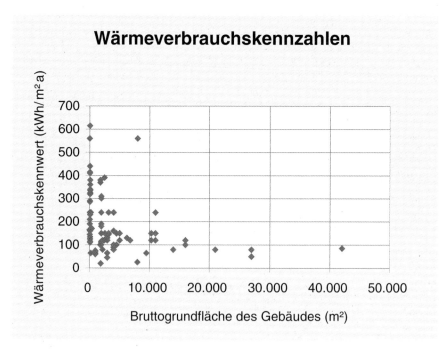

Abb. 4.3.1: Wärmeverbrauchskennzahlen in Abhängigkeit zur Fläche

Die bloße periodische Darstellung von Kennzahlen bezeichnet zwar den Verbrauch eines Gebäudes, Einsparpotenziale und -ziele können hieraus aber nicht direkt abgeleitet werden. Hierzu müssen Sie Bewertungskriterien bestimmen. So ist die Ermittlung tatsächlicher Einsparpotenziale nur unter Einbeziehung des Gebäudetyps und dessen spezifischer Nutzung, der Art der eingesetzten Energien, des Alters und Zustands des Gebäudes sowie der gebäudetechnischen Anlagen möglich. An einer Universität kann beispielsweise der Energiebedarf des Elektrolabors höher sein als der des Verwaltungsgebäudes. Entsprechend müssen Sie für unterschiedliche Gebäudearten und -nutzungen differenzierte Bedarfskennzahlen zugrunde legen.

Einsparziele wiederum ergeben sich zum einen aus Gesetzen oder Vorschriften, zum anderen durch einen Vergleich des aus der Nutzung resultierenden Bedarfs und dem tatsächlichen Verbrauch. Die einfachste Möglichkeit ist die des Vergleichs mit ähnlich genutzten Gebäuden. Diese Werte können Sie beispielsweise aus der ages-Studie „Energie- und Wasserverbrauchskennwerte von Gebäuden in der Bundesrepublik Deutschland" (vgl. ages, 2000) entnehmen. Die VDI-Richtlinie 3807 empfiehlt ebenfalls einen Vergleich nach Gebäudenutzung und nennt in Blatt 2 und 3 für die Kennwerte des Energie- und Wasserverbrauchs verschiedener Nutzungsarten Mittel- und Richtwerte. Auf deren Basis kann eine Klassifizierung der untersuchten Gebäude bezüglich ihrer Energieeffizienz vorgenommen werden.

Bewertungskriterien für Kennzahlen definieren.

In jenen Gebäuden, deren Kennwerte als verbesserungswürdig eingestuft wurden, sollten Sie eine Begehung durchführen, um Schwachstellen zu ermitteln. Die Eingrenzung möglicher Schwachstellen nach Checkliste konzentriert sich dabei auf Folgendes:

- die Beurteilung der Betriebsleistung, des Wirkungsgrads und der Energieträger der Wärmeerzeugung,

- die Beurteilung der Beleuchtungs- und Klimatechnik,

- die Beurteilung von Bestand, Einstellung und Überwachung der Mess- und Regeleinrichtungen,

- die vorhandenen bautechnischen Mängel und Sanierungsbedarfe und

- die Beurteilung des Nutzerverhaltens.

Selbstverständlich ist es zweckmäßig, die wichtigsten Energieverbrauchskennzahlen und die gesetzten Umweltziele im Energiecontrolling der regelmäßigen Erfolgskontrolle zu unterziehen. Die Umweltziele sollten Sie auch in die Zielvereinbarungen mit den verantwortlichen Mitarbeiterinnen und Mitarbeitern der Gebäudebewirtschaftung integrieren.

4.3.6 Maßnahmen im Handlungsfeld Energie

Die Maßnahmen des Energiemanagements zielen darauf ab, den Wärme- und Strombedarf zu senken, eine rationelle Energieumwandlung und -verwendung zu fördern und umweltschonend Energie zu erzeugen. Dabei werden organisatorische und investive Maßnahmen unterschieden. Die folgenden Abschnitte nennen Möglichkeiten, wie Sie mit einfachen Mitteln Energieeinsparungen erzielen können.

Energiemanagement umfasst organisatorische und investive Maßnahmen.

Überwachung und Optimierung der Nutzung energietechnischer Anlagen

Regelmäßige Gebäudebegehungen und die technische Überwachung von Energieanlagen vermitteln Ihnen Kenntnisse über die Situation vor Ort. Der Aufwand ist abhängig von der Größe der Anlagen. Neben den Heizanlagen sollten Sie die gesamte Heizungs-, Lüftungs- und Klimatechnik überprüfen. Zu den wesentlichen Aufgaben gehören die optimale Einstellung der Anlagen mitsamt den vorhandenen Regeleinrichtungen (Heizkurven, Absenk- und Abschaltzeiten) sowie die Beseitigung von Störungen. Dies sollte in enger Zusammenarbeit mit den zuständigen Hausmeistern und der für den technischen Betrieb zuständigen Organisationseinheit erfolgen.

Dienstanweisungen für den laufenden Betrieb Energie verbrauchender Einrichtungen sollten Sie erst nach dem Erfassen der Verbrauchssituation erstellen. Zu berücksichtigen sind dabei erlassene Verwaltungsvorschriften übergeordneter Behörden. Unter die Dienstanweisung fallen etwa folgende Positionen:

- die Zuständigkeit für Mess-, Steuer- und Regelungsanlagen,

- die Festschreibung von Betriebseinschränkungen (z.B. zulässige Raumtemperaturen),

■ die Festschreibung der Betriebsdauer elektrischer Anlagen,

■ der Turnus der Energieverbrauchs- und Temperaturmessungen oder

■ der Turnus der Anlagenwartung.

Grundlage für die Festlegung von Solltemperaturen ist eine Empfehlung des Arbeitskreises Maschinen- und Elektrotechnik staatlicher und kommunaler Verwaltungen (AMEV), die 1979 vom Bundesministerium für Raumordnung, Bauwesen und Städtebau herausgegeben wurde (AMEV, 1979).

Schulung und Weiterbildung des Personals

Einsparerfolge hängen nicht zuletzt von einem effizienten Betrieb der Haustechnik ab. Das für die Planung, Umsetzung und Betreuung technischer Anlagen zuständige Personal sollte daher regelmäßig geschult werden. Weiterbildungsmaßnahmen gliedern sich in zwei Bereiche:

■ Unterstützung und Beratung der verantwortlichen Hausmeister und Hallenwarte in Fragen der rationellen Verwendung von Energie und Wasser. Dies kann beispielsweise über Mitteilungsblätter zum gebäudebezogenen Energieverbrauch oder gerätebezogene Merkblätter erfolgen. Stellen Sie darüber hinaus sicher, dass neu eingestelltes Bedienungspersonal und gegebenenfalls Vertretungen in die Technik eingewiesen werden.

■ Durchführung von Fortbildungsveranstaltungen für Ingenieure, Planer, Hausmeister und Hallenwarte. Diese Seminare müssen inhaltlich-didaktisch den Bedürfnissen der einzelnen Zielgruppen angepasst werden, damit die Informationen auch ankommen. Insbesondere das Bedienungspersonal sollte jährlich geschult werden. Nutzen Sie hier auch die zahlreichen externen Fortbildungsangebote. Hilfe finden Sie in vielen Fällen bei den Energieagenturen der Länder (s. Adressen, Anhang 2).

Beeinflussung des Nutzerverhaltens

Beleuchtung, Klima- und Lüftungsgeräte oder elektrische Büroausstattung sollten nur in dem Umfang eingeschaltet sein, in dem sie tatsächlich benötigt werden. Das Verhalten des Bedienungspersonals und der Gebäudenutzer beeinflusst den Energiebedarf daher entscheidend. Informationsveranstaltungen sind zwar sinnvoll und wünschenswert, aufgrund der Vielzahl der Nutzer und des hohen Zeitaufwands jedoch nur eingeschränkt realisierbar. Nutzen Sie daher existierende Broschüren, um etwa die in einer Dienstanweisung geregelten Inhalte zum sparsamen Umgang mit Heizenergie, Strom und (Warm-)Wasser in ansprechender Form zu vermitteln oder erarbeiten Sie eigene Informationsblätter. Eine sinnvolle Ergänzung können jederzeit über das Intranet abrufbare Dokumente sein.

Zur Motivationssteigerung tragen auch finanzielle Anreize bei. Dazu gehört beispielsweise ein Prämiensystem, bei dem die Gebäudenutzer die durch eine Senkung des Energie-, Wärme- und Wasserverbrauchs erzielten Einspargewinne als Bonus anteilig vergütet bekommen. Derartige Anreize sind vor allem dort sinnvoll, wo sie noch nicht im Rahmen der Budgetierung gegeben werden (etwa die „Fifty-fifty-Modelle" in Schulen).

Sanierungs- und Neubaumaßnahmen

Die Entscheidung, welche Maßnahmen Sie an welchen Gebäuden und Anlagen durchführen sollten, hängt von einer Vielzahl von Kriterien und deren Gewichtung ab: dem Sanierungsbedarf, der Wirtschaftlichkeit, dem zur Verfügung stehenden Finanz-budget oder den identifizierten Umwelteinwirkungen. Listen, die vordringlich notwendige Sanierungsmaßnahmen zur Senkung des Energieverbrauchs hervorheben, dienen dabei als Entscheidungshilfe. Sie sollten daher für alle wichtigen Objekte eine Energiediagnose durchführen, die alle Energiearten berücksichtigt. Die regelmäßigen Begehungen im Rahmen der Betriebsoptimierung erleichtern dies. Hohe Verbrauchskennwerte liefern Ansatzpunkte für Einsparpotenziale, die im Rahmen von Gebäude- und Anlagensanierungen wirtschaftlich erschlossen werden können.

> **Energiediagnose in allen wichtigen Objekten durchführen.**

Die Investitions- und Sanierungsplanung umfasst die Vorbereitung von bauphysikalischen Maßnahmen, von Energieträgerentscheidungen ebenso wie von energietechnischen Maßnahmen an Heizungs-, Lüftungs- sowie Klimaanlagen oder Beleuchtungssystemen. Alle Vorhaben sollten zwischen den betroffenen Organisationseinheiten abgestimmt werden. Außerdem sollte die energetische Sanierung in der mittelfristigen Haushaltsplanung Berücksichtigung finden.

Die Bewertung der vorgeschlagenen Maßnahmen mittels Wirtschaftlichkeitsberechnungen basiert auf den objektbezogenen Strom- und Wärmebedarfsrechnungen (vgl. Kap. 7), Kostenabschätzungen und Finanzierungslösungen. Für einen Variantenvergleich, etwa zwischen leitungsgebundener Wärmeversorgung und Einzelheizanlage, müssen immer die gleichen Bemessungsgrundlagen herangezogen werden.

Es sind also sämtliche Kostenfaktoren, beispielsweise Investitions-, Energiebezugs- und Betriebskosten, zu berücksichtigen. Bei wirtschaftlichen Maßnahmen müssen Sie die Finanzierung (vgl. Kap. 9) und spätere Umsetzung gemeinsam mit allen Beteiligten klären. Um das erwartete Ergebnis auch tatsächlich zu erreichen, sollten Sie die Umsetzung der Maßnahme bis hin zu ihrer Abnahme begleiten und auch später regelmäßig Kontrollen durchführen.

> **Wärmeschutzmaßnahmen mit geplanten Sanierungen verbinden.**

Es bietet sich an, Wärmeschutzmaßnahmen mit ohnehin anstehenden Sanierungen zu koppeln, wenn sie einen Eingriff in die Baukonstruktion verlangen. Sie lassen sich so kostengünstiger umsetzen. Steht beispielsweise eine Fassadensanierung an, kann auch eine Dämmung erfolgen, wenn dies technisch und finanziell vertretbar ist. Die Kosten für die Aufstellung eines Gerüsts und den Anstrich fallen dadurch nur einmal an und sind nicht der Energieeinsparmaßnahme zuzurechnen.

Zwar liegt der Schwerpunkt der Aktivitäten des Energiemanagements bei der Sanierung des Gebäudebestands und der Altanlagen, doch ist es äußerst wichtig, auch bei Neuplanungen eine Optimierung des Energieverbrauchs durchzusetzen. Es zahlt sich aus, von Anfang an mit einem höheren Standard zu planen, kommt doch eine nachträgliche energetische Sanierung erheblich teurer. So können Sie beispielsweise im Bereich Heizwärme mit Anforderungen über das Niveau der Wärmeschutzverordnung (WSchV) hinaus auf den späteren Heizwärmever-

brauch der Gebäude Einfluss nehmen. Derzeit ist eine Verbesserung des Wärme-
schutzes von 30 Prozent gegenüber dem gesetzlichen Standard ohne wesentlichen
Investitionsmehraufwand möglich und in einigen Planungsvorgaben bereits festgeschrieben (z.B. durch Vorgaben für die Regierungsbau-

Bereits bei Neuplanun-
gen auf eine Optimie-
rung des Energiever-
brauchs dringen.

ten in Berlin). Für die Zukunft ist zu erwarten, dass mit In-
Kraft-Treten der geplanten Energieeinspar-Verordnung
dieses verschärfte Anforderungsniveau annäherungsweise
festgelegt wird.

Neben der energetischen Kontrolle von Bauplanungen
für Heizanlagen, Elektroinstallationen und für den Wärmeschutz an öffentlichen Gebäuden können Sie weitergehende integrierte Gebäude-
konzepte durch die fachübergreifende Zusammenarbeit zwischen der für das
Energiemanagement zuständigen Organisationseinheit mit Architekten und Inge-
nieuren erzielen. Wenn Ingenieurbüros mit der Planung und Sanierung von Haustechnik und Gebäudebestand beauftragt werden, sollten den Energieverbrauch
betreffende Vorgaben, etwa zur passiven Sonnenenergienutzung oder zur Wär-
meschutzverglasung, in die Vertragsgestaltung bei Objektleistungen und in die
Projektabwicklung einfließen.

Energieversorgungskonzept

Die Energieumwandlung sollte mit maximaler Primärenergieausnutzung, geringsten CO_2-Emissionen und mit einem möglichst hohen Anteil regenerativer
Energien erfolgen. Herkömmliche Kraftwerke, in denen Brennstoffe verfeuert
werden, wandeln nur einen kleinen Anteil der eingesetzten Energie in Strom um,
während der größte Teil als Abwärme an die Umgebung verloren geht. Im Gegensatz dazu wird in Kraftwerken mit Kraft-Wärme-Kopplung die anfallende Abwärme als Heizwärme über Wärmeleitungen an Verbraucher abgegeben. Auf diese
Weise lassen sich bis zu 90 Prozent der eingesetzten Energie nutzen.

Ist aufgrund der örtlichen Gegebenheiten keine Fernwärmeanbindung möglich, bietet sich alternativ der Ersatz von Energieträgern mit hohen CO_2-Emissio-
nen (wie Kohle und Heizöl) durch solche mit niedrigeren (z.B. Erdgas, Faulgas) an,
zum Beispiel über den Bezug von Strom und Wärme aus eigenen Blockheizkraftwerken oder örtlichen Nahwärmenetzen. Bedingt durch die unterschiedlichen Be-
triebsbedingungen der öffentlichen Liegenschaften ist es notwendig, für die Planung eines BHKW eine Energieanalyse durchzuführen. Nur bei einem kontinuierlichen Wärmebedarf auch außerhalb der Heizperiode (Jahresdauerlinie) ist ein
wirtschaftlicher Betrieb möglich. In Schulzentren und Kläranlagen sowie größeren Büro- und Verwaltungsgebäuden können heute elektrische Leistungen zwischen 50 und 100 Kilowatt sinnvoll sein. Anwendungsmöglichkeiten für den Betrieb größerer Anlagen gibt es etwa in Hallenbädern für die Erwärmung des
Schwimmbads oder in Krankenhäusern zum Vorwärmen des Waschwassers und
zur Wärmetrocknung. Solche Anlagen können auch außerhalb normaler Haushaltspläne finanziert werden (vgl. Kap. 9).

Der Einsatz von Techniken zur Nutzung erneuerbarer Energien, wie Solarther-
mie und Fotovoltaik, ist – bezogen auf die eingesetzten Investitionsmittel – weniger effizient als die konsequente Verwirklichung von Energieeinsparmaßnahmen.
Trotzdem sollten Sie bei jeder Baumaßnahme prüfen, ob es Einsatzmöglichkeiten
für Solartechnik gibt. So ist bereits heute die Erwärmung des Beckenwassers in

Praxisbeispiel: Investitions- und Instandhaltungskosten einer BHKW-Anlage

Investitionskosten	*ca. 1.250 Euro/kW$_{el}$ und mehr für Anlagen bis 50 kW$_{el}$*
	ca. 750–1.250 Euro/kW$_{el}$ für Anlagen über 50 kW$_{el}$
Baumaßnahmen	*ca. 200–250 Euro/kW$_{el}$ für Anlagen 50 bis 100 kW$_{el}$*
	ca. 100–150 Euro/kW$_{el}$ für Anlagen über 100 kW$_{el}$
Brennstoffkosten	*aktueller Preis*
Instandhaltungskosten	*über 1,75 Cent/kW$_{el}$ für Anlagen bis 100 kW$_{el}$*
	1,25–1,75 Cent/kW$_{el}$ für Anlagen bis 200 kW$_{el}$
	unter 1,25 Cent/kW$_{el}$ für Anlagen über 200 kW$_{el}$

(Quelle: BMU/UBA, 2001, S. 350)

Freibädern mit Hilfe von Sonnenkollektoren wirtschaftlich und amortisiert sich nach durchschnittlich fünf Jahren. Die Wirtschaftlichkeit von Solaranlagen liegt derzeit im Grenzbereich. Die rechtlichen und wirtschaftlichen Rahmenbedingungen für erneuerbare Energien werden sich mittelfristig aller Voraussicht nach als Ergebnis der ökologischen Steuerreform verbessern. Zudem gibt es eine Reihe von Förderprogrammen des Bundes und der Länder, die Sie in Anspruch nehmen können.

Einsatzmöglichkeiten für Solartechnik prüfen.

Bei allen genannten Maßnahmen und Investitionen ist es notwendig, die Verträge für den Bezug von Energie und Wasser laufend zu überprüfen. Daher werden der Abschluss und die Anpassung von Lieferverträgen oder der zentrale Brennstoffeinkauf häufig als erste Maßnahmen des Energiemanagements genannt. Dies betrifft auch die Optimierung des Bezugs, um günstige Leistungs- und Arbeitspreise zu erzielen. Viel Bewegung ist nach der Umsetzung der europäischen Binnenmarkt-Richtlinie Elektrizität und der damit verbundenen Novellierung des Energiewirtschaftsgesetzes in den Stromhandel gekommen. Neue Anbieter so genannten Öko-Stroms aus Biomasse, Blockheizkraftwerken, Wind oder Sonne sind auf den Markt gekommen. Zum Teil bieten bereits heute die konventionellen Energieversorger regenerativ erzeugten Strom an, wenn auch bisher zu deutlich höheren Preisen als jenen für Strom aus Kohle oder Kernenergie. Über die Energiebeschaffung werden Sie künftig mehr Einfluss auf die Auswahl des ökologisch und ökonomisch günstigsten Energieträgers nehmen können. Das Umweltbundesamt unterstützt die Wahl des geeigneten Energieversorgers durch die geplante Vergabe des „Blauen Engels" (vgl. Kap. 4.1) für Öko-Strom.

Literatur

ages GmbH: Verbrauchskennwerte 1999. Energie- und Wasserverbrauchskennwerte in der Bundesrepublik Deutschland. Münster 2000.

Arbeitskreis Maschinen- und Elektrotechnik staatlicher und kommunaler Verwaltungen (AMEV) (Hrsg.): Empfehlungen zur Sicherstellung sparsamer Energieverwendung beim Betrieb technischer Anlagen in öffentlichen Gebäuden. Bonn 1979.

Arbeitskreis Maschinen- und Elektrotechnik staatlicher und kommunaler Verwaltungen (AMEV): Energieverbrauchserfassung und Grundlagen zur Auswertung für öffentliche Gebäude (EVA 92) – Hinweise. Bonn 1992.

Arbeitskreis Maschinen- und Elektrotechnik staatlicher und kommunaler Verwaltungen (AMEV): Hinweise zur wirtschaftlichen, umweltverträglichen und sparsamen Verwendung von Energie und Wasser in öffentlichen Gebäuden (Energie 2000). Bonn 1999.

Bundesumweltministerium/Umweltbundesamt (BMU/UBA) (Hrsg.): Leitfaden Betriebliche Umweltkennzahlen. Bonn und Berlin 1997.

Bundesumweltministerium/Umweltbundesamt (BMU/UBA) (Hrsg.): Handbuch Umweltcontrolling. 2. Auflage, München 2001.

Duscha, M./Hertle, H.: Energiemanagement für öffentliche Gebäude. Organisation, Umsetzung und Finanzierung. 2. Auflage, Heidelberg 1999.

Hegner, H.-D.: Energieeinspar-Verordnung 2000. Zusammenlegung von Wärmeschutzverordnung und Heizungsanlagenverordnung eröffnet neue Perspektiven für Planung und Ausführung. Bundesbaublatt 48 (1999) Nr. 6.

Institut für Energie- und Umweltforschung (ifeu) e.V.: Leitfaden Verkehr im Umweltmanagement. Anleitung zur betrieblichen Erfassung verkehrsbedingter Umwelteinwirkungen. Berlin 1999.

Kallen, C./Lottermoser, J.: Kommunales Energiemanagement. Einführung und Wegweiser zu Adressen, Zeitschriften, Literatur. Berlin 1998 (Deutsches Institut für Urbanistik, Umweltberatung für Kommunen).

Ministerium für Umwelt und Verkehr Baden-Württemberg (UVM) (Hrsg.): Umwelterklärung 1999.

Ministerium für Wirtschaft und Mittelstand, Energie und Verkehr des Landes Nordrhein-Westfalen (Hrsg.): Das 3-Liter-Rathaus: Von der Verbrauchserfassung zum Energiemanagement. Düsseldorf 2000.

Ministerium für Wirtschaft und Mittelstand, Energie und Verkehr des Landes Nordrhein-Westfalen (Hrsg.): Von der Energieschleuder zum 3-Liter-Rathaus. Düsseldorf 2000.

Verein Deutscher Ingenieure (VDI) (Hrsg.): VDI-Richtlinie 3807 Blatt 1, Energieverbrauchskennwerte für Gebäude. Grundlagen. Düsseldorf 1994.

Verein Deutscher Ingenieure (VDI) (Hrsg.): VDI-Richtlinie 3807 Blatt 2, Energieverbrauchskennwerte für Gebäude, Heizenergie und Stromverbrauchskennwerte. Düsseldorf 1998.

Verein Deutscher Ingenieure (VDI) (Hrsg.): VDI-Richtlinie 3807 Blatt 3, Wasserverbrauchskennwerte für Gebäude und Grundstücke. Düsseldorf 1999.

Wirtschaftsministerium Baden-Württemberg (Hrsg.): Energie-Management kommunaler Liegenschaften. Ein Leitfaden für Städte und Gemeinden. Stuttgart 1998.

Internet

Strompreise 2000. Informationen rund um den liberalisierten Strommarkt in Deutschland – mit Anbietern und Tarifen: www.strompreise2000.de

Förderprogramminfos zu erneuerbaren Energien. Hinweise zu Förderprogrammen aus allen Bundesländern: www.bmwi.de sowie unter www.solarfoerderung.de

Nationales Klimaschutzprogramm: www.bmu.de

4.4 Wasser

Viele öffentliche Einrichtungen wie Krankenhäuser, Schulen oder Schwimmbäder weisen hohe Wasserverbräuche auf. Auch in anderen Verwaltungsgebäuden ist ein eher sorgloser Umgang mit dieser wertvollen Ressource zu beobachten. Im Sinne einer nachhaltigen Entwicklung ist hier ein Umdenken erforderlich: Mit Wasser muss nicht nur sparsamer, sondern auch differenzierter umgegangen werden. Das dabei zu erschließende Einsparpotenzial an Trinkwasser in öffentlichen Einrichtungen schätzen Experten auf insgesamt 30 Prozent. Mit Hilfe von Wasserverbrauchskennzahlen und Verfahrensweisen, die analog zum Energiecontrolling gestaltet werden können, lässt sich eine rationelle Wasserverwendung installieren. Neben organisatorischen Maßnahmen wie Dienstanweisungen oder Schulungen gibt es eine Vielzahl technischer Möglichkeiten, um den Trinkwasserverbrauch in Ihrer Verwaltung zu reduzieren. Dazu gehören Wasser sparende WC-Anlagen ebenso wie die Verwendung von Regenwasser beispielsweise zum Bewässern der Grünanlagen. Welches Konzept für Ihre individuelle Situation am effektivsten und sinnvollsten ist, erfahren Sie in diesem Kapitel.

4.4.1 Zukunftsaufgabe Wasserversorgung

Wasser ist für den Menschen das wichtigste und einzige nicht ersetzbare Lebensmittel. Zwar ist Deutschland aufgrund seiner klimatischen Rahmenbedingungen ein wasserreiches Land, dennoch ist es notwendig, mit Wasser sparsam umzugehen, um jede Beeinträchtigung des natürlichen Wasserhaushalts zu vermeiden.

Bezüglich der Wasserversorgung besteht heute in erster Linie ein Qualitätsproblem, erst in zweiter Linie entsteht daraus ein Mengenproblem. Aufgrund der regional unterschiedlichen Wasserbedarfe sowie der immer noch vorhandenen Schädigungen von Oberflächengewässern, vor allem aber aufgrund der zunehmenden und dauerhaften Verunreinigung des Grundwassers, ist die langfristige Versorgung mit qualitativ hochwertigem Trinkwasser gefährdet. Hinzu kommt, dass die notwendigen Aufwendungen zur Sicherung der Wasserversorgung für Fernwasserleitungen, Entnahmen aus tief liegenden Erdschichten und Uferfiltrat oder die Abwasserreinigung in zentralen Großklärwerken mit zahlreichen Umwelteinwirkungen sowie steigenden Investitionen verbunden sind.

Wasserversorgung verursacht steigende Investitionen.

Wie bereits erwähnt (vgl. Kap. 4.3), sind Maßnahmen zur so genannten rationellen Wasserverwendung technisch und organisatorisch häufig Bestandteil des Energiemanagements. Sie sind damit Teil des wichtigsten operativen Bausteins der Gebäudebewirtschaftung.

4.4.2 Ziele im Handlungsfeld Wasser

Rationelle Wasserverwendung zielt aus den genannten Gründen darauf ab,

- den Wasserverbrauch auf die benötigte Mindestmenge zu reduzieren,

- den notwendigen Bedarf je nach Nutzungsart durch unterschiedliche Wasserqualitäten zu decken,

- das anfallende Abwasser (Schmutzwasser und Niederschläge) möglichst schadlos für Mensch und Umwelt zu beseitigen und dabei

- die lokalen Wasservorkommen zu erhalten.

Die öffentliche Hand verfolgt jedoch nicht nur das Ziel, auf Dauer eine ausreichende Versorgung mit sauberem Trinkwasser zu gewährleisten. Durch eine rationelle Wasserverwendung in öffentlichen Einrichtungen lassen sich zudem Kostenentlastungseffekte realisieren. Diese ergeben sich nicht nur aufgrund niedrigerer Wasserkosten, sondern – je nach örtlichen Gegebenheiten – auch durch sinkende Abwasserkosten.

Praxisbeispiel: Wassereinsparung in den Landesbauten in Nordrhein-Westfalen

Die staatliche Bauverwaltung Nordrhein-Westfalen betreut etwa 8.000 Gebäude mit 7,5 Millionen Quadratmetern Hauptnutzfläche aus den Bereichen Hochschule, Verwaltung, Finanzämter, Gerichtsgebäude, Justizvollzugsanstalten und Polizeidienststellen. Seit 1981 wird im Rahmen des Energie- und Wassersparprogramms für Landesbauten ein systematisches Energiecontrolling betrieben. Im Zeitraum von 1987 bis 1996 konnte für den erfassten Bereich von rund sieben Millionen Quadratmetern Hauptnutzfläche der mittlere Wasserverbrauchskennwert (Kubikmeter pro Quadratmeter Hauptnutzfläche und Jahr) um etwa 33 Prozent verringert werden. Insgesamt wurden in Landesbauten 1996 rund 18,6 Millionen Kubikmeter weniger Wasser verbraucht. Dadurch konnten 21 Millionen Euro eingespart werden (vgl. Landesinstitut für Bauwesen des Landes Nordrhein-Westfalen, 1998, S. 2 und 18).

4.4.3 Rechtliche Rahmenbedingungen

Der ordnungsrechtliche Rahmen zum Gewässerschutz und die Anforderungen an die Trinkwasserqualität ist in zahlreichen Gesetzen und Verordnungen festgelegt. Hierzu gehören im Bundesrecht vor allem

- das Gesetz zur Ordnung des Wasserhaushalts (Wasserhaushaltsgesetz [WHG]),

- das Abwasserabgabengesetz (AbwAG),

- das Wasch- und Reinigungsmittelgesetz und

- die Trinkwasserverordnung.

Weitere Bestimmungen zum Schutz der Gewässer finden sich in Rechtsverordnungen und Verwaltungsvorschriften, die sich auf das WHG stützen. Auf Länderebene sind vor allem die Landeswassergesetze und die Abwasserabgabengesetze zu nennen, die als Ausführungsgesetze zu den Rahmengesetzen des Bundes ergangen sind. Zu beachten sind auch

- neu in Kraft getretene Verordnungen einzelner Länder über die dezentrale Beseitigung von Niederschlagswasser,

- kommunale Abwassersatzungen sowie

■ Landesbauordnungen, Anforderungen aus Bebauungsplänen und örtliche Bauvorschriften.

Neben diesen grundsätzlichen Verpflichtungen müssen Sie bei der Ausgestaltung Ihrer wassertechnischen Anlagen die betreffenden DIN-Normen einhalten. Für die Anforderungen an die Trinkwasserqualität sollten Sie insbesondere die DIN 2000 und die DIN 2001 berücksichtigen, während die technischen Regeln für Trinkwasser-Installationen in der DIN 1988 festgelegt sind.

DIN-Normen 2000 und 2001 sowie DIN 1988 berücksichtigen.

4.4.4 Informationsbeschaffung

Aufzeichnungen über den Wasserverbrauch bilden die Voraussetzung für die Erstellung von Handlungskonzepten. Sie können hier analog zum Energiecontrolling vorgehen (vgl. Kap. 4.3):

■ Nutzen Sie die vorhandenen Verbrauchsdaten aus Rechnungen der Wasserversorgungsunternehmen.

■ Erheben Sie die Verbräuche durch Ablesen der Wasserzähler.

■ Sorgen Sie für eine automatische Verbrauchserfassung mit Hilfe einer Gebäudeleittechnik.

Berücksichtigen Sie zusätzlich folgende Aspekte:

■ Achten Sie auf eine zeitnahe Erfassung der Verbräuche. Auf diese Weise lassen sich sowohl Rohrbrüche in den Leitungsnetzen als auch Wasserverluste durch undichte Armaturen und sanitäre Einrichtungen schon nach wenigen Tagen feststellen.

■ Sorgen Sie für eine getrennte Erfassung der Verbräuche verschiedener Nutzungsbereiche auch innerhalb eines Gebäudes, damit die Kosten den Organisationseinheiten richtig zugeordnet werden können.

■ Bauen Sie eine Datenbank zur schnelleren Verarbeitung der Verbrauchswerte und besseren Kontrolle der Verbrauchsverläufe auf.

4.4.5 Analyse, Bewertung und Erfolgskontrolle

Abhängig von Größe und Nutzung eines Gebäudes ist ein jeweils unterschiedlicher Wasserverbrauch angemessen. Als Vergleichsgröße sollten Sie Kennzahlen heranziehen, die Sie beispielsweise nach VDI 3807 Blatt 3 Wasserverbrauchskennwerte für Gebäude und Grundstücke ermitteln können. Da der Wasserverbrauch eher personen- als gebäudeabhängig ist, beziehen sich Wasserverbrauchskennzahlen in der Regel nicht auf die Nutzfläche, sondern auf die Zahl der Gebäudenutzer. Sie werden deshalb in Kubikmeter (m³) pro Zeiteinheit oder in Liter (l) pro Zeiteinheit je Benutzer gemessen.

Kennzahlen zum Vergleich des Wasserverbrauchs nutzen.

Einrichtung	Wasserverbrauchskennzahl
Einfaches Verwaltungsgebäude	5 m³/Jahr je Beschäftigten
Mittleres Verwaltungsgebäude (mit Restauration)	7 m³/Jahr je Beschäftigten
Gehobenes Verwaltungsgebäude (mit Klimatisierung)	12 m³/Jahr je Beschäftigten
Grund- und Gesamtschulen	2 m³/Jahr je Schüler
Gymnasien	2,5 m³/Jahr je Schüler
Sportplätze	100 l je Sportler
Einfaches Hallenbad	250 l je Badegast
Hallenbad mit Sauna und Restauration	300 l je Badegast
Kliniken (ohne Heilanwendungen)	150 l je Bett und Tag (bei Vollauslastung)

Tab. 4.4.1: Beispiele für Wasserverbrauchskennzahlen (Quelle: Cichorowski/Michel, 1998)

Werden in einem Gebäude mehrere Wasserarten eingesetzt (z.B. Regenwasser, Grauwasser), so lassen sich auch die Mengenanteile der einzelnen Wasserarten als aussagefähige Umweltkennzahlen darstellen.

Der Vergleich der tatsächlichen Trinkwasserverbräuche (Ist-Verbrauch) mit den erreichbaren Sollwerten liefert Ihnen wertvolle Informationen zur Einschätzung der möglichen Einsparpotenziale. Neben dem Soll-Ist-Vergleich können Sie die Wasserverbrauchskennzahlen auch verwenden für:

■ die überschlägige Beurteilung des Wasserverbrauchs von Gebäuden,

■ die periodische Beurteilung des Wasserverbrauchs eines Gebäudes,

■ den Vergleich von Gebäuden gleicher Art und Nutzung,

■ die Kontrolle der Wirksamkeit durchgeführter Wassereinsparmaßnahmen sowie

■ als Instrument der Betriebsführung und -überwachung.

Wasserverbrauchsziele lassen sich pragmatisch in Form absoluter Werte, aber auch als spezifische Kennzahlen festlegen. Es empfiehlt sich, die wichtigsten Wasserverbrauchskennzahlen und die gesetzten Umweltziele einer regelmäßigen Erfolgskontrolle zu unterziehen. Die Umweltziele sollten Sie darüber hinaus in die Zielvereinbarungen mit den verantwortlichen Mitarbeiterinnen und Mitarbeitern der Gebäudebewirtschaftung integrieren.

4.4.6 Maßnahmen im Handlungsfeld Wasser

Im Rahmen der rationellen Wasserverwendung gibt es drei Handlungsfelder, die sich durch verschiedene Maßnahmenkategorien voneinander abgrenzen:

- Maßnahmen aus dem Bereich Organisation

- Maßnahmen, die den Betrieb der installierten Anlagen betreffen

- Maßnahmen der technischen Ausstattung

Maßnahmen aus dem Bereich Organisation

Die organisatorischen Maßnahmen entsprechen denen des Energiemanagements (vgl. Kap. 4.3). Dabei sollten Sie insbesondere folgende Schwerpunkte setzen:

- Informieren Sie die Nutzer des Gebäudes über sparsame Verhaltensweisen.

- Erarbeiten Sie Dienstanweisungen oder Richtlinien.

- Schulen und bilden Sie Hausmeister und Hallenwarte fort.

- Stärken Sie die Eigenverantwortlichkeit durch Budgetierung.

- Das Nutzerverhalten können Sie darüber hinaus durch finanzielle Anreizsysteme positiv beeinflussen (vgl. Kap. 4.3).

Maßnahmen, die den Betrieb der installierten Anlagen betreffen

Als betriebliche Maßnahme sollten Sie zunächst eine Schwachstellenanalyse durchführen (vgl. Kap. 4.3). Kontrollieren Sie auf dieser Grundlage regelmäßig die Verbräuche manuell oder mittels Gebäudeleittechnik.

Maßnahmen der technischen Ausstattung

Zur Trinkwassereinsparung können Sie zusätzlich folgende technische Maßnahmen umsetzen:

- Überprüfen Sie die Wasserentnahmestellen auf Undichtigkeiten.

- Setzen Sie Wasser sparende WC- beziehungsweise Urinalanlagen oder gegebenenfalls Trockenurinale ein.

- Reduzieren Sie den Volumenstrom durch den Einsatz von Durchflussmengenkonstanthaltern bei Duschen und Waschtischarmaturen.

- Schränken Sie die Bereitstellung von Warmwasser ein.

- Reduzieren Sie die Benutzerhäufigkeit durch eine Begrenzung von Waschgelegenheiten (etwa auf WC-Vorräume, Waschräume, Teeküchen, Labore, Untersuchungs- und Behandlungsräume in Krankenhäusern usw.).

- Verringern Sie die Benutzungsdauer, zum Beispiel durch den Einsatz von Selbstschlussarmaturen.

Die Höhe der tatsächlich realisierbaren Einsparungen ist abhängig von der vorhandenen Ausstattung, der eingesetzten Spartechnik sowie der Wirtschaftlichkeit der Umrüstungsmaßnahmen (vgl. BMU/UBA, 2001, S. 425ff.).

Ein besonderes Augenmerk sollten Sie auf öffentliche Einrichtungen mit hohem Trinkwasserverbrauch wie Bäder, Kantinen, Kälte- und Dampfanlagen, Labore in Universitäten sowie Krankenhäuser legen. Hier sind häufig angepasste Maßnahmen erforderlich, die allerdings ein hohes Einsparpotenzial bergen. Die

Fachkommission Gebäude- und Betriebstechnik der ARGEBAU (heute: Fachkommission Haustechnik und Krankenhausbau) hat dazu eine Reihe von Empfehlungen ausgesprochen (vgl. ARGEBAU, 1996).

Regenwassereinsatz

Eine Reduzierung des Trinkwasserverbrauchs lässt sich des Weiteren durch die Nutzung von Regenwasser erreichen. Dieses sollte in folgenden Bereichen zum Einsatz kommen:

- Zur Bewässerung von Sportanlagen, Gärten und Grünflächen

- Zur Reinigung von Straßen, Anlagen und Fahrzeugen

- In sonstigen Bereichen, zum Beispiel Kanalspülung oder Kühlung

Sie sollten zudem überprüfen, ob der Einsatz von Flachbrunnen zur Nutzung von oberflächennahem Grundwasser, beispielsweise für Sportplätze, möglich ist.

Viele Fachleute raten aus Gründen der Hygiene eher davon ab, Regenwasser für Toilettenspülungen in Verwaltungsgebäuden, Sportanlagen und Schulen zu verwenden. Andere Experten hingegen befürworten diese Maßnahme aufgrund der damit verbundenen ökonomischen und ökologischen Vorteile. Die Nutzung von Regenwasser ist aber, verglichen mit konventionellen Wassereinsparmaßnahmen, mit einem hohen technischen und finanziellen Aufwand verbunden. So erfordert die Nachrüstung einer Regenwassernutzungsanlage in einem bestehenden Gebäude nicht nur ein separates Rohrnetz und gegebenenfalls einen Auffangbehälter, sondern auch zusätzliche Druckerhöhungs- und Filteranlagen. Die Regenwassernutzung zur Toilettenspülung sollten Sie daher erst in Betracht ziehen, wenn Sie die sonstigen technischen, betrieblichen und organisatorischen Wassereinsparpotenziale ausgeschöpft und eine Wirtschaftlichkeitsberechnung sowie eine Risikoanalyse vorgenommen haben.

> **Regenwasser zur Bewässerung von Gärten und Sportanlagen nutzen.**

Grauwassernutzung

Denkbar ist auch die Nutzung von Grauwasser, also dem Abwasser aus der Körper- und Wäschereinigung. Als Einsatzbereich wird insbesondere die Toiletten- und Urinalspülung in Betracht gezogen. Weitere Verwendungszwecke können in den Bereichen Wäschewaschen, Raumreinigung oder Freiflächenbewässerung liegen. Von der Verwendung des Grauwassers wird derzeit jedoch noch abgeraten, da sich wirtschaftliche Verfahren für die aus hygienischen Gründen erforderliche Abwasserreinigung noch in der Entwicklung befinden und bisher keine gesetzlichen Bestimmungen und Vorschriften vorliegen.

Regenwasserversickerung

Darüber hinaus sollten Sie, soweit die Bodenverhältnisse dies zulassen, Möglichkeiten zur Regenwasserversickerung auf öffentlichen Grundstücken schaffen. Ein solches System der naturnahen Regenwasserbewirtschaftung ist in ökologischer Hinsicht gegenüber der Regenwassernutzung grundsätzlich zu bevorzugen, da es wesentlich zur Stabilisierung und Neubildung örtlicher Grundwasservorkommen beitragen und lokale Hochwassergefahren mindern kann. Zudem bildet es eine strategische Alternative zur herkömmlichen, kostenintensiven Regenwasserableitung. Durch eine Minimierung der Versiegelung auf öffentlichen Grundstücken und das Einbringen von Elementen dezentraler Regenwasserbewirtschaftung leisten Sie einen langfristig wirksamen Beitrag zum ökologisch orientierten Umbau des Abwasserentsorgungssystems. Naturnahe Regenwasserbewirtschaftung wird – sofern dies die Landeswassergesetze und die Niederschlagsverordnungen des zuständigen Bundeslandes ermöglichen – zunehmend zu einem aktiven Instrument der kommunalen Entwässerungsplanung. Das heißt, die Abkoppelung von Teileinzugsgebieten wird in Abwassersatzungen und Bebauungsplänen entsprechend ermöglicht und honoriert. Zudem gibt es inzwischen Förderprogramme zur Durchführung der notwendigen Investitionen. In Hannover-Kronsberg wurde bereits ein kompletter Stadtteil im Rahmen eines Projekts für die Weltausstellung EXPO 2000 mit Regenwasserversickerung durch Mulden-Rigolen-System ausgestattet.

> **Naturnahe Regenwasserbewirtschaftung gewinnt zunehmend an Bedeutung.**

Praxisbeispiel: Regenwasserversickerung im Klinikum Zwickau

Das seit 1921 bestehende Klinikum Zwickau ist in den neunziger Jahren baulich verdichtet worden. Die damit verbundene Versiegelung führte zu einer kritischen Belastung der vorhandenen Regenwasser- und Schmutzwassersysteme am Standort. Im Rahmen des Forschungsvorhabens des Bundesministeriums für Bildung und Forschung (BMBF) „Naturnahe Regenwasserbewirtschaftung in Siedlungsgebieten" wurde deshalb 1996 ein Mulden-Rigolen-System zur dezentralen Versickerung des auf dem Grundstück anfallenden Regenwassers gebaut. Die Maßnahme fügt sich ein in das entwässerungstechnische Zielkonzept der Stadt, das unter anderem eine Reduzierung des Abflusses in das öffentliche Kanalnetz vorsieht. In der Langzeitsimulation der Anlage wird eine Versickerung von 32 Prozent des anfallenden Regenwassers angenommen (www.difu.de/stadtoekologie/praxis/wasser).

Literatur

ages GmbH (Hrsg.): Verbrauchskennwerte. Energie- und Wasserverbrauchskennwerte von Gebäuden in der Bundesrepublik Deutschland. Münster 2000.

Arbeitskreis Maschinen- und Elektrotechnik staatlicher und kommunaler Verwaltungen (AMEV) (Hrsg.): Hinweise zur wirtschaftlichen, umweltverträglichen und sparsamen Verwendung von Energie und Wasser in öffentlichen Gebäuden (Energie 2000). Bonn 1999.

Arbeitskreis Maschinen- und Elektrotechnik staatlicher und kommunaler Verwaltungen (AMEV) (Hrsg.): Sanitärbau 95, Planung und Ausführung von Sanitäranlagen in öffentlichen Gebäuden. Bonn 1995.

Bundesumweltministerium / Umweltbundesamt (BMU / UBA) (Hrsg.): Handbuch Umweltcontrolling. 2. Auflage, München 2001.

Cichorowski, G. / Michel, B.: Trinkwassereinsparung in öffentlichen Gebäuden. Bundesbaublatt, Heft 8/98. o. O. 1998.

Deutscher Städtetag (Hrsg.): Rationelle Verwendung von Trinkwasser im Gebäudebestand. In: DST-Arbeitskreis Energieeinsparung (Hrsg.): Hinweise zum kommunalen Energiemanagement. Ausgabe 3, Bonn 1997.

Fachkommission Gebäude- und Betriebstechnik des Hochbauausschusses der Arbeitsgemeinschaft der für das Bau-, Wohnungs- und Siedlungswesen zuständigen Minister und Senatoren der Länder (ARGEBAU) (Hrsg.): Trinkwassereinsparung in öffentlichen Gebäuden. Hannover 1996.

(Fachkommission im Herbst 1999 umbenannt in: Fachkommission Haustechnik und Krankenhausbau.)

Landesinstitut für Bauwesen des Landes Nordrhein-Westfalen (Hrsg.): Energie- und Wassereinsparung in Landesbauten NRW. Ergebnisse 1980–1996. Aachen 1998.

Sieker, F. (Hrsg.): Naturnahe Regenwasserbewirtschaftung. Berlin 1998.

Umweltbundesamt (UBA) (Hrsg.): Modellprojekt in den neuen Ländern zur Kostenoptimierung in der kommunalen Abwasserentsorgung durch innovatives Management und Controlling. Texte 29/98. Berlin 1998.

Verein Deutscher Ingenieure (VDI) (Hrsg.): VDI-Richtlinie 3807 Blatt 3. Wasserverbrauchskennwerte für Gebäude und Grundstücke (Entwurf). Düsseldorf 1999.

Internet

Fachkommission Haustechnik und Krankenhausbau des Ausschusses für staatlichen Hochbau der für das Bau-, Wohnungs- und Siedlungswesen zuständigen Minister und Senatoren der Länder: www.his.de, unter Abteilung III: Geschäftsführung von Ausschüssen (früher: Fachkommission Gebäude- und Betriebstechnik [ARGEBAU]).

Modellhafte Praxisbeispiele stadtökologischer Maßnahmen und Projekte im Bereich Wasser. Aktuelle Sammlung von Kurzbeispielen des Deutschen Instituts für Urbanistik (Difu) mit Angabe von Ansprechpartnern: www.difu.de/stadtoekologie

4.5 Abfall

Im Bereich der öffentlichen Einrichtungen sind in den letzten Jahren erfolgreich Initiativen zum bewussteren Umgang mit dem Thema Abfall durchgeführt worden. Dabei hat sich gezeigt, dass Sie sich mit einem systematischen Umweltcontrolling erhebliche Einsparpotenziale erschließen können. So können öffentliche Einrichtungen, in denen viel Abfall anfällt, wie Krankenhäuser, Forschungsinstitute oder Universitäten mit entsprechenden Maßnahmen ihr Abfallaufkommen erheblich verringern und damit auch Kosten sparen. Mit Hilfe von Abfallbilanzen lässt sich eine Bestandsaufnahme der Abfälle vornehmen. Hierfür gelten die gesetzlichen Vorgaben des Kreislaufwirtschafts- und Abfallgesetzes (KrW-/AbfG) sowie der einschlägigen Vorschriften der Länder. Die Abfallbilanz bildet die Basis für Planungen im Abfallbereich, die in einem Abfallwirtschaftskonzept zusammengefasst werden. So wird es Ihnen möglich, Schwachstellen zu identifizieren, Maßnahmen zur Erschließung weiterer Vermeidungs- und Verwertungspotenziale festzulegen und so letztlich Ihre Kosten zu reduzieren. Wie Sie dabei konkret vorgehen, beschreibt das vorliegende Kapitel.

4.5.1 Ziele im Handlungsfeld Abfall

Durch die Abfallgesetzgebung des Bundes und der Länder ist die öffentliche Hand verpflichtet, eine vorbildliche Abfallwirtschaft zu gewährleisten. Auch aus Kostengründen hat die Vermeidung und Verminderung von Abfallströmen hohe Priorität. Die Abfallwirtschaft dient primär dazu, die erzeugten Abfälle geordnet zu erfassen und sie einer ordnungsgemäßen und schadlosen Entsorgung zuzuführen. Neben dieser übergreifenden Zielsetzung sind verschiedene Unterziele und Rahmenbedingungen zu berücksichtigen. Der im Bereich der Abfallwirtschaft wichtige ordnungsrechtliche Rahmen ergibt sich vor allem aus dem Abfallrecht und den Arbeitsschutzbestimmungen. Insbesondere das Ziel der Vermeidung straf- und ordnungsrechtlicher Konsequenzen steht daher oft im Mittelpunkt abfallwirtschaftlicher Maßnahmen des Abfallerzeugers. Gleichzeitig wird eine Kostenminimierung angestrebt. Dies gilt sowohl für Vermeidungsstrategien als auch für den Entsorgungspfad sowie die Sammlungs- und Transportprozesse in der Verwaltung und die damit verbundenen Verwaltungskosten. Primärer Ansatzpunkt für die Kostenminimierung ist, die zu entsorgende Abfallmenge gezielt zu vermindern. Dies können Sie sowohl durch Maßnahmen auf der Input-Seite (abfallarme Beschaffung) als auch auf der Output-Seite (z.B. Weiterverwendung) unterstützen. Eine andere Möglichkeit ist, die verschiedenen Abfallfraktionen getrennt zu sammeln, so dass Sie möglichst angepasste und kostengünstige Entsorgungswege für die einzelnen Teilmengen wählen können. In der Praxis dürften sich die Ziele, die Abfallmenge zu vermindern oder zu vermeiden sowie die mit

Verringerung des Abfallaufkommens spart Kosten.

der Entsorgung verbundenen Kosten zu reduzieren, meist gut miteinander vereinbaren lassen. Zum einen wird eine sinkende Abfallmenge selbst bei steigenden Entsorgungsgebühren häufig zu niedrigeren oder zumindest stabilen Entsorgungskosten führen. Zum anderen ermöglicht eine korrekte Abfalltrennung häufig die Entsorgung einzelner Fraktionen zu vergleichsweise günstigen Bedingungen. Es kann allerdings zu Konflikten zwischen den verschiedenen Zielen kommen. So ist es möglich, dass das angestrebte Verminderung der Entsorgungskosten mit Anforderungen des Abfallrechts kollidiert, wenn bei besonders günstigen Entsorgungsangeboten die Ordnungsmäßigkeit nicht sichergestellt ist.

4.5.2 Rechtliche Rahmenbedingungen

Mit dem In-Kraft-Treten des KrW-/AbfG im Jahr 1996 wurde der Abfallbegriff erweitert. Abfälle sind demnach alle beweglichen Sachen, deren sich ihr Besitzer entledigt, entledigen will oder entledigen muss und die unter die in dem Anhang des Gesetzes genannten Abfallgruppen fallen. Unterschieden wird grundsätzlich zwischen Abfällen zur Beseitigung und Abfällen zur Verwertung. Die öffentlich-rechtlichen Entsorgungsträger sind nur noch verpflichtet, Abfälle zur Beseitigung zu entsorgen. Bei den Herkunftsbereichen Haushalte und Kleingewerbe gilt dies auch für Abfälle zur Verwertung, soweit diese nicht Verpackungsabfälle sind.

KrW-/AbfG unterscheidet Abfälle zur Beseitigung und zur Verwertung.

Nach § 37 KrW-/AbfG sind die Behörden des Bundes und die der Aufsicht des Bundes unterstehenden juristischen Personen besonders verpflichtet, durch die Gestaltung ihrer Arbeitsabläufe, durch die Beschaffung und Verwendung von Material und Gebrauchsgütern unter anderem zur Förderung der Kreislaufwirtschaft, zur Schonung natürlicher Ressourcen und zur Sicherung der umweltverträglichen Entsorgung von Abfällen beizutragen. Ähnliche Vorschriften finden sich in den entsprechenden Landesgesetzen.

Nach §§ 19 und 20 KrW-/AbfG sind Abfallerzeuger, die jährlich mehr als 2.000 Kilogramm besonders überwachungsbedürftige Abfälle insgesamt oder mehr als 2.000 Tonnen überwachungsbedürftige Abfälle je Abfallschlüssel erzeugen, verpflichtet, das Abfallaufkommen jährlich zu bilanzieren und die Entsorgungswege zu dokumentieren. Des Weiteren ist als internes Planungsinstrument für die jeweils nächsten fünf Jahre ein Abfallwirtschaftskonzept zu erstellen. Die inhaltlichen Details hierzu sind in der Abfallwirtschaftskonzept- und -bilanzverordnung (AbfKoBiV) geregelt.

Die Bestellung eines oder mehrerer Betriebsbeauftragter für Abfall ist durch die Verordnung über Betriebsbeauftragte für Abfall für alle Abfallerzeuger Pflicht, bei denen regelmäßig besonders überwachungsbedürftige Abfälle anfallen und die in der Verordnung über Betriebsbeauftragte für Abfall aufgeführte Anlagen betreiben. Im Bereich der öffentlichen Hand sind dies Krankenhäuser und Kliniken sowie die in der Verordnung aufgeführten Abfallbeseitigungsanlagen. Der Betriebsbeauftragte für Abfall berät den Anlagenbetreiber und die am Standort Beschäftigten. Dabei soll er der Verwertung Vorrang verschaffen, wenn dies technisch möglich und wirtschaftlich zumutbar ist.

Abfallwirtschaftskonzept dient zur internen Planung.

Mit dem In-Kraft-Treten der Verordnung zur Einführung des Europäischen Abfallkatalogs (EAK-Verordnung) wurde eine Abfallklassifizierung gemäß des Europäischen Abfallkatalogs (EAK) festgeschrieben.

Mit der Entsorgungsfachbetriebeverordnung (EfbV) und der Entsorgergemein-schaftenrichtlinie (RL Entsorgergemeinschaften) haben Entsorgungsunterneh-men die Möglichkeit erhalten, sich für bestimmte Tätigkeiten als Fachbetrieb zerti-fizieren zu lassen. Die Beauftragung eines zertifizierten Entsorgungsfachbetriebs erhöht die Rechtssicherheit für den Abfallerzeuger.

Sammlung, Transport und Verwertung oder Besei-tigung der erzeugten überwachungsbedürftigen und besonders überwachungsbedürftigen Abfälle müssen Sie laut Verordnung über Verwertungs- und Beseiti-gungsnachweise (Nachweisverordnung – NachwV) dokumentieren. Als Abfallerzeuger müssen Sie den Entsorgungsweg mit der zuständigen Behörde abstimmen und für jeden Entsor-gungsvorgang nachweisen, dass dieser auch eingehalten wurde.

Beauftragung eines zertifizierten Entsor-gungsbetriebs erhöht die Rechtssicherheit.

4.5.3 Informationsbeschaffung

Zu Beginn der Optimierung der Abfallwirtschaft einer öffentlichen Einrichtung durch Umweltcontrolling steht wie in der Privatwirtschaft die Erfassung des Ist-Zustands. Hierzu dient die Abfallbilanz. Entsprechend den Bestimmungen des KrW-/AbfG müssen Sie in Ihrer Abfallbilanz zwei Abfallgruppen unterscheiden: Abfälle zur Verwertung und Abfälle zur Beseitigung. Generell sind alle Abfälle zur Beseitigung überwachungsbedürftig. Die Überwachungsbedürftigkeit ist auch für einige Abfälle zur Verwertung vom Gesetzgeber festgelegt worden. Für überwachungsbedürftige Abfälle gilt ab einer Mengengrenze von fünf Jahreston-nen eine Nachweispflicht. Notwendig ist eine besondere Aufmerksamkeit gegen-über besonders überwachungsbedürftigen Abfällen zur Beseitigung („Sonderab-fälle") und zur Verwertung. Sie fallen auch an reinen Verwaltungsstandorten an und dürfen nicht zusammen mit dem Hausmüll entsorgt werden (dazu zählen z.B. Batterien). Bei größeren Einrichtungen ist der Aufbau einer EDV-gestützten Da-tenbank für die Abfallbilanz sinnvoll. Auch können Sie auf Spezialsoftware mit in-tegrierten Datenbanken zurückgreifen. In der nachfolgenden Tabelle sind die Ab-fälle aufgelistet, die an einem reinen Verwaltungsstandort in der Regel anfallen und im Rahmen der Siedlungsabfallentsorgung entsorgt werden:

Abfallgruppe	Abfallart	EAK-Abfallschlüssel	Überwachungs-bedürftigkeit
Getrennt gesammelte Fraktionen		2001xx	
	Papier und Pappe	200101	–
	Altglas	200102	–
	DSD-Abfälle	200103–200106	–
	Holzabfälle	200107	–
	Organische kompostier-bare Küchenabfälle	200108	–
	Öle und Fette	200109	–

Abfallgruppe	Abfallart	EAK-Abfallschlüssel	Überwachungs-bedürftigkeit
	Bekleidung	200110	–
	Farben, Druckfarben, Klebstoffe, Kunstharze	200112	b.ü.
	Lösemittel	200113	b.ü.
	Wasch- und Reinigungs-mittel	200116	–
	Batterien	200120	ü.
	Leuchtstoffröhren (quecksilberhaltig)	200121	b.ü.
	Fluorchlorkohlenwasser-stoffhaltige Geräte (z.B. Kühlschränke)	200123	–
	Elektroschrott	200124	–
Garten- und Parkabfälle		2002xx	
	Kompostierbare Abfälle	200201	–
	Steine und Erden	200202	–
Gemischte Siedlungsabfälle		2003xx	
	Restmüll (gemischte Siedlungsabfälle)	200301	ü.

b.ü. = besonders überwachungsbedürftige Abfälle nach Verordnung zur Bestimmung von überwachungsbedürftigen Abfällen zur Verwertung (BestbüVAbfV)
ü. = überwachungsbedürftige Abfälle zur Verwertung nach BestbüVAbfV (überwachungsbedürftig sind grundsätzlich alle Abfälle zur Beseitigung)

Tab. 4.5.1: Abfallschlüsselnummern verwaltungstypischer Abfallarten

Erweitern Sie die Tabelle um die an Ihrem Standort darüber hinaus regelmäßig an-fallenden Abfälle. Befragen Sie gegebenenfalls die mit der Abfallwirtschaft be-trauten Beschäftigten über Abfallarten, Sammelbehälter und Entsorgungswege.

Bei der Erfassung der Grunddaten sollten Sie mit den beauftragten Entsor-gungsunternehmen zusammenarbeiten, um Zeit und Kosten zu sparen. Hilfreich ist es, wenn der Entsorger in der Lage ist, Ihnen Bilanzdaten für ganze Jahre zur Verfügung zu stellen. Darüber hinaus können Sie die Rechnungsunterlagen der Entsorgungsvorgänge auswerten. Nicht erfasst werden können mit dieser Metho-de kostenfrei entsorgte Abfälle wie DSD-Abfälle oder vom Lieferanten zurückge-nommene Abfälle. In diesen Fällen sind Sie auf Auskünfte des in den jeweiligen Verwaltungseinheiten zuständigen Personals angewiesen. Handelt es sich bei den entsorgten Abfällen um nachweispflichtige Abfälle, können Sie auf die gesetzlich vorgeschriebenen Dokumente zurückgreifen (Übernahmescheine, Begleitscheine, Entsorgungsnachweise etc.).

Wenn Sie die Übersicht darüber haben, welche Abfälle an Ihrem Standort beziehungsweise in Ihrer Verwaltungseinheit in welcher Menge anfallen, können Sie eine Abfallbilanz aufstellen. Um diese zu erarbeiten, sollten Sie systematisch vorgehen. Unterteilen Sie Ihre Organisation in Funktionsbereiche, in denen Abfälle in unterschiedlicher Menge und Zusammensetzung entstehen. Die Abfallbilanz sollte folgende Informationen enthalten:

- Gliederung der Funktionsbereiche

- Zahl der Objekte

- Nutzerzahlen der Objekte

- Zahl und Größe von Abfallbehältern

- Leerungsrhythmus der Sammelbehälter

- Menge und Zusammensetzung erzeugter Abfälle pro Jahr

- Entsorgungswege

- Entsorgungskosten

Ermitteln Sie nun die Zahl der Objekte / Gebäude, die den einzelnen Funktionsbereichen zuzuordnen sind, und die jeweilige Zahl der Nutzer. Bestimmen Sie abfallartenspezifisch Mengen beziehungsweise Volumina der erzeugten Abfälle, den Leerungsrhythmus der Sammelbehälter sowie den Verbleib (Entsorgungsweg) und die Kosten der Entsorgung. In der Folgebilanz können Sie dann Vergleiche zum Vorjahr ziehen.

In der Regel tritt bei der Bilanzierung das Problem auf, dass der Füllgrad der Sammelbehälter nicht bekannt ist, so dass eine Abschätzung des durchschnittli-

---

Umweltcontrolling-Tipp: Kurz-Check in den Funktionsbereichen durchführen

Wenn Sie nur auf begrenzte Ressourcen zurückgreifen können, führen Sie einen Kurz-Check durch, mit dem Sie den Handlungsbedarf in den Funktionsbereichen abschätzen können. Besuchen Sie ausgewählte Objekte der Funktionsbereiche (z.B. fünf verschiedene Schulen) und untersuchen Sie folgende Fragestellungen:

- *Existieren Sammelbehälter für Bioabfälle, Wertstoffe und DSD-Abfälle?*

- *Werden „Sonderabfälle" getrennt gesammelt (z.B. Leuchtstoffröhren und Batterien)?*

- *Stehen den Nutzern genügend Möglichkeiten zur Getrenntsammlung von Abfällen zur Verfügung?*

- *Gibt es bereits Initiativen der Objektnutzer zur Verbesserung der Getrenntsammlung beziehungsweise zur Abfallvermeidung?*

Je mehr Fragen Sie an einem Standort nach der Begehung mit Nein beantwortet haben, desto höhere Priorität sollten Sie ihm geben. Sollten sich entsprechende Mängel bei allen stichprobenartig ausgewählten Objekten des Funktionsbereichs ergeben, können Sie dies als Indiz dafür werten, dass von der Verwaltung des Bereichs abfallwirtschaftlichen Belangen bislang nur geringe Aufmerksamkeit geschenkt wurde. Sie können daraus den Schluss ziehen, dass es auch unter Kostengesichtspunkten lohnend ist, hier die Abfallwirtschaft zu verbessern.

chen Füllgrads erforderlich ist. Sie können hierzu das Reinigungspersonal oder den zuständigen Hausmeister befragen.

Eine Schwierigkeit ergibt sich häufig durch die uneinheitliche Erfassung der Abfallmengen (kg, Stück, m³). Um die Volumina der Abfälle in Masseeinheiten umzurechnen, benötigen Sie Informationen über ihre mittleren Schüttdichten. Bestimmen Sie die Schüttdichte empirisch durch Verwiegung der Abfälle oder nutzen Sie die nachfolgende Tabelle für eine näherungsweise Umrechnung.

Abfallart	Schüttdichte in t/m³*
Grünabfall, kompostierbar	0,14
Altpapier und Kartonagen, ungepresst	0,06
Hausmüll (mit hohem Papieranteil)	0,062
Baustellenabfälle, nicht Bauschutt	0,27
Mischholz	0,13
Elektroschrott	0,27
Sperrmüll	0,1
Metallschrott	0,9
Altbatterien	1,42
Fixierbäder	1,1
Entwickler	1,1
Leuchtstoffröhren, gemischt	0,08
Bauschutt	1,29
Kühlgeräte	0,1
DSD-Abfälle	0,03
Betonbruch	1,3
Monitore 14–16" (anteilsgleiche Mischung)	0,25
Monitore 17–21" (anteilsgleiche Mischung)	0,29
Monitore 14–21" (anteilsgleiche Mischung)	0,27
Altglas (lockere Schüttung, wenig Scherben)	0,32
* Die tatsächlichen Werte können bis zu 50 % vom errechneten Wert abweichen.	

Tab. 4.5.2: Schüttdichten verwaltungstypischer Abfallarten
(Quelle: Fachhochschule Hannover, 1999)

Vergessen Sie nicht, die Entsorgungskosten der Abfälle zu erfassen. Bedenken Sie dabei, dass neben den vom Entsorger in Rechnung gestellten Kosten bei jedem Entsorgungsvorgang interne Verwaltungskosten anfallen, die in der Abfallbilanz

berücksichtigt werden sollten. Die reinen Entsorgungskosten machen erfahrungsgemäß nur etwa 30 bis 50 Prozent der Gesamtkosten aus. Nutzen Sie für die Abfallbilanzen den Formularsatz der Abfallwirtschaftskonzept- und -bilanzverordnung
oder entwerfen Sie ein Ihren speziellen Bedürfnissen angepasstes Formular, das
beispielsweise folgendermaßen aufgebaut sein kann:

Funktionsbereich															
Objekt/Liegenschaft															
EAK-Abfallschlüssel	Abfallart	Gesamtmenge pro Jahr	Behälterart	Behältervolumen	Entleerungsrhythmus	Füllgrad bei Leerung (in %)	Behältermiete	Deklarationsanalyse (nur Sonderabfälle)	Entsorgungsnachweis	Transportkosten	Kosten für Verwaltungsvorgänge	Sonstige Kosten	Kosten Begleitschein	Kosten Übernahmeschein	Gesamtkosten pro Jahr

Tab. 4.5.3: Formularvorschlag für eine Abfallbilanz

Wenn Sie schon in den Vorjahren eine Abfallbilanz erstellt haben, können Sie auch
die Entwicklungstendenzen der Abfallarten abbilden. Dies gilt sowohl für die
Mengen als auch für die Entsorgungskosten. Um auch die Entsorgungswege zu erfassen, sollten Sie zusätzlich den Verbleib der Abfälle vermerken.

4.5.4 Analyse, Bewertung und Erfolgskontrolle

Zur Analyse des Sachstands im Handlungsfeld Abfall können Sie auf der Grundlage der Abfallbilanz Kennzahlen bilden, die sich für Zeitreihenvergleiche oder ein
Benchmarking mit anderen Verwaltungseinheiten nutzen lassen. Als Bezugsgröße können Sie auch in der Abfallwirtschaft Leistungsgrößen (z.B. Zahl der Nutzerinnen und Nutzer) oder andere Bezugsgrößen verwenden.

Absolute Kennzahlen	Spezifische Kennzahlen
Gesamtabfallmenge in t	Absolute Mengen jeweils bezogen auf
Menge Abfall zur Verwertung in t	
Menge Abfall zur Beseitigung in t	t/Leistungsgröße oder
Menge besonders überwachungsbe-dürftige Abfälle (Sonderabfall) in t	t/t Gesamtabfall in %

Tab. 4.5.4: Kennzahlen in der Abfallwirtschaft

Es empfiehlt sich, begleitend die Entsorgungskosten zu erfassen und sowohl die gesamten Entsorgungskosten als auch die spezifischen Entsorgungskosten pro Leistungseinheit als Kennzahlen zu errechnen.

Abfallkennzahlen für internes Benchmarking nutzen. Nutzen Sie abfallwirtschaftliche Kennzahlen für ein internes Benchmarking. Gerade in der öffentlichen Verwaltung können bei der Vielzahl wiederkehrender Nutzungsarten leicht Schwachstellen identifiziert werden. So lassen sich beispielsweise Einrichtungen wie reine Verwaltungsgebäude, Schulen, Universitäten, Museen, Theater und Krankenhäuser gut untereinander vergleichen. Aber auch verwaltungsübergreifende (beispielsweise interkommunale) Kennzahlenvergleiche sind sinnvoll. Leiten Sie aus den erkannten Stärken und Schwächen Verbesserungsmaßnahmen ab.

Wichtige abfallwirtschaftliche Kennzahlen sollten Sie durch die Vereinbarung von Umweltzielen mit den Verantwortlichen in Bewegung bringen.

4.5.5 Maßnahmen im Handlungsfeld Abfall

In der Abfallwirtschaft dient das Abfallwirtschaftskonzept (AWK) der mittelfristigen Planung abfallwirtschaftlicher Maßnahmen. Es sollte jeweils für einen Zeitraum von bis zu fünf Jahren gelten und im Anschluss fortgeschrieben werden.

Aufbau eines Abfallwirtschaftskonzepts

- Kurze Beschreibung der Organisation, des Standorts

- Derzeitige Abfallerzeugung und -sammlung

- Entwicklungstendenz der Abfallarten (Papier, Altglas, Verpackungen, Biomüll, Restmüll)

- Bereits umgesetzte und geplante Maßnahmen (gegliedert in nicht und gering investive Maßnahmen sowie investive Maßnahmen)

- Art der Maßnahme (Vermeidung, Wiederverwendung, Weiterverwendung, externe Verwertung, Änderung des Entsorgungswegs), Ziel der Maßnahme, Umsetzungsverantwortlichkeiten, Zeitraster, Finanzierungskonzept

Abfallwirtschaftliche Maßnahmen können sowohl technischer als auch organisatorischer Art sein. Bedenken Sie, dass solche Maßnahmen auch von den Nutzern akzeptiert werden müssen. Binden Sie diese daher in die Konzeptentwicklung ein, indem Sie die Maßnahmenoptionen mit ihnen abstimmen. Informieren Sie den Personalrat Ihrer Einrichtung frühzeitig. Erstellen Sie einen Maßnahmenkatalog, der beispielsweise wie in der Tabelle 4.5.5. aufgebaut sein kann.

Unbedingt notwendig ist es, die Umsetzung des AWK zu begleiten. Bestimmen Sie gemeinsam mit den Gebäudenutzern die für die Realisierung verantwortlichen Personen und legen Sie Termine fest. Machen Sie in der Umsetzungsphase regelmäßig Soll-Ist-Vergleiche. Besprechen Sie mit den Verantwortlichen vor Ort Umsetzungsprobleme und entwickeln Sie gemeinsam Lösungen. Bestätigen Sie das Personal und die Nutzer öffentlicher Gebäude in ihren Bemühungen, zur Abfallvermeidung und -verwertung beizutragen, indem Sie sie regelmäßig über die erzielten Erfolge informieren.

Funktionsbereich									
Objekt/Liegenschaft									
Schlüssel Nr. nach EAK	Abfallart	ü./b.ü. Abfall	Maßnahme	Ausgangsmenge im Jahr Z	Vermiedene Menge im Jahr Y	Zielmenge im Jahr X	Zuständigkeit für die Umsetzung	Termin	Bemerkungen

ü. = überwachungsbedürftig   b.ü.= besonders überwachungsbedürftig

Tab. 4.5.5: Formularvorschlag für ein Abfallwirtschaftskonzept

Wurde im Zuge einer Verwaltungsreform bereits eine dezentralisierte Ressourcenverantwortung eingeführt, sollten sich zusätzliche Anreize für eine Verminderung der abfallwirtschaftlichen Kosten ergeben. Denken Sie aber auch daran, dass die Beratung der Abfallerzeuger von großer Bedeutung für das Erreichen abfallwirtschaftlicher Ziele ist.

Praxisbeispiel: Abfallwirtschaftskonzept des Bezirksamts Lichtenberg, Berlin

Die Berliner Bezirksämter sind, da bei ihnen mehr als 2.000 Jahrestonnen überwachungsbedürftige Abfälle zur Beseitigung anfallen, zur Aufstellung eines Abfallwirtschaftskonzepts verpflichtet. Auch die im Berliner Landesabfallgesetz formulierte Verpflichtung der öffentlichen Hand zu vorbildhaftem Verhalten verstärkt den Handlungsdruck auf die Berliner Verwaltung.

Im Bezirksamt Lichtenberg wurde im Jahr 1994 die direkt dem Bezirksbürgermeister zugeordnete Stabsstelle eines Abfallwirtschaftskoordinators geschaffen. Dieser hat die üblichen abfallwirtschaftlichen Aufgaben übernommen. Zudem informiert er die Gebäudeverwaltungen über umweltgerechtere und kostengünstigere Entsorgungslösungen und beurteilt alle Maßnahmen regelmäßig hinsichtlich ihrer Effizienz.

Durch die Umsetzung abfallwirtschaftlicher Maßnahmen wurde, besonders in den abfallintensiven Schulen und Kindergärten, die Menge des vom Bezirksamt zu entsorgenden Restabfalls von 6.100 Tonnen in 1993 auf 2.870 Tonnen im Jahr 1997 reduziert. Dadurch konnten trotz gleichzeitiger Steigerung der Abfallentsorgungsgebühren des Stadtreinigungsbetriebs die Kosten der Entsorgung des Restabfalls von 950.000 Euro auf 490.000 Euro gesenkt werden.

Das Bezirksamt richtete eine Gebrauchtbörse ein, über die Gebrauchsgegenstände an andere Einrichtungen des Amts beziehungsweise andere öffentliche oder freie Träger weiter vermittelt werden können.

Grün- und Küchenabfälle in 16 Schulen und 29 Kindertagesstätten werden vor Ort mit Hilfe von Schnellkompostern verwertet. Auch durch die Eigenkompostierung

von Bioabfällen an einem Verwaltungsstandort verringerte sich die Restmüllmenge. Darüber hinaus wurden auch reine Reduzierungen der Entsorgungskosten erreicht. So konnten durch die Aussetzung der Entgeltberechnung in den Ferienzeiten die Entsorgungskosten der bezirklichen Schulen um 18.000 Euro pro Jahr gesenkt werden.

Das Bezirksamt hat eine Richtlinie zur Abfallwirtschaft aufgestellt, die den Beschäftigten konkrete Hinweise gibt: Sie beschreibt den Ablauf der Entsorgungsvorgänge, die Datenerfassung sowie den Umgang mit den einzelnen Abfallarten.

Im Jahr 1999 wurde von der Bezirksversammlung auf Anregung des Abfallwirtschaftskoordinators beschlossen, Fifty-fifty-Projekte an Schulen, Kindergärten und Jugendfreizeiteinrichtungen durchzuführen. Bei diesen Projekten, bei denen neben der Verminderung der Abfallentsorgungskosten auch Strom und Wasser eingespart werden soll, ist beabsichtigt, die Gebäudenutzer noch stärker einzubeziehen.

Erfolgreiche Beispiele zeigen, dass gerade im Bereich der Abfallwirtschaft der öffentlichen Verwaltung, in dem häufig eine Vielzahl von Gebäudeobjekten betreut wird, zentrale Arbeitsgruppen sinnvoll sind. Diese sollten insbesondere mit den für die Beschaffung beziehungsweise für die technische Gebäudeverwaltung zuständigen Mitarbeiterinnen und Mitarbeitern der Funktionsbereiche besetzt werden. Von Bedeutung ist auch, diese Zusammenarbeit durch einen politischen Beschluss nachhaltig zu institutionalisieren.

Bei größeren Einrichtungen wie Stadtverwaltungen, Krankenhäusern und Universitäten lohnt es sich aus Kostengründen, einen Teil der abfallwirtschaftlichen Aufgaben zu zentralisieren. Wichtig ist jedoch, dass die Verantwortung für die ordnungsgemäße Abfallentsorgung so weit wie möglich bei den einzelnen Abfallerzeugern verbleibt. Auch sollten die einzelnen Abfallerzeuger die Entsorgungskosten tragen, da ansonsten der Anreiz für abfallwirtschaftliche Verbesserungsmaßnahmen gemindert würde. Die Zentralabteilung sollte insbesondere folgende Aufgaben übernehmen:

- Koordination interner Transporte und Sammlungen

- Abwicklung und Dokumentation der Entsorgungsvorgänge bei zentral zu entsorgenden Abfällen

- Verfassen interner Richtlinien und Dienstanweisungen

- Organisation von Abfallbörsen

- Beschaffung zentraler Sammelbehälter

- Beratung der Abfallerzeuger in allen Fragen der Entsorgung

- Erstellen von Abfallwirtschaftskonzepten und -bilanzen

Die Bestellung von Abfallbeauftragten in den einzelnen Objekten/Einrichtungen ist für die Umsetzung abfallwirtschaftlicher Maßnahmen unabdingbar. Das für die Abfallwirtschaft zuständige Personal sollte jedoch durch Schulungen darauf vorbereitet werden.

Hilfreich ist das Erstellen interner Richtlinien zur Abfallentsorgung, die zwar keine Weisung beinhalten, aber dem Personal einen Handlungsrahmen geben und die örtlichen Gegebenheiten besonders berücksichtigen. Die Nutzung verbindlicher Dienstanweisungen bietet sich dann an, wenn Rechtsvorschriften eingehalten werden müssen und wenn einzelne Mitarbeiter oder ganze Dienststellen die Maßnahmenumsetzung behindern.

Wenn Sie sich in Ihrer Verwaltung neu mit dem Thema Abfallwirtschaft auseinander setzen, gibt es grundsätzlich drei Möglichkeiten, eine Abfallbilanz und ein Abfallwirtschaftskonzept zu erarbeiten:

1. *Leistungsvergabe an Dritte*

   Hier besteht die Gefahr, dass die notwendige verwaltungsinterne Zuarbeit unterschätzt wird. Bedenken Sie auch, dass der beauftragte Dritte nicht für die Umsetzung der Maßnahmen zuständig ist. Versichern Sie sich vor der Auftragsvergabe, dass durch geeignete organisatorische Maßnahmen sowie die Unterstützung der Verwaltungsführung und der Politik eine Umsetzung des Abfallwirtschaftskonzepts sichergestellt ist.

2. *Bearbeitung mit dem Personal der eigenen Verwaltung*

   Dies ist sicherlich die beste Lösung, da das Know-how intern verbreitert wird. Prüfen Sie daher zunächst, ob Sie verwaltungsintern aufgrund der Personalressourcen in der Lage sind, eine Abfallbilanz und ein Abfallwirtschaftskonzept zu erarbeiten.

3. *Finanzierung über Arbeitsbeschaffungsmaßnahmen (ABM)*

   Sie sparen knappe Haushaltmittel ein, wenn Sie das für die Abfallwirtschaft zuständige Personal über ABM finanzieren. Bedenken Sie aber, dass durch die zeitliche Befristung der ABM-Verträge ein häufiger Wechsel zu erwarten ist.

Literatur

Bundesumweltministerium / Umweltbundesamt (BMU / UBA) (Hrsg.): Handbuch Umweltcontrolling. 2. Auflage, München 2001.

Fachhochschule Hannover: Abfallbilanz und Abfallwirtschaftskonzept der Fachhochschule Hannover für das Jahr 1998. Hannover 1999.

Länderarbeitsgemeinschaft Abfall (Hrsg.): Zuordnung LAGA-Abfallschlüssel zum Europäischen Abfallkatalog. Berlin 1997.

Senatsverwaltung für Umweltschutz, Stadtentwicklung und Technologie (Hrsg.): Leitfaden – Konzepte zur abfallarmen Verwaltung. Berlin 1997.

Umweltbundesamt (UBA) (Hrsg.): Handbuch Umweltfreundliche Beschaffung. 4. Auflage, München 1999.

4.6 Mobilität

Neben dem gesamtgesellschaftlichen Interesse an einer umwelt- und sozialverträglichen Verkehrsabwicklung gibt es auch spezifische Gründe für alle Bereiche der öffentlichen Hand, sich mit dem Thema Mobilität intensiv zu beschäftigen. Soll beispielsweise der Standort einer Verwaltung erweitert werden und kommen dafür als Parkraum genutzte Flächen in Betracht, so kann dies als Einstieg in eine Parkraumbewirtschaftung und ein Mobilitätskonzept genutzt werden. Ein solches Konzept sollte neben der Parkraumbewirtschaftung weitere Maßnahmen vorsehen, welche die Vorteile der umweltverträglicheren Verkehrsmittel Bus, Bahn, Straßenbahn und Fahrrad sowie des Zufußgehens gegenüber der Autobenutzung hervorhebt. Um sinnvoll über die einzelnen Maßnahmen entscheiden zu können, sollten Sie ein Umweltcontrolling für den Bereich Mobilität einrichten, das im Sinne von Input-Output-Analysen die von einer öffentlichen Einrichtung erzeugten Verkehrsströme bilanziert. Darin einzubeziehen sind auch der Güterverkehr sowie alle logistischen Prozesse, die für eine öffentliche Einrichtung von Bedeutung sind. Mit Hilfe der gebildeten Kennzahlen lässt sich dann ein Mobilitätskonzept entwickeln, das sowohl für den Personen- als auch für den Gütertransport zeigt, wie er möglichst Zeit und Kosten sparend sowie umweltschonend organisiert werden kann.

4.6.1 Umwelteinwirkungen des Verkehrs

Um ihre Aufgaben erfüllen zu können, ist die öffentliche Hand auf die Mobilität ihrer fünf Millionen Beschäftigten sowie ihrer Kunden und Lieferanten angewiesen. Mit dem dadurch entstehenden Verkehr sind zahlreiche Umwelteinwirkungen verbunden. An Luftschadstoffen entstehen vor allem Stickstoffoxide (NO_x), Kohlenmonoxid (CO), Methan (CH_4), weitere flüchtige organische Verbindungen (VOC) und Kohlendioxid (CO_2).

Von den energiebedingten CO_2-Emissionen in Deutschland sind rund 20 Prozent auf den Verkehr zurückzuführen – Tendenz steigend (vgl. BMV, 1999, S. 279ff.). Mit einem Anteil von rund 50 Prozent an den NO_x- und CO-Emissionen ist der motorisierte Verkehr Hauptverursacher von Luftschadstoffemissionen. Über 65 Prozent der Bevölkerung fühlen sich durch Verkehrslärm belästigt; in den neuen Bundesländern liegt der Anteil sogar noch höher.

Verkehr belastet die Umwelt und Wohnqualität in Innenstädten.

In den größeren Städten beträgt der Anteil der Verkehrsfläche an der Gesamtfläche 15 bis 20 Prozent (vgl. BMU, 1996). Vor allem in den engen Straßenräumen der Innenstädte – in denen vielleicht auch Ihre Einrichtung ihren Standort unterhält – entstehen Nutzungskonflikte zwischen dem motorisierten Individualverkehr (MIV), dem öffentlichen Personennahverkehr (ÖPNV), dem Wirtschaftsverkehr und den Anwohnern. In vielen Städten sind die verkehrsbedingten Umfeldbelastungen inzwischen so hoch geworden, dass die städtischen Einwohnerzahlen stark rückläufig sind, was weitere negative Folgewirkungen mit sich bringt.

Nicht nur in Anbetracht der Vorbildfunktion, die der öffentlichen Hand zukommt, sollte daher die Mobilität als ein zentrales Handlungsfeld begriffen werden. Es sollte sowohl die umweltschonende Abwicklung der Mobilität der Beschäftigten (Berufs-, Dienstreise- und Geschäftsverkehr), der Kunden und Besucher sowie die Mobilität von Gütern und Waren umfassen.

4.6.2 Ziele im Handlungsfeld Mobilität

Über gesamtgesellschaftliche Interessen hinaus gibt es für alle Bereiche der öffentlichen Hand eine Reihe von Gründen, sich mit dem Bereich Mobilität zu befassen. So können Sie in diesem Handlungsfeld vielfältige Konzepte umsetzen, die dazu beitragen, Ihre spezifischen (Verkehrs-)Probleme zu lösen, Kosten zu senken oder das Image und Arbeitsklima Ihrer Dienststelle zu verbessern:

- ■ Sie können mit einem Umweltcontrolling im Handlungsfeld Mobilität Probleme lösen. Das gilt beispielsweise, wenn bei Ihnen eine Standorterweiterung geplant ist, die sich auf den Flächen der bisherigen Parkplätze realisieren ließe. Hier sollten Sie ein Eigeninteresse an einem Mobilitätskonzept entwickeln, das die Kosten für die Bereitstellung des teuren und Flächen verbrauchenden Parkraums auf öffentlichen Liegenschaften durch eine effiziente Bewirtschaftung minimiert.

- ■ Sie können die Betriebskosten senken, wenn Sie Ihr Gelände optimal nutzen oder die Effizienz im Dienstreiseverkehr und in der Logistik steigern. Bereits durch erste Maßnahmen im Bereich der Fuhrparkoptimierung können Sie erhebliche Kosten einsparen, indem Sie etwa den Fahrzeugbestand optimieren oder die Anzahl der Fahrten verringern.

- ■ Darüber hinaus können Sie das Image Ihrer Organisationseinheit in der Öffentlichkeit verbessern und die Vorbildfunktion der öffentlichen Hand unterstreichen, wenn Sie Maßnahmen zur Förderung umweltschonender Mobilität umsetzen. Mit entsprechenden Anreizen können Sie das umweltgerechte Mobilitätsverhalten Ihrer Beschäftigten fördern und die Arbeitsmotivation der Belegschaft steigern. Dies lässt sich durch Jobtickets und andere Sozialleistungen erreichen, aber auch durch mehr Gerechtigkeit bei der Vergabe von Parkraum und Dienstfahrzeugen.

4.6.3 Rechtliche Rahmenbedingungen

Im Bereich des Verkehrs sind insbesondere die rechtlichen Regelungen des Bundes-Immissionsschutzgesetzes (BImSchG) sowie die Technische Anleitung (TA) Lärm zu beachten. Aus § 38 des BImSchG leitet sich zum Beispiel die Pflicht ab, Fahrzeuge so herzustellen und zu betreiben, dass einzuhaltende Grenzwerte nicht überschritten und vermeidbare Emissionen verhindert werden. Die TA Lärm beruht auf § 48 BImSchG und setzt gebietsbezogene Immissionsrichtwerte bezüglich der Anlagengeräusche fest, die nicht überschritten werden dürfen. Berücksichtigt werden neben den Geräuschen von Maschinen, Geräten und sonstigen Einrichtungen auch Schallemissionen des Verkehrs auf dem Betriebsgelände. Diese Richtwerte liegen beispielsweise für reine Wohngebiete tagsüber bei 50 dB(A) und nachts bei 35 dB(A), für Gebiete mit gewerblicher und privater Nutzung bei tags-

über 60 dB(A) und nachts 45 dB(A). Für den Verkehr außerhalb der Anlage bestimmt Ziffer 7.4 Abs. 2 TA Lärm, dass „Geräusche des An- und Abfahrtverkehrs
auf öffentlichen Verkehrsflächen in einem Abstand von bis zu 500 Metern von dem
Betriebsgrundstück [...] durch Maßnahmen organisatorischer Art so weit wie
möglich vermindert werden" sollen.

4.6.4 Informationsbeschaffung

Um den ökonomischen und ökologischen Handlungsbedarf im Bereich Mobilität
zu ermitteln, müssen Sie die notwendigen Daten und Informationen über die logistischen Prozesse und die Mobilität von Personen erfassen und auswerten. Für
die Analyse der Umwelteinwirkungen gilt es zunächst, einige wesentliche Grundinformationen zu erheben. Ein geeignetes Instrument ist die Prozessablaufanaly-
se. Sie dient dazu, Abläufe zu identifizieren, zu gliedern und zu gestalten. Sie beinhaltet die Aufnahme der Arbeitsabläufe mit ihrem zeitlichen und räumlichen
Verlauf und den daran beteiligten internen und externen Stellen beziehungsweise
Schnittstellen. Mit der Betrachtung der Relationen zwischen den Subsystemen
und Prozessen in ihrer Gesamtheit können diese systematisiert (Prozessorganisa-
tion) und anschließend eine Prozesshierarchie abgeleitet werden. Durch die detaillierte Untersuchung interner und externer Abläufe werden Schwachstellen
aufgezeigt, Ansatzpunkte für Verbesserungen sowie ökologische und ökonomische Einsparpotenziale sichtbar.

Aufnahme relevanter Daten

Die mobilitätsrelevanten Daten können in einem Unterkonto der Stoff- und Energiebilanz erfasst werden. Für die Grobanalyse benötigen Sie Kenntnisse über Ihre
Lieferverflechtungen und das Mobilitätsverhalten Ihrer Beschäftigten. Darauf
aufbauend können Sie auf der Basis von Auftrags- und Einkaufsdaten die quantitative Erhebung der Lieferanten- und Kundenbeziehungen durchführen.

Informationsquellen	
Dienstreiseverkehr	Reisekostenabrechnungen
Verkehrsaufwand	Frachtpapiere
Verkehrsverflechtung, Transport-kosten	Lieferscheine (auch Transportge-wichte), Rechnungen
Treibstoffverbrauch	Tankbelege, Tankkarte
Logistikkosten	Betriebsabrechnungsbögen (Fuhr-park, Lager usw.)
Beschäftigtenverkehr	Einfahrtgenehmigungen, Parkplatz-daten (Liegenschaftenamt)
Beschäftigtenstruktur, soziodemografische Merkmale, Verkehrsverflechtungen	Urlaubs- und Arbeitspläne, Personalstammdaten

Tab. 4.6.1: Informationsquellen für die Ermittlung von mobilitätsbezogenen Daten

Konzept	1.	Ziel der Erhebung
	2.	Welche Daten gibt es bereits?
Vorbereitung	3.	Wahl der Erhebungsmethode
	4.	Stichprobe/Totalerhebung
	5.	Erstellung des Fragebogens/Formulars
	6.	Spätestens jetzt Zustimmung des Personalrats einholen bzw. entsprechende Korrekturen durchführen
	7.	Zeitraum (Datum/Zeit/Dauer)
	8.	Probedurchlauf
Organisation	9.	Koordinationsstelle für die Erhebung
	10.	Öffentlichkeitsarbeit (Begleitschreiben/Datenschutzerklärung)
	11.	Vervielfältigung des Fragebogens/Formulars
	12.	Organisation von Verteilung und Rückeinsammlung
	13.	Ausgefüllte Musterfragebögen vorbereiten
Durchführung	14.	Öffentlichkeitsarbeit
	15.	Hinweis auf Möglichkeit der Rückfrage (Zimmernummer/Telefonnummer)
	16.	Besetzung der Koordinationsstelle bei der Erhebung
	17.	Vermerk bzgl. Witterung am Erhebungstag
	18.	Verteilung und Rückeinsammlung
Auswertung	19.	Wahl der Methode (Strichliste/EDV-gestützt)
	20.	Logische Kontrolle
	21.	Codierung
	22.	Gruppenbildung zu den „offenen Fragen" (z.B. welche Maßnahmen können Sie sich vorstellen?)
	23.	Gewichtung/Hochrechnung
	24.	Auswertung
	25.	Darstellung
	26.	Interpretation
	27.	Öffentlichkeitsarbeit (Bekanntgabe der wichtigsten Erhebungsergebnisse)

Tab. 4.6.2: Checkliste für die Erhebung von personenverkehrsbezogenen Daten (Quelle: Gewerkschaft der Privatangestellten, 1998, S. 21)

Informationen zu Dienst- und Geschäftsreisen können Sie größtenteils den Reiseabrechnungen entnehmen.

Daten zum Berufsverkehr können Sie durch einen an die Beschäftigten verteilten Fragebogen an einem Stichtag erheben. Dazu zählen:

- Genutzte Verkehrsmittel (Auto, Bahn, Fahrrad usw.)

- Wohnort, Gemeinde-, Orts- oder Stadtteil und der Dienstort

- Zurückgelegte Entfernungen

- Kopplung der arbeitsbedingten Wege mit anderen Aktivitäten, die regelmäßig durchgeführt werden

Ihre Mitarbeiterinnen und Mitarbeiter werden den täglichen Weg zur Arbeit teilweise in nicht nur einem Verkehrsmittel zurücklegen. Deshalb sind zum einen Mehrfachnennungen möglich und notwendig. Zum anderen sollte eine getrennte Erfassung von Fahrten mit dem Pkw/Kombi, dem motorisierten Zweirad (unterschieden nach Fahrer und Mitfahrer), der Straßen-, Stadt-, U-Bahn und dem Bus (ÖPNV), der S-Bahn und Bundesbahn, dem Fahrrad und der Fortbewegung zu Fuß erfolgen. Für den Geschäftsverkehr sind in der Regel zusätzlich Reisen mit dem Flugzeug zu berücksichtigen. Wichtig ist immer, die pro Verkehrsmittel zurückgelegten Entfernungen aufzuführen.

4.6.5 Analyse, Bewertung und Erfolgskontrolle

Auswertung von Daten zum Personenverkehr

Im ersten Schritt können Sie den Verkehrsaufwand (Personenkilometer) für die verschiedenen Verkehrsarten des Berufs- und Geschäftsverkehrs ermitteln. Unter Verwendung motorisierter Verkehrsmittel zurückgelegte Wege, die mit anderen Aktivitäten verbunden sind (z.B. nach der Arbeit die Kinder aus dem Kindergarten abholen und dann einkaufen), sollten Sie getrennt auflisten, denn hier sind Verlagerungsmöglichkeiten auf den ÖPNV oder die Bahn nicht immer problemlos möglich. Aus dem Verkehrsaufwand können Sie mit Hilfe des weiter unten vorgestellten Instruments GEMIS die Gesamtemissionen des Personenverkehrs Ihrer Dienststelle berechnen. Diese Berechnungsschritte erlauben es Ihnen, diejenigen Bereiche zu identifizieren, in denen Verkehrsaufwand und Emissionen besonders hoch sind und in denen ökologische Verbesserungen deshalb besonders wirksam wären.

Bereiche mit besonderem Verkehrsaufwand und hohen Emissionen ermitteln.

Maßgeblich für eine ökologische Optimierung des Personenverkehrs sind die vorhandenen Möglichkeiten, Wege mit unterschiedlichen Verkehrsmitteln zurückzulegen. Diese können Sie aus der kartografischen Auswertung ableiten. Hier wird deutlich, wo Umsteigemöglichkeiten existieren, in welchen Gebieten Fahrgemeinschaften möglich sind oder ob sich die Einrichtung von Buslinien lohnt. Zusätzlich lassen sich Fahrrad- und Fußwegverbindungen abseits von Hauptverkehrsstraßen ermitteln. Im Geschäftsverkehr können Sie Entfernungsstrukturen erkennen und abschätzen, in welchen Fällen sich ein Umsteigen auf die Bahn rentiert.

Der kartografischen Auswertung des Transportaufwands im Berufsverkehr können Sie eine Straßenkarte zugrunde legen, welche die Wohnorte Ihrer Belegschaft umfasst. Entscheidend ist, dass darin auch die Linien des öffentlichen Nahverkehrs und der Bahn verzeichnet sind. Auf Transparenzfolien lassen sich die zurückgelegten Wege der einzelnen Beschäftigten und die von ihnen genutzten Verkehrsmittel eintragen. Hierdurch werden Verlagerungspotenziale auf den öffentlichen Verkehr oder den nichtmotorisierten Verkehr deutlich. Falls keine Verkehrsanbindung mit öffentlichen Verkehrsmitteln zwischen Wohnort und Arbeitsplatz vorhanden ist, können Sie mittels der kartografischen Auswertung feststellen, in welchen Fällen es sinnvoll sein kann, einen Bus einzusetzen und wie dessen Linienführung aussehen müsste.

Transportaufwand im Berufsverkehr kartografisch auswerten.

Der Auswertung aller Geschäftsreisen werden Sie eine Karte größeren Maßstabs zugrunde legen müssen. Auch hier kann eine kartografische Auswertung sehr hilfreich sein, da damit die zurückgelegten Entfernungen und die Häufigkeit der benutzten Verkehrsmittel deutlicher werden. Geschäftsreisen erfolgen häufig mit dem Flugzeug, obwohl der Dienstort nicht selten in einer Entfernung liegt, die mit der Bahn mit weniger Kosten und in kürzerer Zeit zurückgelegt werden könnte.

Auswertung von Daten zum Güterverkehr

Auch im Bereich des Güterverkehrs kann Ihnen die kartografische Auswertung beispielsweise vor Augen führen, wie veränderte Zuliefer- und Distributionsstrukturen aussehen könnten und wie sich die Entfernungen verkürzen ließen.

Es gibt vier Möglichkeiten, um die mit dem Güterverkehr verbundenen Umwelteinwirkungen zu reduzieren:

- ■ Veränderung von Zulieferstrukturen

- ■ Einsatz anderer Transportmittel

- ■ Veränderungen bei den eingesetzten Stoffen und Materialien

- ■ Veränderungen der Absatzradien

Eine Veränderung der Zulieferstrukturen lässt sich meist nicht kurzfristig realisieren. Vielleicht sind Sie schon seit Jahren Stammkunde, Kontakte haben sich gefestigt und Vereinbarungen werden verlässlich eingehalten. Ähnliches gilt für die Verlagerung von Transporten auf umweltverträglichere Transportmittel und die Einrichtung einer entsprechenden Infrastruktur. Aber nutzen Sie Situationen, in denen ohnehin neue Zulieferer gefunden werden müssen.

Zulieferstrukturen lassen sich nicht kurzfristig verändern.

Auch im Bereich des Güterverkehrs ermöglicht Ihnen das Instrument GEMIS, diejenigen Bereiche zu erkennen, in denen Verkehrsaufwand und Emissionen besonders hoch sind und in denen deshalb ökologische Verbesserungen besonders wirksam wären.

Berechnung der Emissionen

Um die spezifischen Emissionen von Transportmitteln zu ermitteln, können Sie auf das im Auftrag des Umweltbundesamts erarbeitete „Handbuch Emissionsfaktoren 1.2" (vgl. Keller et al., 1999) zurückgreifen.

Darin werden Informationen über die Emissionen von Personenkraftwagen (für Benzin, Diesel, Strom, Biokraftstoffe), öffentlichen Verkehrsmitteln (Bus, Bahn) und Flugzeugen bereitgestellt. Auch der Gütertransport mit Lastkraftwagen, Bahn, Schiff und Pipeline wird berücksichtigt.

Die Datenbasis enthält Kenndaten zu Nutzungsgrad, Leistung, Lebensdauer, Auslastung, den direkten Luftschadstoffemissionen (SO_2, NO_x, Halogene, Staub, CO, NMVOC), Treibhausgasemissionen (CO_2, CH_4, N_2O sowie allen wichtigen FCKW/FKW), festen Reststoffen (Asche, Abraum, Entschwefelungsprodukte, Produktionsabfall, Klärschlamm), flüssigen Reststoffen (AOX, BSB_5, CSB, N, P, anorganische Salze) und den spezifischen Flächenbedarfen. Außerdem können Sie mit GEMIS Kosten analysieren. Auch die entsprechenden Kenndaten der Brenn- und Treibstoffe sowie der Energie- und Transportprozesse (Investitions- und Betriebskosten) sind in der Datenbasis enthalten.

Auf einem relativ abstrakten Niveau können Sie mit GEMIS die Ergebnisse von Umwelt- und Kostenanalysen auch bewerten. Das System ermöglicht einerseits die Aggregation von klimarelevanten Schadstoffen zu CO_2-Äquivalenten. Andererseits können Sie diese zur Ermittlung Ihrer externen Umweltkosten nutzen und zusammen mit den betriebswirtschaftlichen Kosten zur Bestimmung der volkswirtschaftlichen Gesamtkosten heranziehen.

Außerdem lässt das Umweltbundesamt seit 1993 vom ifeu-Institut für Energie- und Umweltforschung, Heidelberg, im Rahmen des F+E-Vorhabens „Daten- und Rechenmodell: Schadstoffemissionen aus dem motorisierten Verkehr in Deutschland 1980 bis 2020" die Grundlagen zur verkehrsbedingten Emissionsermittlung zusammenstellen. Ziel des Projekts ist die Beschreibung des motorisierten Verkehrs in Deutschland, seiner Fahrleistungen, Energieverbräuche und Emissionen sowie die Erstellung eines entsprechenden Rechenprogramms. Die Tabelle 4.6.3 zeigt die Umrechnungsfaktoren für den Personenverkehr zur Ermittlung der Emissionen mit TREMOD. Das Computerprogramm mit dem Namen „TREMOD – Traffic Emission Estimation Model" ist wegen seines Umfangs und seiner Komplexität allerdings nicht öffentlich zugänglich.

Emissio- nen (g pro Pkm)	Pkw Fern- verkehr	Pkw Innerorts -verkehr	Bahn Fern- verkehr	Bahn Nah- verkehr	Flug- zeug	Linien- bus	Straßen-/ Stadt- bahn
CO_2	138,4	194,9	48,5	98,3	168,5	80,5	72,9
NO_x	0,35	0,39	0,13	0,54	0,67	0,95	0,05
NMVOC	0,13	0,67	0,01	0,04	0,05	0,11	< 0,01
Partikel	0,01	0,01	< 0,01	0,01	< 0,01	0,03	-

Tab. 4.6.3: Umrechnungsfaktoren zur Ermittlung von Emissionen aus dem Verkehr (Quelle: TREMOD, 2000)

Sollten die hierfür benötigten Eingangsdaten nicht in der notwendigen Differenzierung zur Verfügung stehen, bietet sich zur Ermittlung der Emissionen von Transportmitteln auch ein im Internet kostenlos zur Verfügung stehendes Instrumentarium für eine Umweltanalyse von Energiesystemen an (www.oeko.de/service/gemis).

GEMIS ermöglicht die Umweltanalyse von Energiesystemen.

Das GEMIS-Modell (Gesamt-Emissions-Modell Integrierter Systeme) wurde vom Öko-Institut e.V. im Auftrag des Hessischen Ministeriums für Umwelt, Energie, Jugend, Familie und Gesundheit entwickelt. GEMIS berücksichtigt alle wesentlichen Schritte: von der Primärenergie- und Rohstoffgewinnung bis hin zur Nutzenergie oder Stoffbereitstellung. Es bezieht auch den Hilfsenergie- und Materialaufwand zur Herstellung von Energieanlagen und Transportsystemen ein.

Umweltkennzahlen im Bereich „Mobilität"

Aus den gewonnenen Daten können Sie Kennzahlen bilden, die es Ihnen ermöglichen, die Mobilitätsentwicklung und ihre Folgen regelmäßig zu überprüfen und den Handlungsbedarf festzustellen. Denkbar sind eine Vielzahl an Kennzahlen. In der Praxis werden sich jedoch nur diejenigen anwenden lassen, bei denen der Aufwand der Datenermittlung relativ gering ist. Da Kennzahlen in der Regel hoch verdichtete Informationen darstellen, müssen sie auch nicht bis zur letzten Genauigkeit ermittelt werden (vgl. Kap. 5).

Zur Bildung von Mobilitätskennzahlen kann als Strukturierungshilfe die Aufstellung eines Input-Output-Kontenrahmens hilfreich sein (vgl. Kap. 5). Die Kennzahlen im Bereich Mobilität bilden nicht nur güter- und personenbezogene Transport- beziehungsweise Verkehrsströme ab, sondern beziehen auch Umschlag und Lagerhaltung mit ein. Input-Kennzahlen im Bereich der Logistik sind zum Beispiel die spezifischen Verbrauchsmengen für die Hilfs- und Betriebsstoffe des Fuhrparks. Output-Kennzahlen sind zum Beispiel die Luft- und Lärmemissionen.

Unterkontenrahmen Mobilität

Verkehrsart	Input	Output
Geschäfts- reisen	Primärenergie- verbrauch für ■ Flugzeug ■ Bahn ■ Bus ■ Eigener Fuhrpark ■ Fremdfahrzeuge	Schadstoffemissionen ■ NO_x ■ CO ■ HC ■ SO_2 ■ Rußpartikel ■ Staub ■ Benzol Flächenbedarf > Versiegelung Lärm
	Fuhrparkmaterialien	■ Abfälle ■ Altreifen ■ Batterien

Berufs-verkehr (Kunden- und Besu-cherverkehr)	Primärenergie-verbrauch für ■ Flugzeug ■ Bahn ■ Bus ■ Pkw ■ Motorisiertes Zweirad	Schadstoffemissionen ■ NO_X ■ CO ■ HC ■ SO_2 ■ Rußpartikel ■ Staub ■ Benzol Flächenbedarf > Versiegelung Lärm
Versor-gungs-verkehr, Entsor-gungs-verkehr	Primärenergie-verbrauch für ■ Flugzeug ■ Schiff ■ Bahn ■ Kurier ■ Eigener Fuhrpark ■ Lkw	Schadstoffemissionen ■ NO_X ■ CO ■ HC ■ SO_2 ■ Rußpartikel ■ Staub ■ Benzol Flächenbedarf > Versiegelung Lärm
	Fuhrparkmaterialien	■ Abfälle ■ Altreifen ■ Batterien

Tab. 4.6.4: Unterkontenrahmen Mobilität

Die wichtigsten Kennzahlen im Bereich des Güterverkehrs sind der Transportaufwand, die Transportintensität und der Auslastungsgrad der Transportmittel. Der Transportaufwand lässt sich aus den gefahrenen Kilometern bezogen auf eine Einheit transportiertes Gut ermitteln. Er kann aber auch auf eine Person oder eine zu erbringende Dienstleistung bezogen werden. Da die Entfernungsermittlung in der Regel mit hohem Aufwand verbunden ist, sollten Sie sich auf die zehn bis 30 aufkommens- beziehungsweise umsatzstärksten Güter konzentrieren. Anhand der Lieferscheine und des eingesetzten Fahrzeugs lässt sich zumeist die mengenmäßige Auslastung der Fahrzeuge abschätzen. Die Auslastung der Transportmittel ermöglicht eine Aussage über die Umweltbelastungen und die Kosten je erbrachter Dienstleistungseinheit. Optimierungspotenziale bei der Auslastung von Fahrzeugen liegen beispielsweise bei der Akquisition von Neukunden entlang der Touren oder in der Abstimmung von Fahrzeuggröße und -art auf diesen Touren.

Im Bereich des Fuhrparks können Sie Ineffizienzen bei preis- sowie volumenhomogenen Umsätzen pro gefahrene Kilometer berechnen und den einzelnen Kostenarten (Personalkosten, Unfallkosten, Treibstoff, Versicherung, Steuern, Abschreibungen, Wartung, Schmierstoffe usw.) gegenüberstellen. Wird zum Beispiel von jedem Fahrer immer dasselbe Fahrzeug benutzt, entspricht ein Fahrzeugvergleich auch immer einem Fahrervergleich. Als Kennzahl kann der durchschnittliche Verbrauch (l/100 km) des Fahrzeugs herangezogen werden, der sich durch den Fahrer selbst oder per EDV ermitteln lässt.

	Absolut	**Relativ**	**Relativ**
Geschäftsverkehr	Transport-aufwand	Transport-intensität	Auslastungsgrad der Transportmittel
Flug-Kilometer	km	km/MA	Personen/Fahrzeug (Fz) bezogen auf maximalen Besetzungs-grad
Bahn-Kilometer	km	km/MA	Personen/Fz bezogen auf maximalen Beset-zungsgrad
Pkw-Kilometer	km	km/MA	Personen/Fz bezogen auf maximalen Beset-zungsgrad
Güterverkehr	Transport-aufwand	Transport-intensität	Auslastungsgrad der Transportmittel
Flug-Kilometer	km	km/t oder km/€	t oder m^3/Fz bezogen auf maximale Lade-kapazität
Bahn-Kilometer	km	km/t oder km/€	t oder m^3/Fz bezogen auf maximale Lade-kapazität
Schiff-Kilometer	km	km/t oder km/€	t oder m^3/Fz bezogen auf maximale Lade-kapazität
Lkw-Kilometer	km	km/t oder km/€	t oder m^3/Fz bezogen auf maximale Lade-kapazität
Umschlag und Lagerei			
Freie Lagerka-pazität	m^2 oder m^3	Anteil an Gesamtlager-fläche	
Umschlags-häufigkeit	Durchschnitt-liche Lager-dauer in Tagen		
Fuhrpark			
Kraftstoff-verbrauch	l	l/100 km je Fahrer	
Schmiermittel	l	l/100 km je Fahrer	

Tab. 4.6.5: Kennzahlen im Bereich Mobilität (Auswahl)

4.6.6 Maßnahmen im Handlungsfeld Mobilität

Zentrale Aufgabe im Handlungsfeld Mobilität ist die zielorientierte Umsetzung von Konzepten und Maßnahmen, die dazu beitragen, dass alle Transporte möglichst Zeit und Kosten sparend sowie umweltschonend organisiert werden oder – noch besser – wo möglich im Voraus vermieden werden. Aus dem Ziel eines bewussten Umgangs mit dem von den Verwaltungen und Betrieben der öffentlichen Hand verursachten Transport und Verkehr lassen sich vier Strategien ableiten:

- ■ Sie können Umweltbelastungen und Kosten am ehesten reduzieren, wenn Sie Konzepte und Maßnahmen der Verkehrsvermeidung umsetzen. Fahrten lassen sich beispielsweise einsparen, wenn Sie die Auslastung von Fahrzeugen erhöhen oder Routen und Touren optimieren.

- ■ Durch eine Verkehrsverlagerung können Sie vor allem die verkehrsbedingten Umweltfolgen verringern. In der Regel kann davon ausgegangen werden, dass zu Fuß gehen umweltschonender ist als Rad fahren, Rad fahren umweltschonender als Bus oder Bahn fahren und dies wiederum umweltschonender als die Nutzung des eigenen Pkw oder Lkw ist. Aufgrund der überproportionalen Wirkung von Luftschadstoffen in der Reiseflughöhe von acht bis zwölf Kilometern, ist die Nutzung des Flugzeugs – relativ betrachtet – mit der größten Umwelteinwirkung verbunden.

- ■ Eine dritte Strategie zielt auf die umweltverträgliche Abwicklung der nicht vermeidbaren und verlagerbaren Beförderungen beziehungsweise Transporte ab. Auch ohne die Kilometerleistung zu verringern, ist es beispielsweise durch eine ökonomische, sicherere und vorausschauende Fahrweise möglich, Kraftstoff einzusparen.

- ■ Eine häufig außer Acht gelassene aber sehr wichtige Strategie ist die Förderung umweltgerechten Verhaltens der Beschäftigten und Kunden durch das Schaffen von Rahmenbedingungen für eine umweltschonende Mobilität („Umsteigen beginnt in den Köpfen"). Häufig sind die Möglichkeiten einer umweltschonenden Mobilität nicht bekannt. Persönliche Fahrberatung und Fahrschulungen oder auch Fachseminare können Abhilfe schaffen.

Um die Strategien und Ziele langfristig zu verwirklichen, sollten Sie zunächst spezifische Mobilitätskonzepte entwickeln. Diese können sich schwerpunktmäßig auf den Fuhrpark oder auch auf den Bereich des Personen- oder Güterverkehrs beziehen.

Die nachfolgend aufgeführten Maßnahmen sollen Ihnen Anregungen geben, wie Sie den durch Ihre Einrichtung induzierten Verkehr beeinflussen und reduzieren können. Das Spektrum umfasst dabei sowohl technische, organisatorische und informatorische Maßnahmen als auch verhaltensbestimmende Anreize.

Maßnahmen im Bereich des Fuhrparks

Ein klassisches Handlungsfeld ist der Fuhrpark. Der Einsatz alternativer Fahrzeugtechnik (Antriebsart, Katalysator, EURO 3, Lärmkapselung usw.) und Transportmittel (Bahn, Lastenfahrrad usw.), aber auch Schulungen des Fahrpersonals tragen dazu bei, die von Ihrer Einrichtung ausgehenden Luft- und Lärmemissionen zu verringern. Wertvolle Hinweise zur Beschaffung schadstoffarmer sowie lärmarmer Kraft- und Schienenfahrzeuge, zu Fragen der Wartung, Pflege und Fahrweise, der Verwendung von Motorenöl und Hydraulikflüssigkeiten sowie zu alternativen Antriebsstoffen finden Sie im „Handbuch Umweltfreundliche Beschaffung" (Teil III) (UBA, 1999). Überprüfen Sie, ob in Ihrer Organisation eventuell vorliegende Dienstanweisungen zur Beschaffung und Wartung von Dienst- und Kraftfahrzeugen den Empfehlungen dieses Standardwerks entsprechen.

„Handbuch Umweltfreundliche Beschaffung" gibt wichtige Hinweise.

Aufgrund der hohen Umwelteinwirkungen konventioneller Antriebe von Straßenfahrzeugen gibt es inzwischen eine Vielzahl von Alternativen. Neben dem Antriebssystem selbst spielt der Kraftstoff eine wichtige Rolle. Hier können Alkohole, Rapsöl, Erd- und Flüssiggas oder Wasserstoff zum Einsatz kommen. Auch die Nutzung von Brennstoffzellen ist in Entwicklung. Einschränkend ist allerdings zu bemerken, dass nach Studien des Umweltbundesamts der Einsatz dieser Kraftstoffe und Techniken in ökologischer und ökonomischer Hinsicht sehr differenziert zu beurteilen ist. Lediglich Erd- und Flüssiggas werden derzeit als sinnvolle Alternativen insbesondere für städtische Fahrzeugflotten empfohlen. Auch hier gibt Ihnen das „Handbuch Umweltfreundliche Beschaffung" einen guten Überblick.

Weitere fahrzeugbezogene Maßnahmen sind die Abgasreinigung sowie Veränderungen an der Karosserie und den Reifen, die auch zur Minderung von Lärmemissionen beitragen können.

Durch eine Kraftstoff sparende und verkehrssichere Fahrweise kann Ihre Dienststelle bis zu 24 Prozent Kraftstoffkosten und bis zu 18 Prozent an Reparatur- und Wartungskosten einsparen. Auch potenzielle Kosten wie beispielsweise Unfallkosten lassen sich dadurch verringern. Nutzen Sie spezielle Schulungen, wie sie von der Landesverkehrswacht, dem Verkehrsclub Deutschland (VCD) und anderen Organisationen angeboten werden. Sie können Ihre Mitarbeiterinnen und Mitarbeiter auch durch Prämien für umweltverträgliches Fahren oder Schadensverhütung zu einer überlegten und sicheren Fahrweise motivieren.

Um die Auslastung der Fahrzeuge zu erhöhen, lassen sich Ladungen bündeln oder Fahrgemeinschaften bilden. In den letzten Jahren haben sich im Bereich des Güterverkehrs viele elektronische Transport- und Frachtbörsen etabliert. Dort bieten Speditionen Laderaum oder Frachten an, um eine möglichst hohe Auslastung der Fahrzeuge auf der Hin- und Rücktour zu erzielen.

Eine optimale Touren- und Routenplanung führt zu Kosteneinsparungen.

Kilometer und Kraftstoffkosten können Sie auch durch eine optimale Planung von Touren (Reihenfolgenoptimierung) und Routen (Wegstreckenoptimierung) einsparen. Hierfür gibt es inzwischen gleichfalls zahlreiche Instrumente. Um auch bei komplexen Problemstellungen unnötige Kilometer zu vermeiden und Zeit einzusparen, können neben den kommunalen Möglichkeiten der Verkehrsleitsysteme auch Computersysteme hilfreich sein, beispielsweise Navigations-, Routen- oder Tourenplanungssysteme. Diese softwaregestützten individuellen Planungshilfen zeigen den optimalen Weg und informieren über Gegebenheiten der Strecke. Als räumliche Datenbasis wird meistens ein Geografisches Informationssystem (GIS) verwendet. Durch Koppelung mit (Satelliten-)Funksystemen können der aktuelle

Standort bestimmt, lokale Verkehrsdaten der Strecke eingespeist und die Datenbasis aktualisiert werden. Mit einem Navigationssystem lassen sich Such- und Umwegfahrten vermeiden. Sie sparen Zeit und Geld beim Transport sowie bei Dienstfahrten. Dabei müssen nicht immer hoch technische Systeme zum Einsatz kommen. Auch ausgedruckte Routen- und Tourenpläne erfüllen häufig ihren Zweck.

Maßnahmen im Bereich des Personenverkehrs

Im Bereich des Personenverkehrs können Sie Einfluss auf den Berufsverkehr nehmen. Dazu gehört das Verkehrsverhalten Ihrer Beschäftigten auf dem Weg zur Arbeit sowie auf Dienst- und Geschäftsreisen wie auch das Ihrer Kunden und Besucher. Im Mittelpunkt sollten Maßnahmen stehen, welche die Voraussetzungen für einen Umstieg vom privaten Pkw auf umweltverträglichere Verkehrsmittel schaffen. Dazu gehört beispielsweise die Anbindung an den ÖPNV, den Rad- und Fußverkehr sowie an weitere notwendige Infrastruktureinrichtungen (Fahrradparkplätze usw.). Außerdem geht es um die Umsetzung von organisatorischen Konzepten, beispielsweise eines Arbeitsmanagements. Konzepte im Bereich des Personenverkehrs lassen sich allerdings nur dann umsetzen, wenn die Beschäftigten bereit sind, ihr Verhalten zu ändern. Dazu ist es hilfreich, wenn Sie Ihre Mitarbeiterinnen und Mitarbeiter sowie gegebenenfalls den Personalrat in die Auswertung der Daten und in die Suche nach Alternativen einbinden.

Verkehrsverhalten von Beschäftigten beeinflussen.

Den Maßnahmen zur Gestaltung der beruflichen Mobilität der Beschäftigten können zumeist keine direkten ökologischen und ökonomischen Einsparpotenziale der öffentlichen Verwaltungseinheiten zugerechnet werden. Vielfach besteht jedoch ein deutlicher Zusammenhang zwischen den dienstlich zurückgelegten Wegen von Beschäftigten und ihrer Verkehrsmittelwahl auf dem Arbeitsweg, etwa wenn Dienstfahrten mit einem auch im Berufsverkehr genutzten Privat- oder Dienstwagen unternommen werden.

Auch im Dienstreise- und Geschäftsverkehr gibt es erhebliche Potenziale für eine effizientere und umweltverträglichere Verkehrsabwicklung. In Zeiten knapper Ressourcen haben bereits viele Dienststellen erkannt, dass die Dienstwagenkultur oder die Bezahlung von Kilometergeld für die Benutzung des Privatautos bei Dienstfahrten eine ökonomisch und ökologisch fragwürdige Strategie ist.

Umsteigen auf das Fahrrad fördern

Sie können eigene Parkplätze einsparen, wenn Sie Ihre Beschäftigten dazu motivieren, mit dem Fahrrad zur Arbeit zu fahren. Geeignete Maßnahmen, um dies zu erreichen, sind, den Standort an das örtliche Radverkehrsnetz anzubinden, die notwendige Infrastruktur am Standort (Abstellplätze, Duschen usw.) zu schaffen sowie das Thema in angemessener Weise zu kommunizieren. „Neu-Fahrradfahrer" lassen sich gewinnen, wenn Sie beispielsweise Fahrräder gegen Parkplätze tauschen oder ein Bonussystem einführen. Um den Hauptargumenten gegen die Fahrradnutzung zu begegnen, können Sie sichere und überdachte Fahrradabstellplätze nahe dem Eingang schaffen und Waschmöglichkeiten einbauen.

Fahrradfreundliche Infrastruktur am Standort schaffen.

Umsteigen auf den öffentlichen Verkehr fördern

Ein verbessertes ÖPNV-Angebot besteht vor allem aus einer guten Erreichbarkeit der nächsten Zugangsstelle, einem auf die Arbeits- und Öffnungszeiten abgestimmten Takt und gegebenenfalls aus einer Integration der (über-)regionalen öffentlichen Verkehrsmittel. Hierzu können Sie Vereinbarungen mit ÖPNV-Betreibern treffen.

Praxisbeispiel: Mobilitätskonzept der Bausparkasse Schwäbisch Hall

Die Bausparkasse Schwäbisch Hall, die rund 3.500 Mitarbeiterinnen und Mitarbeiter beschäftigt, ist der größte Arbeitgeber in der Region. Die gestiegenen Mitarbeiterzahlen wirkten sich deutlich auf den Individualverkehr aus: Immer öfter kam es zu Staus, langen Fahrzeiten, Parkplatzmangel und damit zu einer enormen Belastung der Umwelt. Die Geschäftsleitung des Unternehmens trat deshalb in Zusammenarbeit mit dem Betriebsrat mit einem eigenen Konzept offensiv an das örtliche Verkehrsunternehmen heran. Ziel war es, die Beschäftigten zum Umsteigen auf öffentliche Verkehrsmittel zu bewegen. Diese wurden im Vorfeld des Projekts bezüglich ihrer Erfahrungen und Wünsche befragt. Anschließend konnten alle Mitarbeiterinnen und Mitarbeiter im Rahmen einer dreimonatigen Testphase sämtliche Buslinien ausprobieren.

Das Verkehrsunternehmen und die Bausparkasse gestalteten gemeinsam die Linienführung, den Fahrplan und den Takt der Busse. Diese fahren nun morgens und abends im Zehn-Minuten-Takt. Darüber hinaus wurden Schnellbuslinien eingeführt. Dem Verkehrsunternehmen wurde im Gegenzug eine 15-prozentige Einnahmesteigerung garantiert und die Summe im Voraus bezahlt. Vor dem Hintergrund des verbesserten ÖPNV-Angebots führte die Bausparkasse 1995 außerdem eine abgestufte Parkplatzkontingentierung ein. 1990 kamen 620 Beschäftigte mit dem Bus zur Arbeit; 1996 waren es 1.600.

(Quelle: VCD, 1996)

Die gezielte Information der Beschäftigten über die Möglichkeiten, mit dem öffentlichen Nahverkehr zur Arbeit zu gelangen oder Dienstfahrten durchzuführen, ist zwar primär eine Aufgabe der Unternehmen des öffentlichen Nahverkehrs, Sie können diese aber aktiv dabei unterstützen. Häufig reicht es aus, wenn Informationen über umweltschonende Verkehrsmittel einfach, unkompliziert und schnell zugänglich sind. Sie können die Zugangsbarrieren verringern helfen, wenn Sie beispielsweise aktuelle Fahrplaninfos über das firmeninterne Kommunikationsnetzwerk (Intranet) bereitstellen oder den Zugriff über das Internet ermöglichen.

Beschäftigte über umweltschonende Verkehrsmittel informieren.

Neben der Attraktivitätssteigerung der Verkehrsmittel im Umweltverbund gibt es eine Reihe von Anreizsystemen, mit denen Sie Ihre Beschäftigten zum Umsteigen auf öffentliche Verkehrsmittel bewegen können. Dazu gehören vor allem Fahrkartenzuschüsse, die Vergütung der Bahn-Card für Dienstreisen, die Zahlung von Kilometergeld oder die Durchführung von Gewinnspielen für Nutzer des Umweltverbunds und vieles mehr.

Bei Jobtickets handelt es sich beispielsweise um stark verbilligte Monatskarten, die von den Verkehrsbetrieben angeboten werden. Um die für ein Jobticket-

Angebot erforderlichen rund hundert Neukunden zu sammeln, können Sie sich auch mit anderen interessierten Dienststellen zusammenschließen. Damit lassen sich Verbilligungen erzielen, die von 30 Prozent (Hamburger Verkehrsverbund) bis zu 55 Prozent (Verkehrsverbund Rhein-Ruhr) reichen.

Auch für Ihre Beschäftigten ergibt sich daraus eine Vielzahl persönlicher Vorteile: Neben einer meist stressfreieren Anfahrt ohne Parkplatzsuche, von der auch Sie als Arbeitgeber profitieren, kann das Ticket für private Unternehmungen genutzt werden. Darüber hinaus hat es in der Regel verbundweite Gültigkeit. Im Gegenzug zum Jobticket können

Jobtickets regen dazu an, auf öffentliche Verkehrsmittel umzusteigen.

Sie eigene Stellplätze abbauen oder Parkgebühren erheben. Aufgrund des Erfolgs des Konzepts „Jobtickets statt Stellplätze" steht eine Neufassung der Stellplatzrichtlinien vielerorts zur Diskussion.

Effiziente Verkehrsabwicklung

Neben der Bereitstellung eines geeigneten Angebots und der notwendigen Infrastruktur ist die Information über optimale Fortbewegungsmöglichkeiten ein wichtiger Erfolgsfaktor bei der Umsetzung umweltorientierter Mobilitätskonzepte. Dies kann teilweise automatisiert über ein internes Kommunikationsnetz oder durch externe Dienstleister erfolgen.

In größeren Organisationen kann sich der zeitweise oder dauerhafte Einsatz eines internen Mobilitätsberaters lohnen. Seine wesentlichen Aufgaben sind die Bereitstellung von verkehrsmittelübergreifenden Informationen (Fahrtzeiten, Fahrtwege, Anschlüsse, Baustellen usw.), die individuelle Beratung über Mobilitätsangebote und die (Verkehrs-)Weiterbildung sowie die Erarbeitung des internen Mobilitätsprogramms.

Die Beratungsleistung muss sich nicht auf die umweltschonende Gestaltung von Arbeitswegen beschränken. Auch im Dienstreiseverkehr liegt ein großes Optimierungspotenzial. Häufig werden beispielsweise Reisekosten nur anhand der reinen Fahrtkosten (Bahn-, Flugticket usw.) be-

Interne Mobilitätsberater informieren verkehrsmittelübergreifend.

rechnet, ohne die Kosten für den „Personalausfall" mit zu bedenken. Viele Geschäftsreisende nutzen bereits heute die Vorzüge der Bahn (Laptopanschluss, Handyempfang usw.) gegenüber einer stressigen Anreise per Pkw. Informations- und Kommunikationstechnologien wie beispielsweise Videokonferenzen ermöglichen häufig sogar einen vollständigen Verzicht auf Dienstreisen.

Fahrgemeinschaften reduzieren nicht nur die notwendigen Firmenstellplätze, sondern entlasten das Verkehrssystem insgesamt. Sie können Fahrgemeinschaften durch Parkplatzprivilegien und einen Vermittlungsservice über das eigene Kommunikationsnetz unterstützen.

Neben der zeitgleichen Nutzung eines Fahrzeugs kann auch dessen gemeinsamer Gebrauch durch mehrere Personen sinnvoll sein. Diesen Ansatz verfolgt die Idee des „Car-Sharings". Dabei fallen deutlich geringere Haltungskosten und Risiken für den einzelnen Nutzer an. Außerdem wird die Umwelt durch den effizienteren Fahrzeugeinsatz weit weniger belastet. Der Fuhrpark kann reduziert werden und Dienstfahrzeuge lassen sich rund um die Uhr nutzen. Insbesondere für den Personennahverkehr und in der Stadtregion sowie für Post- und Besorgungsfahrten ist Car-Sharing eine Alternative zum betriebseigenen Pkw.

Praxisbeispiel: Car-Sharing in der Kreisverwaltung Ostholstein

Im September 1998 wurde im Landkreis Ostholstein ein bundesweites Pilotprojekt gestartet, das Privatpersonen das Mieten von Dienstwagen der Kreisverwaltung Ostholstein gestattet. Ein Kieler Car-Sharing-Unternehmen übernahm drei von 19 Dienstwagen der Kreisverwaltung in seinen Fahrzeugpool. Insbesondere außerhalb der Dienstzeiten können Privatnutzer auf diese Fahrzeuge zugreifen. Die Verwaltung wird am Umsatzerlös beteiligt. In den ersten neun Monaten des Projekts machte dies bereits 1.500 Euro aus (www.difu.de/stadtoekologie/praxis/mobilitaet).

Inzwischen gibt es zwei weitere Varianten von Car-Sharing: das betriebliche Car-Sharing-Modell „Car-Pooling" (beispielsweise der Lufthansa AG) und das Modell „business-car". Ebenfalls eine Möglichkeit zur Reorganisation des Fuhrparks ist, dass sich verschiedene Organisationseinheiten Fahrzeuge teilen, was ihre Nutzung wirtschaftlicher macht.

Praxisbeispiel: Betriebliches Verkehrskonzept der Lufthansa AG

Die Lufthansa AG, die an ihrem Hamburger Standort rund 8.500 Mitarbeiterinnen und Mitarbeiter beschäftigt, verfolgt ein umfassendes betriebliches Verkehrskonzept. Es beinhaltet folgende Komponenten: Einführung eines Car-Pool-Systems, Einrichtung eines Fahrplaninformationssystems, Unterstützung von Jobtickets, Förderung von Fahrgemeinschaften, Förderung des Radverkehrs und Einsatz von Elektromobilen. Flankierend betreiben die Geschäftsleitung und der Betriebsrat ein innerbetriebliches Marketing für das Verkehrskonzept.

Das Car-Sharing-System „CarPool" wurde erstmals im November 1994 am Hamburger Standort eingeführt. Das unternehmensinterne System stellt den Mitarbeitern jederzeit, einfach und günstig einen Mietwagen zur Verfügung. Sind die Fahrzeuge weniger als 23 Tage pro Monat im Einsatz, kosten sie weniger, als wenn die Mitarbeiterinnen und Mitarbeiter ihren eigenen Pkw für Dienstfahrten nutzen. Statistisch teilen sich zehn ständige Nutzer ein Auto. Das Car-Pool-System ist zu 65 Prozent ausgelastet. (Quelle: VCD, 1996; eigene Erhebungen)

Maßnahmen im Rahmen eines Verkehrskonzepts		
Jobtickets	Preiswerte, vom Unternehmen bezuschusste Zeitkarten für den öffentlichen Nahverkehr.	Frankfurt, Hamburg, Köln, Stuttgart
CarPool	Preiswertes, eigens für Lufthansa entwickeltes Car-Sharing-System. Statistisch gesehen teilen sich hier acht ständige Nutzer einen Wagen.	Frankfurt, Hamburg, München
Elektronische Mobilitäts- beratung	Verkehrsinformation via Intranet und PC gibt schnell und bequem über alle Verkehrsangebote und Verbindungen am Standort Auskunft. Dazu gehört auch ein elektronisches schwarzes Brett für Fahrgemeinschaften.	Hamburg, Frankfurt

Maßnahmen im Rahmen eines Verkehrskonzepts		
Förderung von Fahrgemein-schaften	Fahrgemeinschaften erhalten günstige Park-plätze auf dem Werksgelände.	Hamburg
Fahrradförde-rung	Sichere Abstellanlagen für Fahrräder nahe am Arbeitsplatz und ein spezieller Zugang für Radler im Westen der Basis machen den Ar-beitsweg per Pedale attraktiv.	Hamburg
Elektromobile	Für Elektromobile gibt es mit Stromanschluss ausgestattete Parkplätze.	Hamburg
Interner Bus-verkehr	Auf dem Werksgelände bzw. zwischen regio-nalen Standorten verkehren Buslinien. Die Fahrpläne sind mit denen des öffentlichen Nahverkehrs abgestimmt.	Frankfurt, Hamburg

Tab. 4.6.6: Beispiel für ein Verkehrskonzept
(Quelle: www.lufthansa.de, Stichwort „Umweltvorsorge", 2000)

Neben direkten können auch indirekte Maßnahmen zu einer Verringerung der verkehrsbedingten Umweltbelastungen beitragen. Dazu gehören der wohnortna-he Diensteinsatz, die Einrichtung einer Arbeitsplatz- und Wohnungstauschbörse oder ein Arbeitsmanagement. Ein verkehrsvermeidendes Arbeitsmanagement be-inhaltet zunächst die Abstimmung von Arbeitszeiten, was das Bilden von Fahrge-meinschaften und die Nutzung des öffentlichen Verkehrs oftmals erst möglich macht. Es kann ebenso die Einrichtung von Heim- oder Telearbeitsplätzen in Stadtteilläden (Nachbarschaftsläden, Satellitenbüros, Bürgerbüros) umfassen. Hierdurch können eine größere Kundennähe erzielt und die hohen Mietkosten in-nerstädtischer Standorte vermieden werden. Die nachfolgende Tabelle nennt ein-ne Reihe von beispielhaften Maßnahmen, die sich im Bereich der Personenmobili-tät bewährt haben.

Maßnahmen im Bereich Personenmobilität	
Förderung der Fahrradnutzung	■ Anlage von überdachten Fahrradabstellplätzen ■ Anbindung an das Radverkehrsnetz ■ Anschaffung von Dienstfahrrädern ■ Einbau von Duschen und Umkleideräumen ■ Materielle Anreize
Fuhrpark-management	■ Implementierung eines Fuhrparkcontrollings (Auslastung, Verbrauch usw.) ■ Einsatz umweltschonender Fahrzeugtechnik ■ Bereitstellung alternativer Transportmittel (Fahrrad) ■ Information und Schulung der Pkw-fahrenden Bediensteten und Fahrer über umweltschonende Fahrweisen

Innerbetriebliches Mobilitätsmanagement	■ Durchführung von Mobilitätsberatungen ■ Implementierung eines Parkraummanagements ■ Förderung von Fahrgemeinschaften ■ Förderung von Car-Sharing/Car-Pooling
Förderung des öffentlichen Verkehrs	■ Nutzung von Jobticket-Angeboten ■ Verbesserung der zeitlichen und räumlichen Anbindung ■ Verbesserung der Information über ÖPNV-Angebote ■ Dienstanweisung „Dienstreisen" ■ Erstattung privat angeschaffter Bahn-Cards bei Nutzung für Dienstreisen
Verkehrseinsparung durch organisatorische Maßnahmen	■ Implementierung eines Arbeitszeitmanagements ■ Arbeitsplatzbörse ■ Einrichtung einer Wohnungstauschbörse, Belegungsmanagement ■ Einrichtung von Telearbeitsplätzen ■ Realisierung von kurzen Wegen für Besucher, Kunden, Lieferanten, Beschäftigte (Standortmanagement) ■ Abschaffung von Dienstwagenprivilegien

Tab. 4.6.7: Beispiele für Maßnahmen im Bereich der Personenmobilität

Maßnahmen im Bereich des Güterverkehrs

Im Bereich des Güterverkehrs lässt sich eine umweltschonende Abwicklung durch die Realisierung von „kurzen Ketten" (Verkehrsvermeidung), durch den Einsatz von alternativen Transportmitteln (Verkehrsverlagerung) oder durch die Erhöhung der ökologischen und ökonomischen Effizienz (Verkehrsoptimierung) erreichen. Ansatzpunkte zur effizienten und effektiven Gestaltung der Ver- und Entsorgung finden sich in einer besseren Auslastung der Fahrzeuge durch (überbetriebliche) Bündelung, in einer Optimierung von Laderaumkapazitäten, in einer kilometerreduzierenden Routenwahl sowie in verkehrssparsamen Strukturen vor allem bei der Beschaffung (vgl. Kap. 4.1) und Entsorgung (vgl. Kap. 4.5).

Der Logistik kommt als Servicefunktion eine bedeutende Rolle zu.

Der Logistik kommt gerade in Zeiten zunehmender Arbeitsteilung (Outsourcing) eine bedeutende Rolle zu. Als Servicefunktion hat sie die Aufgabe, den Transport, den Umschlag und die Lagerung von Waren sowie Gütern in zeitlicher und räumlicher Hinsicht mit geringen Kosten sicherzustellen. Im Zusammenhang mit Verwaltungen geht es vor allem um die Versorgung der einzelnen Dienststellen mit den notwendigen Büromaterialien, Einrichtungsgegenständen und technischen Gütern. Im Bereich der Eigenbetriebe steht besonders die Ver- und Entsorgung mit den notwendigen Gütern, Waren und Dienstleistungen im Vordergrund.

Eine ökologische Beschaffungslogistik zielt vor allem auf die Verkürzung der Lieferwege, den Einsatz umweltschonender Transportmittel (Bahn anstelle des Lkw; Fahrrad anstelle des Pkw) und eine Erhöhung der Auslastung des benutzten Transportgefäßes ab. Geeignete Maßnahmen sind die gemeinsame Nutzung von Lägern, ein (abteilungs-)übergreifender Einkauf (Einkaufsgemeinschaft) oder eine regional orientierte Einkaufspolitik (regionale Wirtschaftskreisläufe).

Eine ökologische Standortlogistik setzt die Optimierung des Wareneingangs-, Warenausgangs- und Pufferbereichs voraus. Erste Maßnahmen zur Vermeidung der störenden Wirkungen des Lieferverkehrs sind etwa die Einrichtung von Ladebuchten oder -zonen, die gemeinsame Nutzung eines Lieferpools oder auch die Absprache von Lieferzeitfenstern. Für eine hof- oder gebäudeseitig optimierte Abwicklung sollte eine funktionale bauliche Gestaltung der Rampe für die Ver- und Entsorgung erfolgen.

Die Entsorgungslogistik als Querschnittsfunktion der Logistik umfasst die Entsorgung oder Rückführung von Behältern, Wertstoffen und Abfall. Im Rahmen neuer Nutzungskonzepte stellt sich auch die Frage nach dem ökologisch und ökonomisch richtigen Umgang mit den gemieteten, geleasten oder gepoolten Waren oder Gütern sowie der Ausgestaltung der Ersatzteil- und Reparaturlogistik. Beispielsweise bewirken Konzepte eines einheitlichen Behältersystems nicht nur eine Reduzierung von Verpackungen, sie können sich auch positiv auf die Beschaffungslogistik auswirken. Ob der Einsatz von Mehrwegsystemen ökologisch und ökonomisch sinnvoll ist, wird von der Entfernung zum Lieferanten oder Kunden und vom Aufkommen abhängen.

Bereich	Maßnahmen
Ökologische Beschaffungslogistik	▪ Beteiligungen an Einkaufskooperationen ▪ Einsatz umweltverträglicher Transportmittel ▪ Realisierung regionaler Wirtschaftskreisläufe
Ökologische Standortlogistik	▪ Auswahl verkehrsminimierender Standorte ▪ Einrichtung von Ladebuchten bzw. -zonen ▪ Festlegung von Lieferzeitfenstern ▪ Schaffung von ausreichenden Ver- und Entsorgungsflächen
Ökologische Entsorgungslogistik	▪ Einsatz von wieder verwendbarem Behältersystem ▪ Auswahl von Materialien nach Recyclinggerechtheit, Modulbauweise usw. ▪ Beteiligung am gemeinsamen Entsorgungssystem
Effiziente Verkehrsabwicklung	▪ Einsatz von Routen- und Tourenplanungssystemen ▪ Implementierung eines Fuhrparkmanagements ▪ Durchführung von Fahrpersonalschulungen ▪ Beauftragung von Fahrradkurieren

Tab. 4.6.8: Beispiele für Maßnahmen im Bereich der Gütermobilität

Da es unmöglich ist, die spezifische Situation Ihrer Dienststelle hier genau abzubilden, sind die aufgeführten Handlungsmöglichkeiten lediglich als Anregungen
zu verstehen. Ihre Handlungsmöglichkeiten hängen davon ab, wo Ihre Dienststelle angesiedelt ist, welche Philosophie Ihrem Handeln zugrunde liegt, welche
Strukturen Ihr Umland aufweist und welche Einstellungen bei Ihren Beschäftigten
vorherrschen.

Literatur

Böge, S.: Erfassung und Bewertung von Transportvorgängen – Die produktbezogene Trans-
   portkettenanalyse. In: Läpple, D. (Hrsg.): Güterverkehr, Logistik, Umweltanalysen und
   Konzepte zum interregionalen und städtischen Verkehr. Berlin 1993.
Bundesumweltministerium (BMU) (Hrsg.): Schritte zu einer nachhaltigen, umweltgerechten
   Entwicklung – Umweltziele und Handlungsschwerpunkte in Deutschland. Grundlage
   für eine Diskussion. Bonn 1996.
Bundesministerium für Verkehr (BMV) (Hrsg.): Verkehr in Zahlen. Berlin 1999.
Deutsche Bahn AG, Umweltstiftung WWF-Deutschland (Hrsg.): Mobilitäts-Bilanz für Perso-
   nen und Güter. Die Verkehrssysteme Deutschlands im Vergleich. Frankfurt/Berlin 1999.
Deutscher Verkehrssicherheitsrat e.V. (Hrsg.): Leitfaden für die betriebliche Mobilitätsbera-
   tung. Bonn 1997.
Flämig, H.: Checklisten und Maßnahmenkatalog Logistik. In: Moll, P./Zander, U. (Hrsg.):
   Baukausten zur Planung und Realisierung von Öko-Kaufhäusern. Wuppertal 1999.
Gewerkschaft der Privatangestellten (Hrsg.): Mobilitätsmanagement im Betrieb. o. O. 1998.
HBS/DGB (Hrsg.): Strategien für die Mobilität der Zukunft. Handlungskonzepte für lokale,
   regionale und betriebliche Akteure. Düsseldorf 2000.
Landesanstalt für Umweltschutz Baden-Württemberg (LfU) (Hrsg.): Umweltmanagement
   für kommunale Verwaltungen. Leitfaden zur Anwendung der EG-Öko-Audit-Verordnung. Arbeitsblatt 7: Anleitung zur Erhebung von Verkehrsdaten und der Berechnung
   von Emissionen. Karlsruhe 1998.
Stadt Bielefeld (Hrsg.): Mobilitätsmanagement. Ökologische und ökonomische Optimierung des Mitarbeiterverkehrs der Stadtverwaltung. Bielefeld 1998.
S.T.E.R.N. Gesellschaft der behutsamen Stadterneuerung mbH (Hrsg.): Leitfaden Kommunales Mobilitätsmanagement. Berlin 1998 a.
S.T.E.R.N. Gesellschaft der behutsamen Stadterneuerung mbH (Hrsg.): Leitfaden Betriebliche Mobilitätsberatung. Berlin 1998 b.
Umweltbundesamt (UBA) (Hrsg.): Handbuch Umweltfreundliche Beschaffung. Berlin 1999.
Umweltbundesamt (UBA) (Hrsg.): Verkehr im Umweltmanagement – Anleitung zur betrieblichen Erfassung verkehrsbedingter Umwelteinwirkungen – Ein Leitfaden. Berlin
   2000.
Verkehrsclub Deutschland VCD e.V. (Hrsg.): Mobilitätsmanagement in Betrieb und Verwaltung. Dokumentation vorbildlicher Beispiele für Berufsverkehr, Geschäfts-/Dienstrei-
   sen und Transport in Deutschland. Bonn 1996.

Internet und CD-ROM

Der Deutsche Verkehrssicherheitsrat mit Sitz in Bonn gibt eine Vielzahl an praktischen Hilfestellungen rund um das Thema Verkehrssicherheit: www.dvr.de

Freie Hansestadt Bremen, Senator für Frauen, Jugend und Soziales und Umweltschutz – Bereich Umweltschutz, in Zusammenarbeit mit dem Senator für Bau, Verkehr und Stadtentwicklung (Hrsg.): MOVE – Service für Arbeitnehmerverkehr. Ergebnisse eines Pilotprojekts auf CD-ROM. Bremen 1998.

Keller, M. et al. (INFRAS): CD-ROM-Handbuch Emissionsfaktoren des Straßenverkehrs, Version 1.2. Im Auftrag des BUWAL, Bern, und des Umweltbundesamts. Bern/Berlin 1999.

Modellhafte Praxisbeispiele stadtökologischer Maßnahmen und Projekte im Bereich Mobilität/Verkehr. Aktuelle Sammlung von Kurzbeispielen des Deutschen Instituts für Urbanistik (Difu) mit Angabe von Ansprechpartnern: www.difu.de/stadtoekologie/praxis/mobilitaet

4.7 Gefahrstoffe

Die Handhabung und Lagerung von Baumaterialien, Reinigungsmitteln und Betriebsstoffen ist mit einer Reihe von Gesundheitsgefährdungen verbunden. Deshalb hat das Handlungsfeld Gefahrstoffe nicht nur eine große Bedeutung für das Umweltcontrolling, sondern auch für den Arbeits- und Gesundheitsschutz. Mehr und mehr setzt sich die Erkenntnis durch, dass eine integrierte Betrachtung von Umwelt- und Gesundheitsschutz zur Effizienz der notwendigen Maßnahmen beiträgt. Schließlich beruhen Arbeitsschutz und Umweltcontrolling auf den gleichen Grundprinzipien. Im Zentrum des Interesses stehen allerdings nicht nur Produktionsbereiche. Auch der Dienstleistungssektor ist aufgefordert, dem Thema Gefahrstoffe mehr Beachtung zu schenken. Neben den rechtlichen Rahmenbedingungen stellt das folgende Kapitel dar, wie Sie sich Informationen über die eingesetzten Gefahrstoffe beschaffen sowie diese ökologisch bewerten können. Darüber hinaus werden Maßnahmen beschrieben, wie Sie in Ihrer Organisation die Vielfalt der eingesetzten Gefahrstoffe reduzieren können.

4.7.1 Ziele im Handlungsfeld Gefahrstoffe

Die Definition von langfristigen umwelt- und gesundheitspolitischen Zielen begründet sich im Wesentlichen auf der von der gleichnamigen 1. Europakonferenz verabschiedeten Charta „Umwelt und Gesundheit". Sie wird bekräftigt durch die im Rahmen der UN-Konferenz für Umwelt und Entwicklung verabschiedete Agenda 21. Danach sind die Länder aufgefordert, unter anderem Qualitätsziele, Standards und Umsetzungsstrategien für einen dauerhaften Gesundheitsschutz zu entwickeln. Mit der Einbindung in das Umweltcontrollingsystem leisten Sie hierzu einen aktiven Beitrag. Beim Umwelt- und Gesundheitsschutz gibt es eine Reihe gemeinsamer Handlungsbereiche wie die

Gefahrstoffeinsatz auf ein Minimum beschränken.

- Formulierung von Zielen, Standards und Umsetzungsstrategien,
- Einhaltung gesetzlicher Vorschriften,
- Bedeutung von Kommunikation und Mitarbeiterqualifikation,
- Erfassung gesundheits- und umweltbelastender Stoffströme,
- Regelung des Umgangs mit Gefahrstoffen oder
- Verantwortung der Führungsebene.

Das Ziel ist, den Einsatz von Gefahrstoffen möglichst zu vermeiden oder zu reduzieren sowie ihre Handhabung und Lagerung so zu organisieren, dass die schädlichen Auswirkungen auf Umwelt und Menschen möglichst gering sind.

Die Beachtung eines weitgehenden Arbeits- und Gesundheitsschutzes entspricht dem Ziel einer wirtschaftlichen Betriebsführung, weil präventive Maßnahmen zu einer Reduzierung krankheits- und unfallbedingter direkter (z.B. Lohn- und Lohnnebenkosten) und indirekter (z.B. Produktionsausfall, Springereinsatz,

Überstunden) Kosten beitragen. Zudem erleichtert die Einbeziehung von Aspekten betrieblicher Gesundheitspolitik die Umsetzung eines effizienten Umweltcontrollings, da

■ die gesundheitlichen Belastungen der Mitarbeiterinnen und Mitarbeiter ein wichtiges Anliegen der Personal- und Betriebsräte sind und damit ein „Einfallstor" zur Einbindung der Interessenvertreter bilden und

■ das Interesse der Mitarbeiterinnen und Mitarbeiter zur Beteiligung am Umweltcontrolling wächst, wenn das eigene Arbeitsumfeld in die Betrachtung einbezogen wird. Das ist eine Idee, die auch dem so genannten 6E-Konzept des schwedischen Gewerkschaftsdachverbands zugrunde liegt (vgl. Heegner, 1998).

4.7.2 Rechtliche Rahmenbedingungen

Die europäischen Arbeitsschutz-Richtlinien, verbunden mit ihrer nationalen Umsetzung durch das Arbeitsschutzgesetz (ArbSchG), verpflichten die Arbeitgeber dazu, die Beschäftigten durch präventive Maßnahmen vor Arbeitsunfällen und Berufskrankheiten zu schützen und vor gesundheitlichen Gefährdungen, beispielsweise durch psychische Belastungen, Monotonie oder eine falsche Arbeitsplatzgestaltung, zu bewahren. Weitere wichtige Gesetze sind das Arbeitssicherheitsgesetz (ASiG), das die Grundlage für die sicherheitstechnische Betreuung bildet, das Gerätesicherheitsgesetz und das Chemikaliengesetz (ChemG).

Schutz der Beschäftigten vor Arbeitsunfällen und Berufskrankheiten.

Neben diesen Gesetzen gibt es eine Reihe von Rechtsverordnungen, die vom Bund und den Ländern erlassen wurden. Die Gefahrstoffverordnung (GefStVO) hat im Umweltcontrolling besondere Bedeutung, da in ihr umfangreiche Vorschriften zur Datenhaltung über Stoffflüsse enthalten sind.

Ebenfalls zu erwähnen sind die so genannten autonomen Rechtsnormen, wie sie von Organen einer Selbstverwaltungskörperschaft erlassen werden. Von Bedeutung sind hier insbesondere die Unfallverhütungsvorschriften der Berufsgenossenschaften, die den Verwaltungen und Betrieben konkrete Vorgaben zur Durchführung des Arbeits- und Gesundheitsschutzes geben.

4.7.3 Informationsbeschaffung

Die Informationen zu Art und Menge der eingesetzten, ökologisch problematischen Stoffe und Gefahrstoffe, finden Sie in der Buchhaltung des Einkaufs, zum Beispiel in Einzel- oder Monatsrechnungen von Lieferanten. Ist dies nicht der Fall, können Ihnen die Mitarbeiterinnen und Mitarbeiter, die in den entsprechenden Abteilungen mit den verschiedenen Stoffen umgehen, weiterhelfen.

Erfassen Sie sämtliche Stoffe, Lagermengen und Verbrauchsmengen in einem Arbeitsgang. Listen Sie die Mengen mit den vorhandenen Einheiten auf, auch wenn sie nicht in Kilogramm oder Tonnen vorliegen. Eine Umrechnung kann zu einem späteren Zeitpunkt erfolgen.

Zu Beginn der Erfassung werden Sie mit einer Datenflut konfrontiert, so dass Sie leicht den Überblick verlieren können. Nutzen Sie als Orientierungshilfe den

Öko-Kontenrahmen, der Sie dabei unterstützt, die zahlreichen Informationen zu ordnen und sinnvoll zu gruppieren (vgl. Kap. 5.3).

Prüfen Sie, ob Informationen zur chemischen Zusammensetzung von Materialien und Produkten vorliegen. Ist das nicht der Fall, müssen Sie die notwendigen Angaben bei Ihrem Lieferanten oder direkt beim Hersteller erfragen.

Informationssichtung in Sicherheitsdatenblättern

Speziell für Stoffe und chemische Zubereitungen, die nach dem Chemikaliengesetz als Gefahrstoffe eingestuft sind, gibt es Sicherheitsdatenblätter. Sie enthalten neben Gefahrenhinweisen, Sicherheitsratschlägen und weiteren Informationen, auf die später eingegangen wird, Hinweise zu ihrer chemischen Zusammensetzung. Der Hersteller beziehungsweise Lieferant ist gesetzlich dazu verpflichtet, für Gefahrstoffe Sicherheitsdatenblätter zu erstellen und dem Nutzer auszuhändigen. Als Anwender müssen Sie Datenblätter für alle in Ihrer Organisation verwendeten Gefahrstoffe bereithalten.

Viele Produzenten erstellen Sicherheitsdatenblätter nicht nur für Gefahrstoffe, sondern auch für andere Stoffe und Zubereitungen, die in Bezug auf Arbeitssicherheit oder die Umwelt problematisch sind. Sie sind eine gute und schnell verfügbare Informationsquelle. Am einfachsten ist, Sie bitten Ihren Hersteller oder Lieferanten darum, für alle bezogenen Produkte die entsprechenden Sicherheitsdatenblätter zu liefern.

Sicherheitsdatenblätter liefern wichtige Informationen.

Die Datenblätter enthalten in erster Linie Informationen zum Gesundheitsschutz sowie zur Sicherheit am Arbeitsplatz. Sie sind in 16 Punkte untergliedert, die für eine ökologische Bewertung des jeweiligen Gefahrstoffs wichtige Angaben enthalten.

1. Stoff-/Zubereitungs- und Firmenbezeichnung

Unter diesem Punkt ist für Sie besonders der Hinweis auf den „Auskunft gebenden Bereich" der herstellenden Firma von Bedeutung. Falls einzelne Angaben zu den gefährlichen Inhaltsstoffen für Sie nicht verständlich sind oder Ihnen nicht ausreichend erscheinen, haben Sie laut Gefahrstoffverordnung das Recht, weitere Auskünfte zu verlangen.

2. Zusammensetzung/Angaben zu Bestandteilen

Hier finden Sie die Hinweise zur chemischen Zusammensetzung des Stoffs. Allerdings müssen nicht alle Bestandteile der Zubereitung, sondern nur die gefährlichen Inhaltsstoffe aufgeführt werden. Bei der CAS-Nr. (Chemical Abstract Number) handelt es sich um eine international gültige Nummer, die spezifisch für den jeweiligen Stoff ist. Mit ihrer Hilfe kann er auch dann genau identifiziert werden, wenn er mehrere Bezeichnungen besitzt.

3. Mögliche Gefahren

Die Gefahrenbezeichnungen und Kennbuchstaben beschreiben kurz und allgemein die gefährlichen Eigenschaften eines Stoffs. Die Risiko-Sätze (R-Sätze) sind die verschlüsselte Form der besonderen Gefahrenhinweise für den Menschen und die Umwelt. Sie erfahren dadurch, welches Gefährdungspotenzial von einem Stoff ausgeht. Die R-Sätze können allerdings auch schon unter Punkt 2 aufgeführt sein.

4. bis 7. Handhabung und Lagerung

Hier erhalten Sie Hinweise für den Störfall und Normalfall. Sie sind leicht zu verstehen und ergeben sich aus den Eigenschaften des jeweiligen Stoffs. Für Sie ist der Hinweis unter Punkt 6 (Maßnahmen bei unbeabsichtigter Freisetzung) „Umweltschutzmaßnahmen" interessant.

8. Expositionsbegrenzung und persönliche Schutzausrüstung

Für besonders toxische Komponenten eines Materials müssen die arbeitsplatzbezogenen Grenzwerte (MAK = maximale Arbeitsplatzkonzentration) angegeben werden. Je niedriger dieser Wert angesetzt wird, desto gefährlicher ist der jeweilige Stoff.

9. Physikalische und chemische Eigenschaften sowie 10. Stabilität und Reaktivität

Diese Punkte bieten fachspezifische Detailinformationen, die vorzugsweise für Fachleute bestimmt sind. Die Angaben zu Punkt 10 beziehen sich auf Hinweise zur Lagerung.

11. Angaben zur Toxikologie sowie 12. Angaben zur Ökologie

Unter Punkt 11 können Sie mit einem standardisierten Wert, der die Toxizität eines Stoffs beschreibt, konfrontiert werden. Der LD50-Wert (Letaldosis 50) ist die Dosis, bei der 50 Prozent aller Versuchstiere, denen eine bestimmte Stoffmenge verabreicht wurde, sterben. Das bedeutet: Je größer die Menge, sprich je höher der LD50-Wert, desto geringer ist die Toxizität des Stoffs.

Die Hinweise zur Ökologie fallen meist sehr mager aus. Die neue Richtlinie zum Sicherheitsdatenblatt fordert eine Vielzahl von Angaben wie Persistenz und Abbaubarkeit, Bioakkumulationspotenzial, aquatische Toxizität und Biotoxizität.

13. Hinweise zur Entsorgung

Hier erfahren Sie, wie das jeweilige Produkt, Reste und verschmutzte Verpackungen ordnungsgemäß zu entsorgen sind. In vielen Fällen sind die Angaben nicht eindeutig. Mit allgemein gehaltenen Formulierungen wie „unter Berücksichtigung der örtlichen behördlichen Vorschriften entsorgen" umgehen die Hersteller häufig klare Hinweise. Erfragen Sie in diesen Fällen die konkreten Entsorgungswege bei der örtlichen Abfallberatungsstelle oder Ihrem Entsorger. Manche Sicherheitsdatenblätter geben eine Abfallschlüsselnummer und den Abfallnamen an. Dies hilft Ihnen dabei, die Abfallart genau zu bestimmen (vgl. Kap. 4.5).

14. Angaben zum Transport

Hier finden Sie Hinweise zum ordnungsgemäßen Land- und Binnenschifftransport gefährlicher Güter. Die verschlüsselten Angaben beschreiben die unter anderen Punkten genannten Eigenschaften des Stoffs, mit denen Lieferscheine oder Beförderungspapiere zu kennzeichnen sind.

15. Vorschriften

Dieser Abschnitt weist darauf hin, wie ein Stoff gekennzeichnet werden muss. Die Gefahrenbezeichnung mit Kennbuchstaben, die Auflistung der toxischen Bestandteile und die R-Sätze finden sich auch unter anderen Punkten wieder. Es kommen die Sicherheits-Sätze (S-Sätze) hinzu, welche die sichere Handhabung des Stoffs beschreiben. Sämtliche Vorschriften entsprechen den EU-Richtlinien.

Zusätzlich werden nationale Vorschriften aufgeführt. Diese beschreiben wiederum unter anderen Punkten genannte Eigenschaften des Stoffs. Hinweise auf sein wassergefährdendes Potenzial gibt Ihnen die Einstufung des Stoffs in eine Wassergefährdungsklasse (WGK).

16. Sonstige Angaben

Unter diesem Punkt finden Sie verschiedenste Informationen wie Schulungshinweise, empfohlene Verwendungen oder Beschränkungen, weitere Informationsquellen oder Kontaktstellen für technische Informationen.

4.7.4 Analyse, Bewertung und Erfolgskontrolle

Je größer die Anzahl gefährlicher Inhaltsstoffe ist, je mehr Gefahrenbezeichnungen ihm zugeordnet sind und je größer die Anzahl der R-Sätze ist, desto kritischer ist ein Stoff beziehungsweise eine Zubereitung einzuschätzen. Hieraus resultiert auch eine wachsende Zahl an zu beachtenden Handlungsanweisungen im Normalfall wie auch bei Unfällen. Weitere Anforderungen an die Handhabung des Stoffs können sich durch die Einstufung in eine hohe WGK oder eine besondere Entsorgung von Stoffresten oder verunreinigten Verpackungen ergeben.

Für eine erste Beurteilung sollten Sie folgende Punkte des Sicherheitsdatenblatts beachten:

	Sicherheitsdatenblatt
Anzahl gefährlicher Inhaltsstoffe	Punkt 2
Gefahrenbezeichnung	Punkt 3
Anzahl der R-Sätze	Punkte 3 und 15
Wassergefährdungsklasse (WGK)	Punkt 15
Entsorgung	Punkt 13
Maximale Arbeitsplatzkonzentration (MAK-Wert)	Punkt 8
Letale Dosis 50 % (LD50-Wert)	Punkt 11

Tab. 4.7.1: Analyse und Bewertung von Gefahrstoffen

Anzahl gefährlicher Inhaltsstoffe

Je größer die Anzahl gefährlicher Inhaltsstoffe einer Zubereitung, desto größer und unüberschaubarer ist das Gefährdungspotenzial, das einem Stoff oder einer Zubereitung zuerkannt wird.

Gefahrenbezeichnung

Je größer die Anzahl von Gefahrenbezeichnungen ist, die einem Produkt zugeordnet werden, desto größer ist sein gesundheits- beziehungsweise sicherheitsgefährdendes Potenzial. Den Gefahrenbezeichnungen sind Gefahrensymbole zugeordnet, die in der Regel auf den Verpackungen angebracht sind. Mit einiger Übung können Sie auch die qualitativen Unterschiede („gesundheitsschädlich" ist besser als „sehr giftig") in die Beurteilung einbeziehen.

Symbol	Bezeichnung
T+	sehr giftig
T	giftig
Xn	gesundheitsschädlich
C	ätzend
Xi	reizend
N	umweltgefährlich
E	explosionsgefährlich
O	brandfördernd
F+	hochentzündlich
F	leicht entzündlich
E	entzündlich

Tab. 4.7.2: Gefahrenbezeichnungen gemäß Gefahrstoffverordnung

Anzahl der R-Sätze (Hinweise auf besondere Gefahren)

Aus den beiden vorgenannten Punkten ergeben sich Anzahl und Art der Gefahrenhinweise. Mittels der R-Sätze können Sie sich einen schnellen Überblick über die Gefahren für Mensch und Umwelt verschaffen. Je größer die Anzahl der R-Sätze ist, desto größer ist im Allgemeinen das Gefährdungspotenzial des Stoffs.

Wassergefährdungsklassen (WGK)

Je höher die WGK ist, in die ein Stoff eingestuft wurde, desto größer ist seine toxische Wirkung, beispielsweise auf Wasserorganismen. Daraus folgt, dass auch die Vorkehrungen besser und umfangreicher sein müssen, die das Eindringen des Stoffs in Oberflächengewässer, Grundwasser oder die Kanalisation verhindern. Das bedeutet einen erheblichen finanziellen und organisatorischen Aufwand, welcher sich durch den Einsatz von weniger wassergefährdenden Stoffen verringern läßt (Hinweise unter: www.umweltbundesamt.de Stichwort „Ökobase").

Einstufung	Bezeichnung
WGK 0	im Allgemeinen nicht wassergefährdend
WGK 1	schwach wassergefährdend
WGK 2	wassergefährdend
WGK 3	stark wassergefährdend

Tab. 4.7.3: Wassergefährdungsklassen

Entsorgung

Auch unter dem Punkt Entsorgung sind es die durch die Toxizität eines Stoffs notwendigen Maßnahmen, die einen erheblichen organisatorischen und finanziellen Aufwand verursachen können. So ist die Entsorgung als „besonders überwachungsbedürftiger Abfall" kostspielig und erfordert eine korrekte getrennte Erfassung von Materialresten und verunreinigten Verpackungen. Vorzuziehen ist ein Material, das mit dem normalen Hausmüll entsorgt, einem Recycling oder einer sonstigen Verwertung zugeführt werden kann.

Maximale Arbeitsplatzkonzentration (MAK-Wert)

Der MAK-Wert ist die höchstzulässige Konzentration eines Arbeitsstoffs als Gas, Dampf oder Schwebstoff in der Luft am Arbeitsplatz, ohne dass bei wiederholter und langfristiger Einwirkung innerhalb eines bestimmten Zeitraums mit gesundheitlichen Beeinträchtigungen zu rechnen ist. Je höher der MAK-Wert für einen Stoff angesetzt ist, das heißt, je größer die Konzentration im definierten Zeitraum sein darf, desto geringer wird die Toxizität eingeschätzt. Wenn überhaupt, sollten Sie deshalb Stoffe mit einem hohen MAK-Wert bevorzugen.

Das Gefahrstoffkataster und Umweltkennzahlen

Sie werden festgestellt haben, dass Sie mit einer unübersichtlichen Datenmenge umgehen müssen, die sich im Lauf der Zeit weiter vergrößern wird. Sie benötigen deshalb ein Informationssystem, das Ihnen zum einen den Überblick über die Stoff- beziehungsweise Gefahrstoffströme Ihrer Organisation und spezifischen umweltrelevanten Informationen gibt, zum anderen einen schnellen Zugriff auf gewünschte Angaben ermöglicht.

Wünschenswert ist deshalb eine Datenhaltung auf EDV-Basis. Verfügt Ihre Organisation bereits über eine EDV-gestützte Buchhaltung, so sollte eine solche Datei, wenn möglich, in das schon bestehende System eingegliedert werden. Neben Stoffbezeichnungen und Mengenangaben, Gefahrenbezeichnungen sowie Angaben zur Entsorgung sollte sie einen Eintrag enthalten, ob das Sicherheitsdatenblatt bereits vorliegt. Außerdem sollte eine Spalte für die WGK enthalten sein. Die Einstufung als Gefahrstoff und die Einstufung in eine WGK laufen nicht notwendigerweise parallel. Die MAK-Werte können, müssen aber nicht zwingend aufgenommen werden.

Mit einer solchen Datei können Sie auch die Verpflichtung zur Erstellung eines Gefahrstoffkatasters in der Gefahrstoffverordnung erfüllen. Das Verzeichnis muss mindestens folgende Angaben enthalten:

- Bezeichnung des Gefahrstoffs

- Kennzeichnung des Gefahrstoffs

- Menge des Gefahrstoffs im Betrieb

- Arbeitsbereiche, in denen mit Gefahrstoffen umgegangen wird

Jetzt muss die Datei noch um die Zuordnung von Gefahrstoffen zu Arbeitsbereichen ergänzt werden. Dies kann in Form eines Zahlenschlüssels erfolgen. Natürlich können Sie weitere Rubriken, die den individuellen Erfordernissen Ihrer Organisation entsprechen, einfügen. Sinnvoll ist die Spalte „Betriebsanweisung erstellt", die dokumentiert, für welchen Gefahrstoff die gesetzlich geforderte Betriebsanweisung schon vorhanden ist oder noch angefertigt werden muss. Zur Erstellung solcher Dateien sind Standard-Tabellenkalkulationsprogramme geeignet. Ihre für ein ökologisch orientiertes Gefahrstoff-/Stoffmanagement gestaltete Datei sollte folgende Rubriken enthalten:

- Bezeichnung des Gefahrstoffs/Stoffs*

- Kennzeichnung des Gefahrstoffs*

- Menge des Gefahrstoffs/Stoffs im Betrieb*

- Jahresmenge (kumuliert)

- Zuordnung zu Arbeitsbereichen*

- Sicherheitsdatenblatt (SDB) vorhanden

- Betriebsanweisung (BA) erstellt

- Wassergefährdungsklasse (WGK)

- Entsorgung

- Maximale Arbeitsplatzkonzentration (MAK-Wert)

* Informationen, die laut Gefahrstoffverordnung im Gefahrstoffkataster enthalten sein müssen!

Liste der ökologisch problematischen Stoffe und Gefahrstoffe im Bauhof								
Produkt- und Stoffbezeichnung	Gefahrstoff-kennzeichnung	Vorhandene Menge 1.1.2001	Verbrauchsmenge pro Jahr	Arbeitsbereiche	SDB	BA erstellt	WGK	Entsorgung
1. Werkstoffe								
1.1 Lacke und Farben								
1.1.4 Grundierungen								
1.1.4.1 Tiefgrund	Xn, Xi	80 l	340 l	Maler	ja	ja	2	S
1.1.4.2 Grundierung	Xn, Xi	25 l	120 l	Maler	ja	?	2	S
1.1.5 Wandfarben								
1.1.5.1 Dispersionsfarbe Weiß	keine	300 l	2.500 l	Maler	ja	ja	1	S
...								

Legende: H = Hausmüll; Recyc. = Recycling; S = Sondermüll; ? = Information fehlt; # = noch nicht erstellt; Stck. = Stück; l = Liter

Tab. 4.7.4: Beispiel für ein Gefahrstoffverzeichnis (Quelle: eigene Darstellung)

Eine solche Datei erfüllt eine Reihe von Aufgaben. Sie entsprechen damit der Forderung der Gefahrstoffverordnung, ein Gefahrstoffverzeichnis zu erstellen, können vorhandene beziehungsweise fehlende Sicherheitsdatenblätter sowie Betriebsanweisungen verwalten und erhalten einen Überblick über die verbrauchten und gelagerten Stoffe und Mengen. So können Sie die Reduzierung der Anzahl verschiedener Stoffe wie auch der verbrauchten Mengen im Jahresvergleich nachvollziehen. Damit stellt die Datei auch die Informationen zur Verfügung, die Sie für die Umweltcontrollingfunktionen im Management ökologisch problematischer Stoffe benötigen. Bei speziellen Verwaltungsaufgaben wie dem Erarbeiten von Betriebsanweisungen unterstützen Sie je nach Branche geeignete EDV-Programme, die einschlägige Informationen für viele Stoffe bereits enthalten und mit denen Sie direkt Betriebsanweisungen erstellen können.

Liste der eingesetzten umweltrelevanten Stoffe erstellen.

Eine Bewertung der Gefahrstoffe nach dem oben beschriebenen System, auch wenn es sich dabei um eine vereinfachte Form handelt, wird einige Zeit in Anspruch nehmen. Konzentrieren Sie sich auf Gefahrstoffe, die in großer Menge verwendet werden. Der Verbrauch von zehn Gramm eines toxischen Klebers pro Jahr ist nicht so relevant wie 150 Liter eines Kaltreinigers. Alle anderen genutzten Materialien können Sie nach dem gleichen Prinzip nach und nach erfassen und bewerten.

Ermitteln Sie zur Erfolgskontrolle regelmäßig folgende Zahlen und vergleichen Sie diese mit den Vorjahreswerten:

- Anzahl der eingesetzten Gefahrstoffe, die jährliche Verbrauchsmenge aller Gefahrstoffe und gegebenenfalls wichtige Einzelverbrauchsmengen

- Verbrauchsmengen bestimmter Untergruppen, zum Beispiel aller Gefahrstoffe mit der WGK 3

Auch diese Zahlen können als Basis für die Festlegung von Umweltzielen dienen und in die Zielvereinbarungen mit leitenden Mitarbeiterinnen und Mitarbeitern einfließen.

4.7.5 Maßnahmen im Handlungsfeld Gefahrstoffe

Am effektivsten ist es, einen Gefahrstoff durch ein nicht als Gefahrstoff eingestuftes Material zu ersetzen. Ist dies nicht möglich, sollten Sie einen Stoff wählen, der möglichst wenige gefährliche Inhaltsstoffe mit wenig Gefahrenbezeichnungen besitzt, der in eine niedrige WGK (0 = nicht wassergefährdend oder 1 = schwach wassergefährdend) eingestuft ist und möglichst nicht als Sondermüll entsorgt werden muss. Auch sollten Sie Stoffe mit höheren MAK- und LD50-Werten bevorzugen.

Häufig sind allerdings keine eindeutigen Beurteilungen im Sinne „Stoff A ist besser als Stoff B" möglich, so dass Sie gezwungen sein werden, Prioritäten zu setzen. Neben den (human-)ökologischen Gesichtspunkten kommen bei einer Stoffauswahl auch die technische Anwendbarkeit sowie ökonomische Aspekte zum Tragen. Lässt sich ein verwendeter Gefahrstoff nicht ohne weiteres ersetzen, versuchen Sie, die Einsatzmenge zu reduzieren. Diese Maßnahme rechnet sich auch wirtschaftlich.

Praxisbeispiel: Gefahrstoffmanagement im Opernhaus Nürnberg
An den städtischen Bühnen Nürnberg wurde das Gefahrstoffmanagement sowie der Umgang mit wassergefährdenden Stoffen überprüft. Durch arbeitsorganisatorische Maßnahmen (Restlacksammlung in Kanistern) reduzierte sich die Abwasserbelastung so weit, dass bei Proben keine signifikanten Stoffeinträge mehr festgestellt wurden. Im Jahr 1998 entstand ein Gefahrstoffverzeichnis mit Sicherheitsdatenblättern und Betriebsanweisungen für 35 Gefahrstoffe sowie weitere 50 nicht unbedenkliche Stoffe. Es liegt in den Werkstätten aus. Die gesetzlichen Mindestanforderungen für Arbeitssicherheit nach der Gefahrstoffverordnung werden erfüllt (vgl. auch das Beispiel 13.4 in Kap. 13).

Von besonderer Bedeutung ist auch die sichere Lagerung von Gefahrstoffen. Hier ist eine Reihe von Vorschriften zu beachten. Demnach müssen wassergefährdende Stoffe beispielsweise so gelagert werden, dass sie auch aus undichten Behältnissen nicht direkt in Boden oder Wasser gelangen können. Weitere Vorschriften existieren für die Lagerung brennbarer, brandfördernder und explosionsgefährlicher Stoffe (vgl. BMU/UBA, 2001; Vogl/Heigl/Schäfer).

Wenn Sie die Vielfalt der eingesetzten, ökologisch problematischen Stoffe reduzieren, führt dies zu einer Verringerung des Abfallaufkommens und des Lagerbestands. Gleichzeitig müssen Sie eine geringere Anzahl von Stoffen in der Gefahrstoffliste führen und weniger Betriebsanweisungen erstellen.

Sorgen Sie für die ausreichende Information und Schulung der Mitarbeiterinnen und Mitarbeiter, die Umgang mit gefährlichen Stoffen haben oder für Ihren Einkauf zuständig sind. Eine wichtige Informationsquelle ist das „Handbuch Umweltfreundliche Beschaffung" (UBA, 1999)(vgl. Kap. 4.1).

Umweltcontrolling-Tipp: Unterstützung bei der betrieblichen Prävention
Krankenkassen und Unfallversicherungsträger sind seit 1997 nach dem Sozialgesetzbuch (SGB) verpflichtet, bei der Prävention arbeitsbedingter Gesundheitsgefahren zusammenzuarbeiten und die Arbeitgeber bei ihren präventiven Aufgaben zu unterstützen. Dieser Auftrag beinhaltet zahlreiche Maßnahmen. Hierzu zählen die Beratung bei der Durchführung von Präventionsmaßnahmen und Überwachung der Erfolge, die Bereitstellung von Instrumenten zur Gefährdungsbeurteilung und die Unterstützung bei der Anwendung, die Messung und Beurteilung von Gefahrstoffen oder Hilfe bei der Entwicklung von Präventionslösungen. Zudem führen sie Schulungen für den betrieblichen Arbeitsschutz durch und können überbetriebliche arbeitsmedizinische und sicherheitstechnische Dienste anbieten. Informieren Sie sich vor Ort, auf welche Angebote Sie zurückgreifen können.

Literatur

Bundesumweltministerium/Umweltbundesamt (BMU/UBA) (Hrsg.): Handbuch Umwelt-controlling. 2. Auflage, München 2001.

Hauptverband der gewerblichen Berufsgenossenschaften (Hrsg.): Gefahrstoffliste (Grenz-werte, Einstufungen). Selbstverlag. Sankt Augustin (wird laufend aktualisiert).

Heegner, S.: Das 6E-Konzept des schwedischen Gewerkschaftsdachverbandes. In: Winter, G.: Das umweltbewußte Unternehmen. Die Zukunft beginnt heute. 6. Auflage, München 1998.

IG-Metall (Hrsg.): Sicherheitsdatenblätter leichter verstanden. Eine Gefahrstoffinformation der IG-Metall, Bezirksleitung Stuttgart, Reihe „Tatort Betrieb". Stuttgart 1995.

Roth, L.: Wassergefährdende Stoffe. Ecomed Verlagsgesellschaft. Landsberg/Lech 2000.

Spanner-Ulmer, B.: Arbeits- und Umweltbedingungen sowie deren Schutzmaßnahmen. In: Winter, G.: Das umweltbewußte Unternehmen. Die Zukunft beginnt heute. 6. Auflage, München 1998.

Umweltbundesamt (UBA) (Hrsg.): Handbuch Umweltfreundliche Beschaffung. Berlin 1999.

Vogl, J./Heigl, A./Schäfer, K. (Hrsg.): Handbuch des Umweltschutzes. Loseblattsammlung. Landsberg/Lech (wird laufend aktualisiert).

Weber, R.: Zeitgemäße Materialwirtschaft mit Lagerhaltung. Renningen 2000.

Wolf, H.: Gefahrstoff-Betriebsanweisungen. Landsberg 1993.

Internet

Bereich „Arbeitssicherheit und Gesundheitsschutz" des Hauptverbands der gewerblichen Berufsgenossenschaften: www.hvbg.de

Viele Berufsgenossenschaften geben branchenbezogene Anleitungen heraus (z.B. „Gisbau-Gefahrstoffinformationssystem" für das Baugewerbe der Bau-BG).

Bereich „Arbeit & Gesundheit" des BKK Berufsverbands: www.bkk.de

Hinweise zur betrieblichen Gesundheitsförderung auf den Seiten der Bundeszentrale für ge-sundheitliche Aufklärung: www.bzga.de/infodienst/angebote/t-betrieb.htm

Die deutsche Beratungsgesellschaft für Innovation und Qualifikation beim DGB-Bildungs-werk stellt auf ihrer Webseite das Projekt „KomPAS" vor, das Konzepte für einen moder-nen Arbeitsschutz insbesondere in kleinen und mittleren Betrieben einführen helfen soll: www.iq-consult.de

Dokumente zur Dritten Europakonferenz „Umwelt und Gesundheit" finden Sie unter: www.who.de/london99

Einen schnellen Zugang zu den nationalen und internationalen Wissensbeständen zu den Themen Arbeitssicherheit, Gesundheitsschutz, Gesundheit und Umwelt bietet die Seite: www.praevention.de

Über das Internet kann beim Umweltbundesamt die CD-Rom „Ökobase" bestellt werden. Sie enthält unter anderem auch einen Katalog mit derzeit mehr als 1.350 wassergefähr-denden Stoffen und deren Einstufung: www.umweltbundesamt.de

5. Umweltdaten als Informationsbasis

Die Ermittlung umweltrelevanter Daten und ihre Aufbereitung ist eine wichtige Grundlage für die Einführung von Umweltcontrollingsystemen in der öffentlichen Verwaltung. In diesem Kapitel erfahren Sie deshalb, wie bei der Datenerhebung als erster Schritt beim Aufbau eines Umweltinformationssystems am besten vorzugehen ist. Sie lernen verschiedene Messgrößen kennen, die wichtige Bereiche im Umweltcontrolling abbilden und erfahren, wie Sie diese an den Bedarf Ihrer Verwaltung anpassen können. Im zweiten Teil werden Umweltkennzahlensysteme vorgestellt. Da sie wichtige Einflussgrößen berücksichtigen, gehen sie über die absolute Beschreibung der Umwelteinwirkungen hinaus. Verschiedene Praxisbeispiele veranschaulichen außerdem die Möglichkeiten, die erhobenen Daten zu bewerten. Da der Erfolg Ihres Umweltinformationssystems von der Aktualität der Umweltdaten abhängt, können EDV-Systeme ein entscheidender Vorteil sein. Obwohl eigens für das Umweltcontrolling entwickelte Software noch rar ist, gibt es doch bei den bestehenden Informationssystemen verschiedene Anknüpfungspunkte. Welche konkreten Lösungen sich Ihnen hier bieten, beschreibt der letzte Teil dieses Beitrags.

5.1 Wozu man Umweltdaten braucht

Durch die Ermittlung und Aufbereitung von Umweltdaten können Sie die ökologische Ausgangssituation in Ihrer Verwaltung erfassen. Schon bei der erstmaligen Erhebung lassen sich Schwachstellen aufdecken, denn die Datenerhebung ist oft die erste Gelegenheit, bei der Sie sich genauer mit Art und Menge der verwendeten Stoffe sowie Materialien befassen. Die Verknüpfung des Mengenverbrauchs mit den zugehörigen Kosten eröffnet eine neue Perspektive, um auch ökonomische Einsparpotenziale aufzudecken.

Datenerhebung zeigt bereits erste Optimierungspotenziale auf.

Vor allem aber ermöglicht die Erhebung und Fortschreibung der Umweltdaten Vergleiche mit den Vorjahren. Damit werden Erfolge oder Rückschritte messbar und Sie können feststellen, ob Sie Ihre Umweltziele erreichen konnten. Nur so ist die kontinuierliche Verbesserung des Umweltschutzes nachzuweisen. Eine genaue Kenntnis der Umwelteinwirkungen und ihrer Verursacher erleichtert Ihnen auch die Ausarbeitung zielorientierter Umweltprogramme.

In der Praxis stellen Umweltdaten zunächst ein internes Controllinginstrument dar und bieten die Möglichkeit, geeignete Kennzahlen zu bilden. Gleichzeitig dienen sie als Informationsgrundlage der internen ebenso wie der externen Umweltberichte.

Umweltdaten werden benötigt:

- zur Aufdeckung ökologischer sowie ökonomischer Einsparpotenziale,
- als Anknüpfungspunkt für die Ableitung und Kontrolle von Umweltzielen,
- als Grundlage für die Aufstellung von Umweltprogrammen,
- zur Dokumentation des kontinuierlichen Verbesserungsprozesses (KVP),
- als Grundlage für die Umweltberichterstattung.

5.2   Prozess der Datenerhebung und -auswertung

Zur Quantifizierung von Umwelteinwirkungen benötigen Sie Daten und fachliches Know-how aus verschiedenen Abteilungen und Organisationseinheiten. Der Weg vom bloßen Erheben und Dokumentieren der Daten hin zu ihrem anwendungsbezogenen Einsatz in der Verwaltung ist ein anspruchsvolles Informationsflussprojekt.

Die Kunst besteht darin, vorhandene Informationen zweckorientiert auszuwählen, um sie dann fallweise an die jeweiligen Nutzer weiterzugeben. Ziel sollte es daher sein, ein Umweltinformationssystem aufzubauen, in dem festgelegt ist, wer welche Daten benötigt, wer sie erhebt, wie sie dokumentiert und weitergeleitet werden und wer sie letztendlich aus- und bewertet.

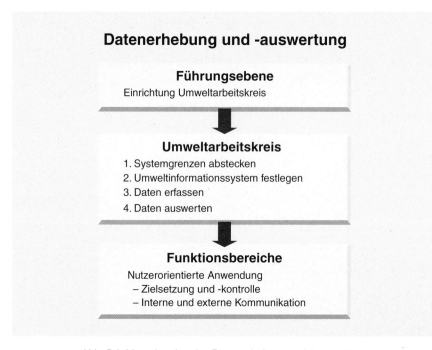

Abb. 5.1: Vorgehen bei der Datenerhebung und -auswertung

Dabei ist die Datenerhebung erfahrungsgemäß ein Schritt, bei dem Sie besonders auf die Zuarbeit vieler Dienststellen angewiesen sind. Die Einbindung des Umweltarbeitskreises kann deshalb sehr hilfreich sein (vgl. Kap. 3).

Der Umweltarbeitskreis legt zunächst die Erhebungsgrenzen fest. Prinzipiell spielt es keine Rolle, mit welcher Dienststelle oder welchem Verwaltungsbereich Sie beginnen. Zu klären ist daher, ob Sie sich zunächst „nur" mit ausgewählten Bereichen befassen wollen oder ob Sie bereits versuchen, ein Informationssystem für die gesamte Verwaltung aufzubauen. Entscheidende Kriterien sind die zeitlichen Kapazitäten sowie die Unterstützung, die Sie von den einzelnen Dienststellen und Verwaltungsbereichen erwarten können.

Welche Umweltfragen für Ihre Verwaltung relevant sind und wie Sie diese in Zahlen messen können, ist Thema einer weiteren Arbeitskreissitzung. Dabei steht nicht die Vollständigkeit aller möglichen Zahlenangaben im Vordergrund, sondern deren Anwenderbezug und Handlungsorientierung. Ein „Weniger" an Zahlen kann in diesem Fall durchaus ein „Mehr" an Nutzen und Verständlichkeit bedeuten. Legen Sie bei dieser Sitzung ebenfalls den Erhebungszeitraum fest. Meist empfiehlt sich das letzte abgeschlossene Haushaltsjahr.

Die Datenerfassung erfolgt mittels Erhebungsbögen, für die Sie teilweise auf bestehende Checklisten zurückgreifen und diese an Ihren Bedarf anpassen können. Während bei der ersten Erfassung die Daten in der Regel noch per Hand ausgewertet werden, sollten Sie sich im Hinblick auf anschließende Zyklen bereits Gedanken über eine Computerunterstützung und die Anbindung an bestehende Informationssysteme machen (vgl. Kap. 5.7).

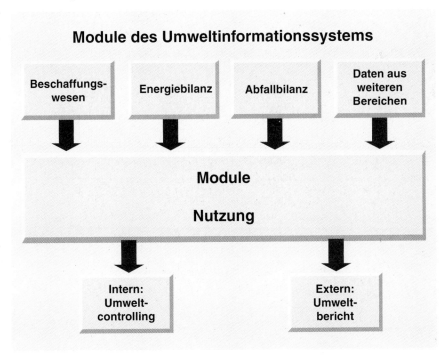

Abb. 5.2: Module und Nutzung des Umweltinformationssystems

In welcher Detailtiefe Sie die Daten zusammenstellen, hängt letztlich davon ab, wofür Sie sie brauchen: Soll das Umweltinformationssystem vor allem einen Überblick über die Umweltsituation in der Verwaltung geben, müssen die Daten nicht so detailliert sein, wie dies etwa beim Energiecontrolling der Fall ist, das Feindiagnosen der einzelnen Gebäude benötigt. Im Idealfall ergänzen sich die beiden Sichtweisen: Die Daten werden zu aussagefähigen Umweltkennzahlen für einen Überblick gebündelt, erlauben aber gleichzeitig in aufgeschlüsselter Form eine detaillierte Schwachstellenanalyse. Ob Sie die Daten in einem zentralen Umweltinformationssystem zusammenführen oder dezentral in Modulen (Energie- oder Abfallbilanzen, Emissionskataster etc.) verwalten, hängt von den vorhandenen Informationssystemen sowie den Abläufen in Ihrer Verwaltung ab.

Detailtiefe der Datenerhebung hängt vom angestrebten Zweck ab.

Für einen zusammenfassenden Überblick sollten Sie die wichtigsten Umweltdaten entscheidungsorientiert aufbereiten und einige Schlüsselkennzahlen bilden. Ergänzend empfiehlt es sich, für die einzelnen Funktionsbereiche Unterkennzahlen und -ziele zu bilden, an denen sich die Mitarbeiterinnen und Mitarbeiter ausrichten können. Die Zielüberwachung sollte regelmäßig und in monatlichen, maximal vierteljährlichen Zeitabständen erfolgen, um bei Abweichungen rechtzeitig gegensteuern zu können. Hierfür benötigen Sie ein internes Berichtswesen, das von einer zentralen (Umwelt-)Controllingstelle – zum Beispiel vom Rechnungswesen oder der/dem Koordinator/in des Umweltarbeitskreises – zusammengeführt wird (vgl. Kap. 3 und 6).

5.3   Erfassung der Daten

Im Folgenden erhalten Sie einen Überblick über die Erfassung umweltrelevanter Daten. Die Struktur lehnt sich an das in Abbildung 5.3 dargestellte Raster an. Für jeden Bereich werden, ergänzend zu den Anleitungen in Kapitel 4, die wichtigsten Größen beschrieben und erklärt. Indem Sie diese Messgrößen Ihrer eigenen Situation anpassen, indem Sie kürzen oder erweitern, können Sie leicht Ihr eigenes Umweltinformationssystem aufbauen.

Daten zu Stoff- und Energieströmen (Input-Output-Analyse)

Die eingesetzten Stoffe und Energien sowie die daraus resultierenden Emissionen verursachen die größten direkten Umwelteinwirkungen und bergen unter Umständen zugleich bedeutende Einsparpotenziale. Die systematische Erhebung von Stoff- und Energieflussdaten unterstützt Sie bei

- ■ dem effizienten Einsatz von Rohstoffen, Wasser und Energie,

- ■ der Dokumentation und der Erfolgskontrolle des Mengenanteils umweltverträglicher Produkte in der Beschaffung,

- ■ der Senkung von Material- und Ressourcenkosten sowie

- ■ der Verringerung von Abfall-(Abluft-/Abwasser-)strömen und -kosten.

Abb. 5.3: Gliederung der Umweltdaten im Umweltinformationssystem

Oft werden im Finanzcontrolling oder in den Beschaffungsstellen nur monetäre Daten zum Stoff- und Energieverbrauch regelmäßig ausgewertet. Die Umweltdaten müssen zusätzlich aus Abrechnungen, Bestellunterlagen oder EDV-Programmen zusammengetragen werden. In Abhängigkeit von dem jeweiligen Zuständigkeitsbereich liegen manche Informationen dabei zentral, andere dezentral vor:

- ■ Zentral verfügbar sind meist Angaben über Büromaterialien, Energie- oder Wasserverbrauchsmengen oder Dienstreisen. Oft ist es dann schwierig, den einzelnen Funktionsbereichen die jeweiligen Verbrauchsmengen zuzuordnen. Hier kann man gegebenenfalls auf Verteilungsschlüssel, wie sie im Gebäudemanagement verwendet werden, zurückgreifen. Bei den Verbrauchsmaterialien ist es zum Beispiel sinnvoll, einen solchen Schlüssel anhand der Anzahl der Mitarbeiterinnen und Mitarbeiter aufzustellen. Mit der Budgetierung und der dezentralen Ressourcenverantwortung steigt die Chance, dass die Daten zum Materialverbrauch zukünftig dezentral verfügbar sind.

- ■ Dezentral liegen meist Daten über den Verbrauch von Produkten und Materialien vor, die von den Funktionseinheiten selbst beschafft werden. Wichtig ist, diese Daten an einer Stelle zusammenzuführen, da Sie sonst den Gesamtüberblick verlieren – ein Aspekt, den Sie auch bei der Einführung der dezentralen Ressourcenverantwortung im Rahmen der Verwaltungsreform beachten sollten.

Umweltcontrolling-Tipp: Grundsätze für die Datenauswahl und -erfassung berücksichtigen

Handlungsspielraum im Blick haben: *Erzeugen Sie keine Datenfriedhöfe. Erfassen Sie nur Daten, aus denen Sie auch Maßnahmen im Umweltschutz ableiten und deren Erfolg Sie später dokumentieren können.*

Schwerpunkte setzen: *Weniger ist mehr, lautet die Devise. Zählen Sie keine Büroklammern und Jogurtdeckel. Konzentrieren Sie sich auf ökologisch bedeutende Bereiche, in denen Sie unter Umständen ökologisch und ökonomisch größere Einsparpotenziale erschließen können.*

Mut zur Lücke: *Verfolgen Sie keinen Vollständigkeitsanspruch. Damit ziehen Sie den Arbeitsschritt der Datenerhebung und -auswertung nur in die Länge. Registrieren Sie nicht sofort behebbare Datenlücken und setzten Sie sich zum Ziel, diese bis zur nächsten Erfassung zu schließen.*

Verfahren zur Datenermittlung dokumentieren: *Halten Sie nachvollziehbar fest, wie Sie zu den Ergebnissen gekommen sind. Wichtig sind die Herkunft der Daten, welche Bereiche Sie einbezogen haben und auf welchen Zeitraum sich die Daten beziehen. Dokumentieren Sie auch verwendete Messverfahren, Umrechnungsfaktoren und -methoden. Ohne diese Angaben sind Vergleiche mit den Vorjahren nicht möglich.*

Zur Systematisierung der Daten über Stoff- und Energieströme empfiehlt es sich, einen ökologischen Kontenrahmen aufzustellen, in dem alle eingehenden Stoffe und Energien (Inputs) den ausgehenden (Outputs) gegenübergestellt werden. Zur besseren Vergleichbarkeit der verschiedenen Größen sollte die Erfassung in einheitlichen physikalischen Messgrößen, zum Beispiel Kilogramm (kg) oder Kilowattstunden (kWh), erfolgen. Führen Sie ökologisch bedenkliche Materialien und ihre günstigeren Alternativen, wie Frischfaser- und Recyclingpapier, in getrennten Konten auf. Das hilft Ihnen später bei der Bildung von Kennzahlen, mit denen Sie Verbesserungspotenziale ausdrücken können. Wichtig ist es auch, dass Sie den Bestand zu Beginn und zum Ende des Bilanzzeitraums erfassen. Dies wird häufig vergessen. Nur wenn der Bestand berücksichtigt wird, können Sie eine Aussage über die tatsächliche Höhe des Verbrauchs in Ihrer Verwaltung treffen.

Wie Sie im Einzelnen bei der Erhebung der Daten zu den Stoff- und Energieströmen sowie bei der Berechnung der Emissionen vorgehen, beschreiben die Abschnitte des Kapitels 4. Dort erhalten Sie detaillierte Anleitungen einschließlich der erforderlichen Umrechnungsfaktoren. Hilfestellungen bieten außerdem einige Leitfäden (BMU/UBA, 1997; LfU, 1998) zur Erfassung und Systematisierung der Input- und Output-Daten für Verwaltungen. Einen beispielhaften Auszug aus dem Kontenrahmen der Gemeindeverwaltung Teningen, die 40 Mitarbeiterinnen und Mitarbeiter beschäftigt, stellt Tabelle 5.1 vor.

Daten zu Produkten und Leistungen

Der jährliche Verbrauch an Stoffen und Energien hängt unter anderem davon ab, welche Leistungen damit erbracht werden. So steigt beispielsweise der Wasserverbrauch in einem Sportzentrum mit der Anzahl der Besucher.

Nr.	Konto	Be-stand 1.1.	Input	Be-stand 31.12.	Nr.	Konto	Output
1	Umlaufgüter				4	Produkte	
1.1	Büromaterialien				4.1	Drucksachen	9,1 t
1.1.1	Papier				4.2	Postausgang	0,85 t
1.1.1.1	Kopier- und Briefpapier	0,4 t	4,0 t	0,3 t	4.3	Wasser (Verkauf)	563,2 t
1.1.1.2	Drucksachen	0	9,2 t	0			
1.1.1.3	Versandtaschen		0,25 t		4.4	Holz (Verkauf)	2.700 t
1.1.2	Ordnungsmittel				5	Abfall	
1.1.2.1	Hefter	54 St.	2.495 St.	122 St.	5.1	Papier	50 t
1.2	Betriebsstoffe				5.2	Bioabfälle	49 t
1.2.1	Reinigungsmittel	0,54 t	2,75 t	0,32 t	5.3	Restmüll	162 t
1.2.2	Desinfektionsmittel	0,11 t	0,115 t	0,03 t	5.4	Altreifen	6 St.
1.2.3	Gartenbau-materialien				5.5	Auto-batterien	1 St.
1.2.3.1	Düngetorf	0,08 t	1,65 t	0,125 t	6	Luft-emissionen	
1.2.4	Fuhrpark-Materialien				6.1	Strom / Heiz-wärme	
1.2.4.1	Motor-/Getriebeöl	0	2,9 kg	0	6.1.1	CO_2	1.862 t
1.2.3	Treibstoffe	0	27,0 t	0	6.1.2	NO_x	1,8 t
2	Wasser				6.1.3	SO_2	0,65 t
2.1	Trinkwasser	0	23,2 m³	0	6.2	Verkehrs-bedingt	
3	Energie				6.2.1	CO_2	58 t
3.1	Heizwärme				6.2.2	NO_x	0,6 t
3.1.1	Gas	-	6.303 MWh	-	6.2.3	CO	2,3 t
3.1.2	Öl	-	567 MWh	-	6.2.4	VOC	0,3 t
3.2	Licht- / Kraftstrom	0	1.826 MWh	0	7	Abwasser	23,2 m³
3.3	Verkehr						
3.3.1	Dienstreisen/ -fahrten	0	4.610 Pkm	0			
3.3.1.1	Pkw	0	3.580 Pkm	0			
3.3.1.2	Bahn	0	1.030 Pkm	0			
3.3.2	Arbeitsfahrten Bauhof	0	56.450 km	0			
3.3.3	Berufs-Pendelverkehr	0	230.960 Pkm	0			
3.3.3.1	Pkw	0	195.540 Pkm	0			
3.3.3.2	Rad, zu Fuß	0	35.420 Pkm	0			

Tab. 5.1: Kontenrahmen der Gemeindeverwaltung Teningen (Auszug) (Quelle: LfU, 1998)

Setzt man den Verbrauch in Bezug zu den erbrachten Produkten und Leistungen, so lassen sich die Umweltdaten besser mit denen der Vorjahre oder anderer Verwaltungen beziehungsweise Funktionseinheiten vergleichen. Da im Verwaltungsbereich vorwiegend Dienstleistungen erbracht werden, sind materielle Produkte kaum vorhanden. Eine Ausnahme davon stellen die Erzeugnisse der Hausdruckereien dar. Sofern Dienstleistungen an eine technische Infrastruktur angebunden sind, lässt sich die erbrachte Leistung vergleichsweise einfach in Zahlen ausdrücken. Bei der Straßenreinigung zum Beispiel ist dies die Anzahl der gereinigten Straßenkilometer, bei Schwimmbädern die Anzahl der Besucher pro Jahr. Speziell für Kläranlagen hat die Stadt Bamberg ein Kennzahlensystem entwickelt, das sich auf die Leistungen der Anlage bezieht. Bezugsgröße ist dabei der Abwasserablauf in Kubikmetern. Dennoch bleibt die Produktdefinition im Einzelfall eher schwierig (vgl. Kap. 2). Das gilt besonders, wenn zu den Dienstleistungen vorwiegend Planungen, Konzepte oder Verwaltungstätigkeiten gehören: Hierfür haben bereits einige Organisationen im Rahmen der Verwaltungsreform Produktkataloge entwickelt.

Verbrauch in Bezug zu erbrachten Produkten und Leistungen setzen.

Allerdings entstanden sie nicht unter dem Blickwinkel des Umweltschutzes und eignen sich folglich selten als Bezugsgröße für die Bildung relativer Umweltkennzahlen. Prüfen Sie daher im Einzelfall, ob die Produktdefinitionen Ihrer Verwaltung für das Umweltcontrolling geeignet sind und beziehen Sie sich ansonsten auf die dafür beanspruchten „Kapazitäten". Beispiele dafür sind die Anzahl der Beschäftigten, die Anzahl der Arbeitstage pro Jahr, die Bruttogeschoss- oder die Reinigungsfläche.

Daten zur Infrastruktur

Die Erhebung von Daten zur vorhandenen Infrastruktur ist aus verschiedenen Gründen sinnvoll: So hängt beispielsweise der Energiebedarf stark davon ab, wie alt die Gebäudestruktur der Verwaltungseinheiten ist und in welchem Zustand sich die Heizanlagen befinden. Gleichzeitig sind die Daten auch eine wichtige Bezugsgröße zur Bildung relativer Umweltkennzahlen. Erforderlich sind Angaben zu allen Gebäuden, die selbst genutzt oder verwaltet werden. Folgende Informationen sollten Sie ermitteln (vgl. Kap. 4.2):

- Baujahr

- Nutzungsart

- Beheizte Bruttogeschossfläche als Bezuggröße für den Energieverbrauch

- Reinigungsfläche als Bezugsgröße für den Reinigungsmittelverbrauch

- Gebäudebezogener Energie-, Wasser- und Reinigungsmittelverbrauch

Zusätzlich sollten Sie Angaben zum Heizungssystem erfassen:

- Kesselart

- Installierte Leistung

- Baujahr

- Art der Warmwasserbereitung

Für gebäudebezogene Feindiagnosen im Rahmen des Energiecontrollings sind noch zusätzliche Informationen erforderlich, zum Beispiel Pläne und Anleitungen zur Heizungsregelung oder Angaben zur Verglasung und zur Wärmeisolierung. Hilfreich sind auch Informationen über Flächen und Liegenschaften: Der Anteil der versiegelten beziehungsweise unversiegelten Außenflächen sowie die Nutzungsart sind die Grundlage für die Ermittlung des Entsiegelungspotenzials.

Daten zu allen selbst genutzten und verwalteten Gebäuden ermitteln.

Zur Infrastruktur gehören auch Daten zum Fuhrpark oder zur Ausstattung technischer Einrichtungen. Für das Umweltcontrolling im Fuhrpark sind neben Angaben zum Treibstoffverbrauch und zur Fahrleistung (Fahrzeugkilometer pro Jahr) auch die ökologische Beurteilung der Fahrzeuge nach Schadstoffnormen oder Geräuschklassen von Bedeutung (vgl. Kap 4.6).

Daten zum Umweltmanagement

Unter Umweltdaten sind nicht nur Angaben zu den Stoff- und Energieströmen zu verstehen, sondern auch organisatorische Leistungen, die zur Minderung der Umwelteinwirkungen beitragen. Diese Daten zum Umweltmanagement machen deutlich, wie die Mitarbeiter in das Umweltcontrolling einbezogen werden oder zeigen den Umsetzungsstand des Umweltprogramms auf.

Die Beteiligung der Mitarbeiterinnen und Mitarbeiter ist ein wesentlicher Erfolgsfaktor bei der Einführung von Umweltcontrollingsystemen in der öffentlichen Verwaltung. So hängen Ressourcenverbrauch und Abfallaufkommen in den Dienstgebäuden stark vom Verhalten der Beschäftigten ab (z.B. doppelseitiges Kopieren, Stoßlüften, Wahl der Verkehrsmittel). Sie sind gleichzeitig die wichtigsten Ansprechpartner, wenn es um kreative und hilfreiche Verbesserungsvorschläge geht. Beispiele für entsprechende Personalkennzahlen sind die Anzahl durchgeführter Umweltschulungen oder die Summe der Verbesserungsvorschläge mit Umweltbezug.

Eine wichtige Größe, um den Umsetzungsstand des Umweltcontrolling- oder Umweltmanagementsystems abzubilden, ist der Zielerreichungsgrad, der die erreichten Ziele in Bezug zur Gesamtzahl der umzusetzenden Umweltziele setzt. Analog können Sie auch Messgrößen aus internen Umweltbetriebsprüfungen, beispielsweise im Rahmen eines Umweltmanagementsystems nach EMAS (vgl. Kap. 10), heranziehen: Wie hoch ist die Zahl der festgestellten Abweichungen von den Vorgaben, wie viele Korrekturmaßnahmen wurden eingeleitet und wie weit ist die Umsetzung der Korrekturmaßnahmen aus Vorperioden gediehen? Die Datenerfassung zum Umweltmanagement erfordert gezielte Dokumentationen der Abläufe in der Verwaltung. Ob Sie nun Anzahl und Art der

Umsetzungsstand des Umweltcontrollingsystems mittels Kennzahlen abbilden.

Schulungen im Umweltbereich, Informationen über die Nutzung des Vorschlagswesens oder die Anzahl der Veröffentlichungen der Verwaltung festhalten: Sie sind stets auf zuverlässige Datenquellen angewiesen. Achten Sie also darauf, dass die erforderlichen Dokumentationen bereits in den umweltbezogenen Dienstanweisungen beziehungsweise in den Umweltmanagementhandbüchern (vgl. Kap. 10) berücksichtigt werden.

Welche Kennzahlen für das Umweltmanagement sinnvoll sind, hängt wesentlich von der Größe der Verwaltung ab. In kleineren Verwaltungen, in denen die Kommunikation direkter verläuft, wäre eine Kennzahl wie „Anzahl der Vorschläge im Vorschlagswesen" sicher nicht sinnvoll. Prüfen Sie daher für Ihren speziellen Fall, welche Kennzahlen relevant und hilfreich sind.

Daten zum Zustand der Umwelt

Input- und Outputdaten beschreiben nur die Umwelteinwirkungen durch Ihre Verwaltung. Ob diese auch zu Umweltauswirkungen führen, hängt letztlich von den lokalen oder regionalen Gegebenheiten und auch davon ab, ob besonders sensible Bereiche existieren. Um sinnvolle Schwerpunkte zu setzen, benötigen Sie daher auch Daten zum lokalen, regionalen und überregionalen Zustand der Umwelt.

Lokale und regionale Umweltprobleme ermitteln.

Die nächstliegende Quelle für diese Daten ist die Umweltverwaltung Ihrer eigenen Verwaltungsebene. Weitere Informationen erhalten Sie bei Umweltämtern der über- und untergeordneten Verwaltungen. Das Umweltbundesamt veröffentlicht jedes Jahr aktuelle nationale Daten zum Zustand der Umwelt (s. Literatur und Internet).

Halten Sie jedoch den mit der Zusammenstellung dieser Daten verbundenen Aufwand in Grenzen. Sinnvoller ist es, sich mit den zuständigen Kollegen und Kolleginnen über die lokal beziehungsweise regional relevanten Umweltprobleme zu unterhalten und die daraus gewonnenen Informationen als Basis für die Bewertung zu nutzen. Eigene Erhebungen sollten allenfalls durchgeführt werden, wenn eine Dienststelle oder ein Eigenbetrieb auf lokaler Ebene als Hauptverursacher eines Umweltproblems gilt (z.B. Gewässererwärmung durch Kühlwasser eines städtischen Kraftwerks).

Der „Leitfaden Betriebliche Umweltauswirkungen" (UBA, 1999) bietet eine Reihe von Arbeitsbögen und Informationen, um die Bedeutung der Umweltauswirkungen abzuschätzen. Insbesondere technische Geschäftsbereiche in Verwaltungen finden darin wichtige Hilfestellungen.

> *Praxisbeispiel: Umweltkennzahlen eines städtischen Kraftwerks*
>
> *Ein städtisches Kraftwerk leitet größere Mengen erwärmten Kühlwassers in ein Gewässer zurück. In diesem Fall sollte man den Sauerstoffgehalt des Gewässers als Umweltzustandskennzahl überwachen, um Zusammenhänge zwischen betrieblichen Einleitungen und Auswirkungen auf die Tierwelt zu erkennen. Die betriebliche Umweltkennzahl „Wärmeeintrag in Gewässer" wird dadurch mit der lokalen Kennzahl „Sauerstoffgehalt des Gewässers" in einen Zusammenhang gebracht.*

5.4   Entwicklung eines Umweltkennzahlensystems

Mit den vorgestellten Daten können Sie die Umwelteinwirkungen, die von der Verwaltung ausgehen, und ihre Umweltleistungen zwar beschreiben, zur Bewertung ihrer Umweltleistung reichen sie aber nicht aus, da sie wichtige Einflussgrößen unberücksichtigt lassen. Erhöht sich beispielsweise aufgrund eines schönen Sommers gegenüber dem Vorjahr die Besucherzahl im Freibad, hilft Ihnen der Vergleich des absoluten Wasserverbrauchs verschiedener Jahre alleine nicht weiter. Auch ein Vergleich mit anderen Verwaltungen ist nicht auf dieser Basis, sondern nur mit spezifischen Kennzahlen möglich. Das heißt: Die absoluten Werte werden auf Leistungsgrößen wie die Anzahl der Nutzerinnen und Nutzer oder andere Bezugsgrößen, zum Beispiel die Bruttogeschossfläche, bezogen. Die wichtigsten Kennzahlen für eine Reihe von Handlungsfeldern finden Sie in den Kapiteln 4.1 bis 4.7.

Eine Orientierung bei der Entwicklung eines Umweltkennzahlensystems gibt Ihnen die ISO-Norm 14031 „Leitlinien Umweltleistungsbewertung". Auch der Leitfaden „Umweltbilanzen für Finanzdienstleister" (Verein für Umweltmanagement in Banken, Sparkassen und Versicherungen, 1997) bietet auf Verwaltungen übertragbare Ansätze. Den Vorschlag für ein speziell an Kommunalverwaltungen ausgerichtetes Umweltkennzahlensystem enthält die Arbeitsdiskette des Leitfadens „Umweltmanagement in kommunalen Verwaltungen"(LfU, 1998). Daraus können Sie spezifisch für Ihre Verwaltung oder Funktionseinheit eine geeignete Darstellungsform für die Umweltdaten ableiten und sie in einem Umweltkennzahlensystem zusammenfassen. Verwenden Sie pro Hierarchieebene jedoch nicht mehr als zehn bis 15 Kennzahlen. Diese Zahl reicht aus, um die Umweltleistung der gesamten Organisation im Überblick darzustellen.

Praxisbeispiel: Umweltkennzahlensystem der Stadt Hannover
Im Amt für Umweltschutz Hannover wurden aus den Datenerhebungen der ersten Umweltprüfung nach EMAS flächen- und mitarbeiterbezogene Kennzahlen gebildet. Als Bezugsgröße galten die genutzte Bürofläche von 1.640 Quadratmeter (m²) und die Gesamtbelegschaft von 80 Mitarbeitern (MA). Die nachfolgende Auswahl veranschaulicht auch, wie mengen- und kostenbezogene Größen miteinander kombiniert werden können. Bei der ersten Datenerfassung ließ sich für die einzelnen Abfallfraktionen (Papier/Pappe, DSD-Abfälle, Sonderabfall, Restmüll) noch kein Gewicht ermitteln, so dass das Gesamtaufkommen in Kosten ausgedrückt wurde. Auch konnte der Erfassungszeitraum bei der erstmaligen Erhebung noch nicht einheitlich auf das Kalenderjahr festgelegt werden. Die Papierzahlen beziehen sich noch nicht auf den realen Verbrauch, sondern auf die eingekauften Mengen.

	Zeitraum	*Kennzahl*
Heizenergie pro m²	*5/96–4/97*	*158 kWh/m²*
Stromverbrauch pro m²	*2/96–1/97*	*30,1 kWh/m²*
Trinkwasser pro MA und Tag	*2/96–1/97*	*26 l/MA Tag*
Papier (DIN A4) pro MA	*Einkauf 96*	*4.025 Blatt/MA*
Wasser-/Abwasserkosten pro MA	*2/96–1/97*	*16,05 € /MA*
Abfallkosten pro MA	*1997*	*24,15 € /MA*
CO_2-Emissionen pro MA	*1997*	*707 kg/MA*

(Quelle: Landeshauptstadt Hannover, 1998)

5.5   Bewertung der Umweltdaten und -kennzahlen

Für die Bewertung der Umweltdaten und -kennzahlen kommen verschiedene Möglichkeiten in Frage:

- ein Zeitreihenvergleich, das heißt ein Vergleich über mehrere Perioden (Monate, Quartale, Jahre),

- ein Vergleich mit anderen Verwaltungen oder Funktionseinheiten (Benchmarking),

- ein Vergleich mit Zielwerten, das heißt ein Abgleich mit gesetzten Umweltzielen, oder

- eine Abschätzung dazu, welche Umweltauswirkungen von der Verwaltung verursacht werden.

Zeitreihenvergleich

Die einfachste Form der Auswertung ist der Zeitreihenvergleich, da er die über einen längeren Zeitraum erreichten Leistungen oder Entwicklungstendenzen sichtbar macht.

Praxisbeispiel: Erfassung des Wasserverbrauchs im Schulzentrum Leutkirch

Die Stadt Leutkirch hat die Entwicklung des Wasserverbrauchs am Schulzentrum, aufgegliedert in die einzelnen Hauptverbraucher, erfasst:

Entwicklung des Wasserverbrauchs in m³				
	Anzahl Schüler	**1996**	**1997**	**1998**
Don-Bosco-Schule/Realschule	827	885 m^3	1.075 m^3	1.033 m^3
Gymnasium	521	2.777 m^3	1.407 m^3	1.309 m^3
Sporthalle	schulübergreifend	394 m^3	414 m^3	893 m^3
Gesamt	1.348	4.056 m^3	2.896 m^3	3.235 m^3

Tab. 5.2: Entwicklung des Wasserverbrauchs in m³

Der Gesamtverbrauch ging bis 1998 um ein Fünftel gegenüber 1996 zurück. Die sehr hohe Wassereinsparung am Gymnasium (über 1.400 m³) rührt daher, dass die hohen Verbrauchswerte eines Brunnens im Innenhof entdeckt und behoben sowie falsch eingestellte Toilettenspülungen geändert wurden. Für 1998 hatte sich das Schulzentrum 1997 eine weitere Reduzierung um zehn Prozent vorgenommen. Zu diesem Zweck sollten die Hauptverbraucher am Gymnasium durch Einbau von Wasseruhren ermittelt und die Verbräuche von Don-Bosco- und Realschule getrennt erfasst werden. Aufgrund des 1996 noch fast unbedeutenden, bis 1998 aber stark steigenden Verbrauchs in der Sporthalle wurde dieses Ziel nicht erreicht.

Benchmarking

Beim Leistungsvergleich werden die Daten verschiedener Organisations- oder Funktionseinheiten gegenübergestellt. Sie können sowohl innerhalb einer Verwaltung als auch mit denen anderer Behörden verglichen werden. Ein solcher Vergleich

■ erlaubt die Positionierung der eigenen Umweltleistungen gegenüber anderen Organisationseinheiten,

■ lenkt den Blick über den „eigenen Tellerrand" hinaus und

■ macht Stärken und Schwächen erkennbar.

Gebäudeart	Modalwert (Mittelwert)	
	Heizenergie (kWh/m² BGF[1) a)	Wasser (l /m² BGF a)
Verwaltungsgebäude	111	116
Gerichtsgebäude	95	113
Wissenschaftliche Lehr- und Forschungsgebäude	145	126
Krankenhäuser[2)	22.423	120.330
Schulen (gesamt, ohne Schwimmhallen)	152	126
Kindertagesstätten	200	472
Kindergärten	171	297
Turn-/Sporthallen	165	170
Schwimmhallen[3)	2.591	39.535[4)
Freibäder beheizt[3)	280[4)	6.149[4)
Jugendzentren	137	207
Wohnheime	159[4)	775[4)
Gemeinschaftsunterkünfte	163[4)	59[4)
Bibliotheksgebäude	54[4)	30[4)
Bauhöfe	188	266
Gebäude für öffentliche Bereitschaftsdienste	119	285

[1) BGF: Bruttogeschossfläche   [3) Verbrauch pro m² Beckenoberfläche
[2) Verbrauch pro Planbett   [4) Mittelwert statt Modalwert
Mittelwert: Summe aller Verbräuche geteilt durch Summe aller Flächen
Modalwert bei ages: häufigster Wert

Tab. 5.3: Wasser- und Heizenergierichtwerte nach Gebäudearten und -nutzung (Quelle: ages, 2000)

Das Benchmarking kann den Ehrgeiz wecken, gegenüber anderen Behörden eine Spitzenposition einzunehmen. Da es aber bislang kaum Regeln für eine einheitliche Datenerhebung gibt und deshalb vergleichbare Daten meist fehlen, sind dem Benchmarking Grenzen gesetzt. Problematisch ist außerdem, dass bestimmte Rahmenbedingungen die Kennzahlenwerte beeinflussen und damit die Vergleichbarkeit zusätzlich einschränken. So ist für die Einordnung der Kennzahlenwerte für den Energie- und Wasserverbrauch mit Hilfe der Richtwerte der ages GmbH (s. Tab. 5.3) nicht nur die Gebäudeart, sondern auch die Größe und das Baujahr des Gebäudes wichtig. Diese Richtwerte wurden durch die ages 1996 und 1999 erhoben; die Fortführung soll weiter im Dreijahresrhythmus erfolgen. Wollen Sie die Richtwerte nutzen, sollten Sie diese Parameter in die Bewertung einbeziehen. Erst dann können Sie einschätzen, ob Ihre Verbrauchswerte angemessen sind.

Praxisbeispiel: Benchmarking von Umweltdaten des Umweltbundesamts (UBA)

Auch zur Beurteilung von Umweltdaten des UBA, Dienstsitz Bismarckplatz in Berlin, erschien ein Benchmarking hilfreich. Zusätzlich zur Beurteilung des zeitlichen Verlaufs (Eigenbetrachtung) oder verglichen mit den Zielwerten der Energieeinspar-Verordnung (Betrachtung politischer Ziele) bietet Benchmarking die Möglichkeit, die Daten vergleichbarer Objekte in Beziehung zur eigenen Leistung zu setzen. Benchmarking ist natürlich nur dann möglich, wenn vergleichbare Daten als Richtwerte verfügbar sind. Im Bereich des Umweltschutzes existieren nur für wenige Handlungsfelder solche Vergleichsdaten, so zum Beispiel für den Energie- und Wasserverbrauch.

Vergleich mit Verbrauchskennwerten der ages

Das Ingenieurbüro ages in Münster hat 26.000 Verbrauchsdaten aus 11.400 Objekten und 75 Gebäudearten systematisch aufbereitet. Darunter finden sich auch Daten aus 72 Objekten der Gebäudeart „Oberste Bundes- und Landesbehörden, Parlamente", die zum Vergleich mit dem UBA herangezogen werden.

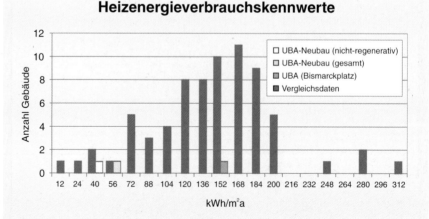

Heizenergieverbrauchskennwerte

Abb. 5.4: Heizenergieverbrauchskennwerte von 72 Gebäuden und Einordnung des UBA (Quelle: ages, 2000)

Mit einem Heizenergieverbrauch von 152 kWh/m² (1998) liegt das gegenwärtige Dienstgebäude des UBA am Bismarckplatz in Berlin im Mittelfeld der Gruppe. Dies sieht aber bei Betrachtung in Abhängigkeit von der absoluten Bruttogrundfläche des Gebäudes anders aus. Von den in einem weiteren ages-Vergleich erfassten 25 „Verwaltungsgebäuden" über 16.000 m² verbraucht das UBA mit nur acht anderen mehr als 150 Kilowattstunden pro m² Wärme pro Jahr, es gehört also zum schlechteren Drittel. Viel besser schneidet in beiden Vergleichen der projektierte Neubau des UBA in Dessau mit einem geplanten Verbrauch von 60 kWh/m² [UBA-Neubau (gesamt)] ab, wovon noch 16 kWh/m² regenerativ erzeugt werden sollen.

Neben dem Heizenergieverbrauch erfasst ages noch den Strom- und den Wasserverbrauch. Für beide dokumentiert sie Kennwerte, die ebenfalls auf die Bruttogeschossfläche bezogen sind. Die arithmetischen Mittelwerte für „Oberste Bundes- und Landesbehörden, Parlamente" liegen hier bei 38 kWh/m² jährlichem Stromverbrauch (UBA: 72 kWh/m² jährlich) und bei einem Wasserverbrauch von 262 l/m² pro Jahr (UBA: 295 l/m² jährlich).

Die Vergleichsringe im IKO-Netz der Kommunalen Gemeinschaftsstelle

Für Vergleiche mit anderen Verwaltungen oder Funktionseinheiten sind die Arbeiten im IKO-Netz der Kommunalen Gemeinschaftsstelle für Verwaltungsvereinfachung (KGSt) in Köln interessant. Dort werden Kennzahlensysteme und Anleitungen zur einheitlichen Datenerhebung in so genannten Vergleichsringen (VR) entwickelt, die erhobenen Werte einander gegenübergestellt und diskutiert. Zwar sind die Ergebnisse im Allgemeinen nicht öffentlich zugänglich, doch jede Kommune hat die Möglichkeit, in den Vergleichsringen mitzuarbeiten. Am Beispiel von anonymisierten Daten der Jahre 1997 und 1998 aus drei KGSt-Vergleichsringen mit unterschiedlichen Mitgliedern (VR1 bis VR3) wurde das gegenwärtige Verwaltungsgebäude des UBA am Bismarckplatz in Berlin mit „neueren kommunalen Verwaltungsgebäuden" verglichen.

Die Grafiken zeigen jeweils die Durchschnittswerte sowie die Maximal- und die Minimalwerte von Strom-, Wärme und Wasserverbrauch der Vergleichsringe.

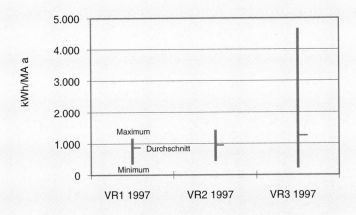

Abb. 5.5: Jährlicher Stromverbrauch pro Mitarbeiter (kWh/MA)

Wärmeverbrauch pro Quadratmeter und Jahr

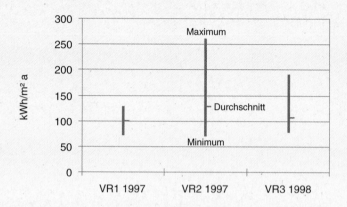

Abb. 5.6: Jährlicher Wärmeverbrauch pro Quadratmeter (kWh/m²)

Wasserverbrauch pro Mitarbeiter und Jahr

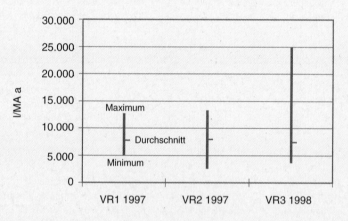

Abb. 5.7: Jährlicher Wasserverbrauch pro Mitarbeiter (l/MA)

Für den Vergleich wurde bewusst der höhere Standard der „neueren Verwaltungsge-
bäude" gewählt. Das Ergebnis: Sowohl der jährliche Stromverbrauch (2.175 kWh/
MA) als auch der jährliche Wärmeverbrauch (152 kWh/m²) des UBA liegen im jeweils
oberen Bereich der Werte, die in den Vergleichsringen erhoben wurden. Der jährliche
Wasserverbrauch liegt mit 8.940 l/MA im Durchschnitt. Da das UBA nicht in den
Vergleichsringen mitgearbeitet hat, ist nicht sichergestellt, dass dort die Datenerhe-
bung genauso wie in den Vergleichsringen erfolgte. Letztlich bleibt daher fraglich, ob
die UBA-Daten wirklich mit denen der KGSt vergleichbar sind.

Konsequenzen aus dem Benchmarking

Schlussfolgerungen zu ziehen ist nicht einfach, denn die Benchmarks sind immer nur eine von mehreren Beurteilungsgrundlagen. Sowohl im Vergleich zu den KGSt-Daten als auch bei Berücksichtigung der Größe des Gebäudes durch die ages-Daten fällt die Beurteilung des Heizenergieverbrauchs beim UBA-Gebäude am Bismarckplatz schlechter aus. Es müsste daher analysiert werden, ob dies in der Bauweise (z.B. schlechte Wärmedämmung oder Fenster) oder in der Nutzung (z.B. häufiges Lüften) begründet ist.

Lassen sich eindeutige Ursachen identifizieren, sollten selbstverständlich geeignete Verbesserungsmaßnahmen eingeleitet werden. Diese können nach dem Umzug des UBA gegebenenfalls auch für den nächsten Nutzer von Bedeutung sein. Durch den Neubau in Dessau wird sich die Wärmebilanz deutlich verbessern. Einsparmöglichkeiten bestehen am derzeitigen Dienstsitz wahrscheinlich auch beim Strom- und beim Wasserverbrauch.

Vergleich mit Zielwerten

Der Vergleich mit internen Zielwerten ist die wichtigste Möglichkeit zur Auswertung Ihrer Kennzahlen. Durch einen regelmäßigen Soll-Ist-Abgleich können Sie am besten prüfen, ob Sie auf dem richtigen Weg sind. In der Praxis kann man dazu auf Formblätter zurückgreifen, mit denen der kontinuierliche Verbesserungsprozess mess- und steuerbar wird.

Die Umweltziele Ihrer Verwaltung sollten sich aber auch an externen Zielsetzungen auf lokaler, regionaler oder nationaler Ebene ausrichten. Anlaufstellen für diese Informationen sind auf Bundes- beziehungsweise Länderebene das jeweilige Umweltministerium mit seinen nachgeordneten Fachbehörden (z.B. Umweltbundesamt, Landesanstalten/-ämter für Umweltschutz) und auf lokaler Ebene die Umweltämter. Umweltziele, die für die Ausrichtung des Umweltcontrollings

---

Umweltcontrolling-Tipp: Am Umweltbarometer Deutschland und am nationalen Klimaschutzprogramm orientieren

Das Umweltbarometer (www.umweltbundesamt.de) legt zu den Schwerpunkten Klima, Luft, Boden, Wasser, Energie und Rohstoffe eine Reihe von Umweltzielen fest. Zu den wichtigsten Zielsetzungen wird jährlich der Entwicklungsfortschritt bekannt gegeben. Die nachfolgende Auswahl kann direkt als Orientierungsgröße für Verwaltungen herangezogen werden:

- *Erhöhung der Rohstoffproduktivität um das Zweieinhalbfache bis 2020 (Basis 1993)*
- *Verdopplung der Energieproduktivität bis 2020 (Basis 1990)*
- *Reduzierung der CO_2-Emissionen um 25 Prozent bis 2005 (Basis 1990)*
- *Reduzierung der Flächeninanspruchnahme auf 30 Hektar pro Tag bis 2020*

Um ein deutliches Signal zu setzen, verpflichtet sich die Bundesregierung im Klimaschutzprogramm (www.bmu.de), den Ausstoß der CO_2-Emissionen in ihrem Geschäftsbereich um 25 Prozent bis 2005 und um 30 Prozent bis 2010 zu senken. Das BMU wird ein abgestimmtes Konzept entwickeln, das die Ressorts der Bundesregierung eigenverantwortlich zum Erreichen der gesetzten Ziele nutzen können.

Bedeutung haben, können sich in Umweltplänen auf Landesebene (z.B. Baden-Württemberg), kommunaler Ebene (z.B. Region Aachen in Tabelle 11.2) oder auch in lokalen Umweltberichten finden. Ein wichtiger Anhaltspunkt ist das 1998 vom Bundesumweltministerium veröffentlichte Umweltbarometer Deutschland, das für die relevantesten Umweltbereiche Umweltindikatoren und -ziele nennt.

Die Abschätzung der Umweltauswirkungen

Bei dieser Bewertungsmöglichkeit orientieren Sie sich nicht an Ihren Vorjahreswerten oder den Vergleichsdaten anderer, sondern schätzen die Bedeutung der Umwelteinwirkungen vor dem Hintergrund der lokal, regional und überregional bedeutenden Umweltprobleme ab. Der „Leitfaden Betriebliche Umweltauswirkungen" (UBA, 1999) schlägt dazu folgende Ablaufschritte vor:

Abb. 5.8: Arbeitsschritte zur Erfassung und Bewertung der Umweltauswirkungen
(Quelle: UBA, 1999, S. 25)

Der Leitfaden erläutert die genaue Vorgehensweise; die nötigen Formblätter enthält die der Broschüre beiliegende CD-Rom. Insgesamt ist das Bewertungsverfahren aber recht aufwändig und erfordert außerdem ein umfangreiches Verständnis des Umweltschutzes.

Einen recht guten Kompromiss zwischen der relativen Bewertung anhand von Vergleichsgrößen und der aufwändigen Bewertung mit Hilfe des Leitfadens stellt die Orientierung an Umweltzielen dar. Bei ihrer Festlegung fließen Abwägungen über vorrangige Umweltprobleme und notwendige Umweltentlastungen bereits ein. Sie stellen einen Bezug zu den vordringlichen Umweltthemen her, wenn Sie sich an den politischen Zielvorgaben des Umweltbarometers Deutschland orientieren.

> *Bewertung der Umweltauswirkungen anhand definierter Umweltziele.*

5.6 Kontinuierlicher Verbesserungsprozess (KVP)

Ob Ihr Umweltinformationssystem erfolgreich ist oder nicht, hängt entscheidend von der Aktualität der Umweltdaten ab. Deshalb benötigen Sie ein geeignetes – möglichst EDV-gestütztes – Berichtswesen. Beim erstmaligen Aufbau einer Berichtsstruktur sollten Sie eine koordinierende Person benennen, die dafür verantwortlich ist, die Zuständigkeiten der Beteiligten und die Vorgaben für die Zusammenstellung der Daten abzustimmen und die auch im weiteren Verlauf das Berichtswesen verwaltet.

Zwei Hauptanwendungsfelder des Berichtswesens sind in der Praxis von Bedeutung:

- ■ Abteilungsbezogene Einzelberichte der relevanten Umweltdaten und -ziele: Hierfür wurden KVP-Formblätter entwickelt, mit denen ein effektives Daten- und Zielmonitoring für die Entscheider möglich ist.

- ■ Übergreifende Gesamtübersichten: Dazu werden zehn bis 15 Schlüsselkennzahlen für die Verwaltungsleitung, einzelne Abteilungen oder die Umweltberichterstattung aufbereitet.

Für beide Nutzungsarten gilt, dass die Anwender möglichst zeitnah und knapp mit den für sie wichtigen Informationen versorgt werden sollen. Die Fachverantwortlichen benötigen Einzelberichte, anhand derer sie abteilungs- beziehungsweise kostenstellenbezogen den Umsetzungsstand nachvollziehen können. Diese regelmäßigen Informationen erhalten Sie am zweckmäßigsten durch – möglichst EDV-gestützte – „KVP-Formblätter" (s. Abb. 5.9).

> *Anwender müssen zeitnah mit den wichtigsten Informationen versorgt werden.*

Darin werden die jeweiligen monatlichen Ist-Werte den aus der Zielformulierung abgeleiteten Soll-Vorgaben gegenübergestellt. Die dieser Abbildung zugrunde liegende Software ist kostenlos als Excel-Datei erhältlich und kann den „Arbeitsmaterialien zur Einführung von Umweltkennzahlen" der Baden-Württembergischen Landesanstalt für Umweltschutz entnommen werden (LfU, 1999).

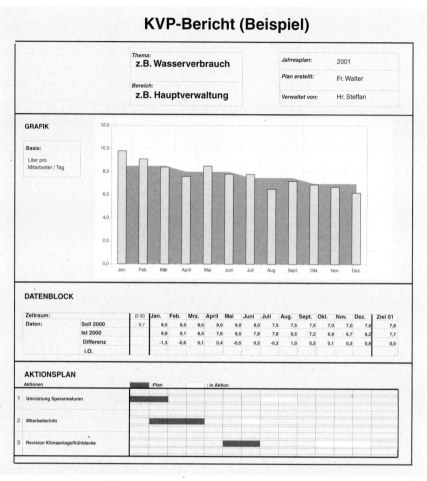

Abb. 5.9: Einzelbericht: KVP-Formblätter für Fachverantwortliche

5.7 Softwaregestützte Informationssysteme mit Umweltdaten

Mit Ausnahme einiger Programme für das Energiemanagement ist Software zur Unterstützung des Umweltcontrollings noch rar. Ein Projekt des Bundesministeriums für Bildung und Forschung trägt dieser Tatsache Rechnung: Im Modellvorhaben „Kommunales Umweltmanagement für kleine und mittlere Kommunen" wurde ein Softwarepaket mit dem Titel „Kommunales Umweltmanagement und Umweltinformationssystem" – abgekürzt: KUMIS – erstellt. Bestandteil dieser Software ist ein Umweltinformationssystem, das den Verwaltungen Erhebungsbögen für die Datenerfassung anbietet und außerdem bestimmte Kennzahlen errechnet. Der in das Programm integrierte so genannte Berichtsgenerator gibt die Gliederung eines Berichts vor und wertet die Umweltdaten in Form von Diagrammen aus (B.A.U.M., 2001: www.baum.consult.de).

Anknüpfungspunkte für das Umweltcontrolling

Beim Aufbau eines Umweltinformationssystems für die direkten Umwelteinwirkungen von Verwaltungen kann man für Teilbereiche bereits bestehende Informationssysteme nutzen. Prinzipiell existieren sowohl „handgestrickte" als auch professionelle Einzellösungen, die für verschiedene Aufgaben der Verwaltung ausgebaut werden können. Da diese Informationssysteme nicht unter Umweltschutzgesichtspunkten entwickelt wurden, liegen die Daten meist nicht in der gewünschten Form vor. Sie sollten deshalb versuchen, die Anforderungen des Umweltcontrollings zu integrieren.

> **Bereits vorhandene Informationssysteme ermitteln und einbinden.**

Bei der ersten Datenerhebung empfiehlt es sich, sowohl die Datenstruktur in der Verwaltung als auch die Struktur der Informationssysteme im Blick zu haben. Vielfach existiert in den Verwaltungen kein Überblick über die verschiedenen Datenbanken, da sie über unterschiedliche Ämter oder Ressorts verteilt sind. Sinnvoll ist daher, zunächst zu ermitteln, wo welche Informationssysteme bereits eingesetzt werden.

Einzellösungen, an denen die Umweltcontroller gegebenenfalls anknüpfen können, sind

- ■ EDV-Programme auf der Basis gängiger Bürosoftware: Viele Verwaltungen arbeiten mit „selbstgestrickten" Programmen auf Basis gängiger Software – vom Grünflächenkataster über Energiedatenbanken bis hin zu Verbrauchsstatistiken im Bereich der Beschaffung. Hier ist zu prüfen, welche Daten darin enthalten sind oder ergänzt werden können.

- ■ spezielle EDV-Programme zum Energiemanagement: Zu den Aufgaben, die jedes Programm erfüllen sollte, gehören die Verbrauchskontrolle, die Gebäudeanalyse mit Gebäudedatenverwaltung, die Energiekennzahlenermittlung sowie die Unterstützung bei der Berichterstellung. Weitere Funktionen erleichtern die Kostenerfassung und Tarifvergleiche bei der Energiebeschaffung, Heizenergiebedarfs- und Wirtschaftlichkeitsberechnungen oder auch die Planung von Sanierungsmaßnahmen. Zu den Anbietern von Software für das Energiemanagement zählen Energieagenturen, Softwarehersteller, Ingenieurbüros sowie Energieversorgungsunternehmen (EVU). Einige EVU bieten Software sogar kostenlos als Dienstleistung an.

- ■ spezielle EDV-Systeme zum Liegenschafts-, Gebäude- und Flächenmanagement: Diese Programme sollen unter anderem die Verwaltung verschiedener Vorgänge vereinfachen sowie Daten für Controllingaufgaben zur Verfügung stellen. Sie sind meist so flexibel, dass die Verwaltung selbst festlegen kann, welche Daten darin enthalten sein sollen. Wichtig ist daher, zwischen den verschiedenen Ressorts genau abzustimmen, welche Anforderungen bestehen und welche Daten erhoben werden müssen. Als Grundregel gilt: Nur so viele Daten erfassen, wie realistischerweise auch regelmäßig aktualisiert und gepflegt werden können. Da meist verschiedene Ressorts oder Ämter mit unterschiedlichen Zielrichtungen am Gebäudemanagement beteiligt sind, ist die interne Abstimmung oft nicht einfach. Je besser sie aber gelingt und je klarer die Anforderungen formuliert werden, umso weniger kostet die Einführung einer solchen Software.

- spezielle EDV-Programme zur Warenbewirtschaftung: Diese Software dient der Verwaltung des Warenein- und -ausgangs, des Lagerwesens sowie der Kostenerfassung und stellt folglich die Mengen der einzelnen Warengruppen dar. Für das Umweltcontrolling sollte die Einteilung der Warengruppen mit der Untergliederung des ökologischen Kontenrahmens übereinstimmen. Günstig sind auch Felder, die Aussagen zur Umweltverträglichkeit der Produkte zulassen, zum Beispiel getrennte Kontierung von Recyclingprodukten oder Produkten mit Umweltzeichen. Damit wäre auch die Bildung einer Kennzahl zum Anteil der Produkte, die ökologischen Kriterien genügen, an der Gesamtmenge der jeweiligen Produktgruppe möglich.

- spezifische EDV-Systeme zum Fuhrparkmanagement: Auch im Bereich des Fuhrparks ist das Software-Angebot mittlerweile recht groß. Diese Informationssysteme unterstützen Sie unter anderem bei der Tourenplanung, dem Kostencontrolling sowie dem Erstellen der Fahrtenberichte. Meist lassen sich relativ einfach Daten zum Treibstoffverbrauch und zu den Reisekilometern ermitteln.

Von den EDV-Systemen, die Grundlageninformationen für die Erfassung von Stoff- und Energieströmen und zur Kennzahlenbildung bereitstellen, sind jene EDV-Systeme zu unterscheiden, mittels derer die Umweltverwaltung Daten zur lokalen oder regionalen Umweltsituation ermittelt und bewertet. Zu diesen gehören beispielsweise Geografische Informationssysteme (GIS). Daten aus solchen Informationssystemen sind für die Abschätzung der Umweltauswirkungen der Verwaltung von Bedeutung.

Fortentwicklung der verwaltungsinternen Informationssysteme

Um die Datenerfassung und -auswertung zu erleichtern, sollten Sie mit den zuständigen EDV-Fachleuten prüfen, ob die vorhandene Verwaltungssoftware für die Ermittlung der Umwelteinwirkungen ausgebaut werden kann. Prüfen Sie dabei auch, ob Sie die Daten exportieren können. Weiterhin empfiehlt es sich, für die Auswertung der Daten in Tabellenkalkulationsprogrammen Datenblätter anzulegen, auf denen die Berechnungsmethode sowie Angaben zur Datenerfassung und -auswertung vermerkt sind. Die wiederholte Datenanalyse wird auf diese Weise entscheidend erleichtert.

Möglichkeiten zum Ausbau der vorhandenen Software prüfen.

Ob Sie darüber hinaus für bestimmte Anwendungsbereiche eigene EDV-Programme einsetzen oder ausbauen sollten, lässt sich nicht grundsätzlich beantworten. Sinnvoll ist beispielsweise die Zusammenführung der Gebäudedaten, da diese häufig über viele verschiedene Ämter oder Ressorts verteilt sind. Für kleinere Verwaltungen mit wenig Liegenschaften ist ein eigenes Programm für das Gebäudemanagement dagegen nicht notwendig. Hier reicht eine Datenbank auf der Basis gängiger Bürosoftware aus. In jedem Fall müssen aber mit der Zusammenführung der Daten und Informationen auch organisatorische Veränderungen einhergehen. Denn solange die Zuständigkeiten verteilt sind, wird eine zielgerichtete Auswertung und Ableitung von Maßnahmen schwierig sein.

Umgekehrt ist mit der Zentralisierung dieser Aufgabe das Risiko verbunden, dass die jeweils in den einzelnen Gebäuden Beschäftigten nicht mehr viel über ihr Gebäude erfahren. Eine Zentralisierung muss also von einer kontinuierlichen Information der Nutzerinnen und Nutzer begleitet sein. Auch in die andere Richtung muss der Informationsfluss funktionieren. Denn nur so erfährt die Zentrale von den „vor Ort" entwickelten Verbesserungsvorschlägen.

Wird jedoch entschieden, spezifische Programme für einzelne Aufgabenbereiche der Verwaltung zu beschaffen, empfiehlt es sich, die Anforderungen des Umweltcontrollings rechtzeitig in die Diskussion einzubringen und mit den Informationsbedürfnissen der anderen Ressorts abzustimmen.

> **Umweltcontrolling mit EDV-gestütztem Finanz- und Leistungscontrolling verknüpfen.**

Langfristig ist es auf jeden Fall sinnvoll, das Umweltcontrolling mit einem softwaregestützten Finanz- und Leistungscontrolling zu verbinden, um auch die Verbindung zu den Mengen und Kosten herstellen zu können. Damit lassen sich die Berichtsstrukturen für Kosten- und Umweltdaten vereinheitlichen und die Arbeitsabläufe effizient gestalten. Vor allem können Sie so die Kosteneinsparungen von Maßnahmen nachweisen und – idealerweise – die ökonomischen Auswirkungen ökologischer Vorhaben vorab kalkulieren. Bis dieses Ziel erreicht ist, sind allerdings noch eine ganze Reihe Entwicklungsarbeiten erforderlich.

Literatur

ages: Verbrauchskennwerte 1999. Energie- und Wasserverbrauchskennwerte in der Bundesrepublik Deutschland. Münster 2000.

Baden-Württembergische Landesanstalt für Umweltschutz (LfU) (Hrsg.): Umweltmanagement für kommunale Verwaltungen. Karlsruhe 1998.

Bundesumweltministerium (BMU) (Hrsg.): Nachhaltige Entwicklung in Deutschland. Entwurf eines umweltpolitischen Schwerpunktprogramms. Bonn 1998.

Bundesumweltministerium / Umweltbundesamt (BMU / UBA) (Hrsg.): Betriebliche Umweltkennzahlen. Bonn / Berlin 1997.

Deutsches Institut für Normung (Hrsg.): DIN EN ISO 14 031: Umweltmanagement – Leitlinien der Umweltleistungsbewertung. Berlin 2000.

Institut für Energie- und Umweltforschung (ifeu) e.V. (Hrsg.): Energiemanagement für öffentliche Gebäude. Organisation, Umsetzung & Finanzierung. Heidelberg 1999.

Landeshauptstadt Hannover, Amt für Umweltschutz: Umwelterklärung 1998. Hannover 1998.

Stadt Leutkirch: Umwelterklärung 1998 und vereinfachte Umwelterklärung 1999 für die Standorte Rathaus, Bauhof, Schulzentrum. Leutkirch 1999 und 2000.

Umweltbundesamt (UBA) (Hrsg.): Handbuch Umweltfreundliche Beschaffung. Berlin 1999.

Umweltbundesamt (UBA) (Hrsg.): Leitfaden Betriebliche Umweltauswirkungen – Ihre Erfassung und Bewertung im Rahmen des Umweltmanagements. Berlin 1999.

Verein für Umweltmanagement in Banken, Sparkassen und Versicherungen e.V. (Hrsg.): Umweltbilanzen für Finanzdienstleister. Bonn 1997.

Internet

Baden-Württembergische Landesanstalt für Umweltschutz (Hrsg.): Arbeitsmaterialien zur Einführung von Umweltkennzahlensystemen. Karlsruhe 1999. Erhältlich auch im Internet als Download: www.uvm.baden-wuerttemberg.de (unter „Landesanstalt für Umweltschutz", „Umweltinformationen", „Umweltmanagement/Öko-Audit")

B.A.U.M.-Consult: Kommunales Umweltmanagement für kleine und mittlere Kommunen (KUMIS). Softwarepaket entwickelt mit Förderung des BMBF: www.baum-consult.de (unter „Kommunikation"). 2001.

Bundesumweltministerium (Hrsg.): Nationales Klimaschutzprogramm der Bundesregierung vom 18. Oktober 2000. Als Download unter www.bmu.de

Ministerium für Umwelt- und Verkehr des Landes Baden-Württemberg: Umweltinformationssystem Baden-Württemberg (UIS): www.uvm.baden-wuerttemberg.de (unter „Umweltinformationssystem", „Aktuelle Messwerte" oder „Suche nach Umweltdaten" oder „Landesanstalt für Umweltschutz"). 2000.

Niedersächsisches Landesamt für Ökologie: Umweltdaten für Niedersachsen: www.nloe.de (unter „Umweltdaten"). 2000.

Umweltbundesamt: Als umfangreiche Informationsbasis sind die „Daten zur Umwelt 2000" online zu bestellen. Die wichtigsten Daten enthält die kostenlose Broschüre Umweltdaten Deutschland, die jährlich aktualisiert wird. Im Internet finden Sie unter der Adresse www.umweltbundesamt.de auch das „Umweltbarometer Deutschland".

6.   Information der Entscheidungsträger und der Öffentlichkeit durch Umweltberichterstattung

Die Berichterstattung im Rahmen des Umweltcontrollings soll sowohl die Entscheidungsträger innerhalb der Verwaltung als auch die Öffentlichkeit informieren. Die meisten Verwaltungen sind aber nur gewohnt, interne Vorlagen zu schreiben, diese vertraulich zu behandeln und zur Unterstützung ihrer Fachaufgaben zu nutzen. Öffentliche Kommunikation über bedeutende Vorhaben, besonders wenn diese noch nicht durch demokratisch legitimierte Gremien beschlossen sind, ist selten üblich. Um den Akteur „öffentliche Hand" ökologisch glaubwürdig, kostenbewusst, demokratisch konsequent und offen gegenüber Bürgerinnen und Bürgern zu präsentieren, ist eine transparente Berichterstattung aber unerlässlich. Dieses Kapitel wird Ihnen die Zielgruppen und ihre Interessen nahe bringen, die Grundsätze einer guten Berichterstattung darstellen, die Inhalte für verschiedene Berichtstypen erläutern sowie Hinweise für Layout und Verbreitung der Berichte geben.

6.1   Berichtswesen als Teil des Umweltcontrollings

Umweltbezogene Informationen stellen eine wichtige Grundlage für Entscheidungen nicht nur im Bereich des Umweltschutzes dar. In vielen Handlungsfeldern der öffentlichen Hand müssen Umweltinformationen bei der Entscheidungsfindung berücksichtigt werden. Aufgabe des Umweltcontrollings ist daher, die für Entscheider wichtigen Informationen periodisch in geeigneten Berichten zusammenzustellen. Die in den Kapiteln 4 und 5 beschriebenen Daten und Kennzahlen bieten die Grundlage dafür.

Neben den Entscheidern hat auch die Öffentlichkeit ein vitales Interesse an Umweltinformationen und über das Umweltinformationsgesetz (UIG) einen verbrieften Anspruch darauf. Da viele öffentliche und private Akteure zur Verwirklichung ihrer Aufgaben Umweltinformationen benötigen, erfüllen Kommunen, Länder und der Bund als gebietsverantwortliche Stellen eine gesellschaftliche Aufgabe, wenn sie Informationen über den Zustand der Umwelt erfassen, bewerten und der interessierten Öffentlichkeit darstellen.

Die Öffentlichkeit hat Anspruch auf Umweltinformationen.

Im Rahmen des Umweltcontrollings ergibt sich auch die Notwendigkeit, über die organisatorischen und materiellen Fortschritte des Umweltschutzes in der Verwaltung öffentlich zu berichten. Es sind daher drei grundsätzliche Typen des umweltbezogenen Berichtswesens zu unterscheiden.

1. Der interne Umweltcontrollingbericht zur periodischen oder fallbezogenen Berichterstattung für Entscheider in Rat oder Parlament und der Verwaltungsleitung (vgl. Kap. 6.4),

2. der öffentliche Umweltcontrollingbericht als periodische Berichterstattung, mit der eine Verwaltungseinheit über ihre umweltbezogenen Aktivitäten und ihre umweltbezogene Organisation gegenüber der Öffentlichkeit Rechenschaft ablegt – im Rahmen von EMAS ist dies die Umwelterklärung (vgl. Kap. 6.4),

3. der gebietsbezogene Umweltbericht, in dem eine Kommune, ein Land oder der Bund den Zustand der Umwelt beschreibt und damit eine Informationsgrundlage für öffentliche und private Akteure schafft (vgl. Kap. 6.5).

Wenn im folgenden Text alle drei Berichtstypen gemeinsam gemeint sind, wird zusammenfassend von Umweltberichten gesprochen.

Es ist offensichtlich, dass die drei Berichtsformen sich mit unterschiedlichen Inhalten an unterschiedliche Zielgruppen wenden. Trotzdem gibt es eine Reihe von Ratschlägen, die unabhängig von der Berichtsform hilfreich für die Erstellung eines guten Berichts sein können. Die folgenden zwei Abschnitte geben Ihnen Ratschläge in Bezug auf die Zielgruppen von Berichten und die Grundsätze, die für alle Arten von Berichten, also für interne wie öffentliche Umweltcontrollingberichte und Umwelterklärungen, gelten.

6.2 Zielgruppen kennen

Das Ziel eines Berichts besteht darin, den Leserinnen und Lesern Sachstände, Erfolge, Probleme und Zielsetzungen im Umweltschutz zu vermitteln. Damit wird auch die Grundlage für einen Dialog gelegt, der vielfältigen Nutzen haben kann.

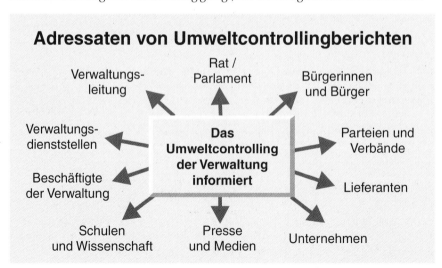

Abb. 6.1: Adressaten von Umweltcontrollingberichten

Jede Verwaltung hat das Interesse, zumindest einige der möglichen Adressaten gut zu informieren. Nicht für jede Verwaltung und jeden Inhalt sind aber die gleichen Gruppen wichtig. So wird etwa ein umfangreicher Bericht über die Umweltsituation einer Kommune nicht nur andere Dienststellen interessieren, sondern auch viele Vereine und Verbände oder die lokale Presse. Ein budgetorientierter Leistungsbericht ist dagegen hauptsächlich an den Rat und bestimmte Fachbehörden gerichtet. Der erste Schritt bei der Planung eines Umweltberichts ist deshalb, die anzusprechenden Zielgruppen festzulegen und sich über ihre Informationsansprüche klar zu werden. Sie sollten daher Kontakt zu den entsprechenden Gruppen aufnehmen, etwa durch schriftliche Befragungen, Gesprächseinladungen oder Telefoninterviews. Für die Auswahl der Berichtsinhalte gilt außerdem: Sie sollten nicht nur mit den jeweiligen Berichtsempfängern abgestimmt, sondern auch regelmäßig aktuellen Entwicklungen angepasst werden. Überdies sollten Sie alle internen wie externen Berichtsempfänger zumindest über jene Bereiche informieren, in denen diese einen Beitrag zur Zielerreichung leisten können oder müssen.

Informationsbedarf der verschiedenen Zielgruppen ermitteln.

Um sich auf entscheidungsrelevante Informationen konzentrieren zu können, sollten Sie vor allem die internen Berichtsempfänger fragen, welche Informationen darin enthalten sein sollen. Dabei kann die Dezernatsleitung einen anderen Informationsbedarf haben als die Amts- oder die Abteilungsleitung. Auch die optimale Berichtshäufigkeit kann unterschiedlich sein. Weiter ist es möglich, dass sich der Informationsbedarf durch wechselnde Aufgaben und Projekte im Lauf der Zeit ändert: Unwichtiges mag wichtig werden und Wichtiges an Bedeutung verlieren. Wie der „richtige" Bericht aussehen soll, muss daher periodisch hinterfragt und neu zusammengestellt werden. Achten Sie grundsätzlich darauf, die Entscheidungsträger in der Verwaltung nicht durch zu viele Informationen zu überfordern.

Rat oder Parlament

Mitglieder demokratisch gewählter Gremien benötigen die Informationen für ihre inhaltliche Arbeit in Ausschüssen und zur Information ihrer Parteien. Die Verwaltung ist darüber hinaus auch an einer guten Information von Rats- beziehungsweise Parlamentsmitgliedern interessiert, weil Informationen oft der Begründung von Beschlussinitiativen der Verwaltung dienen. In vielen Fällen werden also Rats- und Parlamentsmitglieder eine wichtige Zielgruppe von Umweltinformationen sein.

Umweltinformationen sind für Rat und Parlament interessant.

Verwaltungsleitung und andere Verwaltungsdienststellen

Die Verwaltungsleitung und möglicherweise auch andere Dienststellen benötigen für die operative und strategische Steuerung periodisch und fallbezogen aktuelle Informationen zu direkten wie auch zu indirekten Umwelteinwirkungen. Zwar erhält die Verwaltungsleitung auf Anforderung dafür spezielle Berichte. Sie ist aber immer auch eine wichtige Zielgruppe für periodische Umweltcontrolling- und gebietsbezogene Umweltberichte.

Umweltcontrolling-Tipp: Kurzberichte erstellen

Da Entscheider in Politik und Verwaltung meist unter Zeitmangel leiden, empfiehlt es sich, ihnen regelmäßig standardisierte Kurzberichte zur Verfügung zu stellen, die sich schnell lesen lassen. Ausgewählte Kennzahlen, die die wichtigsten Informationen knapp aufbereiten (vgl. Kap. 4 und 5), sind hierbei eine wichtige Hilfe.

Bürgerinnen und Bürger

Die Erfahrung mit Umweltberichten von Unternehmen zeigt, dass die breite Öffentlichkeit an systematischen Umweltinformationen kein besonders großes Interesse hat. Eher sind es ihre Vertreter, also Medien, Parteien sowie Verbände, die Informationen bewerten und kommentieren und so zur öffentlichen Meinungsbildung beitragen. Diese „Fachöffentlichkeit" wird Informationen oft aktiv einfordern und kann sich dabei auf das UIG berufen, in dessen § 4 es heißt: „Jeder hat Anspruch auf freien Zugang zu Informationen über die Umwelt, die bei einer Behörde oder bei einer Person des Privatrechts im Sinne des § 2 Nr. 2 vorhanden sind." Da sich durch die Veröffentlichung von Umweltinformationen in regelmäßigen Berichten so manche Einzelanfrage erübrigt, spart dies unter Umständen auch erheblich Verwaltungsaufwand ein.

> **Informieren Sie regelmäßig die Fachöffentlichkeit.**

Parteien und Verbände

Die Anforderungen von Parteien und Verbänden an die Verwaltung können ausgesprochen vielfältig sein. Sie sollten deshalb nicht nur ein offenes Ohr für deren Meinungsäußerungen haben, sondern sie auch offen und umfassend über die Umweltsituation und ihre Anstrengungen im Umweltcontrolling informieren. Nur in einem ständigen vertrauensvollen Dialog mit den Parteien und Verbänden sind Sie vor Überraschungen (fast) sicher. Dabei sollten Sie auch versuchen, bei der Planung der Berichtsinhalte im Rahmen des Umweltcontrollings auf die Forderungen dieser Zielgruppe einzugehen und über den Umsetzungsstand bezüglich geforderter Maßnahmen zu berichten. Sensible Sachverhalte offen und ehrlich anzusprechen ist oft geschickter, als sie zu verschweigen. Letztlich wird das Fehlen „brennender" Themen doch bemerkt, wohingegen die Dokumentation sich widersprechender Meinungen Offenheit signalisieren kann.

> **Legen Sie die Sachverhalte offen und ehrlich dar.**

Beschäftigte der Verwaltung

Umweltcontrolling und -management bedarf der umfassenden Einbeziehung von Mitarbeiterinnen und Mitarbeitern. Umweltbezogene Verbesserungsvorschläge, Abfalltrennung, Energie- und Materialeinsparungen wären ohne engagierte Mitarbeiter kaum möglich. Fast alle Organisationen, die einen Umweltbericht veröffentlichen, geben daher ihre Belegschaft als Hauptzielgruppe an. An Ihre Beschäftigten können Sie sich mit ganz unterschiedlichen Themen wenden:

- Informieren Sie Ihre Mitarbeiterinnen und Mitarbeiter über das bereits Erreichte, um Erfolge in Motivation zu verwandeln.

- Nennen Sie bestehende Probleme und formulieren Sie offene Fragen, bei denen Sie sich von den Mitarbeitern Lösungsvorschläge erhoffen.

- Berichten Sie über besonders vorbildliche Handlungsweisen Einzelner, über Wettbewerbe im Rahmen des Verbesserungsvorschlagswesens etc.

- Nehmen Sie Berichte aus Umweltarbeitskreisen oder über gewerkschaftliche Umweltaktivitäten mit auf.

All dies kann dazu beitragen, dass der Kontakt und die Kommunikation mit und zwischen den Mitarbeiterinnen und Mitarbeitern verbessert wird. Wenn die Beschäftigten in einem kontinuierlichen Verbesserungsprozess aktiv mitwirken sollen, sind klare Aussagen zu Sachstand, Zielen und geplanten Maßnahmen besonders wichtig.

> **Umweltcontrolling-Tipp: Mitarbeiter einbinden**
>
> *Viele Berichte werden von Fachabteilungen mit Blick auf Sachprobleme und externe Zielgruppen geschrieben. Wichtigste Zielgruppe sind aber die Mitarbeiterinnen und Mitarbeiter, da vor allem sie durch Verbesserungsvorschläge die im Umweltcontrollingbericht genannten Probleme beseitigen helfen können. Engagierte Mitarbeiterinnen und Mitarbeiter oder der Personalrat sollten daher bei der Berichterstellung eingebunden werden.*

Lieferanten aus der Wirtschaft

Viele Lieferanten stehen ihren Kunden heute in technischen und ökologischen Fragen hilfreich zur Seite. Damit die Partnerschaft mit Lieferanten optimal funktioniert, müssen Sie über Ihre ökologisch motivierten Absichten und Ziele Bescheid wissen. Hier können Umweltberichte neben vielen anderen Unterlagen eine wichtige Rolle spielen. Zwar wird ein Umweltbericht bei den Lieferanten nicht direkt zur Lösung einzelner Probleme führen, aber er kann den Stellenwert verdeutlichen, den die Verwaltung dem Umweltschutz zumisst.

Presse und Medien

Jede Verwaltung wird in der Presse gerne positiv erwähnt. Mit einem gelungenen Umweltbericht Resonanz bei den Medien hervorzurufen, ist besonders auf regionaler Ebene möglich. Da die Presse Aktualität fordert, ist eine reine Fortschreibung der alten Informationen wenig geeignet, Aufmerksamkeit zu schaffen. Zu achten ist bei der Auswahl der Themen auf eine wirkungsvolle Schwerpunktsetzung. Darunter sollte aber die Vollständigkeit und Klarheit der eigentlichen Berichterstattung nicht leiden.

Schulen und Wissenschaft

Im Gegensatz zu gebietsbezogenen Umweltberichten sind Umweltcontrollingberichte oder Umwelterklärungen öffentlicher Stellen ein relativ junges Instrument der Umweltkommunikation. Dementsprechend groß könnte das Interesse der Universitäten sein, „Praxisbeispiele" kennen zu lernen. Auf lokaler Ebene sind auch Schulen langfristig eine wichtige Zielgruppe. So kann sich die Verwaltung den Schülerinnen und Schülern am Standort mit einem guten Umweltbericht vorstellen und damit auch als möglicher Arbeitgeber attraktiv wirken. Besichtigungen, bei denen Kenntnisse über die Verwaltung vermittelt werden, können solche Informationen ergänzen.

Rollenspiel

Wenn Ihnen eine Zielgruppenbefragung zu aufwändig ist, kann Ihnen ein Rollenspiel beim Kennenlernen Ihrer speziellen Zielgruppen helfen. Sie können es beispielsweise mit Ihrem Umweltarbeitskreis durchführen. Ziel ist es, aus der Sicht verschiedener Anspruchsgruppen heraus Informationswünsche an Ihren Umweltbericht zu entwickeln. Als Arbeitsmaterial benötigen Sie einige Exemplare eines Umweltberichts einer vergleichbaren Organisation.

Jeweils einige Mitglieder des Arbeitskreises sollten sich je nach persönlicher Neigung in eine der folgenden Gruppen hineinversetzen.

Gruppe 1: Rat oder Parlament

Rollen: Ratsfrau oder Ratsherr, Bürger als Mitglieder von Beiräten, Mitglied des Bezirksrats

Gruppe 2: Bürgerinnen und Bürger

Rollen: Mitglied eines Umweltverbands, Vorsitzender eines lokalen Vereins

Gruppe 3: Fachverwaltung

Rollen: Leiterin einer Dienststelle, die Informationen aus dem Bericht regelmäßig benötigt, Mitarbeiterinnen und Mitarbeiter anderer Dienststellen, die ebenfalls an der Einführung eines Umweltcontrollings arbeiten

Arbeitsschritte der drei Gruppen:

1. Schritt: Ansprüche und Informationsinteressen aufschreiben

2. Schritt: Vorliegenden Umweltbericht lesen

3. Schritt: Prüfen und dokumentieren, ob Ansprüche und Informationsinteressen befriedigt werden

Die Erfahrung mit der Anwendung dieses Rollenspiels zeigt eine überraschende Vielfalt von Ergebnissen und neuen Sichtweisen.

6.3   Grundsätze eines guten Berichtswesens

Eine Reihe der Grundsätze, die für Geschäftsberichte zur Anwendung kommen, wurde sinnvollerweise auf Umweltberichte übertragen. Sie sind so allgemein, dass ihre Beachtung auch bei Umweltberichten öffentlicher Stellen zu empfehlen ist. Beschrieben sind die Grundsätze in der DIN-Norm 33922 „Leitfaden Umweltberichte für die Öffentlichkeit", die zusätzlich mit einer Reihe von Handlungs-

prinzipien festlegt, wie Erstellung und Verbreitung von Umweltberichten aussehen sollten. Aufbauend auf den fünf Grundsätzen der Norm lassen sich folgende
Empfehlungen geben.

Wahrheit und Wesentlichkeit: Sie sollten Vollständigkeit und Nachvollzieh-
barkeit bezüglich der wesentlichen Umweltaspekte anstreben. Willkürliches Aus-
lassen wichtiger, aber ungeliebter Problemfelder sollte un-
terbleiben. Der Zusammenhang von Leitlinien, Daten, Be-
wertungen und Zielsetzungen für die Zukunft muss nachvollziehbar sein.

*Informationen sollten
vollständig und nach-
vollziehbar sein.*

Es sollten bei der Beurteilung von Umweltfragen nicht
nur abgesicherte wissenschaftliche Erkenntnisse akzeptiert
werden, sondern auch die kritische Umweltwissenschaft
zu Wort kommen oder umstrittene Risiken thematisiert werden. Die Geschichte
des Umweltschutzes zeigt, dass eine Einbeziehung kritischer Stimmen dazu beiträgt, wichtige Themen- und Problemfelder frühzeitig zu erkennen.

Das Fehlen üblicher Daten kann manchmal zur Irritation bei den Lesern führen. Zwar ist ein chemisches Labor ohne Abwasserbelastung durchaus denkbar,
aber ungewöhnlich. Wenn Sie in einem solchen Fall die Null eintragen, schafft dies
Klarheit. Empfehlenswert ist auch, ähnlich wie bei Geschäftsberichten, Erkenntnisse einzubeziehen, die sich seit Ende des Berichtszeitraums, aber noch vor Veröffentlichung des Berichts ergeben haben. Deshalb kann die Entdeckung von Altlasten einen Monat nach Abschluss des Berichtsjahres für den Umweltbericht von so
großem Belang sein, dass man sie noch darstellen muss.

Klarheit: Der Grundsatz der Klarheit verlangt eine einfache Sprache, klare
Gliederung, schlüssige Strukturierung und möglichst keine widersprüchlichen
Aussagen. Ausführungen zu verschiedenartigen Umweltaspekten sollten deut-
lich getrennt sein.

Der Übersichtlichkeit und Anschaulichkeit halber sollten die Berichte nicht
nur in Worten abgefasst, sondern durch Tabellen und Grafiken ergänzt werden.
Unterschiede, Abweichungen und Auffälligkeiten werden dann sofort deutlich,
was zur entscheidungsorientierten Verdichtung der Informationen beiträgt. Über
die Bildung von Kennzahlen (vgl. Kap. 4 und 5) sowie durch die Fortschreibung
bereits bekannter grafischer Darstellungen (z.B. Balkengrafiken) machen Sie es
dem Leser leichter, wichtige Veränderungen zu erkennen.

Öffentlichkeit: Im Zusammenhang mit Umweltberichten herrschte lange Zeit Unklarheit über den Begriff „Öffentlichkeit". Der Grundsatz will vor allem deutlich machen, dass sie nicht nur Informationsempfänger, sondern
vielmehr Dialogpartner ist. Hieraus folgen die Ratschläge,
zielgruppenbezogene Schwerpunkte zu setzen und gegebenenfalls öffentlich gestellte Fragen zu beantworten.

*Den Dialog mit den
verschiedenen Ziel-
gruppen fördern.*

Stetigkeit und Vergleichbarkeit: Berichts- und Erhebungszeiträume sollten
eindeutig genannt, Änderungen des Berichtsgegenstands erklärt und Bewertungsmethoden erläutert werden. Diese Angaben sind zwar vergleichsweise tro-
cken, doch für jede Art der inhaltlichen Nutzung von Umweltberichten, sei es zu
politischen, wirtschaftlichen oder wissenschaftlichen Zwecken, unverzichtbar.

Im internen Berichtswesen kann es sinnvoll sein, über bestimmte Sachverhalte
häufiger zu berichten als über andere. So können sich Stoff- und Energieflussgrö-

ßen (z.B. der Energieverbrauch) oft in wenigen Wochen oder Monaten stark verändern. Demgegenüber ist eine umweltbezogene Berichterstattung über Anlagegüter oder Immobilien (z.B. Energiekennzahlen der Gebäude) eher langfristig ausgerichtet. Es bietet sich also eine Unterteilung in interne Jahres-, Quartals- und Monatsberichte an. Darüber hinaus mag es sinnvoll sein, aus gegebenem Anlass besondere Berichte zu erstellen. Werden neue Informationstechnologien eingeführt, so bietet sich Ihnen auch die Möglichkeit, Berichte ins Intranet zu stellen. Der schnelle Zugriff auf zeitnahe Daten ist so ohne großen Aufwand möglich. Für die öffentliche Berichterstattung reicht meist ein jährlicher Turnus.

Nutzen sie die Vorteile von unterschiedlichen Medien.

6.4   Umweltcontrollingbericht zu den direkten und indirekten Umwelteinwirkungen

Ob interner Bericht oder Publikation für die Öffentlichkeit: Der Kern eines Umweltcontrollingberichts ist in beiden Fällen ähnlich, da die eine wie die andere Zielgruppe eine Beschreibung der wesentlichen direkten und indirekten Umwelteinwirkungen erwartet. Um dem zu entsprechen, sind zusammenfassende Daten zur Umweltleistung erforderlich, die im Hinblick auf damit verbundene Umweltauswirkungen sowie die Ableitung von Umweltzielen und -maßnahmen analysiert und bewertet werden. Ein Thema, das alle Zielgruppen gleichermaßen interessiert, sind die wirtschaftlichen Auswirkungen des Umweltschutzes.

Wenden Sie sich mit dem Umweltcontrollingbericht an die Öffentlichkeit, sind einige zusätzliche Elemente empfehlenswert. Dazu gehören ein Vorwort der Behördenleitung, die Kurzbeschreibung der Behördentätigkeit und der Abdruck der Umweltleitlinien. Die knappe Beschreibung des Umweltcontrollings oder des Umweltmanagementsystems ist hilfreich für die Zielgruppen, darunter auch die eigenen Mitarbeiter, die mit solchen Systemen noch nicht sehr vertraut sind.

Bericht auch zur internen Information nutzen.

Wenn Sie öffentlich berichten, können Sie diese Tatsache auch intern nutzen und mit dem Bericht jene Funktionsträger innerhalb der Verwaltung informieren, die nicht in die regelmäßige interne Berichterstattung eingebunden sind. Auf diese Weise wirken Sie darauf hin, dass möglichst viele Menschen in Ihrer Verwaltung Grundinformationen über das Umweltcontrolling erhalten.

Die folgenden detaillierten Empfehlungen sind gemäß einem an die Öffentlichkeit gerichteten Umweltcontrollingbericht gegliedert. Die beschriebenen Inhalte erfüllen auch die Anforderungen der EMAS-Verordnung an die Umwelterklärung (vgl. EMAS Anhang III).

(1.) Vorwort der Behördenleitung

Die Stellungnahme der Behördenleitung ermöglicht den Leserinnen und Lesern eine Einschätzung, wie weit der Umweltschutz im Denken der Behörde verankert ist. Das Vorwort kann darüber hinaus genutzt werden, um Aktuelles oder besondere Leistungen Einzelner herauszuheben.

(2.) Kurzbeschreibung der Behördentätigkeit

Die EMAS-Verordnung fordert für die Umwelterklärung „eine klare und eindeutige Beschreibung der Organisation (...) und eine Zusammenfassung ihrer Tätigkeiten, Produkte und Dienstleistungen". Wenn nur für ein Amt oder eine untergeordnete Behörde berichtet wird, sollte die Tätigkeit in den Gesamtzusammenhang der Kommune oder der übergeordneten Behörde eingebettet werden. Einige Hinweise auf die „Geschichte des Umweltschutzes" in der Behörde erhöhen Glaubwürdigkeit und Verständlichkeit.

(3.) Umweltleitlinien

Die Umweltleitlinien oder die Umweltpolitik der Behörde tragen zum Verständnis der strategischen und langfristigen Zielsetzungen bei. Im Umweltcontrollingbericht an die Öffentlichkeit können sie, in der Umwelterklärung müssen sie abgedruckt werden.

(4.) Umweltcontrolling- oder Umweltmanagementsystem

Ein Organigramm mit beschreibendem Text gibt einen Überblick über die Verantwortlichkeiten und Zuständigkeiten im Umweltschutz. Da es oft schwer ist, den Leserinnen und Lesern hier etwas Spannendes oder Neues zu berichten, ist Kürze geboten. Individuelle Aspekte, beispielsweise eine besondere Art der Mitarbeiterorientierung oder die Ergebnisse der letzten Systemaudits können die Darstellung ergänzen.

(5.) Zusammenfassende Daten über die direkten Umwelteinwirkungen

Die EMAS-Verordnung fordert „eine Zusammenfassung der verfügbaren Daten über die Umweltleistung". Geben Sie daher zunächst einen systematischen Überblick über die standortbezogene Stoff- und Energiebilanz (mit Mengen bzw. Gewichtsangaben). Dazu gehören auf jeden Fall Verbrauchsangaben zu den wichtigsten Roh- und Gefahrstoffen, Energie und Wasser sowie auf Seiten des Outputs Mengenangaben zu den materiellen Hauptprodukten (falls solche vorhanden sind), Abfall, Emissionen in Luft, Wasser und Boden sowie Lärm. Sie können auch über Flächenverbrauch, Naturschutz, biologische Vielfalt und weitere relevante Umweltaspekte berichten. Die Darstellung von Daten über mehrere Jahre hinweg sollte den kontinuierlichen Verbesserungsprozess erkennbar machen.

Standortbezogene Stoff- und Energieströme darstellen.

Im Regelfall werden Sie die Daten aus dem Einkauf bekommen oder den Rechnungen der Energieversorger etc. entnehmen können. Wenn Sie nur Schätzwerte nennen, sollten Sie dies kenntlich machen. Wurden sie mit Hilfe eines bestimmten Rechenverfahrens ermittelt, sollte dieses erläutert werden. Sind die Daten zu umfangreich, müssen sie zusammengefasst werden. Dies kann durch Bildung von Umweltkennzahlen, wie in Kapitel 4 und 5 beschrieben, erfolgen.

Praxisbeispiel: Erfassung des Wasserverbrauchs in der Thüringer Landesanstalt für Umwelt

Durch Grafiken mit Zeitreihen ermöglicht es die Thüringer Landesanstalt für Umwelt, Entwicklungen und Anteile einzelner Wasserverbraucher auf einen Blick zu erkennen.

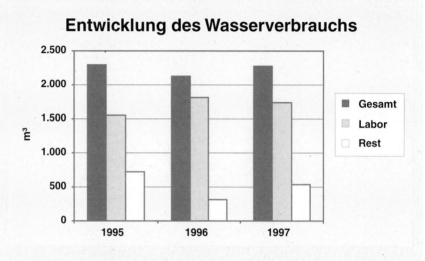

Abb. 6.2: Entwicklung des Wasserverbrauchs bei der Thüringer Landesanstalt (Quelle: Thüringer Landesanstalt für Umwelt, 1999)

Wenn Sie zu bestimmten Bereichen keine Angaben machen, obwohl von Ihrer Behörde eigentlich Aussagen erwartet werden (z.B. ein Grünflächenamt ohne Einsatz von Kunstdünger), erklären Sie die Gründe dafür.

(6.) Produkte, Dienstleistungen und ihre indirekten Umwelteinwirkungen

Sie sollten zum einen die von den wesentlichsten Produkten oder Dienstleistungen verursachten Umwelteinwirkungen nennen. Zum anderen sind Zahlenangaben über Menge oder Umfang der Dienstleistungen, die Zahl der Kunden oder Be-

---

Umweltcontrolling-Tipp: Auch kritische Punkte ansprechen

Oft äußern Behördenleitung oder einzelne Abteilungen Bedenken gegen die Veröffentlichung bestimmter Zahlen oder einzelner Informationen. Vielfach werden „negative" Fakten oder kritische Bemerkungen in der Korrekturrunde gestrichen. Dabei ist die Furcht vor der Öffentlichkeit meist unbegründet, da diese vieles ohnehin schon weiß. Außerdem kommt es allemal besser an, wenn Sie selbst Offenheit und Fähigkeit zur Selbstkritik beweisen. Im Zweifel sollten Sie sich daher für die Veröffentlichung kritischer Fakten einsetzen, zumal ein durchgängig positiver Bericht nicht glaubwürdig wirkt. Im Übrigen brauchen Sie auch Ansatzpunkte für die Ziele einer kontinuierlichen Verbesserung. Wäre alles optimal, müsste schließlich nichts verbessert werden.

sucher zum Verständnis Ihrer Tätigkeit nötig. Stellen Sie aus Ihrer Sicht dar, welche relevanten Umwelteinwirkungen von Ihren Produkten oder Dienstleistungen ausgehen, und ziehen Sie Ihre Schlussfolgerungen daraus. Die Beschreibung der Produkte und Dienstleistungen sollte dabei den gesamten Produktlebenszyklus – von der Wiege bis zur Bahre – im Blick haben.

(7.) Analyse und Bewertung

Die EMAS-Verordnung fordert „eine Beschreibung aller wesentlichen direkten und indirekten Umweltaspekte, die zu wesentlichen Umweltauswirkungen der Organisation führen, und eine Erklärung der Art auf diese Umweltaspekte bezo-

---

Praxisbeispiel: Heizenergieverbrauch einzelner Gebäude
der Stadt Bad Harzburg

Der absolute und der spezifische Heizenergieverbrauch der Gebäude der Stadt Bad Harzburg werden in einer zweidimensionalen Matrix in Relation gesetzt. Jede Raute repräsentiert die Werte für ein Gebäude, diese sind durchnummeriert:

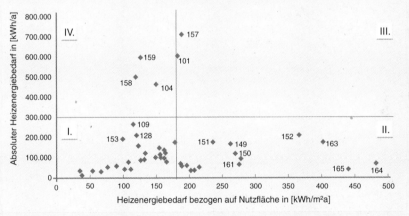

**Abb. 6.3: Absoluter und spezifischer Heizenergiebedarf
einzelner Gebäude der Stadt Bad Harzburg**

Gebäude im Quadranten III („first-care-Quadrant") haben einen hohen Gesamt- und einen zu hohen spezifischen Heizenergiebedarf. Verbesserungspotenziale sind hier mit hoher Wahrscheinlichkeit vorhanden und können schnell realisiert werden. Gebäude im Quadranten II sind ebenfalls vorrangig zu bearbeiten, da hier zwar weniger Einsparmöglichkeiten, dafür aber höchstwahrscheinlich technische Mängel oder ein Fehlverhalten der Benutzer vorliegt.

(Quelle: Stadt Bad Harzburg, 1997)

gener Auswirkungen." Sie sollten also Ihre Umwelteinwirkungen (z.B. Energieverbrauch und CO_2-Emissionen) in Bezug zu den damit verbundenen Umweltauswirkungen setzen (z.B. Treibhauseffekt) und den Zusammenhang bewerten
(vgl. Kap. 5.5).

Oft drücken sich die Verfasser interner wie auch öffentlicher Umweltcontrollingberichte noch vor dieser Bewertung. Denn es ist nicht ganz einfach, zu beurteilen und klar auszudrücken, ob etwas ausreichend ist oder ob Handlungsbedarf besteht. Hier helfen verschiedene Ansätze (vgl. Kap. 5.5): Werden Gesetze erfüllt
oder nicht? Gibt es öffentliche Kritik? Ist man besser oder schlechter als vergleichbare Institutionen? Hat sich der Sachverhalt in den letzten Jahren zum Guten oder
zum Schlechten entwickelt?

Dabei ist einzig wichtig, dass Ihre Einschätzung der Situation erkennbar wird
und deutlich ist, welche Sachverhalte eine Reaktion erfordern, wo Ziele gesetzt
und Maßnahmen geplant werden müssen. Jedenfalls sollte die Verbindung zwischen Zahlenangaben zur Umweltsituation und abgeleiteten Zielsetzungen durch
Analyse und Bewertung für den Leser nachvollziehbar sein.

(8.) Umweltziele und -maßnahmen

Um einen Ausblick auf die Zukunft zu geben, enthält der Umweltcontrollingbericht die Umweltziele, die Sie im nächsten oder in den kommenden Jahren erreichen wollen. Dabei gilt: Je konkreter, desto besser. So fordert auch die EMAS-Verordnung „eine Beschreibung der
Umweltzielsetzungen und -einzelziele im Zusammenhang
mit den wesentlichen Umweltaspekten und -auswirkun-
gen" in der Umwelterklärung.

Umweltziele, Termine und geplante Maßnahmen nennen.

Um Ziele zu konkretisieren, sollten sie, wo immer möglich, quantifiziert werden. Zumindest aber muss ihre Erfül-
lung überprüfbar sein. Weiter sollten Sie die Maßnahmen, mit denen die Ziele erreicht werden sollen, sowie die Termine, bis wann dies geschehen soll, nennen.
Damit erhält der Umweltcontrollingbericht seine Handlungs- und Zukunftsorien-
tierung und vermittelt besonders der Öffentlichkeit einen Eindruck, wie die Verwaltung vorgehen wird.

> *Umweltcontrolling-Tipp: Umweltziele formulieren*
>
> *Zu einem guten Umweltbericht gehören Umweltziele. Lassen Sie sich aber nicht dazu*
> *verleiten, eine große Anzahl von Einzelzielen aufzulisten, die Sie am Ende nicht mehr*
> *überschauen und kontrollieren können. Da Sie damit möglicherweise den Eindruck ver-*
> *mitteln, Sie hätten die wesentlichen Dinge nicht erkannt, sollten Sie sich auf wirklich*
> *wichtige Ziele konzentrieren. Zwar sollte jeder einzelne Punkt der Umweltleitlinien im*
> *Alltag umgesetzt werden, Ziele sollten aber nur für aktuell Wichtiges gesetzt werden,*
> *also dort, wo Verbesserungen der Umweltleistung dringend und wesentlich sind.*

(9.) Wirtschaftliche Fragen des Umweltschutzes

Kostenbewusstsein steht heute so hoch im Kurs, dass eine Beschreibung der wirtschaftlichen Aspekte von ökologischen Projekten auf positive Resonanz stoßen
wird. Wenn Sie mit dem Umweltcontrollingbericht gar den „Leistungsbericht" an

Praxisbeispiel: Ermittlung der Abfallkosten bei der Stadt Bad Harzburg

Die Stadt Bad Harzburg stellt für jede Abfallart auch die Abfallkosten und das Entsorgungsvolumen dar. Zusätzlich gibt ein Faktor F in der Tabelle das Verhältnis von Abfallkosten zum Entsorgungsvolumen wieder und macht damit deutlich, bei welcher Abfallart relativ hohe spezifische Kosten anfallen und wo sich Maßnahmen ökologisch und ökonomisch lohnen. Da die Tabelle numerisch nach Abfallkosten sortiert wird, steht die Abfallart mit den höchsten Kosten an erster Stelle.

Abfallarten	Abfallkosten	Entsorgungsvolumen	F
...			
...			

(Quelle: Stadt Bad Harzburg, 1997)

den Rat verbinden wollen, sollten Sie auf jeden Fall etwas zu Kosten und Einsparungen durch Umweltschutzmaßnahmen sagen.

(10.) Sonstiges

Hat die Behörde bereits mit interessierten Kreisen kooperiert, beispielsweise in Bürgergesprächskreisen oder einzelnen Projekten, sollte unbedingt darüber berichtet werden. Außerdem sollten Sie Ihre Leserinnen und Leser auffordern, den Bericht zu kommentieren. Dafür sind Ansprechpartner, Adresse und Telefon sowie die E-Mail-Adresse anzugeben. Haben Sie keine Angst davor, Namen und Durchwahlnummern zu nennen: Erfahrungsgemäß kommen nur wenige Rückmeldungen – die Möglichkeit zur direkten Kontaktaufnahme beweist dennoch Offenheit und Bürgernähe.

6.5   Gebietsbezogener Umweltbericht

Der gebietsbezogene Umweltbericht ist für das Umweltcontrolling aus zwei Gründen von Interesse. Zum einen enthält er viele Daten zum Umweltzustand und zu gebietsbezogenen Umweltauswirkungen, die im Rahmen des Umweltcontrollings einzelner Dienststellen wichtig sein können. Zum anderen schildert er indirekte Umwelteinwirkungen, die zum Teil auch Folgen des Verwaltungshandelns sein können (vgl. Kap. 1.4 und 11).

Die wesentlichen Aufgaben eines gebietsbezogenen Umweltberichts sind (vgl. Difu, 1999):

- ■ den jeweiligen Stand und die Entwicklungstendenzen des Umweltzustands im Berichtsgebiet darzustellen sowie räumliche und sektorale Belastungsschwerpunkte herauszuarbeiten,

- ■ eine Bestandsaufnahme der im Berichtszeitraum eingeleiteten oder zum Abschluss gekommenen administrativen Umweltschutzaktivitäten vorzunehmen und eine Einschätzung ihrer Auswirkungen zu geben sowie

■ die gesetzten Ziele und das in Planung befindliche Maßnahmenkonzept darzustellen und die Rollen der einzelnen Akteure (z.B. Verwaltung, Verbände,
Wirtschaft) bei der Realisierung herauszuarbeiten.

Dabei ist die Zahl der wesentlichen Themenfelder bei Kommunen naturgemäß
kleiner als bei Ländern oder gar beim Bund. So können Kommunen bereits auf 25
Seiten einen informativen Abriss zu aktuellem Sachstand und Entwicklungen der
lokalen Umwelt geben – ein Umfang, der auch angesichts der knappen Zeit Ihrer
Leserschaft zu empfehlen ist. Der gebietsbezogene Umweltbericht ist auch zur Re-
chenschaftslegung des Umweltressorts geeignet.

Praxisbeispiel: Umweltbericht der Stadt Hannover
Im Vorwort des Umweltberichts 1999 heißt es: „Im Zuge der Budgetierung bekommt
das Berichtswesen eine größere Bedeutung. Dazu erarbeiten die verschiedenen Ämter
und Betriebe unter anderem ‚Leistungsberichte‘, die durch Kennzahlen unterstützt
werden und Aufschluss über die Arbeit der Verwaltung der Landeshauptstadt geben.
Daher wurde der bisherige Umweltbericht weiterentwickelt und er ist nun gleichzei-
tig der Leistungsbericht des Umweltdezernats für das abgelaufene Jahr." (Landes-
hauptstadt Hannover, 1999).

Die folgenden Informationen sollten in gebietsbezogenen Umweltberichten enthalten sein:

(1.) Vorwort

Das Vorwort eines gebietsbezogenen Umweltberichts kann vom Leiter der be-
richtsverantwortlichen Fachbehörde, beispielsweise dem Umweltdezernenten als
Vorgesetzten des Umweltamts, geschrieben werden. Es kann aber auch von einer
hochrangigen Person der Verwaltung, etwa dem Ministerpräsidenten, Landrat
oder Bürgermeister, verfasst werden und dadurch demonstrieren, dass die gesamte Verwaltung hinter dem Umweltbericht steht.

(2.) Kurzbeschreibung des Gebiets, über das berichtet wird

Immer wieder werden die Berichte Menschen erreichen, die sich zwar aus unter-
schiedlichsten Motiven dafür interessieren, aber die Bericht erstattende Organisation kaum kennen. Es ist daher ein Gebot der Professionalität und Höflichkeit, in
jedem Bericht zumindest die berichterstellende Behörde sowie das Gebiet, für das
der Bericht erstellt wird, knapp vorzustellen.

(3.) Daten zur Umweltqualität, Analyse und Bewertung sowie Ziele und Maßnahmen in den Themenbereichen

Das Deutsche Institut für Urbanistik (Difu) hat im 1999 aktualisierten Leitfaden
„Kommunale Umweltschutzberichte" eine ganze Reihe von Themenbereichen
aufgeführt, die in gebietsbezogenen Umweltberichten behandelt werden sollten.
Kommunen, die bereits eine Budgetierung eingeführt haben, können diese Themen jeweils von den verantwortlichen Ämtern oder den Eigenbetrieben als „Leistungsberichte" abfassen lassen. Vorgeschlagene Themen sind:

- Energie und Klimaschutz (z.B. Umweltamt)

- Luftreinhaltung (z.B. Umweltamt)

- Grundwasserschutz (z.B. Umweltamt)

- Gewässerschutz (z.B. Stadtentwässerungsbetrieb)

- Bodenschutz (z.B. Umweltamt)

- Naturschutz (z.B. Grünflächenamt)

- Lärmschutz (z.B. Umweltamt)

- Abfallwirtschaft (z.B. Abfallwirtschaftsbetrieb)

Viele hundert Kommunen orientieren sich bereits an dieser Themenauswahl und gliedern ihren Umweltbericht entsprechend. Dabei ist es wichtig, jeweils innerhalb der Themenbereiche die auftretenden Umweltprobleme zu beschreiben und den Zusammenhang mit einzelnen Umweltzustandsdaten deutlich herauszuarbeiten. Um eine Beurteilung abgeben zu können, müssen Entwicklungstendenzen und gegebenenfalls Prognosen genannt und möglichst Vergleiche mit anderen Gebieten gezogen werden. Auch die im Zusammenhang mit den Umweltproblemen und ihren Ursachen bedeutsamen Rechtsvorschriften, Grenz- oder Zielwerte, die politischen Instrumente sowie die geplanten Maßnahmen sollten aufgeführt sein. Eine umfangreiche Arbeitshilfe hierzu ist beim Deutschen Institut für Urbanistik erhältlich (vgl. Difu, 1999).

Im Ziel- und Maßnahmenteil Ihres Umweltberichts sollten Sie einen Überblick über die bereits beschlossenen sowie die schon laufenden Initiativen geben. Am besten ist es, neben den Zielen auch den Umsetzungsstand zu dokumentieren.

Praxisbeispiel: Zielverfolgung beim Umweltamt der Stadt Hannover

Im Umweltbericht 1999 der Stadt Hannover werden acht Leistungsmaßstäbe gesetzt. Die folgende Tabelle macht die Zielerreichung der Vermeidung und Verwertung von Abfall transparent.

Beginn				Ziel
375.218 t			264.336 t	200.000 t
			➡	
1995	1996	1997	1998	2000

Ebenso wichtig ist es, die in Vorbereitung befindlichen Initiativen zu erwähnen. Da der Umweltbericht auch die aktuelle Debatte der politischen Akteure fördern soll, kann es hilfreich sein, Initiativvorschläge zu dokumentieren, um die Wirkung abzuschätzen und damit die Entscheidungsfindung zu beschleunigen.

(4.) Umweltinformation und -beratung

Neben der Information über Umweltproblemfelder ist es wichtig darzustellen, welche Initiativen zur Information und Beratung der Bürgerinnen und Bürger in

> **Umweltcontrolling-Tipp: Geplante Aktivitäten kommunizieren**
>
> *Natürlich ist es die Aufgabe der Räte und Parlamente, Initiativen vorzuschlagen und Entscheidungen herbeizuführen. Viele Verwaltungen haben daher Hemmungen, die Öffentlichkeit über noch nicht beschlossene Vorhaben zu informieren. Diese häufig taktisch begründete Vertraulichkeit ist jedoch gegen das Recht der Öffentlichkeit abzuwägen, nicht nur über Beschlossenes, sondern auch über Geplantes unterrichtet zu werden. Um einen wirklichen Dialog mit den Bürgerinnen und Bürgern sowie Verbänden über Ziele und geplante Maßnahmen zu ermöglichen, sollten Sie ein Höchstmaß an Offenheit anstreben.*

Umweltfragen durchgeführt werden. Ergänzend zu den klassischen Beratungsangeboten spielen verschiedene Formen der Bürgerbeteiligung eine Rolle: Agenda 21, Planungszellen, Bürgergutachten – durch immer mehr Verfahren versucht die Verwaltung, Bürgernähe in Planungsprozesse hineinzubringen und erreicht so, dass die Beteiligten und ihr Umfeld hervorragend informiert werden.

6.6 Gestaltung und Verbreitung von Umweltberichten

Viele Umweltberichte dienen in erster Linie zur Information der Öffentlichkeit. Stil und Sprache dürfen hier nicht von trockenem Amtsdeutsch geprägt, sondern müssen anschaulich und spannungsreich sein, wenn sie die Vorbildfunktion der Verwaltung vermitteln sollen. Sind Fachausdrücke unvermeidlich, können diese in einem Glossar, einer Fußnote oder einer Marginalie erklärt werden.

Umweltberichte sollten unbedingt dem festgelegten Erscheinungsbild – der Corporate Identity – der Behörde entsprechen, um auf einen Blick als Publikation ihrer Organisation erkannt zu werden. Außerdem fallen die Layoutkosten geringer aus, wenn kein eigenes Gestaltungskonzept entwickelt werden muss.

Mittlerweile ist es schon fast selbstverständlich, Umweltberichte auch als Datei ins Internet zu stellen. Doch die Potenziale des Netzes werden bisher kaum genutzt. Mit etwas Phantasie bietet das Internet durchaus spannende Möglichkeiten,

> **Umweltcontrolling-Tipp: Berichte ansprechend gestalten**
>
> *Gute Berichte zu gestalten ist nicht einfach. Viele Beispiele aus der Praxis zeigen, dass besonders gebietsbezogene Umweltberichte oft den Charme von Ratsdrucksachen besitzen. Berichte, die sich durch Bleiwüsten, phantasielose Grafiken und unattraktive Aufmachung auszeichnen, können zwar der Rechtfertigung dienen, überhaupt etwas veröffentlicht zu haben, ihr Kommunikationsziel werden sie aber nicht erreichen.*
>
> *Daher sollte auch die Gestaltung von Umweltberichten und Umwelterklärungen sorgfältig geplant sein. Hilfreich ist, sich immer wieder die Frage zu stellen, welche wichtigen Botschaften besonders herausgehoben werden können. Sammeln Sie auch Berichte anderer Organisationen, die Ihnen besonders gut gefallen haben. Sie bieten wertvolle Anregungen, wenn es an die Gestaltung des eigenen Berichts geht. Beim Layout selbst kann Ihnen am besten eine Agentur helfen. Vielleicht steht Ihnen auch über die lokale Zeitung eine grafisch versierte Volontärin oder über eine regionale Hochschule ein layouterfahrener Praktikant zur Seite.*

einen Dialog mit den Zielgruppen aufzunehmen. Binden Sie junge Mitarbeiterinnen und Mitarbeiter, die sich mit diesem neuen Medium auskennen, in die Berichtserstellung und -verbreitung ein.

Damit Ihre gedruckten Umweltberichte nicht irgendwo im Regal verstauben, sollten Sie sich schon in der Planungsphase Gedanken darüber machen, wie sie verteilt und veröffentlicht werden sollen. So bietet sich an, den Bericht

■ an die Mitglieder von Räten oder Parlamenten zu schicken,

■ an die Verbände und Parteien zu senden,

■ an die Beschäftigten zu verteilen,

■ im Bürgerkontakt einzusetzen,

■ über den Presseverteiler zu versenden,

■ allen neu eingestellten Mitarbeiterinnen und Mitarbeitern auszuhändigen und vielleicht

■ neuen Bürgern bei Anmeldung im Ordnungsamt der Gemeinde mitzugeben.

6.7 Umweltberichterstattung als Teil des Standortmarketings

Die Breite der Themen, die im Rahmen des Standortmarketings behandelt werden, ist beachtlich und hängt selbstverständlich eng mit den Zielen zusammen, die sich die Entscheidungsträger in diesem Zusammenhang gesetzt haben. Die Themen reichen von Wirtschaftsförderung über Image und Attraktivität des Standorts, Öffentlichkeitsarbeit und Werbung, über Wohnen und Wohnumfeld, Verkehr, Kulturpolitik, Soziales und Gesundheit, Bildung und Forschung, Sport und Freizeit bis hin zu Natur und Umwelt oder Tourismus und Fremdenverkehr (vgl. Grabow/Hollbach-Grömig, 1998). Diese Themenfelder stehen – ebenso wie die Ziele – in keinem konfliktfreien Verhältnis. Spannungen treten immer wieder zwischen Wirtschaft und Umwelt auf, ebenso zwischen Verkehr und Umwelt. Daher hängt auch die Information der Entscheidungsträger und der Öffentlichkeit über Umweltfragen mit dem Standortmarketing zusammen.

Auch der „weiche" Standortfaktor Umwelt ist wichtig.

Obwohl die Wirtschaft sich bei neuen Standorten in erster Linie für die Infrastruktur interessiert, spielen die so genannten weichen Standortfaktoren eine nicht zu vernachlässigende Rolle und gehören daher ebenfalls zum Standortmarketing. So ist der Umweltschutz beispielsweise bei der Wahl des Wohnorts für qualifizierte Mitarbeiter, bei der Herstellung umweltsensibler Güter (z.B. Nahrungsmittel) oder für die Erbringung bestimmter Dienstleistungen (z.B. Gesundheit, Pflege) von Bedeutung. Nicht umsonst gilt die Umweltqualität nach der Wohnqualität als zweitwichtigster weicher Standortfaktor, auch wenn sie bislang für konkrete Entscheidungen einen deutlich geringeren Stellenwert besitzt (vgl. Grabow et al., 1995). Die Bedeutung der Wohnqualität dürfte allerdings besonders für die „Wunschbetriebe" jeder Wirtschaftsförderung als überdurchschnittlich einzuschätzen sein.

Dabei gibt es in der Beurteilung der Umweltbedingungen ausgeprägte Unterschiede: Je größer die Stadt, desto weniger ist die Bevölkerung in der Regel damit zufrieden. Dies gilt insbesondere für die Kernstädte der großen Ballungsräume. Umgekehrt werden, auch wenn das paradox klingen mag, Umweltschutzauflagen vor Ort oft als negativer Standortfaktor betrachtet. Damit zählen diese Auflagen sicherlich zu denjenigen Faktoren, die besonderer Aufmerksamkeit der Verwaltung bedürfen.

Da ein Entgegenkommen, also die Lockerung restriktiver Vorgaben, sicherlich wenig sinnvoll und selten wünschenswert ist, gilt es, der Unzufriedenheit von Unternehmen durch eine begründete Darstellung der notwendigen Einschränkungen im Rahmen der Öffentlichkeitsarbeit zu begegnen. Wenn dieselben unternehmerischen Akteure die Umweltqualität als wichtigen weichen Faktor betrachten, dürften sie auch für eine begründete und transparente Argumentation hinsichtlich der Umweltschutzauflagen offen sein. Somit steht die öffentliche Umweltberichterstattung vor der Aufgabe, die Erfolge der gemeinsamen Anstrengungen im Umweltschutz zu präsentieren und damit das Verständnis für die notwendigen Einschränkungen bei den gesellschaftlichen Akteuren zu fördern.

Literatur

Clausen, J./Fichter, K.: Umweltbericht, Umwelterklärung – Praxis glaubwürdiger Kommunikation von Unternehmen. München 1996.

Deutsches Institut für Urbanistik (Difu) (Hrsg.): Kommunale Umweltschutzberichte. Leitfaden mit Praxisbeispielen für die Erarbeitung kommunaler Umweltberichte. Berlin 1999.

Deutsches Institut für Normung (Hrsg.): DIN 33922 Leitfaden: Umweltberichte für die Öffentlichkeit. Berlin 1996.

Floeting, H./Gaevert, S.: Städte im Netz. Elektronische Bürger-, Stadt- und Wirtschaftsinformationssysteme der Kommunen – Ergebnisse einer Difu-Städteumfrage. Aktuelle Informationen des Deutschen Instituts für Urbanistik. Berlin 1997.

Grabow, B./Henckel, D./Hollbach-Grömig, B.: Weiche Standortfaktoren, Schriften des Deutsches Instituts für Urbanistik. Bd. 89. Stuttgart u.a. 1995.

Grabow, B./Hollbach-Grömig, B.: Stadtmarketing – eine kritische Zwischenbilanz. Difu-Beiträge. Berlin 1998.

Landeshauptstadt Hannover (Hrsg.): Umweltbericht 1999. Schriftenreihe Kommunaler Umweltschutz, Heft Nr. 27. Hannover 1999.

Landeshauptstadt Hannover (Hrsg.): Umweltbericht 2000. Schriftenreihe Kommunaler Umweltschutz, Heft Nr. 31. Hannover 1999.

Stadt Bad Harzburg (Hrsg.): Leitfaden zum Pilotprojekt der Stadt Bad Harzburg „Kommunales Öko-Controlling". Bad Harzburg 1997.

Thüringer Landesanstalt für Umwelt: Öko-Audit in der Verwaltung. Jena 1999.

Umweltbundesamt (Hrsg.): Leitfaden betriebliche Umweltauswirkungen – Ihre Erfassung und Bewertung im Rahmen des Umweltmanagements. Berlin 1999.

7. Wirtschaftlichkeit von Umweltschutzmaßnahmen im Rahmen des Haushaltsrechts

Ist Ihnen im Rahmen des Umweltcontrollings die Aufgabe zugefallen, die Wirtschaftlichkeit von Umweltschutzmaßnahmen zu überprüfen? Dann wird Ihnen dieses Kapitel als erster Einstieg hilfreich sein. Zwar ist Wirtschaftlichkeit ein Grundsatz im öffentlichen Haushaltsrecht, dennoch sind Verfahren der Wirtschaftlichkeitsrechnung vergleichsweise wenig verbreitet. Das vorliegende Kapitel beschreibt die für die Einhaltung von Wirtschaftlichkeitsprinzipien im Verwaltungshandeln geltenden Rahmenbedingungen. Sie erhalten einen Überblick über die verschiedenen Methoden der Wirtschaftlichkeits- und Investitionsrechnung und erfahren anhand von Praxisbeispielen, wie Sie umweltschutzbezogene Maßnahmen in Wirtschaftlichkeitsbetrachtungen einbeziehen können.

7.1 Wirtschaftlichkeit als Grundsatz im öffentlichen Haushaltsrecht

Wirtschaftlichkeit ist eines der Prinzipien öffentlicher Haushaltswirtschaft. Sowohl das Haushaltsgrundsätzegesetz (§ 6 HGrG), die Bundeshaushaltsordnung (BHO) als auch die Länderhaushaltsordnungen (§ 7 Abs. 1 LHO) fordern die Einhaltung dieser Grundregel bei der Aufstellung und Ausführung des Haushaltsplans. Dasselbe gilt für die Gemeindeordnungen (GO), so zum Beispiel für § 77 in Baden-Württemberg oder § 74 in Brandenburg. Wirtschaftlichkeit umfasst dabei auch den traditionellen Begriff der Sparsamkeit, der auf dem Minimalprinzip beruht. Danach gilt es, ein feststehendes Ziel mit möglichst geringem Mitteleinsatz zu erreichen.

Wirtschaftlichkeitsaspekte in Verwaltungsbereichen berücksichtigen.

In einer Zeit, in der finanzielle Engpässe zu den dominanten politischen Themen auf allen Ebenen des Staats zählen, spielt dieser Grundsatz eine immer größere Rolle. Zunehmend werden Wirtschaftlichkeitsanalysen auch gerade mit Blick auf Umweltschutzmaßnahmen gefordert. Der Grundsatz der Wirtschaftlichkeit gilt für alle Phasen des Haushaltskreislaufs. Ob dieser Grundsatz eingehalten wird, müssen Sie also nicht nur bei der Planung der Haushaltsmittel und damit bei der Vorbereitung der Beschlussfassung über den Haushaltsplan prüfen, sondern auch in der Ausführungsphase. Verlassen Sie sich nicht allein darauf, dass Wirtschaftlichkeit eine Voraussetzung für die Veranschlagung war, sondern überprüfen Sie aktuell die Rechtmäßigkeit der Ausgabensituation. Dabei haben Sie vor Inanspruchnahme der Haushaltsmittel zu klären, ob die Ausgaben zur

Abb. 7.1: Schematische Darstellung des Haushaltskreislaufs

Zweckerfüllung sachlich notwendig und zeitlich unaufschiebbar sind (§ 34 BHO). Schließlich ist auch die Einhaltung der Wirtschaftlichkeit im Rahmen der Rechnungslegung und Rechnungsprüfung zu kontrollieren (§ 90 BHO / LHO).

Bund und Länder

Das Gesetz zur Fortentwicklung des Haushaltsrechts von Bund und Ländern vom Dezember 1997 schreibt für alle finanzwirksamen Maßnahmen angemessene Wirtschaftlichkeitsuntersuchungen und in geeigneten Bereichen eine Kosten- und Leistungsrechnung vor (§ 6 Abs. 2 und 3 Haushaltsfortentwicklungsgesetz). Diese Regelungen wurden in die Bundeshaushaltsordnung bereits übernommen (§ 7 BHO). Die Länder waren verpflichtet, bis zum 1. Januar 2001 ihre Landeshaushaltsordnungen ebenfalls anzupassen.

Zu den Maßnahmen, für die angemessene Wirtschaftlichkeitsuntersuchungen durchgeführt werden müssen, zählen alle Entscheidungen der Verwaltung, die sich finanziell auswirken können. Im Vergleich zu früheren Regelungen der BHO und der LHO, die Kosten-Nutzen-Untersuchungen nur für „geeignete Maßnahmen von erheblicher finanzieller Bedeutung" vorschrieben, wurde damit die Pflicht zu Wirtschaftlichkeitsbetrachtungen deutlich erweitert. Gleichzeitig werden mit der neuen Regelung Kosten-Nutzen-Untersuchungen zu einer speziellen Variante der Wirtschaftlichkeitsuntersuchung neben vielen anderen. Mit ihnen können die volkswirtschaftlichen Wirkungen von Maßnahmen geprüft werden, wobei auch die Abstimmungen zwischen den verschiedenen Ressorts und Verwaltungsebenen zu berücksichtigen sind. Kosten-Nutzen-Untersuchungen sind daher sehr aufwändig und können in der Regel auch nur mit Hilfe externer Sachverständiger erstellt werden.

Die Anzahl der Maßnahmen, für die Wirtschaftlichkeitsuntersuchungen durchzuführen sind, hat sich durch die Neuregelung zwar erhöht, gleichzeitig reduzierten
sich die qualitativen Ansprüche an die Untersuchungen:
Als angemessen gelten nunmehr jene Analysen, die dem
Grundsatz der Verhältnismäßigkeit entsprechen. In der Regel werden also Kostenvergleiche und das Einholen mehrerer Angebote ausreichen. Neu ist außerdem das „Interessenbekundungsverfahren". Danach ist in geeigneten Fällen
„privaten Anbietern die Möglichkeit zu geben, darzulegen,

> **Kostenvergleiche
> durchführen und
> Vergleichsangebote
> einholen.**

ob und inwieweit sie staatlichen Aufgaben oder öffentlichen Zwecken dienende
wirtschaftliche Tätigkeiten nicht ebenso gut oder besser erbringen können" (§ 7
Abs. 2 BHO). Überdies gibt es in der BHO und den LHO eine Vielzahl von Bestimmungen, die den Grundsatz der Wirtschaftlichkeit konkretisieren. Diese Vorschriften beziehen sich beispielsweise auf:

- die Übertragbarkeit von Ausgaben zur Förderung der wirtschaftlichen und
  sparsamen Verwendung,

- die Deckungsfähigkeit bei Förderung einer wirtschaftlicheren Verwendung,

- die Haushalts- und Ausführungsunterlagen für Baumaßnahmen, größere Beschaffungen und größere Entwicklungsvorhaben,

- die Prüfung der Unabweisbarkeit von über- und außerplanmäßigen Ausga-
  ben/Verpflichtungsermächtigungen sowie

- die öffentlichen Ausschreibungen.

Kommunen

Die Gemeindehaushaltsverordnungen (GemHVO) der einzelnen Länder schreiben vor, bei Investitionen von erheblicher finanzieller Bedeutung aus mehreren in
Betracht kommenden Möglichkeiten die für die Gemeinde wirtschaftlichste Lösung zu ermitteln (vgl. z.B. § 10 Abs. 2 GemHVO des Landes
Nordrhein-Westfalen). Das bedeutet, dass auf der kommunalen Ebene betriebswirtschaftliche Kostenvergleichsrech-
nungen in Form eines Vergleichs der Anschaffungs- oder
Herstellungskosten und der Folgekosten verschiedener Alternativen zu erbringen sind. Die Kommunen sind also

> **Wirtschaftlichste
> Lösung für Gemeinde
> ermitteln.**

nicht ausdrücklich dazu verpflichtet, über den Kostenvergleich hinausgehende Wirtschaftlichkeitsuntersuchungen, etwa Kosten-Nutzen-
Untersuchungen, durchzuführen. Doch insbesondere bei komplexen Problemen,
zum Beispiel bei der Privatisierung oder beim Verkauf von kommunalen Vermögen, sind übergreifende Betrachtungen ratsam. Nicht zuletzt können sie Ihnen
wichtige Argumentationshilfen für Umweltschutzinvestitionen liefern. Darüber
hinaus beziehen sich eine Reihe von haushaltswirtschaftlichen und haushaltstech-
nischen Vorschriften der verschiedenen Gemeindeordnungen und Gemeindehaushaltsverordnungen auf das Wirtschaftlichkeitsprinzip. Allerdings definiert
kein Gesetz und keine Rechtsverordnung, was unter Wirtschaftlichkeit zu verstehen ist. Deutlich wird jedoch, dass der Sparsamkeitsanspruch auf den effizienten
Einsatz der Haushaltsausgaben zielt. Daran ist die Forderung nach Ausgabendec-

kung und -reduzierung ohne Vernachlässigung der Aufgabenstellung geknüpft. Da mit dem Begriff „Wirtschaftlichkeit" die Relation zwischen Mitteleinsatz und dazugehörigem Ergebnis ausgedrückt wird, handelt es sich hier um eine betriebswirtschaftliche Wertung der Aufgabenerfüllung. Demgemäß ist ein Haushaltsgebaren als wirtschaftlich einzustufen, wenn

- mit geringstem Aufwand der größtmögliche Ertrag erreicht (Minimalansatz) oder

- aus den begrenzt verfügbaren Mitteln der höchstmögliche Ertrag (Maximalansatz) realisiert wird.

Entscheidend für die Bewertung einer Maßnahme ist also das Verhältnis zwischen Aufwand und Ertrag. Eine einseitige Betrachtung nur des Aufwands greift zu kurz. Allerdings klammert die Verpflichtung zur Wirtschaftlichkeit bei der kommunalen Haushaltswirtschaft gesamtgesellschaftliche Betrachtungen bisher weitgehend aus. Da sich das Verhältnis von Aufwand und Ertrag in erster Linie auf den eigenen Haushalt der Kommune bezieht, werden bei der Bewertung von geplanten Umweltschutzinvestitionen durch die Kommunalaufsicht nur die mit der Investition verbundenen Konsequenzen für den kommunalen Haushalt berücksichtigt. Es ist folglich nicht davon auszugehen, dass beispielsweise eine Maßnahme bewilligt wird, die zwar gesamtwirtschaftlich zur Vermeidung von Umweltschäden beiträgt, auf kommunaler Ebene aber ausgabenintensiver für den Haushalt ist und keine höheren Einnahmen oder Ausgabeneinsparungen erbringt.

7.2   Grundzüge der Wirtschaftlichkeits- und Investitionsrechnung

Wann ist eine Investition wirtschaftlich? Mit welchen Methoden sind Berechnungen möglich? Wie können Sie die verschiedenen Alternativen miteinander vergleichen? Um diese Fragen beantworten zu können, müssen sie einen Maßstab für den Begriff Wirtschaftlichkeit festlegen – nämlich Kosten und Erlöse. Eine Maßnahme ist dann wirtschaftlich, wenn die Kosten niedriger sind als die erzielbaren Erlöse.

Welchen Rahmen wollen Sie sich für Ihre Untersuchung setzen? Geht es um die Beurteilung gesamtwirtschaftlicher Kriterien oder eher um die Einschätzung betriebswirtschaftlicher Einzelmaßnahmen? Ist Letzteres der Fall, sind für Sie nur jene Kosten und Erträge relevant, die Ihrer Organisation unmittelbar entstehen beziehungsweise die Ihre Organisation unmittelbar erzielt.

Kosten und Erträge als wesentliche Berechnungsbasis treten als direkte Geldzahlungen oder aber auch als Wertveränderungen der Produktionsfaktoren auf. Bei betriebswirtschaftlichen Investitions- und Wirtschaftlichkeitsrechnungen können Sie grundsätzlich mit beiden Varianten rechnen. Welche Methode Sie letztlich wählen, hängt davon ab, über welche Daten Sie verfügen oder welche Daten Sie messen können. Lassen sich Kosten oder Ausgaben und Einnahmen beziehungsweise Ersparnisse wie etwa Energiekosteneinsparungen als Geldbeträge erfassen, dann ist eine monetäre Bewertung möglich. Hierbei können Sie zwischen zwei unterschiedlichen Verfahren wählen, dem statischen und dem dynamischen Verfahren.

Statische Rechenverfahren basieren darauf, dass sich Werte im zeitlichen Ablauf und damit während der gesamten Nutzungsdauer nicht verändern. Dynamische Verfahren hingegen berücksichtigen auch die Wertänderungen im Ablauf der Nutzungsdauer. Sie sind im Vergleich zu den statischen Verfahren aufwändiger, gelten in der wirtschaftswissenschaftlichen Theorie jedoch als aussagekräftiger. Für überschlägige Berechnungen reichen jedoch die statischen Berechnungen aus.

Zur Bewertung von Alternativen bietet sich vor allem die Nutzwertanalyse an, mit der Sie die Zielwirksamkeit von Investitionsentscheidungen beurteilen können. Wichtig ist, dass Sie neben den quantitativen auch die qualitativen Folgen über den gesamten Wirkungszeitraum hinweg beachten. Daher eignen sich solche Untersuchungen besonders für Umweltschutzinvestitionen. Voraussetzung für die Anwendbarkeit der Nutzwertanalyse sind jedoch folgende Informationen:

■ Ziele der Investition und deren Gewichtung

■ Die verschiedenen Alternativen (einschließlich der „Null-Lösung")

■ Die zu erwartenden oder eingetretenen Wirkungen

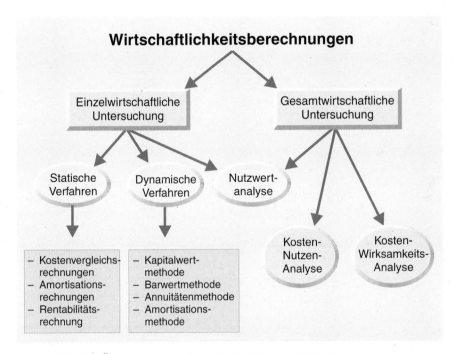

Abb. 7.2: Übersicht zu den Varianten der Wirtschaftlichkeitsberechnungen
(Quelle: eigene Darstellung nach Schmidt, 1996)

Amortisationsrechnungen

Die meist genutzte Berechnungsmethode ist die Amortisationsrechnung. Mit ihr können Sie die Anzahl der Jahre (Amortisationszeit) ermitteln, die für den Rückfluss des eingesetzten Kapitals nötig sind. Diese Berechnung kann sowohl statisch als auch dynamisch erfolgen. Bei der statischen Variante ergibt sich die Amortisationszeit aus der Formel:

$$Amortisationszeit\ [Jahr]\ = \frac{Investitionsausgaben\ [€]}{Ersparnisse\ +\ Abschreibungen\ [€\ /\ Jahr]}$$

Diese Berechnungsformel setzt konstante Rückflüsse – Ersparnisse und Abschreibungen – in den einzelnen Jahren voraus. Alternativ können Sie auch die erwarteten variablen Jahresbeträge – beginnend im Jahr Eins – kumulieren, bis die Summe der Rückflüsse der Investitionssumme entspricht. Der bis dahin verstrichene Zeitraum entspricht der Amortisationszeit. Nach deren Ablauf erwirtschaftet die Maßnahme Nettoerlöse. Entscheidend für das Ergebnis der Berechnungen ist, welche Kosten Sie berücksichtigen. Neben den verbrauchsgebundenen sind auch die kapitalgebundenen, betriebsgebundenen und sonstigen Kosten einzubeziehen (vgl. VDI 2067, 1999). Für Vergleichszwecke kann es je nach konkreter Maßnahme und den Investitionsalternativen manchmal sinnvoll sein, nur mit den verbrauchs- und kapitalgebundenen Kosten zu rechnen. So zum Beispiel bei Energieeinsparmaßnahmen durch Wärmedämmungen an Fassaden, da die Betriebskosten sowohl mit als auch ohne Wärmedämmung kaum ins Gewicht fallen.

Dynamische Amortisationsrechnungen stellen eine Verfeinerung dieser Methode dar. Hier werden die Barwerte (Gegenwartswerte) der jährlichen Nettozahlungen ermittelt. Die Nettozahlungen ergeben sich dabei aus Einnahmen und Minderausgaben, reduziert um die entstehenden Ausgaben. Indem sie die mögliche Verzinsung einkalkuliert, berücksichtigt die Berechnung der Barwerte, dass der heutige Wert einer Zahlung im Vergleich zu künftigen Zahlungswerten geringer ist. Die durch diese Diskontierung bestimmten Barwerte werden so lange kumuliert, bis der Kapitalwert der Investition den Wert Null erreicht, das Ende der Amortisationszeit. Im Vergleich zu statischen Berechnungsverfahren gilt: Je länger der Betrachtungszeitraum und je höher der gewählte Zinssatz, desto stärker weichen die Ergebnisse der dynamischen Berechnungsmethode davon ab.

Praxisbeispiel: Amortisationsrechnung

Über den Ersatz von 450 veralteten Leuchtstofflampen durch Dreibandenleuchtstoffröhren wird die elektrische Gesamtleistung (kW_{el}) für die Beleuchtung von 90 auf 45 kW_{el} reduziert: $\Delta P = P_0 - P_1 = 45\ kW_{el}$. Dafür sind Investitionen (I) in Höhe von 40.500 Euro notwendig. Der Stromverbrauch reduziert sich durch die neuen Leuchtstofflampen um 50 Prozent. Die jährliche Brenndauer (d) beträgt 1.100 Stunden und die jährlichen Wartungskosten (w) werden mit drei Prozent der Investitionskosten veranschlagt. Für die Stromleistungskosten (k_L) wird ein Wert von 110 Euro/kW_{el} und für die Stromarbeitskosten (k_A) von 0,075 Euro/kWh_{el} angenommen. Die durch Stromeinsparung erzielten jährlichen Minderkosten (K_M) betragen:

$$K_M = \Delta P * k_L + \Delta P * d * k_A - I * w/100$$

$$= 4.950\ € + 3.712\ € - 1.215\ €$$

$$= 7.447\ €$$

Dies führt bei einem Zinssatz (p) von null Prozent zu einer Amortisationszeit von
5,4 Jahren, was dem statischen Fall entspricht, von 6,5 Jahren bei einem Zinssatz von
fünf Prozent und von 7,5 Jahren bei einem Zinssatz von acht Prozent (s. Abb. 7.3).

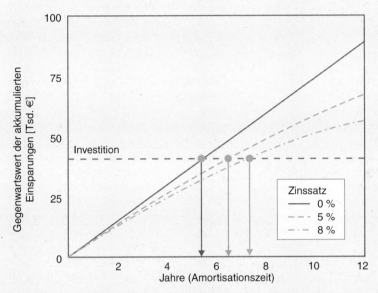

Amortisationsrechnung bei der Beleuchtung

Abb. 7.3: Akkumulierte Kosteneinsparungen durch Verwendung von Dreibandenleuchtstoffröhren mit einer Wirkungsgradverbesserung um 50 Prozent
(Quelle: Wirtschaftsministerium Baden-Württemberg, 1998)

Die Bewertung der Ergebnisse – also der Amortisationszeiten – ist immer subjek-
tiv. Grundsätzlich gilt eine Investition dann als wirtschaftlich, wenn die Amortisationszeit deutlich unter der technischen Lebensdauer der Anlage liegt. Im Beispiel
beträgt die technische Lebensdauer der Leuchten zwölf Jahre. Die Amortisationszeit liegt bei einem Zinssatz von fünf Prozent bei sechseinhalb Jahren. Damit sind
die möglichen Kosteneinsparungen fast doppelt so hoch wie die Anfangsinvesti-
tionen. Eine grobe Orientierung liefert in der Betriebswirtschaft auch der Wert
„fünf Jahre". Investitionen mit einer Amortisationszeit von bis zu fünf Jahren gelten danach als kurzfristig wirtschaftlich. Mit bis zu zehn Jahren Amortisationszeit
werden sie als mittelfristig und mit über zehn Jahren als langfristig wirtschaftlich
eingestuft. Aber gerade bei öffentlichen Umweltschutzinvestitionen sollten Sie
auch den Nutzwert der Maßnahme berücksichtigen und längerfristige Amortisationszeiten akzeptieren.

Bei Entscheidungen zwischen mehreren Investitionsalternativen werden Sie
zunächst jener mit der kürzesten Amortisationszeit den Vorzug geben. Beachten
Sie jedoch, dass diese nicht zwangsläufig auch die wirtschaftlichste ist. So kann
möglicherweise aufgrund der technischen Lebensdauer eine andere Maßnahme

trotz längerer Amortisationszeit für den Investor mit höheren Einsparungen verbunden sein. Da sich einige umweltbezogene Investitionen nur sehr langfristig rechnen, sollten Sie diese – so weit möglich – mit Maßnahmen koppeln, die sich kurz- und mittelfristig amortisieren.

Annuitätenmethode

Der Begriff der Annuität stammt aus der Kreditwirtschaft. Hier werden Tilgung und Zinsen in einem gleich bleibenden Jahreszahlungsbetrag, der Annuität, kalkuliert. Bei den Wirtschaftlichkeitsberechnungen über die Annuitätenmethode werden über den jährlichen Kapitaldienst hinaus auch alle Betriebs- und Instandhaltungskosten in die Ausgabeannuität einbezogen. Der Tilgungszeitraum entspricht dabei der technischen Lebensdauer der Anlage. Diese und die zu erwartenden Kosten für die Instandhaltung und die Wartung können Sie zum Beispiel der VDI-Richtlinie 6025 (VDI, 1996) entnehmen. Fallen bei Ihren Berechnungen die jährlichen Erträge (Ertrags- oder Einnahmeannuität) höher aus als die Ausgabeannuität, dann ist die Investition wirtschaftlich. Das gilt auch für Investitionen mit längeren Amortisationszeiten. Bei dem Vergleich verschiedener Alternativen ist jene mit der größten positiven Differenz zwischen Ertrags- und Ausgabeannuität zu bevorzugen. Ein einfacher Vergleich zwischen verschiedenen Maßnahmen ist jedoch auch bei ausschließlicher Betrachtung des Kapitaldiensts als Kostenannuität möglich. Wie diese berechnet werden kann, zeigt das folgende Beispiel.

Praxisbeispiel: Wirtschaftlichkeitsberechnung nach der Annuitätenmethode

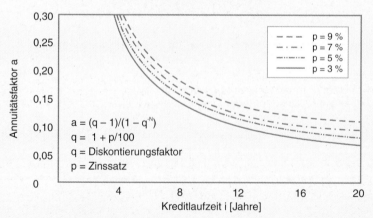

Wirtschaftlichkeitsberechnung nach der Annuitätenmethode

$$a = (q – 1)/(1 – q^{-N})$$
$$q = 1 + p/100$$
q = Diskontierungsfaktor
p = Zinssatz

p = 9 %
p = 7 %
p = 5 %
p = 3 %

Annuitätsfaktor a

Kreditlaufzeit i [Jahre]

Abb. 7.4: Darstellung des Annuitätsfaktors als Funktion der Kreditlaufzeit in Jahren für unterschiedliche Zinssätze (Quelle: Wirtschaftsministerium Baden-Württemberg, 1998)

Maß-nahme	Investi-tion (I)	Technische Nutzungs-dauer (d) (z.B. aus VDI 2067)	Annuitäts-faktor (a) auf der Basis eines Zinssatzes von 8 %	Jährliche Kosten für Wartung (bezogen auf Investitions-summe) (Kw)	Jahres-kosten, Annuität (K) K = I * (a + Kw/100)
	[1.000 €]	[Jahre]		[% / Jahr]	[€ / Jahr]
Kessel/ Brenner	225	15	0,117	2,5	31.950
Öltankent-sorgung	15	15	0,117	0	1.755
Erdgasan-schluss	17	30	0,089	1,5	1.820
Wasser-aufberei-tung	75	12	0,133	3,5	12.600
Erneue-rung der Umwälz-pumpen	60	15	0,117	2,5	8.520
Baumaß-nahmen	175	40	0,084	0,5	15.575
Summe	567				72.220

Tab. 7.1: Ermittlung der Annuität der Sanierungsmaßnahme „Erneuerung einer Heizzen-trale" (Quelle: Wirtschaftsministerium Baden-Württemberg, 1998)

Um die Wirtschaftlichkeit dieses Sanierungsvorhabens zu bewerten, müssten die jeweiligen Kapitaldienste für angebotene Alternativen ebenfalls ermittelt werden. Ein Angebot mit einem geringeren Kapitaldienst als 72.220 Euro pro Jahr wäre dann dem dargestellten Vorhaben vorzuziehen.

Wenn Sie verschiedene Gutachten über alternative Investitionen einholen, sollten Sie unbedingt auf einheitliche Vorgaben für die Wirtschaftlichkeitsrechnungen achten, um die Ergebnisse letztendlich auch vergleichen zu können (z.B. bezogen auf den Kalkulationszinsfuß). Für den Vergleich von Energieeinsparinvestitionen sollten die Annuitäten auch auf den jährlichen Energiebedarf bezogen werden, damit Sie die spezifischen Energiekosten (z.B. spezifische Wärmegestehungskosten) errechnen und so eine einheitliche Bezugsbasis schaffen können.

Neben der Amortisationsrechnung und der Annuitätenmethode gibt es eine Vielzahl weiterer Ansätze zur Ermittlung der Wirtschaftlichkeit von Investitionen. Doch alle Wirtschaftlichkeitsbetrachtungen sind mit mehr oder weniger großen Unsicherheiten verbunden, da sie Prognosen über die Zinsentwicklung, über Preissteigerungen und die technische Lebensdauer von Anlagen voraussetzen. „Sensitivitätsanalysen" verbessern die Aussagekraft der Ergebnisse. Dabei handelt es sich um Variantenrechnungen mit abgestuften, verschiedenen Parametern. Auch ist für kombinierte Maßnahmen (z.B. Erneuerung der Heizungsanlage und zusätzliche wärmedämmende Investitionen) eine abgestimmte Bewertungsrechnung empfehlenswert. Sinnvoll ist dabei, vorab Einzelberechnungen durchzuführen, die prinzipiell sinnvollsten Maßnahmen auszuwählen und schließlich nur mit diesen in Kombination weiterzuarbeiten.

7.3 Berücksichtigung des Umweltbezugs in Wirtschaftlichkeitsbetrachtungen

Neben der einzelbetrieblichen Bewertung von Investitionen, die Sie schon aufgrund des Haushaltsrechts vornehmen müssen, ist es gerade für umweltschutzbezogene Maßnahmen vielfach erforderlich und auch ratsam, deren gesamtwirtschaftliche Wirkung abzubilden. Häufig ist es allerdings kaum möglich, diese Wirkungen entsprechend zu messen sowie zu quantifizieren. Trotzdem können bei betriebswirtschaftlichen Kostenvergleichen zusätzliche volkswirtschaftliche Überlegungen den Ausschlag für oder gegen eine Investition geben. Möglicherweise auftretende Widersprüche zwischen Ökonomie und Ökologie lösen sich häufig bei langfristigen und globalen Betrachtungen auf. Sinnvoll sind in diesem Zusammenhang auch Bonusregelungen: Das so genannte Bremer Verfahren sieht beispielsweise vor, die Energiekosten und entsprechend auch die Energieeinsparungen mit einem Aufschlag in den Berechnungen zu berücksichtigen. Im „Hamburger Verfahren" werden die Investitionen dagegen nur anteilig in die Berechnungen mit aufgenommen. In Baden-Württemberg ermitteln die staatlichen Hochbauämter bei Wirtschaftlichkeitsberechnungen für Umweltmaßnahmen „reduzierte Investitionsfolgekosten" aus den tatsächlichen Investitionskosten und einem „fiktiven Annuitätsfaktor" f:

*Reduzierte Investitionsfolgekosten = Investitionskosten * f*

Diesen Annuitätsfaktor f legt das Finanzministerium Baden-Württemberg fest und passt ihn in regelmäßigen Abständen der veränderten Zinslage auf dem Kapitalmarkt an. Durch dieses Rechenverfahren wird bei geplanten Maßnahmen eine Umweltgutschrift von bis zu 25 Prozent erreicht.

Letztlich muss immer politisch entschieden werden, welches Gewicht den volkswirtschaftlichen Wirkungen und externen Kosten beigemessen wird. Im Wesentlichen hängt von diesen Entscheidungen das Rechenergebnis ab.

Praxisbeispiel: Wirtschaftlichkeitsberechnungen für das CO_2-Minderungskonzept der Stadt Fellbach

Die Stadtwerke Fellbach haben für die Stadt ein CO_2-Minderungskonzept erstellt. Um die Berechnungsmöglichkeit zu verdeutlichen, werden die Grundzüge des Konzepts hier kurz dargestellt: Untersucht wurden über 200 Einzelmaßnahmen zur Reduzierung der CO_2-Emissionen. Die Auflistung reicht vom Einsatz von Energiesparlampen, der Sanierung von Regelungsanlagen, den verschiedenen Wärmeschutzmaßnahmen bis zu Nahwärmeverbundsystemen mit Kraft-Wärme-Kopplung. Mit Hilfe der Annuitätenmethode wurden zunächst für die einzelnen Maßnahmen die Kosten zur Senkung des Energieverbrauchs („Energie-Vermeidungskosten") und die CO_2-Vermeidungskosten ermittelt. Eine Beispielsrechnung enthält Tabelle 7.2. So wurde untersucht, ob es sich lohnt, die Umkleideräume einer Sporthalle mit Bewegungsmeldern auszustatten. Wichtig für die Berechnung waren die getroffenen Annahmen, wie

- der von der Schule zu zahlende Stromarbeitspreis,

- der kalkulatorische Zinssatz,

- die Tilgung,

- die notwendige Investitionssumme oder auch

- die mögliche Reduzierung der Einschaltdauer.

Ausstattung und Leistung	
Anzahl der Leuchten	4 Stück
Anzahl der Lampen pro Leuchte	2 Stück
Leistung pro Lampe	58 W
Leistung pro Lampe mit Vorschaltgerät	71 W
Gesamtleistung mit Vorschaltgerät	568 W
Strompreis (hier nur Arbeitspreis)	
Strompreis	0,095 €/kWh
Kalkulatorische Größen	
Zinssatz zur Finanzierung der Investition	6 %
Lebensdauer des Bewegungsmelders	10 Jahre
Tilgungsfaktor	0,14
Investition pro Umkleide	
Bewegungsmelder, geschützte Ausführung	100 €
Montage, Verkabelungsarbeiten	100 €
Summe	*200 €*
Reduzierung des Strombedarfs	
Reduzierung der Einschaltdauer	400 h/a
Reduzierung des Stromverbrauchs	227 kWh/a
Bilanz der Kosten und Einsparungen	
Kapitalkosten	27 €/a
Stromarbeitspreiseinsparung	-21,5 €/a
Jahreskosten	5,5 €/a
Bewertung	
CO_2-Minderung (CO$_2$-Minderungsfaktor = 629 g CO_2/kWh Strom)	0,14 t/a
CO_2-Vermeidungskosten	40 €/t
Reduzierung des Stromverbrauchs (siehe oben)	227 kWh
Stromvermeidungskosten	2,5 Cent/kWh

Tab. 7.2: Beispielsrechnung für die Ausstattung von Umkleidekabinen mit Bewegungsmeldern in der Stadt Fellbach (Quelle: Ammon, 1999)

Die Berechnung ergab für dieses Vorhaben CO$_2$-Vermeidungskosten von 40 Euro pro Tonne. Als Obergrenze für diese Kosten wurden in der Stadt Fellbach 125 Euro festgelegt. Da der Betrag für den Einsatz des Bewegungsmelders weit unter dieser Grenze liegt, sollte diese Maßnahme somit durchgeführt werden. Aufbauend auf diesen Berechnungen konnten Vergleichswerte für die Kosten, die mit der Vermeidung von CO$_2$ bei einzelnen Maßnahmen verbunden sind, ermittelt und eine Prioritätenskala für die Investitionen entworfen werden (s. Abb. 7.5). In vielen Fällen hat die Umsetzung von Maßnahmen zur CO$_2$-Vermeidung auch noch andere Ziele. Dies kann beispielsweise ein politischer Aspekt wie die Erhöhung des Anteils regenerativer Energieträger sein. Dann müssen unter Umständen auch Maßnahmen mit sehr hohen CO$_2$-Vermeidungskosten umgesetzt werden (vgl. Ammon, 1999).

CO$_2$-Vermeidungskosten
verschiedener Maßnahmen der Stadt Fellbach

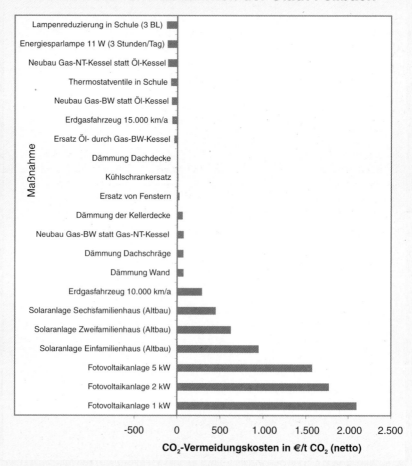

Abb. 7.5: CO$_2$-Vermeidungskosten verschiedener Maßnahmen der Stadt Fellbach
(Quelle: Ammon, 1999)

Eine einmalige Berechnung für die unterschiedlichen Maßnahmen reicht damit nicht aus. Vielmehr sollten Sie die Rechnungsergebnisse unter veränderten politischen Vorgaben und sich weiterentwickelnden technischen sowie ökonomischen Bedingungen wiederholt überprüfen.

Da es möglich und aus Gründen der Vergleichbarkeit empfehlenswert ist, die Umweltschutzmaßnahmen nach einheitlichen Berechnungsverfahren zu bewerten, wurden in einigen Verwaltungen bereits standardisierte Vorgaben entwickelt. Diese beziehen sich auf die Berechnungsformeln, die Kapitalverzinsung, Kostensteigerung, Berechnungsfaktoren etc.

Literatur

Ammon, G.: Bewertung von Maßnahmen im Bereich der Energieeinsparungen und des Klimaschutzes. BWGZ 1999 Nr. 6.

Bundesumweltministerium/Umweltbundesamt (BMU/UBA) (Hrsg.): Handbuch Umweltkostenrechnung. München 1996.

Frischmuth, B.: Budgetierung in der Stadtverwaltung. Difu-Arbeitshilfe. Berlin 2001.

Innenministerium Baden-Württemberg (Hrsg.): Kommunaler Produktplan. Stuttgart 1996.

Kesper, R.-D.: Wirtschaftlichkeit der Aufgabenerfüllung (Haushalt). In: Sachverständigenrat „Schlanker Staat", Abschlußbericht Band 3: Leitfaden zur Modernisierung von Behörden. Bonn 1997.

Schmidt, J.: Wirtschaftlichkeit in der öffentlichen Verwaltung. 5. Auflage, Berlin 1996.

Stadt Duisburg, Stadtkämmerei (Hrsg.): Das Kommunale Haushaltsbuch 2000/2001, Band II: Detaillierte Produktinformationen. Duisburg 2000.

Verein Deutscher Ingenieure (VDI) (Hrsg.): VDI-Richtlinie 2067; Wirtschaftlichkeit gebäudetechnischer Anlagen – Grundlagen und Kostenrechnung. Düsseldorf 1999.

Verein Deutscher Ingenieure (VDI) (Hrsg.): VDI-Richtlinie 6025, Betriebswirtschaftliche Berechnungen für Investitionsgüter und Anlagen. Düsseldorf 1996.

Wirtschaftsministerium Baden-Württemberg (Hrsg.): Energie-Management kommunaler Liegenschaften. Ein Leitfaden für Städte und Gemeinden. Stuttgart 1998.

8. Umweltbezogene Kostenrechnung im Bereich der öffentlichen Hand

Der Begriff Umweltkosten ist in öffentlichen Verwaltungen bisher noch wenig verbreitet, denn weite Teile des öffentlichen Bereichs stehen noch ganz am Anfang bei der Einführung einer Kostenrechnung (vgl. Kap. 7.2). Mit der Kostenrechnung entsteht jedoch eine wesentliche Informationsquelle für die Steuerung verwaltungsinterner Prozesse, die Sie auch für ein Umweltcontrolling nutzen können. Dabei geht es nicht darum, neben einer „normalen" Kostenrechnung zusätzlich eine Umweltkostenrechnung zu entwickeln. Vielmehr sollte es Ihnen gelingen, die Umweltkostenerfassung und -rechnung in die im Aufbau befindliche Kostenrechnung zu integrieren. Das folgende Kapitel stellt Ihnen zunächst die Grundlagen, Rahmenbedingungen und Ziele einer umweltbezogenen Kostenrechnung in Verwaltungen vor und hilft Ihnen so auch bei der Einarbeitung in dieses Thema. Den unterschiedlichen Systemen der Kostenrechnung sowie deren praktische Anwendung im Bereich der öffentlichen Hand widmet sich der zweite Teil dieses Kapitels.

8.1 Zum Begriff der Umweltkostenrechnung

In der Industrie, in der die Kostenrechnung generell ein probates und erprobtes Controllinginstrument ist, gewann in den vergangenen Jahren speziell auch die Umweltkostenrechnung an Bedeutung. Als Umweltkosten oder auch als Kosten der Umweltbelastung gelten hier „der bewertete Verbrauch von Umweltgütern" (z.B. der Verzehr nicht nachwachsender Rohstoffe) und „bewertete Umweltschäden" (z.B. an Ökosystemen, Gesundheitsschäden, Gebäudeschäden usw.) (vgl. Fichter/Loew, 2000). Darüber hinaus werden die Umweltkosten nach internalisierten und externen Kosten differenziert. Während die externen Kosten nicht im Rechnungswesen des Verursachers erfasst werden, muss er die internalisierten Umweltkosten unmittelbar oder mittelbar tragen. Diese Definition sowie die Gliederung der Umweltkosten kann für staatliche und kommunale Beteiligungsunternehmen der Daseinsvorsorge übernommen werden.

Umweltkostenrechnung gewinnt zunehmend an Bedeutung.

In öffentlichen Verwaltungen beziehen sich hingegen die Umweltkosten vor allem auf den Verbrauch von Umweltgütern durch einzelne Verwaltungseinheiten und auf den Aufwand für öffentliche Umweltschutzmaßnahmen. Umweltschutzkosten entstehen demnach der Gebietskörperschaft beziehungsweise einer einzelnen öffentlichen Verwaltung durch solche Maßnahmen, die dazu beitragen sollen, Umweltbelastungen zu vermeiden oder zu vermindern (s. Abb. 8.1).

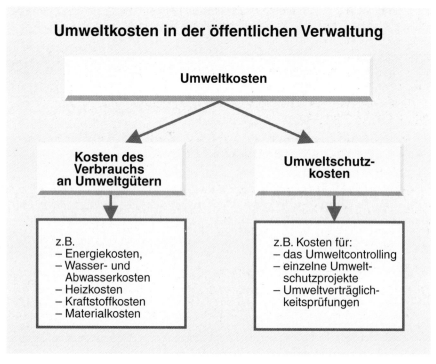

Abb. 8.1: Umweltkosten in der öffentlichen Verwaltung

8.2   Rahmenbedingungen für die Umweltkostenrechnung in öffentlichen Verwaltungen

So lange in den öffentlichen Verwaltungen die Kameralistik als Rechnungsstil vorherrscht, sind Informationen über die Umweltkosten jedoch nicht ohne weiteres verfügbar. Die notwendigen Daten können auch nicht direkt aus der Finanzbuchhaltung abgeleitet werden. Hingegen beinhaltet die Doppik, die kaufmännische Buchführung, zugleich die Kostenrechnung. Aber auch hier müssen die Ziele, die mit der Erfassung von Umweltkosten erreicht werden sollen, klar benannt werden, um die Kostenrechnung entsprechend gestalten zu können.

Die kaufmännische Buchführung Doppik ist eine gute Basis.

Wichtige Voraussetzung für die Einführung der Kostenrechnung ist in jedem Fall eine geeignete technische Ausstattung, die gegenwärtig in vielen öffentlichen Verwaltungen vorbereitet wird. Sie sollten Ihre Überlegungen und Interessen in den Prozess der Entscheidungsfindung aktiv einbringen, weil diese datentechnischen Investitionen auf lange Sicht Weichen stellen.

8.3 Ziele und Grundregeln der Umweltkostenrechnung

Im Unterschied zu den Wirtschaftlichkeitsuntersuchungen (vgl. Kap. 7) bezieht sich die Kostenrechnung nicht nur auf einzelne Maßnahmen, vielmehr bildet sie die Wertschöpfungsprozesse in Verwaltungsbereichen über ein Haushaltsjahr hinweg ab. Damit ist die Kostenrechnung eine wichtige Bedingung für die Einführung einer outputorientierten Budgetierung oder auch für verwaltungsinterne Leistungsverrechnungen.

Kostenrechnung bildet Wertschöpfungs-prozesse ab.

Folgende Ziele sind aus betriebswirtschaftlicher Sicht mit einer Kostenrechnung verbunden:

- Schaffung von Transparenz in Bezug auf die Arten der auftretenden Kosten und damit auch der Umweltkosten sowie deren Zuordnung zu den einzelnen Bereichen

- Bereitstellung einer Datenbasis, die für verwaltungsinterne und -externe Vergleiche geeignet ist

- Verursachungsgerechte Zuordnung der Kosten zu den Verwaltungsleistungen (Kostenträgern)

- Schaffung einer Grundlage für die Gebührenkalkulation

- Ermittlung von Kostensätzen für Wirtschaftlichkeitsbewertungen

- Einrichtung einer Informationsbasis für verwaltungsinterne Steuerungsprozesse

Wählen Sie in Ihrer Organisation aus dieser Vielzahl von Zielen jene aus, die aus praktischen Erwägungen von besonderer Wichtigkeit sind. Für das Umweltcontrolling bedeutet dies in erster Linie:

- Kosten des Verbrauchs und der Entsorgung von Umweltgütern (z.B. Energie, Material, Wasser, Rohstoffe) offen zu legen,

- diese Kosten in den Budgets der jeweiligen Verantwortungsbereiche verursachungsgerecht darzustellen und anzulasten,

- durch den Kostenvergleich Möglichkeiten zur Einsparung beim Ressourcenverbrauch aufzudecken sowie

- die Kosten für öffentliche Umweltschutzmaßnahmen auszuweisen.

Wenn Sie gerade eine Datenbasis in Ihrer Verwaltung aufbauen, sollten Sie drei Grundsätze berücksichtigen:

- Beginnen Sie zunächst mit einer groben Erfassung, Verarbeitung und Auswertung. Verfeinern Sie erst im nächsten Schritt, wo es notwendig und sinnvoll erscheint.

- Für Steuerungszwecke reicht bei Kosteninformationen ein Genauigkeitsgrad von 80 Prozent.

■ Greifen Sie nicht vorschnell zu hochkomplexen Kostenrechnungssystemen. Selbst Manager der Industrie akzeptieren immer weniger die fein ausdifferenzierten Ergebnisse der Kostenrechnung. Vor allem sollten Sie es vermeiden, Informationen zu verschlüsseln oder zu verfremden.

8.4   Elemente der Kostenrechnung

Grundsätzlich interessieren in der Kostenrechnung folgende Fragen: Welche Kosten sind wo und wofür entstanden? Dementsprechend sind Kostenarten-, Kostenstellen und Kostenträgerrechnung zu unterscheiden.

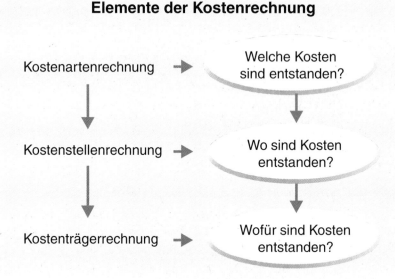

Abb. 8.2: Der Zusammenhang zwischen Kostenarten-, Kostenstellen-
und Kostenträgerrechnung

Kostenarten

Diese Elemente der Kostenrechnung bauen aufeinander auf. So ist die Kostenartenrechnung die Basis für die Kostenstellen- und Kostenträgerrechnung. Dabei werden meist folgende Kostenarten unterschieden:

■ Personalkosten

■ Sachkosten

■ Kalkulatorische Kosten

■ Sonstige Kosten

Während die kalkulatorischen Kosten gesondert berechnet werden müssen, können Sie alle anderen Kosten den Rechnungslegungen und Verbrauchsmessungen entnehmen. In jeder Verwaltung und jedem Dienstleistungsunternehmen dominieren die Personalkosten, daher empfiehlt es sich, diese ausreichend detailliert zu erfassen. Dabei ist es sinnvoll, den Personalaufwand nach Besoldungs-, Vergütungs- oder Lohngruppen zu trennen. Das Bundesministerium des Innern (BMI), aber auch beispielsweise die Kommunale Gemeinschaftsstelle für Verwaltungsvereinfachung (KGSt) veröffentlichen Personalkostendurchschnittssätze für Besoldungs- und Tarifgruppen. Auf dieser Basis können Sie – nach der entsprechenden Zeiterfassung – die Kostenrechnungen durchführen.

Für das Umweltcontrolling ist zudem eine differenzierte Erfassung der Sachkosten anzustreben. Zwar können Sie hier nur die internen Kosten abbilden, da die externen Kosten, die der Volkswirtschaft entstehen, betrieblich nicht erfasst werden. Doch schaffen Sie eine entscheidende Basis für den Einstieg in die Umweltkostenrechnung, wenn bei der Erarbeitung des Kontenrahmens die internen Umweltkosten der Verwaltung in Form der Ent- und Versorgungskosten (Energie-, Heizungs-, Kraftstoff-, Wasser-, Abwasser-, Abfallkosten) dargestellt werden. Über eine so gestaltete Kostenartenrechnung lassen sich die Kostenstruktur sowie die Gewichtung des Verbrauchs an Umweltgütern analysieren und somit auch die einzelnen Kostenarten des Verbrauchs von Umweltgütern gewichten. Im Rahmen der Kosten- und Leistungsrechnungskonzeption für Ihre Verwaltung ist es empfehlenswert, entsprechende Pflichtkostenarten festzulegen. Ein Beispiel dazu finden Sie in Kapitel 13.2 (Praxisbeispiel: Umweltkostenrechnung bei der Stadtverwaltung Nürnberg).

Kostenstellenrechnung

In der Kostenstellenrechnung werden die Kosten ihren Entstehungsorten zugerechnet, also jenen Orten, an denen der Ressourcenverbrauch stattfand. Die dazu notwendige Differenzierung der Orte beziehungsweise Stellen kann sich bei-

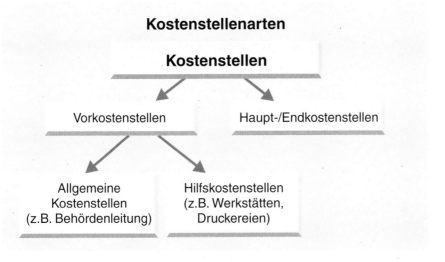

Abb. 8.3: Arten von Kostenstellen

spielsweise auf organisatorische (Fachbereiche, Dezernate, Sachgebiete, Einrichtungen usw.) oder räumliche Einheiten (einzelne Gebäude, einzelne Schulen usw.) beziehen. Darüber hinaus werden verschiedene Arten von Kostenstellen unterschieden (s. Abb. 8.3).

Für den Kostenstellenplan gibt es keine Standards. Auch die Standardregelungen des Bundesministeriums der Finanzen (BMF) für die Einführung der Kostenrechnung enthalten keine entsprechenden Vorgaben (vgl. Kap. 2). Daher müssen Sie einen speziell auf die Bedingungen in Ihrer Behörde, Ihrer Stadtverwaltung oder Einrichtung angepassten Kostenstellenplan erarbeiten. Auch hier sollten Sie berücksichtigen, dass

- mit zunehmender Feingliederung der Kostenstellen zwar die Genauigkeit, aber gleichzeitig auch der Erfassungsaufwand steigt,

- die Kostenstellen der Organisationsstruktur folgen und

- die Verantwortungen und Zuständigkeiten klar zugeordnet werden sollten.

Um die Kostenarten differenziert nach Kostenstellen auszuweisen, wird meist mit einem Betriebsabrechnungsbogen (BAB) gearbeitet. Dieser erfasst in Tabellenform in den Zeilen die Kostenarten, in den Spalten die Kostenstellen (s. Tab. 8.1).

Kostenarten	Summe	Allgemeine Kosten-stellen	Hilfs-kosten-stellen	Haupt-kosten-stellen
Personalkosten, darunter mit Umweltrelevanz z.B. ■ Umweltschutzbeauftragte ■ Abfallbeauftragte ■ Gefahrstoffbeauftragte ■ Energieberater				
Sachkosten, darunter mit Umweltrelevanz z.B.: ■ Kraftstoffkosten ■ Stromkosten ■ Heizkosten ■ Kosten für Wasser ■ Kosten für Abwasser ■ Kosten für Müllentsorgung				
Kalkulatorische Kosten				
Gemeinkostenzuschlag ■ für Personalkosten ■ für Sachkosten				
Summe				
Gesamtkosten				
Umlagen der Allgemeinen Kostenstellen				

Kostenarten	Summe	Allgemeine Kosten- stellen	Hilfs- kosten- stellen	Haupt- kosten- stellen
Umlagen der Hilfskostenstellen				
Summe nach Umlagen				

Tab. 8.1: Muster für einen Betriebsabrechnungsbogen

Die Feingliederung des BAB ist zum einen von der Struktur Ihrer Behörde oder Einrichtung abhängig. Zum anderen können Sie für ein gezieltes Umweltkosten-controlling jene Personal- und Sachkosten (Verbrauchs- und Entsorgungskosten) in die Abrechnung aufnehmen, die zum Entstehen oder zur Vermeidung von Um-weltbelastungen beitragen.

Die Ergebnisse solcher Erfassungen liefern wichtige Hinweise zur Struktur der Kosten und zu den Orten der Kostenentstehung und damit der Umweltbelastung oder -entlastung. Möglicherweise eignen sich diese Informationen auch für Ver-gleiche zwischen verschiedenen Verwaltungsbereichen oder – bei entsprechender Festlegung der Kostenstellen – zwischen verschiedenen Gebäuden. Ein Beispiel für die Zusammenführung von Kostendaten mit weiteren Kennzahlen sind die auf der kommunalen Ebene seit einiger Zeit arbeitenden Vergleichsringe. Ziel dieser Gremien ist es, Kennzahlen für die Bewertung unter anderem des Gebäudema-nagements zu entwickeln. So werden, wie in Tabelle 8.2 dargestellt, neben speziel-len Betriebskosten für Strom und Heizung/Warmwasser auch Verbrauchsdaten für Vergleichszwecke aufgeführt. Damit Sie nicht Äpfel mit Birnen vergleichen, sollten Sie auf genaue Abgrenzungen (z.B. der einzelnen Gebäudetypen) und auf die Verwendung einheitlicher Definitionen als Basis für ein Benchmarking achten (vgl. Kap. 5.5).

Praxisbeispiel: Vergleichsring der Kommunalen Gemeinschaftsstelle (KGSt)
Vergleichstabelle für Gebäudewirtschaft

Gesamttabelle „Neuere Verwaltungsgebäude"				
Vergleichsring Städte GK5 NRW/NSN		Berichtsjahr: 1997		
Ausgewählte Daten in absoluten Zahlen				
0.0	Anzahl der Objekte	Anzahl	GW	13
0.1	Bruttogrundflächen	m²	GW	31.176
0.11	Schulsporthalle	m²	GW	
0.2	Anzahl der Nutzer (Vollzeitbeschäftigte)	Anzahl	GW	622
	Anzahl der Nutzer (Personen)	Anzahl	GW	716
0.3	Immobilienzeitwert	€	GW	60.115.707
0.31	Gebäudezeitwert	€	GW	53.258.877
0.32	Grundstückszeitwert	€	GW	6.856.830
0.4	Gebäudeerträge (Bruttomieten) gesamt	€	GW	
0.41	Nettomieten	€	GW	

Gesamttabelle „Neuere Verwaltungsgebäude"

Vergleichsring Städte GK5 NRW / NSN		Berichtsjahr: 1997		
0.42	Betriebskostenersatz	€	GW	
0.5	Gesamtkosten	€	GW	3.481.279
0.51	Flächenbereitstellungskosten	€	GW	2.349.403
0.511	Abschreibungen	€	GW	945.373
0.512	Verzinsung (Gebäude und Grundstücke)	€	GW	1.404.030
0.513	Fremdkosten	€	GW	0
0.52	Instandhaltungskosten	€	GW	347.981
0.53	Betriebskosten gesamt	€	GW	724.349
0.531	Versicherungen	€	GW	25.315
0.532	Strom (Beleuchtung)	€	GW	81.569
0.533	Heizung / Warmwasser	€	GW	92.272
0.534	Gebäudereinigung	€	GW	305.977
0.535	Hausmeister	€	GW	219.916
0.536	Restliche Betriebskosten	€	GW	-699
0.54	Verwaltungskosten (kalkulatorisch)	€	GW	59.546

Kennzahlen

1.	Qualität der Immobilie			
1.1	Anteil Instandhaltungskosten	% am Geb.-Zw.	DW	0,65
1.2	Differenz zum KGSt-Richtwert v. 1,2 %	%	DW	-0,55
1.3	Substanzveränderung	€	GW	-291.125
1.4	Substanzveränderung	€ pro m² BGF / WF	DW	-9,34
2.	Wert der Immobilie			
2.1	Immobilienzeitwert	€ pro m² BGF / WF	DW	1.928
2.11	Gebäudezeitwert	€ pro m² BGF / WF	DW	1.708
2.12	Grundstückszeitwert	€ pro m² BGF / WF	DW	220
3.	Nutzung der Immobilie			
3.11	Flächenverbrauch in m² BGF	m² BGF pro Nutzer	DW	50,13
3.12	Nutzungsgrad (b. Schulen Schulsp.Halle)	%	DW	217,0
4.	Erträge der Immobilie / kalkulatorische Mieten			
4.1	Erzielte Bruttomieten	€ m² BGF / WF / Monat	DW	
4.11	Erzielte Nettomieten	€ m² BGF / WF / Monat	DW	
4.12	Erzielter Betriebskost.Ersatz	€ m² BGF / WF / Monat	DW	
4.2	Sollnettomiete	€ m² BGF / WF / Monat	DW	8,19
4.21	Kalkulatorische Istnettomiete	€ m² BGF / WF / Monat	DW	6,47
4.22	Deckungsgrad erzielte Netto- zur Soll-Nettomiete	%	DW	
4.3	Soll-Bruttomiete	€ m² BGF / WF / Monat	DW	10,12
4.31	Kalkulatorische Ist-Bruttomiete	€ m² BGF / WF / Monat	DW	9,34
4.32	Deckungsgrad Bruttomiete / Gesamtkosten	%	DW	
4.4	Deckungsgrad Betriebskostenerstattung / Betriebskosten	%	DW	

Gesamttabelle „Neuere Verwaltungsgebäude"				
Vergleichsring Städte GK5 NRW/NSN		Berichtsjahr: 1997		
5.	Verbräuche der Immobilie			
5.11	Wärmeenergie	kWh pro m² BGF	DW	128,60
5.12	Wärmeenergie	kWh pro Nutzer	DW	6.446,87
5.13	Kosten der Wärmeenergie	€ pro kWh	DW	0,02
5.21	Strom (Beleuchtung)	kWh pro m² BGF	DW	19,86
5.22	Strom (Beleuchtung)	kWh pro Nutzer	DW	995,56
5.23	Stromkosten (Beleuchtung)	€ pro kWh	DW	0,13
5.31	Wasser	m³ pro qm BGF	DW	0,16
5.32	Wasser	m³ pro Nutzer	DW	8,19
5.33	Wasserkosten	€ pro m³	DW	
6.	Kosten der Immobilie			
6.01	Gesamtkosten	€ pro m² BGF/WF	DW	111,67
	Gesamtkosten	€ pro Nutzer	DW	5.597,81
6.11	Flächenbereitstellungskosten	€ pro m² BGF/WF	DW	75,36
	Flächenbereitstellungskosten	€ pro Nutzer	DW	3.777,78
6.111	Gebäudebereitstellungskosten	€ pro m² BGF/WF	DW	68,76
6.112	Grundstücksbereitstellungskosten	€ pro m² GF	DW	4,32
6.12	Instandhaltungskosten	€ pro m² BGF/WF	DW	11,16
	Instandhaltungskosten	€ pro Nutzer	DW	559,55
6.13	Betriebskosten	€ pro m² BGF/WF	DW	23,23
	Betriebskosten	€ pro Nutzer	DW	1.164,73
6.131	Versicherungen	€ pro m² BGF/WF	DW	0,81
6.132	Strom (Beleuchtung)	€ pro m² BGF/WF	DW	2,62
6.133	Heizung/Warmwasser	€ pro m² BGF/WF	DW	2,96
6.134	Gebäudereinigung	€ pro m² RF	DW	0,31
	Gebäudereinigung	€ pro m² BGF/WF	DW	9,81
6.135	Hausmeisterkosten	€ pro m² BGF/WF	DW	7,05
6.136	Restliche Betriebskosten	€ pro m² BGF/WF	DW	-0,02
6.14	Verwaltungskosten (kalkulatorisch)	€ pro m² BGF/WF	DW	1,91
Gesonderte Zahlen zum Substanzverlust				
Substanzverlust in € pro Kopf		€ pro Person	DW	-234,06
Substanzverlust in € pro Vollzeitbeschäftigter		€ pro Vollz.Besch.	DW	-203,30

GW = Gesamtwert, DW = Durchschnittswert, BGF = Bruttogeschossfläche,
WF = Wohnfläche, RF = Reinigungsfläche, Geb.-Zw. = Gebäudezeitwert

Tab. 8.2: Ergebnisse eines KGSt-Vergleichsrings für neuere Verwaltungsgebäude für das Jahr 1997

Kostenträgerrechnung

Mit der Kostenträgerrechnung ordnen Sie schließlich die Kosten den Leistungen oder auch Produkten der Verwaltungen zu. Den Umweltcontroller wird bei dieser Kostenrechnungsart zunächst interessieren, welche Produkte und Leistungen mit umweltpolitischer Relevanz von der Verwaltung erbracht werden und welche Kosten diese Produkte/Leistungen verursachen.

Mit großem Engagement haben in den letzten Jahren eine Vielzahl öffentlicher Verwaltungen Produktdefinitionen erarbeitet (vgl. Kap. 2). Gemeinden können zwischenzeitlich verschiedene Produktpläne als Orientierung für eigene Produktdefinitionen nutzen.

Praxisbeispiel: Kommunaler Produktplan Baden-Württemberg

Im Produktplan Baden-Württemberg sind folgende Produktgruppen und Produkte dem Produktbereich „Kommunaler Umweltschutz" zugeordnet. Für diese Produkte liegen jeweils Kurzbeschreibungen vor:

- *Umweltplanung (Konzept Natur-, Landschafts- und Bodenschutz; Konzept zum Gewässerschutz; Konzept zu Luftreinhaltung, Energieplanung und Klimaschutz; Konzepte zum Lärmschutz; Ökoaudit; Aktionen/Veranstaltungen; Schadstoffregister)*

- *Umweltordnungsrecht (Maßnahmen zum Natur- und Artenschutz; Maßnahmen zum Gewässerschutz; Maßnahmen zum Bodenschutz; abfallrechtliche Maßnahmen; Maßnahmen zum Immissionsschutz)*

- *Altlasten (Behandlung von Altlasten)*

Im Rahmen der Budgetierung bekommen die Produkte Ressourcen zugewiesen und werden mit Leistungskennzahlen unterlegt. Schließlich dienen sie als Kostenträger bei einer aufzubauenden Kostenrechnung.

Bei der Produktdefinition sollten Sie – wie bei der Festlegung der Kostenstellen – keine zu kleinteilige Gliederung vornehmen, um den Erfassungsaufwand zu begrenzen. Beispielsweise hat sich die Stadt Duisburg entschieden, beginnend mit dem „Kommunalen Haushaltsbuch 2000/2001" auf die Darstellung von Produkten mit einem Stellenanteil unter zwei Beschäftigten zu verzichten, da diese sich als nicht steuerungsrelevant erwiesen haben. Konzentrieren Sie sich also auf jene Produkte, die Ihre Kräfte in hohem Maße binden und hinsichtlich des Umweltcontrollings die Umweltpolitik entscheidend beeinflussen. Auf dieser Basis und mit Hilfe der Ergebnisse der Kostenarten- und -stellenrechnung können Sie die Kostenträgerrechnung durchführen. Dabei sind zwei Varianten möglich:

Auf arbeitsintensive und umweltrelevante Produkte konzentrieren.

- Kostenträgerzeitrechnung und

- Kostenträgerstückrechnung.

Während die Zeitrechnung die Kosten den dazugehörigen Leistungen eines Zeitraums gegenüberstellt (s. Abb. 8.4), werden bei der Stückrechnung die Kosten bezogen auf eine Produkteinheit errechnet. Also dividiert man die Gesamtkosten der Rechnungsperiode durch die Menge der Leistungseinheiten. Im Berliner Stadtbezirksamt Neukölln wurden so für alle erstellten Produkte die Vollkosten je Mengeneinheit ermittelt. Für den Bereich Umweltschutz liegen solche Berechnungen ebenfalls vor. Die Produkte sind hier nach dem Berliner Gesetz über die Zuständigkeit der Ordnungsbehörden (OrdZG, § 19) definiert. So wurde zum Beispiel er-

Produkt: Planung, Initiierung und Moderierung von Umweltprojekten

Produkt 31/3100
Vergleichbare Produkte siehe KGSt-Nr.: 108.2.1

Beschreibung:
Planung, Initiierung und Moderierung von Umweltprojekten
Klimaschutzkonzept, Lokale Agenda 21, Energiesparmaßnahmen, Lärm, Luft, Kfz-Immissionsbelastung,
Klimagutachten, Erarbeitung von förderfähigen Projektideen, Abwicklung von Projektzuschüssen,
Betreuung des Ausschusses für Umwelt und Grünflächen.

Aufgabenart:	Auftrags-/bzw. Arbeitsgrundlage(n):
Teilweise Pflichtaufgabe	Diverse Ratsbeschlüsse
Zielgruppe(n):	Völkerrechtliche Verträge der BRD
Andere Ämter; gesellschaftliche	BImSchG
Gruppen; Bürger; Firmen; Rats-	GO NW
mitglieder	

Ziel(e):
> Nachhaltige und vorsorgende Umweltplanung
> Arbeitsfähigkeit der kommunalpolitischen Gremien
> Gesetzesvollzug

Leistungen, Kennzahlen/Indikatoren	>	2000/2001	1999	1998
> Anzahl Projekte- und Ausschusssitzungen		50	41	20
> Anzahl laufender Projekte		60	90	

Anmerkung:
Die Leistungen aus den Produkten 31/3100, 31/3101 und 31/3106 wurden hier zusammengefasst!

Über-/Zuschuss (+/-) 2000 in €			-974.550

Finanzdaten in	Ansatz 2000 €	Ansatz 2001 €	Ansatz 1999 €
Kosten:			
Personalkosten	230.600	0	221.050
Sächl. Betriebs-/Verw.kosten	10.800	0	16.600
Sonstige sächl. Verw.kosten	754.050	0	110.900
Zuweisungen/Zuschüsse	175.550	0	100.000
Kalkulat. u. sonstige Kosten	0	0	0
Gesamtkosten	1.171.000	0	448.550
Erlöse			
Gebühren/Entgelte/Erlöse	0	0	0
Erstatt./Zuweis./Zuschüsse	196.400	0	15.000
Sonstige Erlöse	0	0	0
Gesamterlöse	196.400	0	15.000
Über-/Zuschuss (+/-)	-974.550	0	-433.600
Deckungsgrad in %	17%		3%

Stellen/Personalressourcen		
	2000	2001
Stellenanteile	4,7	4,7

Volumen in VMH 2000 in € (nachrichtlich)		
Maßnahme(n):	Ausgaben	Einnahmen

Abb. 8.4: Produktinformationen „Planung, Initiierung und Moderierung von Umweltprojekten" (Quelle: Stadt Duisburg Stadtkämmerei, 2000)

rechnet, wie hoch die Kosten je Anlage zum Umgang mit wassergefährdenden Stoffen sind (s. Tab. 8.3).

Produkt: Ermittlung von Anlagen zum Umgang mit wassergefährdenden Stoffen (Ist IV/1998)	
Vollkosten	22.591,46 €
Anzahl der ermittelten Anlagen	337
Vollkosten je Mengeneinheit	67,04 €

Tab. 8.3: Vollkosten pro Anlage zum Umgang mit wassergefährdenden Stoffen
(Quelle: Unternehmen Verwaltung Neukölln, 2000)

Werden die Kosten des Energie- und Wasserverbrauchs sehr differenziert als „Pflichtkostenarten" in der Kostenrechnung ausgewiesen, sind auf dieser Berechnungsbasis auch Aussagen über ihre Höhe pro Kindergartenplatz oder auch pro Eheschließung möglich (s. Abb. 8.5). Solche Kennwerte gewinnen aber erst dann an Relevanz, wenn sie in Betriebs-, Zeit-, Soll-Ist-Vergleiche oder verwaltungsübergreifende Vergleiche einbezogen werden.

Kennzahlen für interne wie externe Vergleiche nutzen.

Künftig werden die Ergebnisse der Kostenrechnung im Haushaltsmanagement der öffentlichen Verwaltungen zur Ermittlung der Einzelbudgets dienen. Zwar ist das heute noch in weiten Teilen Zu-

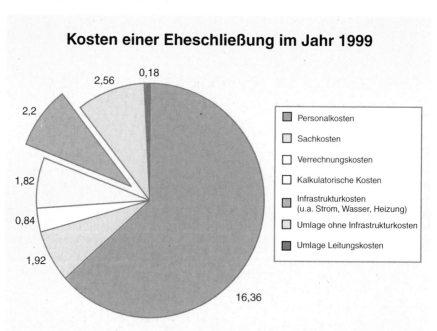

Abb. 8.5: Kosten einer Eheschließung im Berliner Stadtbezirksamt Neukölln (in Euro)
(Quelle: Eigene Darstellung nach Unternehmen Verwaltung Neukölln, 2000)

kunftsmusik, aber im Rahmen erster Pilotprojekte sind Produktbudgets bereits in der Erprobungsphase. Vielerorts werden schon die kameralen Haushaltsdaten um Kosteninformationen ergänzt, indem sie unterjährigen Finanzberichten und anders aufbereiteten Haushaltsplänen beigefügt werden. Das folgende Beispiel stellt dies anhand der Umweltkostenrechnung im Fuhrpark der Stadt Stuttgart vor.

Praxisbeispiel: Umweltkostenrechnung im Fuhrpark der Stadt Stuttgart

Auf Basis eines Beschlusses zum Klimaschutzkonzept der Stadt Stuttgart vom November 1998 wird das Projekt „Energiesparendes Autofahren" durchgeführt. Dafür wurden von der Stadt einmalig insgesamt rund 100.000 Euro als Anschubfinanzierung zur Verfügung gestellt. Zielgruppe des Projekts ist insbesondere der städtische Fuhrpark. In den Kursen werden die städtischen Fahrerinnen und Fahrer in Energie sparendem Fahrverhalten geschult. Eine Akzeptanzanalyse hatte ergeben, dass mögliche Spareffekte wenig bekannt sind und Kursgebühren von über 100 Euro von potenziellen Teilnehmern auch außerhalb der Stadtverwaltung abgelehnt werden. Nach ersten Schätzungen des Amts für Abfallwirtschaft und der Stadtreinigung amortisieren sich jedoch die Kosten der Kurse durch eingesparte Kraftstoffmengen in kurzer Zeit. Bei einem Durchschnittsverbrauch von neun Litern pro 100 Kilometern und einer jährlichen Fahrleistung von rund 12.000 Kilometern spart jeder geschulte Kraftfahrer bei einer prognostizierten Kraftstoffreduzierung von 20 Prozent rund 220 Liter Kraftstoff im Jahr, was 160 bis 195 Euro entspricht. Im Zusammenhang mit der Einführung einer neuen Software für die Kostenrechnung werden für die einzelnen Fahrzeuge eigene Kostenstellen eingerichtet. Auf diese Weise ist es möglich, die tatsächlichen Einsparungen abzubilden und damit die Effekte des Projekts deutlich zu machen. Gleichzeitig haben die Fahrerinnen und Fahrer die Möglichkeit zur Selbstkontrolle.

8.5 Verbindung zwischen den Ergebnissen der Umweltkostenrechnung und den Budgetregelungen

Die bereits praktizierten Formen der Budgetierung enthalten gezielte monetäre Anreize (z.B. für Energieeinsparungen) im Bereich der Budgetverantwortung. Um dies umsetzen zu können, müssen allerdings entsprechende Sammelnachweise aufgelöst und die vollständige Verantwortung für den Verbrauch an Energie, Kraftstoff, Wasser usw. an die Fachverwaltungen beziehungsweise Organisationseinheiten übertragen werden. Damit wird auch im Haushaltswesen sichtbar, dass die Zuständigkeiten für den Ressourcenverbrauch dezentral organisiert sind.

*„Fifty-fifty-Regelung"
schafft Anreize für
Einsparungen.*

Untersuchungen haben gezeigt, dass die Kommunalverwaltungen zunehmend dazu übergehen, bei Budgetunterschreitungen – in Abhängigkeit von der Einschätzung der Managementleistung – den Einrichtungen, Fachbereichen, Dezernaten usw. einen Bonus für die erwirtschafteten Minderausgaben zur Verfügung zu stellen (s. Abb. 8.6). Die Mehrzahl der untersuchten Städte hat sich dabei für eine „Fifty-fifty-Regelung" entschieden, das heißt, die Einrichtungen und Fachverwaltungen bekommen die Hälfte der durch sie eingesparten Mittel.

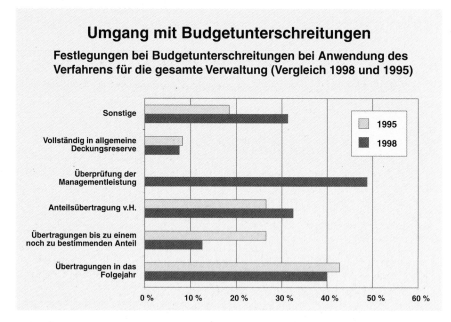

Abb. 8.6: Umgang mit Budgetunterschreitungen. Befragungsergebnisse der Stadtverwaltungen aller deutschen Städte ab 50.000 Einwohner (Quelle: Frischmuth, 2001)

Literatur

Ammon, G.: Bewertung von Maßnahmen im Bereich der Energieeinsparungen und des Klimaschutzes. BWGZ 1999, Nr. 6.

Bundesumweltministerium / Umweltbundesamt (BMU / UBA) (Hrsg.): Handbuch Umweltkostenrechnung. München 1996.

Bundesumweltministerium / Umweltbundesamt (BMU / UBA) (Hrsg.): Handbuch Umweltcontrolling. 2. Auflage, München 2001.

Frischmuth, B.: Budgetierung in der Stadtverwaltung. Berlin 2001.

Innenministerium Baden-Württemberg (Hrsg.): Kommunaler Produktplan. Stuttgart 1996.

Kesper, R.-D.: Wirtschaftlichkeit der Aufgabenerfüllung (Haushalt). In: Sachverständigenrat „Schlanker Staat".: Abschlußbericht Band 3, Leitfaden zur Modernisierung von Behörden. Bonn 1997.

Schmidt, J.: Wirtschaftlichkeit in der öffentlichen Verwaltung. 5. Auflage, Berlin 1996.

Stadt Duisburg, Stadtkämmerei: Das Kommunale Haushaltsbuch 2000/2001, Band II: Detaillierte Produktinformationen. Duisburg 2000.

Unternehmen Verwaltung Neukölln: Produktorientierte Darstellung zum Bezirkshaushaltsplan 2000.

Verein Deutscher Ingenieure (Hrsg.): VDI-Richtlinie 2067, Wirtschaftlichkeit gebäudetechnischer Anlagen – Grundlagen und Kostenrechnung. Düsseldorf 1999.

Verein Deutscher Ingenieure (Hrsg.): VDI-Richtlinie 6025, Betriebswirtschaftliche Berechnungen für Investitionsgüter und Anlagen. Düsseldorf 1996.

Wirtschaftsministerium Baden-Württemberg (Hrsg.): Energie-Management kommunaler Liegenschaften. Ein Leitfaden für Städte und Gemeinden. Stuttgart 1998.

9. Möglichkeiten der Finanzierung von Umweltschutzmaßnahmen in öffentlichen Verwaltungen

Die tatsächlich getätigten Umweltschutzmaßnahmen in öffentlichen Verwaltungen entsprechen aufgrund der begrenzten Eigenmittel vielfach nicht den wirtschaftlich umsetzbaren Potenzialen. Daher werden in diesem Kapitel Handlungsspielräume im Rahmen des öffentlichen Haushaltsrechts aufgezeigt und Ansätze zur bestmöglichen Nutzung der Instrumente für die Finanzierung von Umweltschutzmaßnahmen (Eigenmittel, Kredite, Fördermittel etc.) benannt. Seit Anfang der neunziger Jahre werden auch die Möglichkeiten der privatwirtschaftlichen Finanzierungsmodelle genutzt. Vor allem Gebäudetechnik, Kläranlagen und Müllverbrennungsanlagen finanziert die öffentliche Hand zunehmend über privatwirtschaftliche Verträge. Im zweiten Teil des Kapitels finden Sie deshalb eine Darstellung der verschiedenen Sonderfinanzierungsformen (Leasing, Betreibermodelle, Contracting, Public-Private-Partnership, Beteiligungsmodelle etc.), die für Umweltschutzmaßnahmen geeignet sind. Gleichzeitig erhalten sie einen Überblick über die damit verbundenen Vor- und Nachteile.

9.1 Handlungsspielräume im Rahmen des öffentlichen Haushaltsrechts

Die öffentliche Hand ist nach den Vorschriften des Haushaltsrechts grundsätzlich zur Wirtschaftlichkeit und Sparsamkeit verpflichtet (vgl. Kap. 8.1) – ein Grundsatz, der auch für die Finanzierung geplanter Umweltschutzmaßnahmen gilt. Nach einer grundsätzlichen Entscheidung für eine Maßnahme, müssen Sie daher prüfen, ob die Finanzierung innerhalb Ihres Haushalts erfolgen soll oder ob die Sonderfinanzierung von Seiten Dritter günstigere Bedingungen aufweist.

Die öffentliche Hand ist zur Wirtschaftlichkeit und Sparsamkeit verpflichtet.

Da sich Sonderfinanzierungen erst bei Projekten mit größerem Finanzvolumen lohnen, wird der Großteil der Umweltschutzmaßnahmen weiterhin über den Haushalt finanziert werden. Für Bund, Länder und Kommunen gelten dabei ähnliche Haushaltsgrundsätze und Finanzierungsmöglichkeiten, wobei für Bund und Länder im Vergleich zu den Kommunen deutlich seltener eine Finanzierung durch Dritte (z.B. über Gebühren) möglich ist.

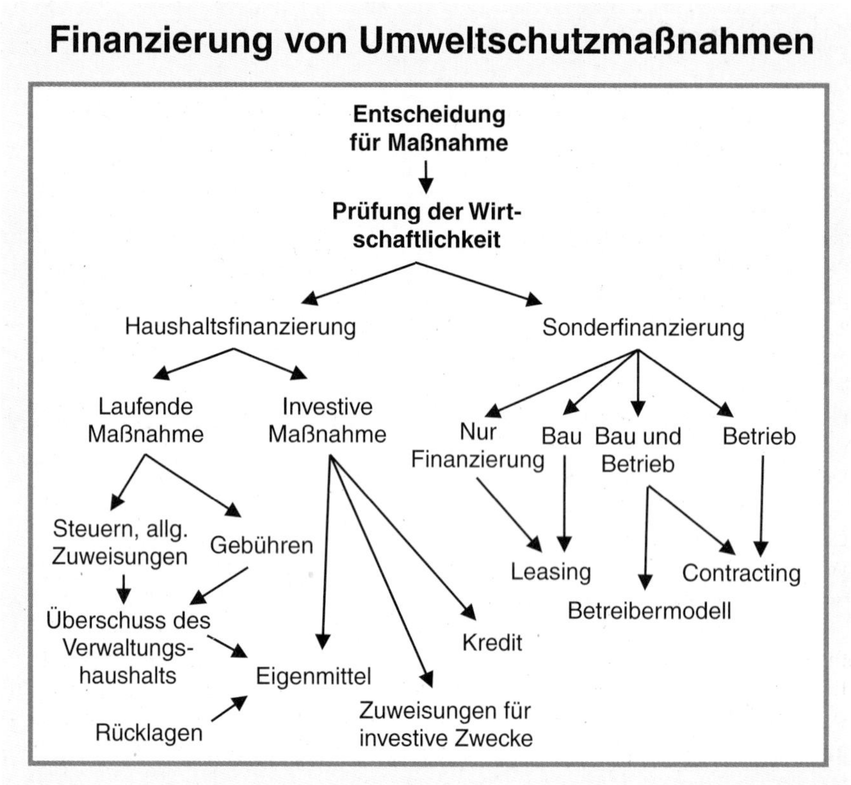

Finanzierung von Umweltschutzmaßnahmen

**Entscheidung
für Maßnahme**

↓

**Prüfung der Wirt-
schaftlichkeit**

Haushaltsfinanzierung   Sonderfinanzierung

Laufende   Investive
Maßnahme   Maßnahme   Nur   Bau   Bau und   Betrieb
                                        Finanzierung   Betrieb

Steuern, allg.
Zuweisungen   Gebühren
                                                    Leasing   Contracting

Überschuss des   Betreibermodell
Verwaltungs-   Kredit
haushalts   Eigenmittel

Rücklagen   Zuweisungen für
                       investive Zwecke

Abb. 9.1: Schema für Finanzierungsmöglichkeiten von Umweltschutzmaßnahmen

Entsprechend den Vorschriften des jeweils geltenden Haushaltsrechts müssen Sie die geplanten Maßnahmen für den nächsten Haushaltsplan zunächst anmelden und dabei auch Vorschläge zur Finanzierung machen. Im Zuge der weiteren Haushaltsplanung haben Sie Ihre Anmeldungen gegen andere Ausgabeanmeldungen durchzusetzen, bevor sie durch die Entscheidungen des Rats oder Parlaments endgültig in den Haushaltsplan aufgenommen werden. Es leuchtet ein, dass neue finanzielle Spielräume nur dann entstehen können, wenn die Einnahmen erhöht und/oder die Ausgaben gesenkt werden. Deshalb sollten Sie, bevor auf allgemeine Haushaltsmittel zurückgegriffen wird, zunächst im Haushalt Ihrer eigenen Organisation nach Einsparmöglichkeiten suchen.

*Einsparmöglichkeiten
im eigenen Haushalt
prüfen.*

Da Sie nur Investitionen über Kredite finanzieren können, müssen Sie zwischen laufenden und investiven Maßnahmen unterscheiden. Letztere gliedern sich in Sach- und Finanzinvestitionen auf. Sachinvestitionen sind Ausgaben (bei Kommunen mehr als 400 Euro, bei Bund und Ländern mehr als 5.000 Euro) für Anlagen, deren Nutzungsdauer über den Zeitraum eines Jahres hinausreicht. Sie erhöhen das Anlagevermögen und werden bei den Kommunen deshalb im Vermögenshaushalt verbucht. Zu den Finanzinvestitionen zählen Darlehen oder Zuweisungen und Zuschüsse. Alle geplanten Investitionsmaßnahmen müssen in die mittelfristige Investitionsplanung aufgenommen werden, die sich auf die nächsten vier Jahre erstreckt.

Wird die geplante Maßnahme von einer kommunalen Einrichtung erbracht, müssen Sie außerdem prüfen, ob diese nicht über die zu erhebenden Gebühren finanziert werden muss, wie es die Gemeindehaushaltsverordnung (GemHVO) und das jeweilige Kommunalabgabenrecht des Landes für die Kommunen vorschreibt. Im Wesentlichen sind diese Gebühren, soweit sie nicht eine sozial- oder kulturpolitische Funktion besitzen, nach betriebswirtschaftlichen Grundsätzen kostendeckend zu berechnen. Kostendeckung bedeutet vor allem, dass auch die Verzinsung des eingesetzten Kapitals und die Abschreibungen in den Gebühren zu berücksichtigen sind. Erreicht wird dies zurzeit vor allem bei der Abwasserbeseitigung und der Abfallwirtschaft, so dass aus diesen Bereichen kaum Belastungen der kommunalen Haushalte resultieren. Allerdings werden damit tendenziell die Gebühren erhöht, die Bürgerinnen und Bürger sowie die Wirtschaft zu tragen haben. In den Landesgesetzen zur Abwasser- und Abfallbeseitigung gibt es darüber hinaus häufig Regelungen für Maßnahmen, die noch zusätzlich über die Gebühren abgerechnet werden dürfen, etwa die Rekultivierung von Deponien oder die Abfallberatung.

Kommunen müssen Finanzierung über Gebühren prüfen.

In einer großen Anzahl von Städten und Gemeinden und zunehmend auch bei Bund und Ländern ist inzwischen die Budgetierung eingeführt worden. Das heißt: Ihre Organisationseinheit (z.B. Dezernat oder Amt) bekommt jährlich einen bestimmten Geldbetrag zur Verfügung gestellt und kann ihn zur Erreichung vorgegebener Ziele nach eigenem Ermessen verwenden (vgl. Kap. 2). Damit entfällt die strenge Bindung an Haushaltstitel. Nicht ausgegebene Beträge können je nach Regelung ganz oder teilweise in das nächste Haushaltsjahr übertragen werden. Dadurch eröffnet sich einzelnen Organisationseinheiten die Möglichkeit, aus eigener Entscheidung Umweltschutzmaßnahmen durchzuführen, insbesondere wenn sich damit ein finanzieller Vorteil erzielen lässt. Gleichzeitig besteht aber auch die Gefahr, dass zu Lasten des Umweltschutzes gespart wird. Um dies zu vermeiden, ist es sinnvoll, die Förderung des Umweltschutzes in die Zielvereinbarung zur Budgetierung aufzunehmen.

Eine Reihe von Umweltschutzmaßnahmen lässt sich nur durch Investitionen realisieren. Diese müssen Sie grundsätzlich zuerst über eigene Mittel, wie Haushaltsüberschüsse oder angesparte Rücklagen, finanzieren. Aufgrund der Knappheit verfügbarer Finanzmittel kommt Krediten jedoch eine besonders wichtige Rolle zu. Sie können von der öffentlichen Verwaltung nur dann aufgenommen werden, wenn ein Kreditaufnahmebetrag in der Haushaltssatzung vom Rat oder Parlament beschlossen und – im Fall der Kommunen – durch die Kommunalaufsicht genehmigt worden ist.

Eine Kreditaufnahme darf die Leistungsfähigkeit der Kommune nicht gefährden.

Ausnahmen sind Länder wie Nordrhein-Westfalen, in denen die Kreditaufnahme nur noch angezeigt werden muss. Wesentliches Kriterium für eine Kreditgenehmigung bei Kommunen ist, dass die dauernde Leistungsfähigkeit durch die Kreditaufnahme nicht gefährdet wird, die Kommune also in der Lage ist, die anfallenden Zinsen und die Kredittilgung in den nächsten Jahren zu erbringen. Die Kreditgenehmigung erfolgt dabei nicht für eine spezielle Maßnahme, sondern entsprechend dem Gesamtdeckungsprinzip für alle im Vermögenshaushalt eingestellten Maßnahmen. Bei Bund und Ländern darf die Kreditaufnahme gemäß Artikel 113 des Grundgesetzes das Investitionsvolumen nicht überschreiten.

Bei der Berechnung des Kreditvolumens ist umstritten, ob die Finanzierung rentabler Investitionen von einer Kreditbegrenzung ausgenommen werden kann. Zumindest in einigen Ländern ist dies mit der Kommunalaufsicht verhandelbar, was Ihnen die Möglichkeit eröffnet, auch größere Maßnahmen, etwa zur Energieeinsparung, selbst über Kredite zu finanzieren.

Eine Kreditaufnahme ist an Vorgaben gebunden.

Eine Kreditaufnahme ist nicht nur möglich, wenn es um Baumaßnahmen oder den Erwerb von Geräten geht, sondern auch zur Förderung investiver Maßnahmen bei privaten Haushalten oder Unternehmen. Solche Fördermaßnahmen können wiederum ebenfalls in zinsverbilligten Krediten oder verlängerten Tilgungszeiten bestehen.

Eine weitere Finanzierungsquelle, die von Kommunen häufig zur Finanzierung von Investitionen eingesetzt wird, sind Zuweisungen von den Ländern, dem Bund oder der Europäischen Union (EU). Dem Wirtschaftlichkeitsgebot folgend sind Sie verpflichtet, zu überprüfen, ob Ihre Vorhaben finanziell gefördert werden können. Dazu stehen zahlreiche Handbücher, Broschüren und Internetseiten zur Verfügung (s. Literaturverzeichnis). Meist übt die Aussicht auf zusätzliche finanzielle Mittel einen hohen Anreiz aus. In aller Regel werden die Mittel in Form anteiliger Zuschüsse zu den Investitionskosten gewährt, wobei das jeweilige Land die Konditionen der Vergabe bestimmt. So sollten Sie beispielsweise unbedingt darauf achten, dass die Maßnahme nicht begonnen wird, bevor ein Zuwendungsbescheid erteilt ist. Da die Landesmittel in aller Regel beschränkt sind, besteht kein Anspruch auf Mittelzuweisung, längere Wartezeiten sind grundsätzlich einzuplanen. Der Bund (über die Kreditanstalt für Wiederaufbau), teilweise auch die Länder, gewährt zudem zinsverbilligte Kredite, mit deren Hilfe sich im Vergleich zum Kommunalkredit Zinsen sparen lassen. Auf das genehmigungsfähige Kreditvolumen dürfte dies allerdings nur sehr geringfügigen Einfluss haben.

Bei allen Maßnahmen, die nicht von der Verwaltung selbst durchgeführt werden können, ist eine Ausschreibung nach dem Haushaltsrecht, der Verdingungsordnung Bau/Teil A (VOB/A) oder der Verdingungsordnung für Leistungen (VOL) vorgeschrieben. Bei Überschreitung des Volumens von fünf Millionen Euro bei einer Ausschreibung nach VOB und 200.000 Euro bei einer Ausschreibung nach VOL ist eine europaweite Ausschreibung entsprechend den Regeln der EU Pflicht (vgl. Kap. 4.1). Die Ausschreibung muss sorgfältig, gegebenenfalls mit Hilfe Externer, vorbereitet werden und so erfolgen, dass sie im Wesentlichen ergebnis- und nicht verfahrensorientiert ist, um mögliche Innovationen nicht aus dem Wettbewerb auszuschließen. Das Finanzierungsverfahren kann dabei Bestandteil der Ausschreibung sein.

9.2 Sonderfinanzierungen

Als Sonderfinanzierung werden in der Regel alle Verfahren bezeichnet, mit denen öffentliche Maßnahmen außerhalb des Haushalts vorfinanziert werden, um den teilweise rigorosen Einschränkungen der Haushalte zu entkommen. Selbstverständlich muss aber die Bezahlung der Vorfinanzierung ordnungsgemäß über den Haushalt erfolgen. Charakteristisch für die verschiedenen Formen ist, dass sie neben der Finanzierungsleistung immer mehr auch unternehmerische Leistungen wie Planung, Baukoordination oder Ingenieurleistungen von Dritten umfassen. Deshalb sollten Sie die Sonderfinanzierung für eine Bewertung gedanklich in eine Finanzierungs- und eine Dienstleistungskomponente aufteilen. Da die Spannweite der Sonderfinanzierungsformen außerordentlich groß und variantenreich ist, werden zunächst die drei wesentlichen Formen vorgestellt. Ihre Vor- und Nachteile sind in Tabelle 9.1 zusammengefasst.

> *Sonderfinanzierungen umfassen immer häufiger auch Leistungen Dritter.*

Leasing

Die klassische Form der Sonderfinanzierung ist das Leasing, also die langfristige Vermietung beweglicher und unbeweglicher Güter unter besonderen Bedingungen. Der Leasinggeber ist Eigentümer des Leasingobjekts, dem Leasingnehmer (also Ihnen) werden jedoch Risiken und Pflichten auferlegt, die in normalen Mietverträgen der Vermieter zu tragen hat. Als Leasingnehmer haben Sie eine Leasingrate zu entrichten. Der Leasinggeber finanziert sich entweder über Bankkredite oder aber über Fonds, bei denen private Personen Geld – unter Umständen mit einer relativ niedrigen Verzinsung – zur Verfügung stellen, wenn sie dafür Sonderabschreibungen in Anspruch nehmen können.

Die Anwendung des Leasings wird in starkem Maße von steuerlichen Überlegungen, insbesondere auf Seiten des Leasinggebers, bestimmt. So muss er, um seine Investition profitabel zu gestalten, im steuerlichen Sinne wirtschaftlicher Ei-

Abb. 9.2: Leasing-Finanzierung

gentümer des Leasingguts sein. Dies ist nach Auffassung der Finanzbehörden aber nur dann der Fall, wenn das Leasinggut auch für einen anderen Zweck als den des Leasingnehmers verwendet werden kann. Sonst wird der öffentlichen Hand beim Leasing unterstellt, dass es sich um ein Spezialleasing handelt (etwa bei Kläranlagen oder der Kanalisation). Unterschieden wird üblicherweise in Immobilien- und Mobilienleasing (Fahrzeuge etc.). Bei letzterem werden zumeist recht kurzfristige Verträge abgeschlossen, in denen auch Wartungsarbeiten und anderer Service enthalten sein können (operating leasing). Bei Umweltschutzmaßnahmen wird es hauptsächlich um das Leasing von Geräten gehen.

Leasing ist die klassische Form der Sonderfinanzierung.

Contracting

Beim Contracting werden Maßnahmen, die zu einer Einsparung von Ressourcenverbräuchen führen sollen, von Dritten auf eigenes Risiko durchgeführt und vorfinanziert. So werden die Erstellungskosten einschließlich einer Prämie für Risiken und Kapitalkosten durch die später erzielten Einsparungen finanziert. Beim Einsparcontracting gibt der Contractor eine verbindliche Einspargarantie ab, die sich auf eine Referenzgröße bezieht. Wird die Garantieleistung nicht erreicht, erhält der Nutzer eine Ausgleichszahlung. Hauptanwendungsfeld sind die Energie- und die Wasserversorgung, beides Bereiche, in denen noch beträchtliche Einsparpotenziale bestehen.

> *Praxisbeispiel: Energiesparpartnerschaft Berlin*
>
> *Bei der Vorbereitung des Energiekonzepts Berlin wurden im Bereich der öffentlichen Einrichtungen technisch-wirtschaftliche Energiesparpotenziale von bis zu 30 Prozent ermittelt. Dies entsprach einem Investitionsbedarf von über 500 Millionen Euro. Angesichts der drastischen Schuldenlast des Landes konnten diese Mittel nicht zur Verfügung gestellt werden. Daher wurde Mitte 1996 zusammen von der Berliner Senatsverwaltung und privaten Energiedienstleistern das Contractingprojekt „Energiesparpartnerschaft Berlin" in Angriff genommen. Im Rahmen des Projekts wurden die Gebäude zu „Pools" zusammengefasst, die jeweils einen Querschnitt hinsichtlich Nutzung, Bruttogeschossfläche und der für die Heizung verwandten Energieträger repräsentieren. Dadurch können sich die Energiedienstleister nicht nur die Rosinen herauspicken, sondern müssen auch weniger rentable Maßnahmen einbeziehen. Pro Pool bekommt das Land einen jährlichen Festbetrag an eingesparten Energiekosten garantiert.*

Eine interessante Variante stellt das verwaltungsinterne Contracting, auch Intracting genannt, dar, das von der Stadt Stuttgart entwickelt wurde. Dabei werden die dem Contracting vergleichbaren Dienstleistungen von einer Organisationseinheit der Verwaltung (z.B. dem Umweltamt) erbracht. Die Finanzierung läuft ebenfalls über die erzielten Einsparungen. Allerdings, und das ist der Vorteil, entfällt die von privaten Partnern erhobene Risiko- und Gewinnprämie. Außerdem lassen sich damit auch kleinere Maßnahmen, die für private Anbieter nicht lohnend sind, einbeziehen.

Praxisbeispiel: Intracting der Stadt Stuttgart

Das Umweltamt erhält aus dem Stadthaushalt Mittel zur Finanzierung von Energie sparenden Maßnahmen und bezahlt dem Schulverwaltungsamt daraus die Dämmung der obersten Geschossdecke einer Schule. Der Gesamtfinanzbedarf der Maßnahme beläuft sich auf 16.700 Euro; die Reduzierung des Energieverbrauchs um jährlich 38.700 Kilowattstunden entspricht einer Kosteneinsparung von 1.400 Euro pro Jahr. Da eine Verzinsung des Kapitals nicht gefordert wird, fließt das eingesetzte Kapital in 11,7 Jahren an das Umweltamt zurück, das aus dem Mittelrückfluss weitere Maßnahmen finanzieren kann.

Betreibermodell

Beim Betreibermodell übernimmt ein privates Unternehmen Bau, Betrieb und Finanzierung einer Anlage. Beispielsweise schließt eine Kommune nach dem Ausschreibungswettbewerb mit der Projektgesellschaft einen langfristigen Vertrag (20 bis 25 Jahre), in dem eine bestimmte Leistung festgelegt wird (etwa der Betrieb einer Kläranlage mit bestimmter Reinigungsleistung). Für die Leistung erhält das Unternehmen ein Entgelt, das die Kommune durch die erhobenen Gebühren abdeckt. Finanziert wird die Investition durch einen Bankkredit. Beim Ausfall des

> **Bau, Betrieb und Finanzierung einer Anlage durch privates Unternehmen.**

Betreibers, etwa durch Konkurs, kann die Anlage von der Gemeinde unmittelbar weiter betrieben werden. Auch nach Ablauf des Vertrags kann die Anlage an die Gemeinde fallen.

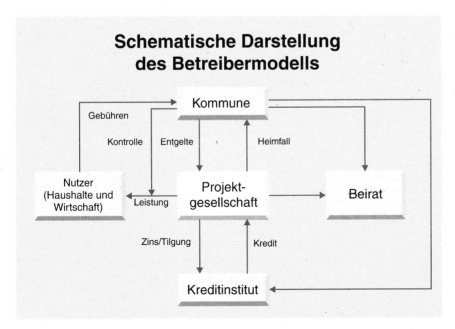

Abb. 9.3: Schematische Darstellung des Betreibermodells

Vor- und Nachteile von Drittfinanzierungsmodellen

Vorteile	Nachteile
Leasingmodell	
Steuerpflichtige Stadtwerke können durch Leasing Steuervorteile in Anspruch nehmen.	Im Allgemeinen ist Leasing teurer als durch Kommunalkredite finanzierte Projekte.
Die Belastung des Stadtwerks oder der Kommune erfolgt erst nach Fertigstellung des Investitionsguts.	Es können kommunalrechtliche Hemmnisse wegen der vermögensrechtlichen Zuordnung des Leasingobjekts bestehen.
Spezialisierte Leasinginstitute entlasten administrativ (keine Bauherrenfunktion).	Bei Spezialleasing gibt es keine steuerliche Anerkennung.
Die finanziellen Belastungen sind gegenüber einer Kreditfinanzierung an die Bedürfnisse des Leasingnehmers anpassbar.	
Contractingmodell	
Die komplette Übernahme des gesamten Dienstleistungspakets durch ein Unternehmen bietet einen Vollservice aus einer Hand.	Die Vertragsgestaltung ist aufwändig und muss an die individuellen Verhältnisse angepasst werden.
Eine schnelle und effiziente Durchführung des Projekts ist in der Regel gewährleistet.	Aus Sicht der Kommunen sind rechtliche Fragen teilweise unklar (z.B. Eigentumsverhältnisse bei Investitionen zur Wärmedämmung).
Steuervorteile und Fördermittel können voll genutzt werden.	Bei rentierlichen Investitionen sind die Finanzierungsmöglichkeiten der Kommune häufig günstiger (Kommunalkredite).
Finanzierungsengpässe können relativ einfach überwunden werden.	
Betreibermodell	
Günstige Finanzierungskonditionen durch Realisierung und Weitergabe von Steuervorteilen (Verlustzuweisungen).	Die Verantwortlichkeit für die Erfüllung hoheitlicher Aufgaben bleibt bestehen.
Stellung von nicht banküblichen Sicherheiten durch Forfaitierung potenzieller Forderungen.	Durch Einbeziehung der Betreibergesellschaft wird die Einflussmöglichkeit auf die Leistungserstellung beschränkt (umfassende Kontrollrechte erforderlich).
Risikoübernahme der Erstellung der Anlage und der vertragsgemäßen Wartung bei der Betreibergesellschaft.	Die Gestaltung des Vertragswerks ist sehr aufwändig.
Durchführung von öffentlichen Investitionsprojekten unabhängig von der jeweiligen Finanzlage.	

Tab. 9.1: Vor- und Nachteile der einzelnen Drittfinanzierungsmodelle

9.3   Bewertung von Sonderfinanzierungen

Haushaltsrechtlich sind die Formen der Sonderfinanzierung als kreditähnliche Geschäfte ebenso wie Kredite zu behandeln. In den meisten Ländern ist dafür eine Einzelgenehmigung durch die Kommunalaufsicht notwendig, da sich aus dem Vertrag eine längerfristige finanzielle Verpflichtung ergibt. Lediglich wenn es sich um ein Geschäft der laufenden Verwaltung handelt, ist keine Genehmigung erforderlich. Mit der Einzelgenehmigung ist wiederum eine Prüfung der dauernden Leistungsfähigkeit verbunden, die auch die bereits genehmigten Kredite miteinbezieht. Ist die beantragte Sonderfinanzierung mit Erträgen verbunden, wird die Einzelgenehmigung erteilt werden.

Sonderfinanzierungen sind wie Kredite zu behandeln.

Die Raten beziehungsweise Kosten, die für die Sonderfinanzierung aufgebracht werden müssen, sind über Ihren Haushalt zu finanzieren. Auch dafür gilt das im ersten Abschnitt dieses Kapitels für die Aufstellung des Haushaltsplans beschriebene Prozedere, wobei die Zahlung in einigen Fällen nicht mehr über den Vermögens- sondern über den Verwaltungshaushalt verbucht wird.

Häufig hört man das Argument, durch Sonderfinanzierungen würden zusätzliche Finanzierungsmittel innerhalb des Haushalts frei. Wenn man sich aber die Berechnung der dauernden Leistungsfähigkeit vor Augen hält, ist dies nur unter bestimmten Bedingungen der Fall. In der Regel sind die Raten der Sonderfinanzierungen nämlich über den Haushalt zu erbringen, was den Überschuss des Verwaltungshaushalts schmälert und die Möglichkeiten der Kreditaufnahme verringert. Lediglich wenn mit Hilfe der Sonderfinanzierung mittelfristig eine spürbare Reduktion der Ausgaben erreicht wird, also im Fall der „Rentierlichkeit", führt die Sonderfinanzierung zu besseren Ergebnissen.

Maßstab für die Beurteilung jeglicher Finanzierungsform ist der klassische Kommunalkredit, bei dem die Kommune ein Schuldscheindarlehen bei einer von ihr gewählten Bank aufnimmt. Dass die Konditionen für einen derartigen Kredit in der Regel außergewöhnlich günstig sind, ist auf mehrere Faktoren zurückzuführen: Durch die Garantie des Landes besitzt der Kommunalkredit eine erstklassige Bonität, es besteht keine Mindestreservepflicht und die Kreditverträge können außergewöhnlich schnell abgeschlossen werden – alle drei Faktoren reduzieren die Kosten. Unterbieten lassen sich die Bedingungen des Kommunalkredits nur dann, wenn private Geldanleger bereit sind, beispielsweise einen Bau unter dem Marktzins zu finanzieren, weil sie gleichzeitig Sonderabschreibungen auf das Gebäude vornehmen können. Allerdings schwindet mit der Einschränkung von Sonderabschreibungen diese Möglichkeit der öffentlichen Hand, billiges Kapital zu erhalten.

Das Spezialwissen der Anbieter ist häufig die wichtigste Komponente.

Von besonderer Bedeutung für die öffentliche Verwaltung ist bei diesen Modellen oft weniger die Finanzierungsseite als vielmehr das spezialisierte Wissen der Anbieter. Es ist daher wichtig, die Erfahrung der einzelnen Anbieter bei der Ausschreibung richtig einzuschätzen. Außerdem ist zu beachten, dass sich die Modelle umso besser umsetzen lassen, je kontinuierlicher die der Finanzierung zugrunde liegenden Zahlungsströme sind (z.B. Abwassergebühren) oder je größer das vorhandene Einsparungspotenzial ist.

Wenn, wie in einigen Ländern, keine Zuwendungsfähigkeit für Maßnahmen besteht, die über Leasing und andere Sonderformen finanziert werden, scheiden diese Finanzierungsformen in der Regel aus. Schließlich kann die Gewährung finanzieller Förderungen nur selten durch etwaige Vorteile der Sonderfinanzierung kompensiert werden. Allerdings ändern sich die Vergabevorschriften diesbezüglich ständig.

Sonderfinanzierungen müssen je nach Schwerpunkt der Leistung gemäß VOB oder VOL ausgeschrieben werden. Umstritten ist das Unterlaufen der Ausschreibungspflicht der öffentlichen Hand durch Sonderfinanzierungen, bei denen eine freihändige Vergabe möglich ist. Allerdings führt die Ausschreibungspflicht unter Umständen zu höheren Kosten, etwa wegen des Nachverhandlungsverbots.

Praxisbeispiel: Öko-Sponsoring der Stadtwerke Gelsenkirchen
Dass vor allem auf kommunaler Ebene ein nennenswertes Potenzial für die Erschließung privater Finanzierung vorhanden ist, zeigen nicht nur die bereits realisierten Projekte im Energiebereich. Die Stadtwerke Gelsenkirchen konnten beispielsweise bei der Wirtschaft Mittel für die Umrüstung ihres Fuhrparks auf Erdgas einwerben, indem sie die Seitenflächen der Müllfahrzeuge für 3.500 bis 5.000 Euro jährlich als Werbeträger vermieten. Ein Finanzierungskonstrukt, das beiden Seiten Vorteile bietet: Die öffentliche Hand kann ohne großen Aufwand Umweltschutzmaßnahmen finanzieren, während die privaten Geldgeber ihr Umweltengagement in der Öffentlichkeit kommunizieren und gleichzeitig eine interessante Werbemöglichkeit nutzen können.

9.4   Entscheidungsprozesse

Welches Finanzierungsmodell gewählt wird, hängt von verschiedenen Faktoren ab:

- ■ Zuschussfähigkeit

- ■ Steuerliche Regelungen

- ■ Verwendung von Kommunalkrediten

- ■ Risikoverteilung

- ■ Erfahrung des Auftragnehmers

Einige dieser Aspekte können Sie heute mit Tabellenkalkulationsprogrammen wie Excel oder speziellen Softwareprogrammen relativ leicht durchrechnen. Für die Finanzierung des Baus von Kläranlagen gibt es sogar ein frei nutzbares Programm, das auf den Internetseiten des Bundesumweltministeriums erhältlich ist (s. nachfolgende Seite). Sie können damit zahlreiche Parameter einstellen, beispielsweise die gewünschte Organisationsform oder das Abschreibungsverfahren, die Ergebnisse werden Ihnen als Tabellen oder Grafiken angezeigt.

Verallgemeinerungsfähige Aussagen über die Vorteile einzelner Sonderfinanzierungsmodelle gibt es nicht. Wie so oft, kommt es auch hier auf den Einzelfall an. Die Aussagen vieler Beteiligter – von den Rechnungshöfen bis zu interessierten Kreisen aus der Bauwirtschaft – zeigen eine sehr unterschiedliche Bewertung der einzelnen Modelle. Gerne zitiert werden einzelne Beispiele dafür, wie durch Sonderfinanzierung besondere Kosteneinsparungen erzielt wurden. Fälle, in denen eine Sonderfinanzierung nicht funktioniert hat, werden dagegen häufig unterschlagen. Deutlich wird aber auch, dass die Anwendung einer Sonderfinanzierung besondere Anforderungen an Sie stellt, da Sie letztlich zum Wohl der Bürger und der Wirtschaft die Maßnahme bis zum Ende kontrollieren müssen. In der Regel werden Sie deshalb zur Lösung auftretender Probleme externe Fachkräfte, beispielsweise Wirtschafts- und Steuerprüfer, einbeziehen.

Literatur

Bundesministerium für Verkehr, Bau und Wohnungswesen (Hrsg.): Leitfaden Energiesparcontracting. Arbeitshilfen für die Vorbereitung und Durchführung des Energiesparcontracting in Liegenschaften des Bundes. Aufgestellt und herausgegeben von der Oberfinanzdirektion Stuttgart im Auftrag des Bundesministeriums für Verkehr, Bau und Wohnungswesen. Stuttgart 1998.

Dautel, R.: Kommunale Sonderfinanzierung. Ökonomische Analyse innovativer Finanzierungsinstrumente. Wiesbaden 1997.

Hessisches Ministerium für Umwelt, Energie, Jugend, Familie und Gesundheit (Hrsg.): Contracting-Leitfaden für öffentliche Liegenschaften. Frankfurt am Main 1998.

Kolodziej, M.: Die private Finanzierung von Infrastruktur. Frankfurt am Main 1996.

Kristof, K./Nanning, S./Merten, F.: Kommunales Intracting. Wuppertal 1998.

Kroll, M. (Hrsg.): Leasing-Handbuch für die öffentliche Hand. 5. Auflage, Lichtenfels 1999.

Paulsen, E./Stein, F.: Private Finanzierung kommunaler Bauten. Eine Handreichung für die kommunale Praxis. Düsseldorf 1999.

Scheel/Steup/Schneider/Lienen: Gemeindehaushaltsrecht Nordrhein-Westfalen. 5. Auflage, Köln 1997.

Schwarting, G.: Kommunales Kreditwesen. Haushaltsrechtliche Grundlagen, Schuldenmanagement, Neue Finanzierungsformen. Berlin 1994.

Umweltbundesamt (UBA) (Hrsg.): Energiespar-Contracting als Beitrag zu Klimaschutz und Kostensenkung. Ratgeber für Energiespar-Contracting in öffentlichen Liegenschaften. Berlin 2000.

Internet

Bayerisches Staatsministerium für Landesentwicklung und Umweltfragen: Förderfibel Umweltschutz (www.bayern.de/STMLU/partner/fibelinh.htm).

Bundesministerium für Wirtschaft und Technologie (Hrsg.): Förderdatenbank – Förderprogramme des Bundes, der Länder und der EU (www.bmwi.de).

Bundesumweltministerium (BMU) (Hrsg.): PC-Informationssystem „Kosten- und Abgabenminimierung in der kommunalen Abwasserentsorgung" (www.bmu.de/infos/download/dateien/aqua.exe).

Deutsche Ausgleichsbank: Förderprogramme im Umweltschutz (www.dta.de).

Kreditanstalt für Wiederaufbau: Förderprogramme im Umweltschutz (www.kfw.de).

10. Umweltmanagementsysteme in der öffentlichen Verwaltung

Während das Umweltcontrolling als Motor des kontinuierlichen Verbesserungsprozesses Wirkungs- und Zielorientierung der Aktivitäten fördert, werden durch ein Umweltmanagementsystem nach EMAS oder ISO 14001 zusätzlich die Zuständigkeiten sowie die Abläufe geregelt und in die übergreifende Managementaktivität integriert. Die eindeutige Festlegung von Zuständigkeiten und Verantwortlichkeiten hinsichtlich umweltbezogener Fragen sowie die klare Beschreibung von Abläufen verhindert die Entstehung von Reibungspunkten und erleichtert es, Umweltschutzmaßnahmen in der Verwaltung umzusetzen. Das Umweltcontrolling übernimmt wichtige Funktionen im Rahmen des Umweltmanagementsystems und ermöglicht es Ihnen, umweltorientierte Zielsetzungen in allen Bereichen Ihrer Organisation zu verankern (vgl. Kap. 1.3). Die Einführung von Umweltmanagementsystemen ist ein kommunikativer Prozess und fördert die ämterübergreifende Zusammenarbeit. Ebenso kann damit die externe Kommunikation zwischen Verwaltung und Politik beziehungsweise Öffentlichkeit verbessert werden.

10.1 Grundlagen des Umweltmanagements

Die EMAS-Verordnung

Die EMAS-Verordnung knüpft an das „Gemeinschaftsprogramm für Umweltpolitik und Maßnahmen in Hinblick auf eine dauerhafte und umweltgerechte Entwicklung" der EU-Kommission aus dem Jahr 1993 an, das die Zielrichtung und Schwerpunkte für die europäische Umweltpolitik formuliert. Neu an diesem Handlungsprogramm ist, dass von den Verursachern der Umweltprobleme auch ein eigenverantwortlicher Beitrag zur Lösung erwartet wird.

> **Verursacher von Umweltproblemen müssen Verantwortung übernehmen.**

Durch geeignete Marktmechanismen soll ein positives Umweltverhalten von Organisationen gefördert werden. In diese Richtung zielt auch die „Verordnung Nr. 1836/93 des Rates vom 29. Juli 1993 über die freiwillige Beteiligung gewerblicher Unternehmen an einem Gemeinschaftssystem für das Umweltmanagement und die Umweltbetriebsprüfung". Sie wird auf Englisch kurz als „Eco-Management and Audit Scheme" (EMAS) bezeichnet.

Durch den Aufbau von Umweltmanagementsystemen auf freiwilliger Basis, aber nach vorgegebenen Anforderungen sollen die teilnehmenden Unternehmen, Verwaltungen und anderen Organisationen eine kontinuierliche Verbesserung ihres betrieblichen Umweltschutzes erreichen. Ob das Umweltmanagementsystem den Anforderungen der Verordnung entspricht, prüfen zugelassene Umweltgutachter. Ist die erfolgreiche Umsetzung der EMAS-Verordnung nachgewiesen, dürfen die Unternehmen oder Verwaltungen ein entsprechendes Logo verwenden. Die seit Frühjahr 2001 gültige, überarbeitete EMAS-Verordnung (EMAS II) bietet erweiterte Werbemöglichkeiten mit dem neuen EMAS-Logo.

Erweiterte Werbemöglichkeiten mit neuem EMAS-Logo.

Die erste, im Jahr 1993 in Kraft getretene Fassung der Verordnung und das deutsche Umweltauditgesetz (UAG) von 1995, das deren Durchführung regelt, bezogen sich nur auf ausgewählte Branchen des Produzierenden Gewerbes. Gleichzeitig konnten die Mitgliedstaaten der Europäischen Union aber andere Bereiche versuchsweise in das Gemeinschaftssystem einbeziehen. Im Jahr 1998 trat die bundesdeutsche Erweiterungsverordnung zum Umweltauditgesetz (UAG-ErwVO) in Kraft. Seitdem können nicht nur öffentliche Verwaltungen von Gemeinden und Kreisen, sondern auch öffentliche Bildungseinrichtungen, Krankenhäuser, Kindergärten, Schulen und sonstige Einrichtungen an EMAS teilnehmen.

Nach EMAS II können alle Organisationen, die ihren betrieblichen Umweltschutz verbessern möchten, teilnehmen. Dies gilt auch für alle Organisationen der öffentlichen Verwaltung sowie sämtliche Eigen- und Regiebetriebe. Informationen zu der neuen EMAS-Verordnung, ihren Wortlaut sowie Leitfäden der Europäischen Kommission, zum Beispiel zum Standortbegriff, zur Logo-Anwendung und zu den Umweltaspekten, finden Sie beim EMAS-Helpdesk der Europäischen Kommission im Internet unter der Adresse: http://europa.eu.int/comm/environment/emas. Anhang VI der neuen EMAS-Verordnung legt besonderes Augenmerk auf indirekte Umweltaspekte. Dazu zählen auch Planungs- und Verwaltungsentscheidungen.

Wo geht EMAS über ISO 14001 hinaus?

Im Jahr 1996, drei Jahre nach der Verabschiedung der EMAS-Verordnung, veröffentlichte das Deutsche Institut für Normung (DIN) die deutsche Übersetzung der weltweit gültigen Norm für Umweltmanagementsysteme, die DIN EN ISO 14001. Sie umfasst ebenfalls standardisierte Anforderungen an das betriebliche Umweltmanagementsystem. Die Inhalte der ISO 14001 stimmen mit denen von EMAS II teilweise überein, da der wesentliche Abschnitt 4 jetzt Teil der überarbeiteten EMAS-Verordnung (Anhang 1A) ist. Zu den wichtigsten verbleibenden Unterschieden zwischen EMAS und ISO 14001 zählen folgende:

■ Organisationen müssen für die EMAS-Teilnahme nachweisen, dass sie alle wichtigen umweltrechtlichen Vorgaben ermittelt haben und deren Auswirkungen auf die Organisation kennen. Außerdem haben sie dafür zu sorgen, dass Vorgaben eingehalten werden und Verfahren existieren, die dies auch dauerhaft sicherstellen. Besonders Organisationen der öffentlichen Hand sollten diese Anforderung selbstverständlich erfüllen, doch darf diese Aufgabe in Anbetracht der Komplexität des Umweltrechts nicht unterschätzt werden.

- Eine weitere Voraussetzung für die EMAS-Teilnahme ist, dass die Organisation einen kontinuierlichen Verbesserungsprozess durch messbare und anhand von Umweltdaten nachvollziehbare Fortschritte bei der Umweltleistung belegen kann.

- Um an EMAS teilnehmen zu können, ist die Organisation verpflichtet, einen offenen Dialog mit allen interessierten Kreisen zu führen. Die wichtigste Grundlage dafür ist die Umwelterklärung.

- Die EMAS-Verordnung fordert vom Umweltmanagementsystem eine konkrete Arbeitnehmerbeteiligung, etwa durch ein Vorschlagswesen oder in Form von Umweltarbeitskreisen.

Von praktischer Bedeutung ist zudem, dass es in Deutschland für die beiden Regelwerke unterschiedliche Prüf- und Zulassungssysteme gibt. Dabei unterliegen die zugelassenen Umweltgutachter nach EMAS der öffentlichen Aufsicht, während die Akkreditierung der Zertifizierer nach ISO 14001 rein privat organisiert ist. Ergänzend zur ISO 14001 wurden noch einige weitere Normen ausgearbeitet, die genauere Anleitungen zu einzelnen Elementen des Umweltmanagementsystems geben (s. Literatur).

Der Aufbau des Umweltmanagementsystems

Ausgangspunkt beim Aufbau eines Umweltmanagementsystems nach EMAS oder ISO 14001 ist die Festlegung von Handlungsgrundsätzen – der Umweltpolitik. In der folgenden Planungsphase werden durch eine Umweltprüfung alle

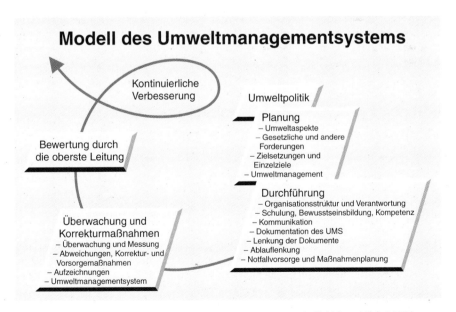

Abb. 10.1: Modell des Umweltmanagementsystems nach EMAS und ISO 14001
(Quelle: in Anlehnung an ISO 14001)

wichtigen Umweltaspekte ermittelt, Umweltziele bestimmt und daraufhin Umweltmanagementprogramme ausgearbeitet.

Daran schließt sich die Umsetzungs- und Durchführungsphase an, in der Aufgaben, Verantwortlichkeiten und Befugnisse eindeutig festgelegt werden. Darüber hinaus sind Sie aufgefordert, Maßnahmen zur Schulung und Sensibilisierung der Mitarbeiterinnen und Mitarbeiter in Umweltfragen einzuleiten sowie die Voraussetzungen für eine interne und externe Kommunikation zu schaffen. Auch für wichtige Abläufe, die Notfallvorsorge und die Dokumentenlenkung müssen Sie Regelungen treffen. Außerdem muss das Umweltmanagementsystem dokumentiert werden.

Aufgaben, Verantwortlichkeiten und Befugnisse festlegen.

In der Phase Überwachung und Korrektur kontrollieren Sie dann, ob die Ziele erreicht wurden und die durchgeführten Maßnahmen wirksam sind. Dazu müssen Sie geeignete Überwachungs- und Messverfahren sowie Korrektur- und Vorsorgemaßnahmen festlegen. In regelmäßigen Umweltbetriebsprüfungen, den Umweltaudits, überprüfen Sie dann Ihr Umweltmanagementsystem. Dabei erleichtern Ihnen umweltbezogene Aufzeichnungen diese Eigenkontrolle.

Abschließend erfolgt die Prüfung und Bewertung des Umweltmanagementsystems durch die oberste Leitung der Verwaltung. Möglicherweise ergibt sich dabei, dass Änderungen der Umweltpolitik, -ziele und -programme erforderlich sind. Ist auch diese letzte Aufbauphase abgeschlossen, überprüft ein unabhängiger Umweltgutachter (EMAS) beziehungsweise Zertifizierer (ISO 14001), ob die Organisation alle Anforderungen der Regelwerke erfüllt und sämtliche Elemente des Umweltmanagementsystems erfolgreich umgesetzt hat.

Nach ISO 14001 sind Sie nun am Ende des ersten Zyklus angelangt, nach EMAS müssen Sie zusätzlich eine Umwelterklärung veröffentlichen. Diese wird vom Umweltgutachter auf Glaubwürdigkeit und Richtigkeit der Daten sowie Informationen geprüft und bei positivem Ergebnis für gültig erklärt (validiert). Ist dies geschehen, kann sich die Verwaltung bei der „zuständigen Stelle", den örtlichen Industrie- und Handelskammern (IHK) beziehungsweise Handwerkskammern (HWK), registrieren lassen und darf das EMAS-Logo benutzen.

Berücksichtigung der indirekten Umwelteinwirkungen durch Planungs- und Verwaltungsentscheidungen im Umweltmanagementsystem

Neben den direkten Umwelteinwirkungen – EMAS spricht mit etwas anderer Bedeutung von Umweltaspekten – durch den Verwaltungsbetrieb müssen Sie auch die wesentlichen indirekten Umwelteinwirkungen durch die Planungs- und Verwaltungsentscheidungen im Umweltmanagementsystem berücksichtigen (vgl. Kap. 11). Die EMAS-Verordnung enthält in Anhang VI einige Anhaltspunkte, wann eine Umwelteinwirkung wesentlich ist – daraus sollen Sie dann eigene Bewertungskriterien ableiten. Sie müssen nachweisen, dass Sie die wesentlichen Prozesse erkannt haben. Zu diesem Themenbereich liegt eine Interpretationshilfe („guideline") von den EU-Mitgliedstaaten vor, die erklärt, wie die indirekten Umwelteinwirkungen im Umweltmanagementsystem zu behandeln sind.

Praxisbeispiel: Einführung eines Umweltmanagementsystems im Umweltamt Hannover

Im Zuge der Einführung eines Umweltmanagementsystems nach der EMAS-Verordnung im Umweltamt hat sich die Verwaltung der Stadt Hannover auch mit ihren indirekten Umwelteinwirkungen befasst. Unter anderem sind Antrags- sowie Genehmigungsverfahren als wichtige Ansatzpunkte erkannt worden, um anspruchsvolle Umweltstandards zu setzen. Daher wurden spezielle Merkblätter für Antragsteller entwickelt, etwa ein Merkblatt für Anträge auf Planfeststellung und Plangenehmigung nach dem Niedersächsischen Wasserrecht. Es listet alle Informationen und Unterlagen auf, die vorzulegen sind, um die Umwelteinwirkungen eines Vorhabens nachzuweisen. Ähnliche Unterlagen sollen Umweltaspekte bei Genehmigungsanträgen für Anlagen an oberirdischen Gewässern und in Überschwemmungsgebieten oder bei Anzeigen von Ersatzbepflanzungen berücksichtigen.

Viele weitere Städte und Gemeinden beziehen die indirekten Umwelteinwirkungen in ihr Umweltmanagement ein. Allerdings sind die Ansätze hierbei in der Praxis noch recht unterschiedlich. So setzen manche Verwaltungen auf die verstärkte Beteiligung von Bürgerinnen und Bürgern bei der Entwicklung von Umweltzielen und Maßnahmenprogrammen, andere verstehen das Umweltmanagement in erster Linie als eine Möglichkeit, die Zusammenarbeit und Arbeitsplanung in der Verwaltung zu verbessern.

> **Ziele des Umweltmanagementsystems vorab definieren.**

Wichtig ist, dass Sie sich darüber im Klaren sind, was Sie mit der Einführung eines Umweltmanagementsystems – ob nach EMAS oder nach ISO 14001 – erreichen wollen: Soll beispielsweise die Zusammenarbeit in der Verwaltung verbessert, die Bedeutung des Umweltschutzes vergrößert oder die Bürgerbeteiligung vorangetrieben werden? Gleichzeitig werden konzeptionell fundierte Umweltziele und Umweltprogramme für die einzelnen Handlungsbereiche gefordert, die sich jedoch nur entwickeln lassen, wenn interessierte Gruppen einbezogen werden. Versuchen Sie nicht, sämtliche Ziele gleichzeitig zu erreichen, sondern setzen Sie Schwerpunkte.

10.2 Anforderungen und Vorgehensweise bei der Einführung eines Umweltmanagementsystems

Bevor Sie mit der praktischen Umsetzung beginnen, sollten Sie sich überlegen, ob Sie das Umweltmanagementsystem erst in einzelnen Organisationseinheiten oder direkt verwaltungsübergreifend einführen möchten. Prinzipiell haben Sie in beiden angeführten Fällen zwei verschiedene Möglichkeiten:

> **Das Umweltmanagement können Sie zentral oder dezentral einführen.**

Zum einen können Sie bei den Organisationseinheiten ansetzen, die umweltrelevante Aufgaben zentral für die gesamte Verwaltung wahrnehmen. Dazu gehören beispielsweise die Beschaffungsämter, die auch bei dezentraler Ressourcenverantwortung häufig für die ganze Verwaltung bestellen. Für das Energiemanagement oder die Bauverwaltung sind ebenfalls meistens zentrale Serviceeinheiten zuständig. Wenn Sie hier mit dem Aufbau des Umweltmanagementsystems beginnen, haben Sie bereits wichtige Umweltaufgaben verwaltungsübergreifend abgedeckt. Oft sind in einzelnen Bereichen bereits Elemente des Umweltcontrollings implementiert, und es bestehen auch organisatorische Regelungen zum Umweltschutz. Beziehen Sie solche Elemente in Ihre Planung des Umweltmanagements mit ein.

Der nächste Schritt befasst sich dann mit den dezentralen Organisationseinheiten. Eine solche Vorgehensweise – von allgemeinen zu speziellen Aufgaben – ist sehr systematisch und daher vergleichsweise effektiv.

Die zweite Möglichkeit besteht darin, einzelne Organisationseinheiten mit dezentralen Aufgaben (Fachämter, Einrichtungen) für Pilotprojekte auszuwählen und erst später zu entscheiden, ob und wie die Einführung des Umweltmanagementsystems fortgesetzt wird. Der Vorteil besteht darin, dass Sie diese Vorgehensweise besser

Grundsätze des Projektmanagements beachten.

in der Verwaltung und in der Politik vermitteln können. Aber auch hier müssen Sie die zentralen Organisationseinheiten einbeziehen.

In jedem Fall sollten Sie bei der Einführung des Umweltmanagementsystems die wesentlichen Grundsätze des Projektmanagements beachten, die sich auf die Einbindung der Leitungs- und der Arbeitsebene sowie die Aufstellung von Zeit- und Arbeitsplänen beziehen (vgl. Kap. 3).

Umweltpolitik

Umweltpolitik im Sinne der EMAS-Verordnung bezeichnet die Handlungsgrundsätze Ihrer Verwaltung zum Umweltschutz. Nach EMAS muss die Umweltpolitik eine Verpflichtung zur kontinuierlichen Verbesserung enthalten. Soll die Umweltpolitik auch tatsächlich den Bezugsrahmen für Entscheidungen darstellen, muss sie von der Verwaltungsspitze ebenso wie von allen Mitarbeiterinnen und Mitarbeitern getragen werden. Legen Sie daher einen großzügigen Zeitraum für deren Entwicklung fest und stellen Sie vor allem sicher, dass sie

Verwaltungsspitze in Erarbeitung der Umweltpolitik einbeziehen.

tatsächlich unter Beteiligung der Verwaltungsspitze erarbeitet wird.

Führen Sie parallel zu den folgenden Arbeitsschritten immer wieder zeitlich begrenzte Sitzungen durch, um nach und nach eine Vision für den Umweltschutz in Ihrer Verwaltung zu entwickeln. Je klarer diese Vorstellung wird, desto leichter wird es Ihnen fallen, das Umweltmanagementsystem einzuführen. Lassen Sie die Umweltpolitik in den parlamentarischen Gremien abstimmen, damit sie eine höhere Verbindlichkeit hat. Vermitteln Sie die Umweltpolitik aktiv Ihren Mitarbeiterinnen und Mitarbeitern sowie der Öffentlichkeit.

Umweltcontrolling-Tipp: Begriff Umweltleitlinien verwenden

Sprechen Sie nicht von Umweltpolitik wie die EMAS-Verordnung und die ISO-Norm. Verwenden Sie lieber den Begriff Umweltleitlinien, um Missverständnisse zu vermeiden. Die Umweltleitlinien sollten an die allgemeinen Leitlinien der Verwaltung anknüpfen.

Die Planungsphase

Umweltaspekte

Während der Planungsphase sind Verfahren für eine regelmäßige Bestandsaufnahme wichtiger Umweltaspekte, Ihrer Tätigkeiten, Produkte und Dienstleistungen sowie für eine Erfassung der rechtlichen und sonstigen Regelwerke einzuführen. Wenn Sie eine solche Bestandsaufnahme bisher noch nicht vorgenommen haben, müssen Sie dies in einer ersten Umweltprüfung nachholen. Konkrete Anforderungen hierzu legt EMAS in Anhang VII fest.

Systematisieren Sie erst einmal die Aktivitäten, Produkte und Dienstleistungen mit Umweltbezug in Ihrer Verwaltung und beschreiben Sie diese. Dabei können Sie sich auch an Produktkatalogen orientieren (vgl. Kap. 2). Damit ist bereits eine gute Struktur für den Aufbau und die Prüfung des Umweltmanagementsystems geschaffen. Erfassen Sie dann die Umwelteinwirkungen. Hierzu bauen Sie in allen Handlungsfeldern mit wesentlichen Umwelteinwirkungen ein Umweltcontrolling auf. Als hilfreiches Instrument hat sich die Input-Output-Analyse erwiesen. Wie Sie dabei vorgehen, ist in den Kapiteln 4 und 5 beschrieben.

Welche Rechtsvorschriften für Verwaltungen gelten, können Sie der Diskette entnehmen, die dem Leitfaden „Umweltmanagementsysteme für Kommunalverwaltungen" (LfU, 1998) beiliegt. In der Umweltprüfung sind außerdem die bisherigen Umweltmanagementpraktiken zu untersuchen. Auch dazu finden Sie Checklisten im oben genannten Leitfaden sowie im Leitfaden „Öko-Audit für Kommunen" (BStMLU, 2000).

Umweltziele und Umweltprogramme

Aus der Analyse der Umweltaspekte sollten Sie im Rahmen des Umweltcontrollings quantifizierte und überprüfbare Umweltziele für jede Organisationseinheit sowie jede Funktion ableiten. In den Umweltprogrammen werden Maßnahmen festgelegt, die der Zielerreichung dienen sollen (s. Tab. 10.1).

> **Umweltcontrolling-Tipp: Ziele und Programme abstimmen**
>
> *Lassen Sie die Ziele und Programme auch in den politischen Gremien abstimmen, um sich bei Einzelmaßnahmen auf die grundsätzliche Zustimmung berufen zu können. Sorgen Sie dafür, dass investive Maßnahmen rechtzeitig in den Haushaltsentwurf aufgenommen werden.*

Die Umsetzungs- und Durchführungsphase

Organisationsstruktur und Verantwortung

Eine personelle Voraussetzung bei der Einführung von Umweltmanagementsystemen ist, dass mindestens ein Umweltmanagementbeauftragter von der Verwaltungsspitze benannt wird. Seine Aufgabe ist es, das Umweltmanagementsystem auf die geltenden Anforderungen abzustimmen. Außerdem liegt es bei dieser Person, die Verwaltungsspitze über die Leistungen des Umweltmanagementsystems zu informieren, damit diese erforderliche Verbesserungsmaßnahmen einleiten kann.

Zielsetzung	Maßnahmenvorschlag	Zeitrahmen
Senkung des Papierverbrauchs um 10 % (1997–2000)	Anbringen von Schautafeln bzw. Hinweisen in Sichtweite der Kopierer zur Handhabung des speziellen Gerätetyps	12/1999
	Zunehmende Nutzung papierarmer Möglichkeiten des Informationsaustausches (E-Mail, EDV-Hausnetz TLU, Landesdatennetz)	Laufend
	Regelung in der Geschäftsordnung zur Zulassung kleinerer Korrekturen von Tippfehlern in Originalen	09/1999
Ökologische Gestaltung und Optimierung der Außenanlagen	Erstellung eines Konzeptes zur Gestaltung der Außenanlagen der TLU zur Anpflanzung von standortgerechten Pflanzen	09/1999
	Erstellung eines Konzepts über die Begrünung der Hausfassade	09/1999
Senkung des Energieverbrauchs und der Emissionen aus dem Verkehr bis Ende 2001 um 10 % gegenüber 1997	Prüfung der Anschaffung von Bahn-Netz-Cards; Jobtickets, Bahncards mit Kostenbeteiligung	03/2000
	Fahrgemeinschaften für Dienstwagen organisieren	Laufend
	Fahrtstreckenoptimierung bei Mess-, Wartungs- und Probenahmefahrzeugen	12/1999
	Hinweis auf ÖPNV-Anbindung im Briefkopf	09/1999
	Hinweis an Mitarbeiter auf Dienstfahrräder, ggf. weitere Beschaffung	09/1999
	Umweltschulungen für Selbstfahrer	Jährlich
Verbesserung von Abläufen und umweltgerechte Gestaltung von Arbeitsverfahren	Zentrale Bereitstellung eines Informationssystems mit Umweltadressen	12/1999
	Anstoß eines Runderlasses zur „Vorbildfunktion der Landesverwaltung für umweltfreundliche Handlungsweisen"	03/2000
	Erstellung von Produktbeschreibungen für alle Produkte der TLU und Aufnahme von Umweltschutzaspekten	Bis 2001
Teilnahme an Prozessen nachhaltiger Entwicklung	Integration der TLU in lokale und regionale umweltrelevante Prozesse (z.B. Agenda 21) als Koordinator und Berater	Laufend

Tab. 10.1: Auszug aus dem Umweltprogramm der Thüringer Landesanstalt für Umwelt
(Quelle: TLU, 1999)

Des Weiteren sind im Umweltmanagementsystem klare Regelungen für umweltbezogene Aufgaben, Verantwortlichkeiten und Befugnisse auf allen Ebenen der
Verwaltung festzulegen. Dabei müssen nicht nur die Mitarbeiterinnen und Mitarbeiter in das Umweltmanagementsystem eingebunden werden, die explizit in den
Umweltabteilungen oder -ämtern tätig sind, sondern auch
diejenigen, deren Tätigkeiten sich direkt auf die Umwelt
auswirken können. Beispiele für solche Aufgaben sind die
Beschaffung, das Energiemanagement oder die Gebäudereinigung, aber auch Dienstreisen sind zu berücksichtigen.

**Tätigkeiten mit Um-
weltbezug in Umwelt-
managementsystem
einbinden.**

Wichtig ist es, diese Zuständigkeiten und Verantwortlichkeiten schriftlich festzuhalten, beispielsweise im Umweltmanagementhandbuch, in Aufgabengliederungsplänen und Stellenbeschrei-
bungen. Die Verwaltungsspitze muss dafür sorgen, dass den betreffenden Mitarbeitern auch genug Arbeitszeit für Aufgaben des Umweltschutzes zur Verfügung
steht.

Kommunikation

Häufig wird in Verwaltungen eine mangelhafte Zusammenarbeit zwischen und
innerhalb von Ämtern beklagt. Mit dem Umweltmanagementsystem sollten daher
gleichzeitig geeignete Maßnahmen für eine verbesserte Kommunikation eingeführt werden: Dies können beispielsweise geregelte Abstimmungsverfahren oder
die Einrichtung von Arbeits- und Projektgruppen sein. Ebenso sind Verfahren zur
Kommunikation mit der Öffentlichkeit gefordert. Dazu gehört beispielsweise,
dass Beschwerden und Anfragen aus der Öffentlichkeit geprüft, ausgewertet und
beantwortet werden und eine Umwelterklärung veröffentlicht wird (vgl. Kap. 6
und 11).

Schulung, Bewusstseinsbildung und Kompetenz

Die Bedeutung der Mitarbeiterinnen und Mitarbeiter für den Umweltschutz sowie
Möglichkeiten der Motivation wurden bereits in Kapitel 3 dargestellt. Wichtig ist
auch, dass die Beschäftigten Ihrer Verwaltung und Ihrer
Auftragnehmer ausreichend für Aufgaben mit Umweltbezug qualifiziert sind. Legen Sie fest, wie der Schulungsbe-
darf ermittelt werden kann – beispielsweise durch regelmäßige Gespräche mit den Mitarbeiterinnen und Mitarbeitern
oder mit den Leitungen der Organisationseinheiten. Sorgen

**Verfahren zur Ermitt-
lung des Schulungsbe-
darfs festlegen.**

Sie dafür, dass die nötigen Qualifizierungsmaßnahmen tatsächlich geplant und durchgeführt werden. Der Umweltgutachter wird unter Umständen auch die Dokumentation der Schulungen prüfen. Die Europäische Union
misst in EMAS der Mitarbeiterbeteiligung besondere Bedeutung zu, und es liegt
ein Leitfaden der EU-Kommission hierzu vor (verfügbar unter: www.umweltgut-
achter-ausschuss.de).

Ablauflenkung und Notfallvorsorge

Nach EMAS und ISO 14001 müssen Sie alle Arbeitsvorgänge und Tätigkeiten mit
wesentlichen Umwelteinwirkungen ermitteln. Es ist dafür zu sorgen, dass sie mit
der Umweltpolitik und den Umweltzielen Ihrer Verwaltung in Einklang gebracht
werden. Dazu empfiehlt es sich, geeignete Verfahren schriftlich festzuhalten. Die-

se Forderung hört sich zunächst so an, als ginge es nur um Formalitäten. Es gibt allerdings eine Reihe von Abläufen in der Verwaltung, für die eindeutige Festlegungen sinnvoll sind. Dazu zählen unter anderem Regeln für das Vorgehen bei der Lieferantenauswahl, Anweisungen zum Energie- und Wassersparen oder Vorschriften zur Dosierung von Reinigungsmitteln oder zur Reinigungshäufigkeit.

Vor allem bei der Einstellung neuer Mitarbeiter oder der Übernahme neuer Aufgabenbereiche ist es sehr hilfreich, auf klare, gegebenenfalls schriftlich fixierte Regelungen zurückgreifen zu können. Prinzipiell ist diese Forderung nicht neu: Gerade den Verwaltungen sind schriftliche Regelungen bestens bekannt. Auch zur Vorbeugung von Unfällen und Notfällen sowie zum richtigen Verhalten in solchen Situationen müssen Verfahren festgelegt werden. Diese sind vor allem in technischen Einrichtungen oder in Laboren Ihrer Verwaltung zu beachten.

Dokumentation und Dokumentenlenkung

Aufbau und Regelungen des Umweltmanagementsystems sind schriftlich oder mittels EDV zu dokumentieren und regelmäßig zu aktualisieren. Die Niederschriften oder Computerdateien sollten an allen wichtigen Stellen in der Verwaltung verfügbar sein. Sie müssen dazu kein Umweltmanagementhandbuch anfertigen – doch die Handbuchstruktur erleichtert Ihnen die Zusammenstellung der notwendigen Unterlagen.

Struktur des Umwelthandbuchs erleichtert die Dokumentenzusammenstellung.

Wie ein Umweltmanagementhandbuch gegliedert sein kann, sehen Sie in Tabelle 10.2 am Beispiel der Stadt Wuppertal. Hilfestellung gibt auch der „Leitfaden zur Erstellung eines Umweltmanagementhandbuchs". Er ist der Arbeitsdiskette des Leitfadens „Umweltmanagement für kommunale Verwaltungen" (vgl. LfU, 1998) zu entnehmen.

Teil I Allgemeiner Teil
1   Vorstellung Stadtverwaltung
2   Hintergrund, rechtliche Rahmenbedingungen
3   Aufbau und Handhabung des Handbuchs
4   Aufbauorganisation der Gemeinschaftsaufgabe Umweltschutz
5   Umweltleitlinien, -ziele
6   Management- und Geschäftsprogramme Umweltschutz
7   Controlling
8   Information, Schulung
9   Dokumentation
Teil II Interne Verwaltung
1   Auswirkungen auf die Umwelt
2   Organisation und Personal
3   Aufbau und Ablaufkontrolle
4   Energiewirtschaft

5	Beschaffung
6	Abfallwirtschaft
7	Bauen / Sanieren
8	Verkehr
9	Information und Kommunikation
10	Interne Kommunikation
11	Externe Kommunikation
Teil III Externe Dienstleistungen	
1	Auswirkungen auf die Umwelt
2	Organisation und Personal
3	Aufbau und Ablaufkontrolle
3.1	Bodenschutz / Altlasten
3.2	Gewässerschutz
3.3	Bauleitplanung
3.4	Luftreinhaltung
3.5	Natur-/ Landschaftsschutz
3.6	Verkehr
3.7	Energie
3.8	Abfallwirtschaft
3.9	Lärm
4	Information und Kommunikation
4.1	Interne Kommunikation
4.2	Externe Kommunikation

Tab. 10.2: Gliederung des Umweltmanagementhandbuchs der Stadt Wuppertal

Phase der Überwachung und Korrektur

In vielen Verwaltungen liegen zwar Konzepte oder Dienstanweisungen zum Umweltschutz vor, aber es mangelt an der Umsetzung. In den meisten Fällen fehlt die Eigenkontrolle. Hier setzt die nächste Phase an. Die Überwachung der Zielerreichung wird durch Umweltcontrolling geleistet (vgl. Kap. 4 und 5). Eine wichtige Rolle spielt auch die Umweltbetriebsprüfung (Umweltaudit). Sie umfasst die systematische und dokumentierte Prüfung, ob die Vorgaben des Umweltmanagementsystems auch eingehalten werden. In Anhang II der EMAS-Verordnung sind die Anforderungen an die Umweltbetriebsprüfung festgelegt. Die ISO 14001 bezeichnet den gleichen Schritt als Umweltmanagementsystem-Audit. Dazu gibt eine eigene Norm, die ISO 14011, genauere Anleitungen vor und bietet zusätzliche Hilfestellung bei der Planung und Durchführung einer solchen Prüfung.

> **Umweltcontrolling überwacht die Zielerreichung.**

Planung der Umweltbetriebsprüfung

Hilfreich bei der Durchführung der Umweltbetriebsprüfung ist es, zunächst einen Auditplan aufzustellen. Dieser sollte folgende Informationen enthalten:

- Zielsetzungen und die Häufigkeit der Umweltbetriebsprüfung

- Zu prüfende Ämter oder Einrichtungen

- Zu klärende Fragen

- Geeignete Bewertungskriterien zur Beurteilung dieser Fragen

- Aufgaben, Verantwortlichkeiten und Tätigkeiten der an der Prüfung beteiligten Personen

- Die Fristen, bis wann die verschiedenen Prüfschritte erledigt sein sollen

- Die Personen, die über die Ergebnisse der Prüfung zu informieren sind

---

Umweltcontrolling-Tipp: Chancen externer Beratung nutzen

Ist Beratung von außen sinnvoll und notwendig? Diese Frage stellt sich bei der Einführung des Umweltmanagementsystems und bei der Umweltbetriebsprüfung immer wieder. Generell ist Beratung von außen sinnvoll, wenn noch keine ausreichende Erfahrung mit Audits oder nur geringe Kenntnisse über Umweltmanagement, Technik oder Recht vorliegen. Allerdings sollte mit der Beratung sichergestellt werden, dass Sie die weiteren Schritte zukünftig selbst vornehmen können. Die externe Beratung erfüllt noch eine weitere wichtige Funktion: Eine neutrale Person kann Sie bei Hemmnissen in der Verwaltung besser unterstützen, da ihren Einschätzungen meist ein höheres Gewicht beigemessen wird. Egal, wie Sie sich entscheiden – wichtig ist, dass der Berater unabhängig genug ist, um seine Aufgabe unbeeinflusst wahrzunehmen.

Durchführung der Umweltbetriebsprüfung

Nach ISO 14011 sind ein leitender und ein unterstützender Auditor zu benennen und ein Auditteam einzurichten. Wenn die benötigten Mittel bereitstehen und allen beteiligten Personen ihre Rolle und ihre Aufgaben bekannt sind, können Sie mit der Durchführung des Audits starten. Beginnen Sie mit einem Einführungsgespräch, in dem Sie den Beteiligten einen Überblick über das Vorgehen geben und den Auditplan abstimmen. Dann werden die nötigen Informationen zusammengestellt, wobei das Umweltcontrolling eine wichtige Basis darstellt: Durch Auswertung von Unterlagen, Gespräche mit den Mitarbeiterinnen und Mitarbeitern, unterstützt durch Checklisten, Begehungen von Büros und Einrichtungen, gegebenenfalls auch durch Messungen ist zu prüfen, ob alle wichtigen externen Vorschriften sowie die internen Festlegungen des Umweltmanagementsystems eingehalten und ob die selbst gesetzten Umweltziele erreicht werden.

Liegen alle wichtigen Informationen vor, werden sie vom Auditteam ausgewertet und die Ergebnisse schriftlich im Auditbericht festgehalten, der darüber hinaus Verbesserungsmaßnahmen enthalten sollte. Informieren Sie in einem Schlussgespräch die Leitung über die Ergebnisse und klären Sie dabei auch möglicherweise aufgetretene Unstimmigkeiten.

Nach EMAS soll ein Umweltbetriebsprüfungszyklus nach höchstens drei Jahren abgeschlossen sein. Die ISO 14001 lässt diesen Punkt offen, letztlich folgt hier aber die Prüfungshäufigkeit dem Rhythmus der Zertifizierungen, die im Allgemeinen jährlich durchgeführt werden.

Bewertung durch die oberste Leitung

Diese besondere Revision des Umweltmanagementsystems durch die Verwaltungsspitze soll die Eignung, Angemessenheit und Wirksamkeit des Umweltmanagementsystems überprüfen. Als Grundlagen für diese Bewertung werden die Prüfungsergebnisse des Auditteams, der Erfüllungsgrad der Umweltziele und die Anliegen interessierter Kreise herangezogen. Es ist ratsam, Neuerungen bezüglich wichtiger Umweltaspekte, wie sie sich durch wissenschaftliche Erkenntnisse oder politische Entscheidungen, aber auch veränderte Standpunkte interessierter Kreise ergeben können, zu beachten.

Die Verwaltungsspitzen haben im Rahmen dieser Bewertung die Aufgabe, notwendige Korrekturen bei der Umweltpolitik oder bei langfristigen umweltbezogenen Zielsetzungen in die Wege zu leiten. Dieser Arbeitsschritt ist nicht nur wichtig, um Raum für strategische Überlegungen zu schaffen, sondern auch, um die Anbindung der obersten Leitung an das Tagesgeschäft des Umweltmanagements sicherzustellen. Wie häufig diese Bewertung durchgeführt wird, kann jede Verwaltung selbst festlegen. Selbstverständlich müssen auch hier die Ergebnisse dokumentiert werden.

> **Umweltcontrolling-Tipp: Integration der obersten Leitung**
> *Nutzen Sie die Bewertung durch die oberste Leitung dazu, die Verwaltungsspitze in Kontakt mit wichtigen interessierten Kreisen zu bringen sowie neue Chancen und Problemfelder im Umweltschutz zu diskutieren. Versuchen Sie, Fortschritte bei der Integration ökologischer und ökonomischer Zielsetzungen zu machen und formulieren Sie gegebenenfalls die Umweltleitlinien neu.*

Umwelterklärung

Eine Umwelterklärung ist nur nach EMAS erforderlich und muss bei der ersten Teilnahme an EMAS und danach alle drei Jahre in einer gedruckten Fassung erstellt und darüber hinaus jährlich aktualisiert werden. Sie beschreibt die Verwaltung beziehungsweise die ausgewählten Organisationseinheiten, deren Tätigkeiten, Produkte und Dienstleistungen, die Umweltpolitik sowie die wesentlichen Umwelteinwirkungen, Umweltziele sowie -programme und muss jeweils von einem Umweltgutachter für gültig erklärt (validiert) werden. Für kleine Organisationen mit nicht mehr als 50 Beschäftigten gelten vereinfachte Vorschriften.

Die Umwelterklärung bietet eine gute Möglichkeit, Ihre Mitarbeiterinnen und Mitarbeiter zu motivieren sowie der Öffentlichkeit und dem Parlament die Fortschritte Ihrer Arbeit vorzustellen. Sorgen Sie daher dafür, dass die Umwelterklärung die Beschäftigten in der Verwaltung, die Mitglieder der parlamentarischen Gremien sowie die Öffentlichkeit erreicht. Welche Grundsätze die Umwelterklärung berücksichtigen und welche Aspekte sie genau abdecken sollte, ist ausführlich im Anhang III von EMAS und in Kapitel 6 des Handbuchs beschrieben.

Validierung oder Zertifizierung

Sind alle diese Schritte abgearbeitet, prüft ein unabhängiger Umweltgutachter (EMAS) oder Zertifizierer (ISO 14001) das Umweltmanagementsystem. Die Auswahl eines geeigneten Umweltgutachters oder Zertifizierers können sie analog zur in Kapitel 3 beschriebenen Vorgehensweise bei der Auswahl eines Beraters durchführen. Eine komplette Liste der Umweltgutachter verwaltet die Deutsche Akkreditierungs- und Zulassungsgesellschaft für Umweltgutachter mbH (DAU). Die Liste der DAU finden Sie als Download auf der Homepage der Industrie und Handelskammern (www.ihk.de). Sie sollten nur jene Umweltgutachter berücksichtigen, die für die Prüfung von Organisationen Ihres Typs zugelassen wurden.

Organisationen und Personen, die von der Trägergemeinschaft für Akkreditierung GmbH (TGA) zur Zertifizierung von Umweltmanagementsystemen nach ISO 14001 zugelassen sind, finden Sie in der Liste der von der TGA akkreditierten Zertifizierer (www.tga-gmbh.de).

Vor der eigentlichen Prüfung findet meist ein Vorgespräch statt, damit sich die Beteiligten kennen lernen. Bei der Prüfung selbst begutachtet, je nach Größe der Verwaltung, mindestens eine Person die umweltbezogene Dokumentation sowie die Umwelterklärung, begeht die Büros oder Einrichtungen und führt Gespräche mit den Mitarbeiterinnen und Mitarbeitern. Die Ergebnisse werden in einem Prüfungsbericht zusammengefasst. Falls Mängel bestehen, schlägt der Umweltgutachter Maßnahmen zu ihrer Behebung vor und diskutiert diese mit der Verwaltungsspitze. Sind alle Mängel beseitigt, können Sie sich registrieren lassen. Die EMAS-Verordnung eröffnet Ihnen dabei zwei Wege (s. Abb. 10.2). Zum einen gibt es ein Logo, das Ihnen allgemein die Teilnahme an dem Umweltauditsystem bestätigt und das sie auf der Umwelterklärung, auf Briefköpfen oder in Broschüren verwenden dürfen. Zum anderen können Sie sich einen Satz Ihrer Wahl aus der Umwelterklärung vom Gutachter bescheinigen lassen und diesen auf dem Logo

EMAS-Zeichen

Abb. 10.2: Zwei Versionen des EMAS-Zeichens

führen. Lassen Sie Ihre Verwaltung nach ISO 14001 prüfen, so erhalten Sie ein Zertifikat. Auch hier können Sie Ihre Zertifizierung für Werbezwecke nutzen.

Literatur

Bayerisches Staatsministerium für Landesentwicklung und Umweltfragen (BStMLU) (Hrsg.): Leitfaden Öko-Audit für Kommunen. München 2000.

Deutsches Institut für Normung (DIN) (Hrsg.): DIN EN ISO 14 001 Umweltmanagementsysteme – Spezifikation mit Anleitung zur Anwendung. Berlin 1996.

Deutsches Institut für Normung (DIN) (Hrsg.): DIN EN ISO 14 004 Umweltmanagementsysteme – Allgemeiner Leitfaden über Grundsätze, Systeme und Hilfsinstrumente. Berlin 1998.

Deutsches Institut für Normung (DIN) (Hrsg.): DIN EN ISO 14 010 Leitfaden für Umweltaudits – Allgemeine Grundsätze. Berlin 1996.

Deutsches Institut für Normung (DIN) (Hrsg.): DIN EN ISO 14 011 Leitfaden für Umweltaudits – Auditverfahren – Audit von Umweltmanagementsystemen. Berlin 1996.

Deutsches Institut für Normung (DIN) (Hrsg.): DIN EN ISO 14 012 Leitfaden für Umweltaudits – Qualifikationskriterien für Umweltauditoren. Berlin 1996.

Landesanstalt für Umweltschutz Baden-Württemberg (LfU) (Hrsg.): Umweltmanagement für kommunale Verwaltungen. Karlsruhe 1998.

Stadt Wuppertal (Hrsg.): Praxisratgeber zur Entwicklung kommunaler Umweltmanagementsysteme. Wuppertal 1998.

Thüringer Landesanstalt für Umweltschutz (TLU): Öko-Audit in der Verwaltung. Jena 1999.

Internet

Deutsches Institut für Normung (DIN): Informationen über die Aktivitäten im Normenausschuss. Grundlagen des Umweltschutzes (NAGUS) und die von ihm erstellten Normen zu Umweltmanagementsystemen finden Sie unter: www.din.de

EMAS-Helpdesk der Europäischen Kommission: Informationen zu EMAS, den Text der Verordnung sowie Leitfäden der europäischen Kommission finden Sie größtenteils auch in Deutsch unter: http://europa.eu.int/comm/environment/emas/

Industrie und Handelskammern: Hier erhalten Sie umfangreiche Informationen zu EMAS, zur Deutschen Akkreditierungs- und Zulassungsgesellschaft für Umweltgutachter mbH sowie das Zulassungsregister der Umweltgutachter als Download: www.ihk.de

Trägergemeinschaft für Akkreditierung GmbH (TGA): Organisationen und Personen, die zur Zertifizierung von Umweltmanagementsystemen nach ISO 14001 zugelassen sind, finden sich in der Liste der von der TGA akkreditierten Zertifizierer unter: www.tga-gmbh.de

Umweltbundesamt: Hier sind allgemeine Informationen zu EMAS verfügbar unter: www.umweltbundesamt.de (Stichwort: „Umweltmanagement").

Umweltgutachterausschuss: Diese Webadresse stellt Richtlinien und Hilfen für die Umsetzung des Umweltmanagements und die Aufstellung der Umwelterklärung sowie Richtlinien im Zusammenhang mit der Zulassung und der Tätigkeit der Umweltgutachter bereit: www.umweltgutachterausschuss.de

Informationen zum EMAS-Logo erhalten Sie unter www.emas-logo.de

11. Verwaltungshandeln mit indirekten Umwelteinwirkungen

Die bisherigen Kapitel dieses Buchs beschäftigen sich mit den direkten Umwelteinwirkungen durch die Stoff- und Energieströme, die unmittelbar am Arbeitsplatz entstehen. Ein anderes Feld des Umweltcontrollings sind die indirekten Umwelteinwirkungen durch die Planungs- und Verwaltungstätigkeiten, mit denen Rahmenbedingungen für die Öffentlichkeit gestaltet werden (s. Abb. 1.2 in Kap. 1). Hier steht das Umweltcontrolling aber noch am Anfang, und die Grenzen zu umfassenden Instrumenten wie der Lokalen Agenda 21 oder der ökologischen Regional- oder Stadtentwicklungsplanung sind fließend. Der vorliegende Beitrag beschränkt sich deshalb darauf, einige Grundlagen und Ansätze für das Umweltcontrolling im Bereich der indirekten Umwelteinwirkungen vorzustellen. Er beinhaltet unter anderem eine Beschreibung des Projekts ÖKOSTADT 2000 der Stadt Graz und stellt die Aktivitäten der Stadt Kehl dar. Beide Städte haben, mit unterschiedlichen Zielen und Schwerpunkten, Umweltcontrollingsysteme für die indirekten Umwelteinwirkungen aufgebaut.

11.1 Aufgabenbereiche mit indirekten Umwelteinwirkungen

In vielen Aufgabenbereichen von Verwaltungen beeinflusst das Handeln der Behörde indirekt die Umwelt. So wirken sich beispielsweise Entscheidungen der Umweltämter zu Naturschutz und Landschaftspflege oder zur Wasser- und Abfallwirtschaft auf die Umweltsituation aus. Andere Fachressorts haben oft noch größere Einflussmöglichkeiten: Baut das Verkehrsressort zusätzliche Straßen, dann kann dies mehr Pkw- und Lkw-Verkehr nach sich ziehen – was nicht nur zu einem höheren Flächenverbrauch, sondern auch zu einem Anstieg der Schadstoff- und Kohlendioxidemissionen führt. Ein positives Beispiel: Das Wirtschaftsressort kann Fördermittel an den Stand der Technik binden und damit als erwünschten Nebeneffekt der Technologieförderung niedrigere Umwelteinwirkungen erreichen. Ein wichtiger Ansatzpunkt ist auch die Raumplanung: Durch die Ausweisung von Gewerbeflächen und Wohngebieten lässt sich das Arbeitsplatz- und Wohnungsangebot so abstimmen, dass die Verkehrswege kürzer werden und die Umwelteinwirkungen entsprechend sinken.

> *Tätigkeiten der Verwaltung verursachen auch indirekte Umweltauswirkungen.*

In anderen Aufgabenbereichen, wie in der Familien- oder Sozialpolitik, ist der
Umweltbezug zunächst weniger offensichtlich, aber durchaus vorhanden. Hier
kann zum Beispiel das Konsumverhalten und damit der Umgang mit Energie, Produkten und Materialien oder der Flächenverbrauch beeinflusst werden.

Aufgabenbereiche von Verwaltungen mit Umweltbezug

- Umweltpolitik

- Verkehrspolitik

- Wirtschafts- und Industriepolitik

- Raumplanung und Bauen

- Energiepolitik

- Abfallpolitik

- Forschungspolitik

- Familien- und Sozialpolitik

- Gesundheitspolitik

Umweltcontrolling-Tipp: Produktkataloge als Grundlage zur Systematisierung
*Wenn Sie sich mit den indirekten Umwelteinwirkungen befassen, sollten Sie zunächst
für die einzelnen Bereiche oder Ressorts festhalten, welche Aufgaben und Dienstleistungen dort indirekte Umwelteinwirkungen auslösen können. Im Rahmen der Verwaltungsreform haben bereits viele Behörden Produktkataloge definiert, um die Tätigkeiten
zu strukturieren (vgl. Kap. 2). Allerdings wurden diese Produkte bislang meist nicht
unter Umweltschutzgesichtspunkten definiert, daher müssen die entsprechenden Ka-
taloge für den Zweck des Umweltcontrollings unter Umständen überarbeitet werden.*

Damit Umweltschutz in den verschiedenen Fachressorts berücksichtigt wird,
braucht es dort nicht nur Umweltwissen, sondern auch eine Person, die sich für die
Interessen des Umweltschutzes einsetzt. Denn meist bedingen die Aufgaben der
verschiedenen Behörden oder Abteilungen, dass andere Ziele und Probleme als
der Umweltschutz im Vordergrund stehen. Letztlich ist dies auch eine Frage der
politischen Schwerpunktsetzung und der Organisation in der Verwaltung. Umweltcontrolling im Bereich der indirekten Umwelteinwirkungen setzt eine gut or-
ganisierte Zusammenarbeit zwischen den verschiedenen Handlungs- und Ent-
scheidungsebenen innerhalb der Verwaltung wie auch zwischen Verwaltung und
Politik voraus.

11.2 Handlungs- und Entscheidungsebenen

In Verwaltungen gestalten sich Entscheidungs- und Abstimmungsprozesse oft
langwieriger als in privatwirtschaftlichen Unternehmen vergleichbarer Größe.
Das hat verschiedene Gründe: Erstens kommt eine zusätzliche Ebene durch das

Abb. 11.1: Zusammenarbeit auf den verschiedenen Verwaltungsebenen

Zusammenspiel zwischen Verwaltung und Politik hinzu und zweitens werden durch die zunehmende Privatisierung öffentlicher Aufgaben die Organisationsstrukturen vielschichtiger. Ein dritter Grund ist die Öffentlichkeit, die eine aktivere Rolle übernimmt: Die Bürgerinnen und Bürger sind nicht nur die „Kunden" der Verwaltungen, sondern bestimmen als Wähler auch über die Wiederbesetzung der politischen Gremien.

Zusammenarbeit in der Verwaltung

Damit Umweltschutz in der Verwaltung ausreichend berücksichtigt wird, ist eine motivierte Verwaltungsspitze, die dem Umweltschutz eine hohe Bedeutung einräumt, ebenso wichtig wie gute Querverbindungen zwischen den Fachstellen und den für Umweltschutz zuständigen Funktionseinheiten. Ob die Aufgaben des Umweltschutzes dabei in einer eigenen Organisationseinheit oder als Bestandteil der verschiedenen Aufgabenbereiche wahrgenommen werden, ist immer wieder Diskussionsthema der Verwaltungsexperten. Beide Möglichkeiten haben sowohl

Vor- als auch Nachteile. Die Bündelung von Umweltschutzaufgaben in einer Organisationseinheit stellt sicher, dass es auch Interessensvertreter gibt, die sich für den Umweltschutz tatsächlich einsetzen. Andererseits kann es aber effektiver sein, wenn Umweltschutz Bestandteil der einzelnen Aufgabenbereiche ist, der einer verwaltungsübergreifenden Leitidee entspringt. Welche Variante für Sie die geeignetere ist, hängt davon ab, ob der Umweltschutzgedanke von Ihrer Verwaltungsspitze getragen wird und ob es gelungen ist, den Umweltschutz als gemeinsames Ziel in der gesamten Verwaltung zu verankern.

Praxisbeispiel: Umweltschutz als Gemeinschaftsaufgabe der Stadt Wuppertal
In den Jahren 1994 und 1995 führte die Stadtverwaltung Wuppertal eine Verwaltungsreform durch, in der Umweltschutz als Gemeinschaftsaufgabe definiert wurde. Umweltschutzaufgaben werden nun direkt von den einzelnen Geschäftsbereichen wahrgenommen. Die Abstimmung erfolgt im neu eingerichteten Managementteam Umweltschutz. Das Team, in dem jeder Geschäftsbereich vertreten ist, hat Standards, Messgrößen und Leitfäden für jeden einzelnen Bereich entwickelt. Es verfügt über eine eigene Haushaltsstelle und ist unmittelbar an die Geschäftsführung angebunden. Zusätzlich wurde ein Fachgremium Umweltschutz mit beratender Funktion im Rat der Stadt Wuppertal eingerichtet. Daneben bearbeiten Fach- oder Aktionsteams Themen wie Abfallwirtschaft, CO$_2$-Minderung, ökologisches Beschaffen und Bauen. Ihre Aufträge erhalten sie aus dem Managementteam Umweltschutz. Alle Ressorts und Stadtbetriebe haben darüber hinaus Umweltbeauftragte ernannt.

Zusammenarbeit zwischen Politik und Verwaltung

Die Abstimmung zwischen Politik und Verwaltung kann Entscheidungen verzögern und auf beiden Seiten die Motivation hemmen. In der Verwaltung sitzen die Fachleute, die sich bereits seit geraumer Zeit mit Umweltthemen befassen, während viele Politiker sich als Laien in hochkomplexe planerische und rechtliche Sachverhalte einarbeiten müssen. Umso wichtiger ist also ein guter Austausch zwischen den politischen Gremien und der Verwaltung.

Umweltcontrolling-Tipp: Umweltthemen abstimmen
Informieren Sie als Verwaltung die Politik über Umweltthemen und berichten Sie regelmäßig über den derzeitigen Zustand der Umwelt sowie über mögliche Tendenzen (vgl. Kap. 6). Führen Sie regelmäßige, gegebenenfalls von einem Kommunikationsexperten moderierte Klausurtagungen für die Mitglieder derjenigen Ausschüsse und Ämter durch, die sich mit Umweltthemen befassen. Nutzen Sie diese Treffen, um strategische Fragen des Umweltschutzes zu erörtern und Bezüge zwischen dem Handeln der Fachressorts und Umweltaspekten herauszuarbeiten.

Abstimmung zwischen Politik, Verwaltung und Beteiligungsunternehmen

Seit einigen Jahren werden immer häufiger Verwaltungseinheiten abgebaut und öffentliche Aufgaben in privatwirtschaftliche Unternehmen ausgelagert. Welche Einflussmöglichkeiten Verwaltung und Politik auf diese Aufgabenbereiche haben, hängt in erster Linie von den vertraglichen Festlegungen ab. Wichtig ist zunächst ein politischer Beschluss zum Beteiligungscontrolling. Darüber hinaus sind eindeutige Zielvorgaben für den Umweltschutz in den Unternehmen festzulegen. Das Vorgehen beim Beteiligungscontrolling ist ausführlich in Kapitel 12 beschrieben.

Einbeziehung der Öffentlichkeit

Eine wichtige Rolle für Verwaltung und Politik spielt auch die Öffentlichkeit: Dazu gehören die Bürgerinnen und Bürger ebenso wie die verschiedenen gesellschaftlichen Gruppen, die sicher sein möchten, dass ihre Interessen durch die Politik und die Verwaltung vertreten werden. Die Reaktionen der Öffentlichkeit sind der wichtigste Indikator dafür, wie zufrieden die Bevölkerung mit den Planungs- und Verwaltungsentscheidungen ist.

Vor allem bei konkreten Planungsprozessen sollte daher sichergestellt sein, dass die Vorstellungen, Wünsche und Bedürfnisse der verschiedenen Interessengruppen aufgegriffen und abgewogen werden. Dazu gibt es eine Vielzahl von Instrumenten, die von der Information bis zur Kooperation reichen (s. Tab. 11.1). Welches Instrument wann zum Einsatz kommt und ob Sie die breite Öffentlichkeit oder nur wichtige Gruppen und Verbände einbinden, müssen Sie für den Einzelfall entscheiden. Die Einbeziehung der Bürgerinnen und Bürger sollte in jedem Fall zum „Guten Ton" in Ihrer Verwaltung gehören.

Informieren	Befragen	Kommunizieren und Beteiligen	Kooperieren
Ziele			
Informationsbedürfnisse erfüllen	Legitimation und effizientere Umsetzung von Planungen	Legitimation und effizientere Umsetzung von Planungen, Motivation	Kooperative Problemlösungen
Mittel			
Informationsrechte z.B. ■ Akteneinsicht nach WHG ■ Anfragen nach UIG Freiwillige Information z.B. ■ Umweltberichte ■ Informationsveranstaltungen ■ Bürgerfragestunden	Anhörrechte z.B. ■ in Planfeststellungsverfahren Freiwillige Maßnahmen z.B. ■ Haushaltsbefragungen ■ Diskussionsveranstaltungen	Beteiligungsrechte z.B. ■ Bürgerbegehren und -entscheid ■ Wahlen Freiwillige Maßnahmen z.B. ■ Mediation ■ Arbeitskreise ■ Orts-/Stadtteilbegehungen	■ „Runde Tische" z.B. im Rahmen der Leitbildentwicklung oder der Lokalen Agenda 21 ■ Kooperationsnetzwerke

Tab. 11.1: Möglichkeiten zur Einbeziehung der Öffentlichkeit

> **Umweltcontrolling-Tipp: Beschwerdemanagement einrichten**
>
> *Ein erster Ansatzpunkt, um die Belange der Öffentlichkeit wahrzunehmen, ist das Beschwerdemanagement. Anregungen und Beschwerden der Bürgerinnen und Bürger werden aufgenommen, auf Relevanz und Wirkungszusammenhänge untersucht und an die zuständigen Stellen in der Verwaltung weitergeleitet. Wichtig ist es, dass Sie die Meldungen aufgreifen und den Bürgern eine Rückmeldung geben. Für die Politik sind sowohl die Reaktionen aus der Öffentlichkeit als auch die Konsequenzen in der Verwaltung interessant. Daher sind regelmäßige Berichte der Verwaltung über Bürgerbeschwerden und -anregungen an die Politik sehr zu empfehlen.*

11.3 Neue Konzepte im Umweltschutz und in der Umweltpolitik

Die unter Abschnitt 11.1 aufgeführten Aufgabenbereiche können weitaus stärkere Einflüsse auf die Umwelt ausüben als die direkten Aktivitäten in der Dienststelle. Umso attraktiver ist der Gedanke, auch hier ein Umweltcontrollingsystem aufzubauen. Einige Verwaltungen entwickelten – häufig in Modellprojekten – Konzepte, die Aspekte des Umweltcontrollings im Bereich der indirekten Umwelteinwirkungen beinhalten.

Projekte zur Entwicklung von Umwelt- und Nachhaltigkeitsindikatoren

Die Kommission für Nachhaltige Entwicklung (CSD) startete im Jahr 1995 ein mehrjähriges Arbeitsprogramm zur Entwicklung von Nachhaltigkeitsindikatoren. Damit kommt sie dem Auftrag der Vereinten Nationen nach, die Agenda 21 umzusetzen und weiterzuentwickeln. Die Kommission unterscheidet dabei zwischen Indikatoren, die den Umweltzustand, die Umwelteinwirkungen und das Handeln messbar machen sollen. Die Bundesregierung hat die Indikatoren zwischenzeitlich erprobt und einen Bericht mit einer umfangreichen Liste möglicher Indikatoren veröffentlicht (vgl. BMU, 2000). Darin werden weiterhin die Relevanz des Themas sowie spezifische Problemfelder in Deutschland aus Sicht der Bundesregierung beschrieben. Der Bericht stellt die Einzelindikatoren ausführlich vor und hilft Ihnen dabei, Indikatoren im Bereich der indirekten Umwelteinwirkungen zu erarbeiten. Auch immer mehr Städte, Gemeinden, Regionen (z.B. Rheinland) und Länder (z.B. Bayern, Niedersachsen, Sachsen) entwickeln Umweltziele und Umweltindikatoren. Hier setzt ebenfalls ein Modellvorhaben der Länder Baden-Württemberg, Hessen und Thüringen an: Gemeinsam mit zwölf Gemeinden sowie vier Landkreisen entwickelten sie einen Satz von 24 Nachhaltigkeitsindikatoren und erprobten diesen in der Praxis. Die Indikatoren sollen Kommunen eine Orientierungshilfe bei der Festlegung messbarer Ziele im Prozess der Lokalen Agenda 21 geben. Die Ergebnisse des Modellprojekts sind in einem Leitfaden festgehalten, der Kommunen bei der Entwicklung der Indikatoren und der Erhebung der Daten unterstützt (vgl. HMLUF et al., 2000).

Kommunale Naturhaushaltswirtschaft

Im dem Modellvorhaben der Deutschen Bundesstiftung Umwelt (DBU) „Kommunale Naturhaushaltswirtschaft" stellen die Städte Bielefeld, Dresden, Heidelberg sowie der Landkreis Nordhausen einen Haushaltsplan für die Naturgüter und die Umweltqualität auf. Die Idee basiert auf der kommunalen (Finanz-)Haushaltswirtschaft: Jährlich sind mit Hilfe von Umweltindikatoren Zielwerte festzulegen, deren Einhaltung regelmäßig überprüft wird. Ein weiterer Anspruch des Konzepts ist, den Umweltverbrauch für die einzelnen Ressorts im jeweiligen Haushaltsjahr im Voraus zu schätzen. Die Idee der Naturhaushaltwirtschaft nähert sich damit dem Umweltcontrolling an.

Umweltmanagementsysteme nach der EMAS-Verordnung

Auch im Rahmen von Umweltmanagementsystemen nach der EMAS-Verordnung werden Elemente des Umweltcontrollings entwickelt. Manche Verwaltungen sehen im Umweltmanagement in erster Linie eine Möglichkeit, die Zusammenarbeit und Arbeitsplanung in der Verwaltung zu verbessern. Andere berücksichtigen auch die indirekten Umwelteinwirkungen und beziehen verstärkt Bürgerinnen und Bürger bei der Entwicklung von Umweltzielen sowie Maßnahmenprogrammen ein. Zwar sind die Ansätze in der Praxis noch recht unterschiedlich,

> **Planungs- und Verwaltungsentscheidungen im Umweltmanagement berücksichtigen.**

doch macht die neue EMAS-Verordnung deutliche Vorgaben: Planungs- und Verwaltungsentscheidungen müssen im Umweltmanagementsystem berücksichtigt werden (vgl. Kap. 10).

Lokale Agenda 21

Kapitel 28 der Agenda 21 fordert die Kommunen auf, im Dialog mit den Bürgerinnen und Bürgern, örtlichen Organisationen und der Privatwirtschaft Handlungsprogramme – die Lokale Agenda 21 – zu entwickeln. Ein wichtiges Anliegen der Agenda 21 ist die Einbeziehung von ökologischen, sozialen und ökonomischen, am Leitbild der nachhaltigen Entwicklung ausgerichteten Zielen in die Politik- und Verwaltungsentscheidungen. Auch hier bietet sich das Umweltcontrolling an, um zu prüfen, ob die Programme umgesetzt und die Ziele erreicht werden (vgl. Praxisbeispiel Stadt Graz).

Chancen und Grenzen der Konzepte

Der Übergang zwischen den verschiedenen Konzepten ist fließend, außerdem bestehen Überschneidungen zu den traditionellen Planungsinstrumenten, wie etwa der Bauleit- oder Flächennutzungsplanung. Die von Verwaltungen entwickelten Ansätze weisen eine Reihe von Gemeinsamkeiten auf. Für ein Umweltcontrolling der indirekten Umwelteinwirkungen bergen diese Konzepte sowohl Chancen als auch Grenzen.

Gemeinsam ist allen Ansätzen, dass sie die Entwicklung einer übergreifenden (Umweltschutz-)Strategie zum Ziel haben und wichtige Planungsaufgaben für das Umweltcontrolling erfüllen. Damit sollen folgende Ziele erreicht werden:

- ■ Die systematische Beschäftigung mit den Umwelteinwirkungen der Planungs- und Verwaltungstätigkeiten soll eine Basis für eine fundierte Schwerpunktsetzung schaffen. Im Idealfall können Sie auf diese Weise von der Umsetzung von Einzelmaßnahmen zu einem strategischen Handeln im Umweltschutz gelangen.

■ Durch den Abgleich von Soll- und Ist-Zustand im Umweltbereich werden die Erfolge der Umweltschutzpolitik nachweisbar und eine höhere Transparenz für die Bürgerinnen und Bürger geschaffen.

■ Gleichzeitig wird offensichtlicher, wo Handlungsbedarf besteht und auf welche Bereiche Politik und Verwaltung zukünftig verstärkt achten sollten.

Im Bereich der indirekten Umwelteinwirkungen hat das Umweltcontrolling aber auch Grenzen. Es ersetzt keine freiwilligen oder gesetzlichen Planungsinstrumente, ebenso wenig legen sich die Ausschüsse mit den eventuell entwickelten Maß-

Umweltcontrolling ersetzt keine freiwilligen oder gesetzlichen Planungsinstrumente.

nahmenplänen – auch wenn sie in den politischen Gremien abgestimmt sind – rechtsverbindlich für alle Zukunft fest. Im Planungs- und Haushaltsrecht gilt immer wieder die Einzelentscheidung. Dabei ist das Beschließungsverfahren rechtlich geregelt und das Ergebnis von den politischen Mehrheitsverhältnissen abhängig. Werden jedoch Entscheidungen getroffen, die den in öffentlichen Umweltplänen aufgestellten Maßnahmen und Zielen widersprechen, ist zumindest bei einer kritischen Öffentlichkeit die Notwendigkeit zur Diskussion und Erläuterung größer. Darin kann eine wesentliche Funktion des Umweltcontrollingsystems im Bereich der indirekten Umwelteinwirkungen liegen.

11.4 Bausteine des Umweltcontrollings der indirekten Umwelteinwirkungen

Zum Umweltcontrolling gehört es, Umweltziele zu setzen, Umweltinformationen regelmäßig zu erfassen und auszuwerten, Maßnahmen zur Zielerreichung zu entwickeln und regelmäßig zu prüfen, ob die Ziele auch erreicht wurden. In der Praxis gibt es bereits eine Reihe von Ansätzen, die Bausteine eines solchen Systems sein könnten.

Umweltentwicklung messbar machen: Umweltziele und Umweltindikatoren

Ein zentrales Element in einem Umweltcontrollingsystem sind Umweltindikatoren. Sie ermöglichen es, die Ist-Situation zu beschreiben und messbare Ziele zu setzen. Über mehrere Jahre erfasst, können Umweltindikatoren auch Entwicklungen aufzeigen.

Wenn Sie Umweltindikatoren aufstellen möchten, sollten Sie zunächst Ihre Zielbereiche abgrenzen. Setzen Sie Schwerpunkte bei den Umweltproblemfeldern. Dazu können Sie sich an den umweltpolitischen Zielen der nächsthöheren Verwaltungs- und Politikebene orientieren. So wurden auf Bundesebene sowohl mit dem Umweltbarometer (vgl. Kap. 5) als auch mit dem Bericht zu Nachhaltigkeitsindikatoren (vgl. BMU, 2000) begründete Schwerpunkte erarbeitet und zentrale Problemfelder festgelegt, die Sie als Entscheidungshilfe nutzen können.

Bei der Auswahl der Umweltindikatoren und -ziele kann Ihnen auch der Indikatorensatz weiterhelfen, der im Modellvorhaben „Indikatoren im Rahmen der Lokalen Agenda 21" entwickelt wurde (vgl. HMLFU et al., 2000).

Diese Indikatorensätze könnten dann bereits einen Rahmen vorgeben, der sich um regionale oder lokale Aspekte ergänzen lässt. Denn je nach Siedlungs- und Wirtschaftsstruktur bestehen möglicherweise spezifische Umweltprobleme, die in das Indikatorensystem einfließen sollten. Allerdings ist es sinnvoll, die Anzahl der Indikatoren auf zehn bis zwölf je Handlungsbereich beziehungsweise je Entscheiderebene zu beschränken. Damit der Indikatorensatz nach außen vermittelt werden kann und die Aussagen nicht in der Datenfülle verloren gehen, sollten Sie bei der Information der Öffentlichkeit nicht mehr als zehn bis 20 Schlüsselindikatoren einsetzen.

Anzahl der Umweltindikatoren auf zehn bis 20 begrenzen.

Eine Reihe von Kommunen, Regionen und Bundesländern haben bereits Umweltindikatoren entwickelt und Umweltziele aufgestellt. Die nachfolgende Tabelle stellt als Beispiel die Region Aachen vor.

Handlungsfeld	Handlungsziele und Umweltindikatoren
Globaler Klimaschutz	-30 % CO_2 bis 2010 (Basis: 1990)
	-70 % CO_2 bis 2050 (Basis: 1990)
Schutz der Wälder und anderer Ökosysteme vor Versauerung und Eutrophierung	-25 % SO_2 bis 2010 (Basis: 1995)
	-55 % NH_4 bis 2010 (Basis: 1995)
	-60 % NO_x bis 2010 (Basis: 1995)
	-50 % SO_2 bis 2030 (Basis: 1995)
	-80 % NH_4 bis 2030 (Basis: 1995)
	-80 % NO_x bis 2030 (Basis: 1995)
Sommersmog (bodennahes Ozon)	-60 % NO_x bis 2010 (Basis: 1995)
	-60 % VOC bis 2010 (Basis: 1995)
Verkehr	-30 % Motorisierter Individualverkehr (MIV) in Städten bis 2010
Gewässerschutz, Landwirtschaft	Ökologischer Landbau auf mindestens 20 % der Landwirtschaftsfläche bis 2010
Energieverbrauch	-30 % Primärenergieverbrauch bis 2010 (Basis: 1990)
	+5 % pro Jahr erneuerbare Energien
	+3–5 % pro Jahr Energieproduktivität
Materialverbrauch	25 % Abfallaufkommen bis 2010
	Verwertungsquoten: Hausmüll: 50 %, Bauabfälle: 60 %, Produktionsabfälle: 80 %
Begrenzung des Flächenverbrauchs	Stabilisierung der Siedlungs- und Verkehrsfläche in Stadt und Landkreis (Nord) (Nach 2010 keine Netto-Neubelegung mehr!)

Tab. 11.2: Auswahl an Umwelthandlungszielen der Region Aachen

Umweltpläne, Umweltschutzkonzepte und Umweltprogramme

Elemente eines Umweltcontrollingsystems können auch freiwillige Umweltpläne oder Umweltprogramme sein. Sie ergänzen die gesetzlichen Planungsinstrumentarien und sind in der Regel zwischen einer Bestandsaufnahme der Umweltsituation, allgemeinen Leitlinien und konkreten Maßnahmenplänen angesiedelt.

Umweltpläne

Soll sichergestellt werden, dass Umweltschutz in konkreten Planungen tatsächlich berücksichtigt wird, benötigen Sie Kenntnisse über die Umweltsituation ebenso wie Leitvorstellungen und Ziele zur weiteren Entwicklung der lokalen oder regionalen Umwelt. Umweltpläne schließen diese häufig vorkommende Lücke im kommunalen Umweltschutz.

Praxisbeispiele: Umweltpläne von Solingen und Münster

In Solingen kann die Stadtverwaltung auf einen Umweltplan zurückgreifen, wenn sie Flächennutzungs- oder Bauleitpläne erstellt. Der Umweltplan fasst die umweltrelevanten Belange in der Stadt zusammen und enthält eine Kartierung der Region. Der Umweltplan der Stadt Münster beinhaltet eine Situationsanalyse und schreibt ein Leitbild für die räumliche Entwicklung der Umwelt sowie Umweltentwicklungsziele fest. Darüber hinaus enthält er ein Entwicklungskonzept für die Stadt.

Umweltschutzkonzepte in einzelnen Aufgabenbereichen

Auch zu einzelnen Themenbereichen wie Abfall, Verkehr oder Klimaschutz werden auf kommunaler, regionaler oder landesweiter Ebene Umweltschutzkonzepte ausgearbeitet. Der Übergang von Leitvorstellungen, Zielen und Maßnahmenprogrammen ist hier oft fließend und die Bandbreite der Bezeichnungen für diese freiwilligen Planungsinstrumente so groß wie ihre inhaltliche Variationsbreite. Allgemein gültige Standards gibt es nicht. Gute Konzepte lehnen sich aber an die Idee des Umweltcontrollings an und formulieren aufbauend auf einer Bestandsaufnahme Ziele, Maßnahmen und Umsetzungsfristen sowie einen Zeitpunkt für die Erfolgskontrolle.

Umweltprogramme in Umweltmanagementsystemen nach EMAS

Umweltziele und Maßnahmenprogramme werden außerdem im Rahmen von Umweltmanagementsystemen nach der EMAS-Verordnung ausgearbeitet. Neben Maßnahmen enthalten sie, so gibt es die Verordnung vor, auch quantitative Umweltziele und Umsetzungsfristen.

Praxisbeispiel: Verkehrskonzept der Stadt Kehl

Im Rahmen eines Projekts zum kommunalen Öko-Audit des Landes Baden-Württemberg entwickelte die Verwaltung der Stadt Kehl ein Handlungsprogramm für den Verkehrsbereich. Eine Arbeitsgruppe unter Beteiligung des Baudezernenten, des Planungs- und des Ordnungsamts sowie der Umweltbeauftragten wertete zunächst die vorliegenden Verkehrsdaten aus. Die Mitglieder des Teams verständigten sich dann auf Umweltindikatoren, die Entscheidungshilfen bei Planungen geben und die ökologischen Erfolge der Verkehrskonzeption dokumentieren sollen.

Anschließend erarbeitete das Team ein Umweltprogramm mit Zielen und Maßnahmen. Die ohnehin vorgesehenen Maßnahmen wurden den Umweltzielen zugeordnet, so dass Lücken aufgedeckt werden konnten: Vor allem beim Fußgängerverkehr und bei der Öffentlichkeitsarbeit wurden Maßnahmen ergänzt. Das Maßnahmenprogramm legte somit die Planungs- und Prüfschwerpunkte der Verwaltung in den folgenden Jahren fest und strukturierte die Arbeitsprozesse. Zukünftig werden einmal jährlich Berichte über die Umsetzung des Umweltprogramms erstellt und im Arbeitskreis diskutiert. Damit steht der Verwaltung eine Möglichkeit zur Verfügung, ihre Leistungen dem Gemeinderat und der Öffentlichkeit vorzustellen.

Handlungsprogramme im Rahmen der Lokalen Agenda 21

Umweltziele und Handlungsprogramme werden zudem im Rahmen der Lokalen Agenda 21 aufgestellt. Auch hier gehen Leitvorstellungen und Maßnahmen oft ineinander über, und die Abgrenzung zu anderen Planungsinstrumentarien ist nicht immer eindeutig. So stellt beispielsweise in der Stadt Heidelberg der Stadtentwicklungsplan das Handlungsprogramm zur Lokalen Agenda 21 dar.

Ein vorbildliches Beispiel für ein Umweltprogramm im Rahmen der Agenda 21 entwickelte die Stadt Graz. Beachtenswert ist vor allem die breite Bürgerbeteiligung bei der Erarbeitung des Programms. Seit der erstmaligen Verabschiedung ist zwischenzeitlich überprüft worden, ob die Ziele erreicht wurden und sich die Maßnahmen als geeignet erwiesen haben. Auch in diesen Prozess wurden alle wichtigen Kreise in der Stadt einbezogen. Damit entsprechen die Aktivitäten in der Stadt Graz weitgehend einem Umweltcontrolling im Bereich der indirekten Umwelteinwirkungen.

Praxisbeispiel: Umweltprogramm der Stadt Graz

ÖKOSTADT 2000 heißt das Umweltprogramm der Stadt Graz. Neben umfangreichen Situationsanalysen enthält es umweltpolitische Leitlinien für eine nachhaltige Stadtentwicklung sowie konkrete Ziele und Maßnahmen mit Zuständigkeiten und Fristen. Im Jahr 1992 entwickelte das Grazer Umweltamt erstmalig in Zusammenarbeit mit einer Forschungseinrichtung dieses Umweltprogramm. Besonders wichtig war dabei die Einbeziehung aller interessierten Bürgerinnen und Bürger. In einer Sonderausgabe der Bürgerinformation Graz (BIG) und in zahlreichen Bürgerbesprechungen wurden diese aufgerufen, ihre Vorschläge und Ideen zum Umweltschutz in der Stadt einzubringen. ÖKOSTADT 2000 erfüllt damit die Aufgabe, die den Kommunen in der Agenda 21 zukommt: Die Kommunen sollen laut Kapitel 28 der Agenda 21 unter Einbeziehung der wichtigen gesellschaftlichen Gruppen Handlungsprogramme für ihren Beitrag zu einer nachhaltigen Entwicklung erarbeiten. 1995 beschloss der Gemeinderat das Umweltprogramm, und ein Jahr später erhielt Graz als erste europäische Stadt den European Sustainable City Award, ein Prädikat der Europäischen Union.

Im Januar 1999 wurde mit der Bewertung der bisherigen Aktivitäten begonnen. Dazu beauftragte der Gemeinderat ein Ökoteam, das wiederum aus sechs Arbeitskreisen mit insgesamt 68 Mitgliedern aus Industrie, Wirtschaft, dem Amt der Steiermär-

*kischen Landesregierung, dem Magistrat sowie mehreren Grazer Umweltorganisatio-
nen gebildet wurde. Die Arbeitskreise sammelten die notwendigen Daten, um den
Zielerreichungsgrad zu überprüfen. Dann bewerteten sie, ob die Maßnahmen zur
Umsetzung geeignet sind. Einige Ziele wurden eindeutig erreicht: Dazu gehörten vor
allem die Minderungsziele für Schwefeldioxid (SO$_2$), Kohlendioxid (CO$_2$) und Staub.
Andere wiederum konnten nicht erfüllt werden, so zum Beispiel alle Ziele im Bereich
Verkehr (Auszug s. Tab. 11.3). Die Berichte der Arbeitskreise bildeten die Grundlage
für den Endbericht des Grazer Ökoteams, der dem Gemeinderat zur Beschlussfassung
vorgelegt wurde. Diese Bewertung soll nun alle drei Jahre durchgeführt werden.*

Indikator	Ziel (1995–2000)	Stand (1999)	Ten-denz
Bereich Luft			
Emissionen von SO$_2$, CO und Staub	je -30 % (von 1987)	-50; -49; -36 %	☺; ☺; ☺
Emissionen von NO$_x$ und VOC	je -60 % (von 1988/1985)	-22; -52 %	☺; ☺
Bereich Lärm			
Streckenlänge über 65 dB(A) belasteter Straßen	-10 %	+6 %	☹
Bereich Energie			
Höhe der CO$_2$-Emissionen (ohne Industrie und Gewerbe)	-20 % (von 1987)	-4 bis -15 %	☺
Höhe des Stromverbrauchs	-7 % (von 1994)	+12 % (1993–1997)	☹
Anteil regenerativer Energie-träger	+9 % (von 1994)	0 % (1994–1998)	☹
Bereich Verkehr			
Modalsplit: Motorisierter Individualver-kehr, öffentlicher Verkehr, Radverkehr, Fußgänger	41, 21, 16, 22 % (von 1991)	47, 18, 14, 21 % (1998)	☹
Verkehrsleistungen MIV-LenkerInnen	-2 % (von 1989 bzw. 1991)	+5 % (bis 1998)	☹
Fahrleistungen Busse/Straßenbahnen	+10 % (von 1993)	+2 % (1993–1998)	☺
Kfz-Zulassungen	+0 % (1998)	+12 % (bis 1998)	☹

Legende: ☺ Verbesserung ☺ Gleich bleibend ☹ Verschlechterung

Tab. 11.3: Auszug aus dem Umweltprogramm ÖKOSTADT 2000 der Stadt Graz:
Umweltziele und Ergebnisse der ersten Zielüberprüfung

Umweltcontrolling-Tipp: Geplante Maßnahmen in rechtsverbindliche Pläne aufnehmen

Sorgen Sie dafür, dass die wesentlichen Inhalte freiwilliger Umweltpläne so umfassend wie möglich in rechtsverbindliche Pläne aufgenommen werden. Genauso wichtig ist es, die Kosten für die in den Haushaltsentwürfen geplanten Maßnahmen anzumelden.

Berichterstattung

Die Öffentlichkeit kann den Grad der Zielerreichung nur kontrollieren, wenn die betrachtete Gebietskörperschaft – Kommune, Kreis oder Land – die entsprechenden Informationen über die Umweltsituation, vor allem über den Umsetzungsgrad der Ziele und Maßnahmen, regelmäßig veröffentlicht. Die Fortschreibung eines gebietsbezogenen Umweltberichts (vgl. Kap. 6) durch das Umweltressort ist daher eine besonders wichtige Aufgabe im Umweltcontrolling der indirekten Umwelteinwirkungen.

Literatur

Bayerisches Staatsministerium für Landesentwicklung und Umweltfragen (BStMLU) (Hrsg.): Die umweltbewußte Gemeinde – Leitfaden für eine nachhaltige Kommunalentwicklung. München 1996.

Bayerisches Staatsministerium für Landesentwicklung und Umweltfragen (BStMLU) (Hrsg.): Der zukunftsbewußte Landkreis. München 1998.

Bundesumweltministerium (BMU) (Hrsg.): Erprobung der CSD-Nachhaltigkeitsindikatoren in Deutschland – Bericht der Bundesregierung. Berlin 2000.

CAF / Agenda-Transfer-Stelle: Schreiben für die Zukunft. Die Medienkampagne zur Lokalen Agenda 21 in NRW. Leitfaden zur Pressearbeit. Bonn 1999.
Bezug: CAF / Agenda-Transfer, Budapester Straße 11, 53111 Bonn
Tel.: 02 28/6 04 -6 10, Fax: 02 28/6 04-61 17

CAF / Agenda-Transfer-Stelle, ILS und MASSKS: Gute Beispiele nachhaltiger Entwicklung. Bonn 1998.

Deutsches Institut für Urbanistik (Difu) (Hrsg.): Indikatorensysteme für eine nachhaltige Entwicklung in Kommunen. Dokumentation „Forum Stadtökologie". Berlin 1999.

Hessisches Ministerium für Umwelt, Landwirtschaft und Forsten (HMLUF) / Bayerisches Staatsministerium für Landesentwicklung und Umweltfragen (StMLU) / Thüringer Ministerium für Landwirtschaft, Naturschutz und Umwelt (TMNLU) / Umwelt- und Verkehrsministerium Baden-Württemberg (UVM) (Hrsg.): Leitfaden Indikatoren im Rahmen einer Lokalen Agenda 21. Heidelberg 2000.
Zu beziehen bei den jeweiligen Ministerien, Bestelladresse für Interessierte außerhalb der vier Bundesländer: Forschungsstätte der Evangelischen Studiengemeinschaft (FEST), Schmeilweg 5, 69118 Heidelberg, Tel.: 0 62 21/9 12 20, Fax: 0 62 21/16 72 57

Hessisches Ministerium für Umwelt, Landwirtschaft und Forsten (HMULF), Agenda-Büro: Lokale Agenda 21 – Arbeitshilfen zur Umsetzung. Teillieferung 1–3. Wiesbaden 1998, 1999, 2000.

Kommunale Gemeinschaftsstelle für Verwaltungsvereinfachung (KGSt) (Hrsg.): Handbuch Kommunale Beteiligungen. Köln 1994.

Landesanstalt für Umweltschutz Baden-Württemberg (LfU) / Agenda Büro (Hrsg.): Lokale
    Agenda 21 – Ein Einstieg für Kommunen. Karlsruhe 2000.
Organisation for Economic Co-Operation and Development (OECD) : Environmental Indi-
    cators. Paris 1998.
Stadt Wuppertal / Institut für Kommunikation und Umweltplanung (IKU) (Hrsg.): Praxisrat-
    geber zur Entwicklung kommunaler Umweltmanagementsysteme. Wuppertal 1998.

Internet

Amt für Umweltschutz, Magistrat Graz: Ökostadt 2000. Auf dem Weg zu einer nachhaltigen
    Stadtentwicklung in Graz. Evaluierungsbericht an den Gemeinderat: www.graz.at (un-
    ter: Umwelt und Gesundheit, Umweltamt, Weitere Informationen, Aktuelles).

12. Umweltorientiertes Beteiligungscontrolling

Aufgrund der erhofften verbesserten Wirtschaftlichkeit und der höheren Flexibilität privatrechtlich organisierter Unternehmen nimmt die Zahl der öffentlichen Beteiligungen an Kapitalgesellschaften stetig zu. Für die Umwelteinwirkungen durch die öffentliche Hand sind diese Beteiligungen durchaus von Wichtigkeit. Daher soll im Folgenden auf die Bedeutung einer umweltorientierten Beteiligungsverwaltung eingegangen und deren Einflussmöglichkeiten, abhängig von der Organisations- und Rechtsform der Unternehmen, aufgezeigt werden. Im Anschluss daran erfahren Sie, wie Sie ein umweltorientiertes Beteiligungscontrolling einführen können. In vielen Fällen umfasst eine Beteiligungsverwaltung in erster Linie das Finanz- und Leistungscontrolling, das sich allerdings auch um ein umweltorientiertes Controlling ergänzen lässt. Die Praxiserfahrungen mit einem umweltorientierten Beteiligungscontrolling sind jedoch noch gering.

12.1 Beteiligungen der öffentlichen Hand

Unternehmen, die sich in Besitz oder Teilbesitz der öffentlichen Hand befinden, wurden häufig gegründet, um ehemalige Aufgabenbereiche der Verwaltung im Bereich der öffentlichen Daseinsvorsorge mit direktem Umweltbezug zu übernehmen. Dies ist zum Beispiel in der Energie- oder Abfallwirtschaft der Fall. Zu den Beteiligungen der öffentlichen Hand zählen auch die rechtlich unselbstständigen, aber organisatorisch und wirtschaftlich weitgehend selbstständigen Eigenbetriebe. Die Beteiligungsverwaltung ist in aller Regel Aufgabe der Finanzverwaltung. Je nach Geschäftstätigkeit eines Unternehmens wirken weitere Fachverwaltungen an der Aufsicht und Steuerung mit. Städte wie Hamburg und Leipzig haben privatrechtliche Servicegesellschaften für die Beteiligungsverwaltung gegründet.

Praxisbeispiel: Beteiligungscontrolling der Stadt Leipzig

Das Beteiligungscontrolling der Stadt Leipzig ist in erster Linie ein Finanz- und Leistungscontrolling. Seine konzeptionelle Entwicklung und operative Einführung ist die Aufgabe einer Servicegesellschaft, der Beratungsgesellschaft für Beteiligungsverwaltung Leipzig mbH (BBVL). Die BBVL ist eine hundertprozentige Tochter der Stadt Leipzig. Sie wurde im Jahr 1993 gegründet, um die Stadt beim Management ihrer Eigen- und Beteiligungsgesellschaften zu unterstützen und bei der Verwaltung des städtischen Beteiligungsvermögens in kaufmännischen, personellen, rechtlichen und organisatorischen Fragen zu beraten. Die BBVL hat mit der Stadt Leipzig einen

Grundvertrag abgeschlossen, in dem die von ihr zu betreuenden kommunalen Beteiligungsgesellschaften benannt sind. Diese werden jährlich neu ausgewählt.

Laut Grundvertrag ist die BBVL für das Beteiligungsmanagement der meisten städtischen Unternehmen sowie einer Reihe von Tochtergesellschaften zuständig. Darüber hinaus übernimmt sie Einzelaufträge. Auftraggeber sind die Stadt Leipzig, die städtischen Beteiligungsunternehmen oder Dritte. Die Unternehmen, die im Grundvertrag benannt wurden, sind in allen wichtigen kommunalen Aufgabenfeldern tätig: Wirtschaftsförderung, Strom- und Gasversorgung, Wasserversorgung, Abwasserentsorgung, öffentlicher Nahverkehr, Wohnungswesen, Kultur und Freizeit, Gesundheitswesen, Soziales, Bildung und Abfallwirtschaft. Die Aufgaben der BBVL beziehen sich nicht auf die kommunale Kernverwaltung, sondern nur auf die Regie- und Eigenbetriebe sowie die Beteiligungen an Kapitalgesellschaften und die kommunalen Zweckverbände.

Ein Ziel der BBVL ist der Aufbau eines einheitlichen Systems des Beteiligungscontrollings für alle städtischen Unternehmen. Die Aufgaben des Grundvertrags umfassen zum Beispiel die Mandatsbetreuung für die von der Stadt entsandten Vertreterinnen und Vertreter in Aufsichtsräte und andere Gremien der Unternehmen. Für das Finanz- und Leistungscontrolling hat die BBVL ein zeitnahes Konzept entwickelt, mit dem Finanzen und Vermögen gesteuert sowie die Erreichung kommunalpolitischer Zielsetzungen und die Wirtschaftlichkeit der Leistungserstellung kontrolliert werden können.

Darüber hinaus erstellt die BBVL jährlich einen Beteiligungsbericht, in dem die geprüften Jahresabschlüsse der Beteiligungsgesellschaften (Bilanz, Gewinn- und Verlustrechnung) zusammengefasst sind. Adressaten des Beteiligungsberichts sind die Gesellschafterin und die interessierte Öffentlichkeit. Darin werden die einzelnen Unternehmen vorgestellt, ihre spezifischen Leistungen beschrieben und wichtige ökonomische Daten präsentiert. Der Beteiligungsbericht ist jedoch in erster Linie vergangenheitsorientiert und deshalb nicht für die zeitnahe Steuerung geeignet, so dass von der BBVL ein weitergehendes Controllinginstrumentarium entwickelt wurde.

12.2 Ziele eines umweltorientierten Beteiligungscontrollings

Während bei der öffentlichen Verwaltungsorganisation manchmal eine Übersteuerung vorherrscht, ist für öffentliche Unternehmen aus der Sicht des Gesellschafters häufig eine Untersteuerung gegeben. Für eine solche Untersteuerung gibt es vielfältige Ursachen. Beispielsweise können sich nach der Ausgliederung von Aufgaben aus der Verwaltung personelle Restriktionen ergeben, da wichtige Mitarbeiter in die private Gesellschaft wechseln. Auch die nicht adäquate Informationsversorgung des öffentlichen Gesellschafters kommt als Ursache in Frage. Aufgabe eines Beteiligungscontrollings ist es, den Gesellschafter besser mit Informationen zu versorgen und diese entscheidungsorientiert aufzubereiten. Damit werden die Voraussetzungen für eine zielorientierte Steuerung der Beteiligungsunternehmen geschaffen.

In Anbetracht dessen, dass öffentliche Unternehmen in vielen Fällen Milliarden investieren und zentrale Aufgaben im Bereich der öffentlichen Dienstleistungen übernommen haben, kommt der Steuerung der Wirtschaftlichkeit sowie der ökologischen und sozialen Aspekte große Bedeutung zu.

Nutzenpotenziale für das Unternehmen	Nutzen für die öffentliche Hand
Viele Umweltschutzmaßnahmen verringern die Betriebskosten bei kurzer Amortisationszeit. Dadurch wird die Wettbewerbsfähigkeit der Unternehmen gestärkt. Häufig können dadurch auch die Gebührenbelastungen für Wirtschaft und Bürger gesenkt werden.	Durch die Senkung der Betriebskosten erhöhen sich die Erträge der Unternehmensbeteiligungen.
Durch mehr und genauere Informationen über betriebseigene Stoff- und Energieströme ergeben sich Wettbewerbsvorteile für das Beteiligungsunternehmen. Gerade Stadtwerke und Entsorgungsunternehmen stehen durch die Öffnung der Märkte zunehmend in Konkurrenz und können durch die Förderung der innerbetrieblichen Informationsversorgung Pluspunkte erzielen.	Durch die erhöhte Transparenz bezüglich der Unternehmensbeteiligungen ergibt sich eine verbesserte Grundlage für die Entscheidung über Investitionen. Investitionsrisiken können so gemindert werden.
Gleichzeitig verbessert sich das Image der Unternehmen in der Öffentlichkeit, wenn die umweltrelevanten Aktivitäten angemessen nach außen kommuniziert werden. Auch die Kundenzufriedenheit wächst. Beispielsweise kann ein Stadtwerk als kundenbindende Maßnahme die Umweltfreundlichkeit der eigenen Anlagen besonders herausstellen.	Die Akzeptanz der Bürgerinnen und Bürger für Investitionen, die von Unternehmen der öffentlichen Hand mitgetragen werden, steigt, wenn ein aktives Umweltengagement nach außen kommuniziert wird.

Tab. 12.1: Nutzenpotenziale des umweltorientierten Beteiligungscontrollings

12.3 Einflussmöglichkeiten auf Unternehmensbeteiligungen

Die Einflussmöglichkeiten bei der Steuerung des operativen Geschäfts der Beteiligungsunternehmen durch die öffentliche Verwaltung nehmen rechtsformabhängig mit zunehmender Eigenständigkeit des Unternehmens ab. Bei Regiebetrieben ist eine direkte Steuerung des Betriebs über den Haushalt und verwaltungsinterne Richtlinien (z.B. Dienstanweisungen) möglich. Auch können Eigenbetriebe von Politik und Verwaltung noch unmittelbar gesteuert werden. Bei Kapitalgesellschaften dagegen kann lediglich mittelbar Einfluss über den Aufsichtsrat und das Weisungsrecht der Gesellschafterversammlung gegenüber der Geschäftsleitung genommen werden. Zudem sind die Handlungsmöglichkeiten solcher Gesellschaften durch den Wettbewerbsdruck beschränkt. Auch im Rahmen interkommunaler Zweckverbände ist ein direktes Einwirken auf die Verwaltung nicht mehr möglich.

Einflussmöglichkeiten hängen von der Eigenständigkeit des Unternehmens ab.

Die Einflussmöglichkeiten eines umweltorientierten Beteiligungscontrollings sind in Tabelle 12.2 aufgeführt. Bei allen privatrechtlichen Beteiligungsgesellschaften ist dem Gesellschaftsvertrag und den weiteren Rahmenvereinbarungen eine hohe Bedeutung zuzumessen. Die Vertragswerke räumen der öffentlichen Hand als Eigentümerin in der Regel umfangreiche Informationsrechte ein, die jedoch nicht in jedem Fall ausreichend ausgeschöpft werden.

Rechtsform	Grad der Selbstständigkeit	Einflussmöglichkeit
Kapitalgesellschaften (GmbH, AG)	Organisatorisch und wirtschaftlich selbstständig; rechtlich selbstständig	Über gesellschaftsvertragliche Festlegungen, über Weisungen der Aufsichts- und Überwachungsorgane, bei Aktiengesellschaften über die Abberufung von Aufsichtsräten, über Zuwendungen
Anstalt des öffentlichen Rechts	Organisatorisch und wirtschaftlich selbstständig; rechtlich selbstständig	Über die Anstaltssatzung, über Aufsichts- und Kontrollgremien, über Zuwendungen
Rechtsformen der Kooperation (Zweckverbände etc.)	Organisatorisch und wirtschaftlich selbstständig; besitzt Finanzautonomie; rechtlich selbstständig	Einfluss über Vertreter in der Verbandsversammlung, über Zuwendungen
Eigenbetrieb	Organisatorisch und wirtschaftlich weitgehend selbstständig (jedoch finanzwirtschaftliches Sondervermögen); rechtlich unselbstständig	Steuerung durch Verwaltung und Politik möglich (Unternehmensziele, Satzungsgebung, Finanzen)
Regiebetrieb	Wirtschaftlich und organisatorisch Teil des Haushalts; keine rechtliche Selbstständigkeit	Direkte Steuerung des operativen Geschäfts durch die Verwaltung möglich

Tab. 12.2: Einflussmöglichkeiten der öffentlichen Hand in Abhängigkeit von der Rechtsform öffentlicher Unternehmen

Bezüglich der Einflussmöglichkeiten auf privatrechtliche Beteiligungsunternehmen kommt den von der öffentlichen Hand entsandten Vertretern in Aufsichts- und Kontrollgremien große Bedeutung zu. Die Aufsichtsräte privatrechtlicher Gesellschaften werden in der Regel von der öffentlichen Hand mit Bürgermeistern, Verwaltungsfachleuten oder Gemeinderäten besetzt. Jedes Aufsichtsratsmitglied einer AG hat das Recht, vom Vorstand beziehungsweise von der Geschäftsführung im Rahmen seiner Informationsrechte einen Bericht zu verlangen (vgl. Ade,

1997). Dieser Berichtsanspruch umfasst alle Angelegenheiten der Gesellschaft. Bei einer GmbH kann dieses Recht durch den Gesellschaftsvertrag beschränkt oder sogar ausgeschlossen sein. Da der Aufsichtsrat rechtlich gesehen ausschließlich dem Unternehmensinteresse verpflichtet ist, müssen die Interessen der öffentlichen Hand als Eigentümerin im Konfliktfall gegen die Sicherung der Zukunft des Unternehmens und seiner Arbeitsplätze abgewogen werden.

12.4 Instrumente des umweltorientierten Beteiligungscontrollings

Zentrale Instrumente eines umweltorientierten Beteiligungscontrollings sind verdichtete Informationen, die zum Beispiel Umweltkennzahlensysteme und gut gegliederte sowie umweltbezogene Beteiligungsberichte liefern können. Daher ist es hilfreich, wenn innerhalb des Unternehmens bereits ein Umweltcontrolling (vgl. BMU/UBA, 2001) oder ein Umweltmanagementsystem vorhanden ist.

Um eine umweltbezogene Steuerung von Unternehmensbeteiligungen zu ermöglichen, ist es unabdingbar, unternehmensspezifische Zielvorgaben festzulegen. Die nachfolgend dargestellte Einführungsstrategie soll Ihnen helfen, eigene Umweltziele in der Beteiligungsverwaltung zu entwickeln.

Umweltkennzahlen erleichtern die Zielkontrolle.

Zur Zielkontrolle im Rahmen des umweltorientierten Beteiligungscontrollings eignen sich Umweltkennzahlensysteme. Die Kennzahlen liefern verdichtete, aussagekräftige Informationen, die sich auf die Zielvorgaben beziehen und, angewandt auf die Beteiligungsunternehmen, Zeitreihenvergleiche und zwischenbetriebliche Vergleiche ermöglichen. Nutzen Sie für die Entwicklung eines Umweltkennzahlensystems in der Beteiligungsverwaltung die in Kapitel 5 gegebenen Hinweise. Auch der Leitfaden „Betriebliche Umweltkennzahlen" (BMU/UBA, 1997) kann weiterhelfen.

Achten Sie darauf, für die im Rahmen der Beteiligung wichtigen Ziele Kennzahlen zu entwickeln und diese regelmäßig einem Soll-Ist-Vergleich zu unterziehen. Beteiligungsberichte mit einem informativen Umweltteil oder auch spezielle Umwelt-Beteiligungsberichte geben interessierten Bürgerinnen und Bürgern, insbesondere aber den Entscheidungsträgern der öffentlichen Hand, einen schnellen Überblick über die Umweltleistungen der von der öffentlichen Hand mitgetragenen Unternehmen. Im Folgenden finden Sie eine Übersicht über den Aufbau eines umweltbezogenen Beteiligungsberichts.

Allgemein

- Liste der im Beteiligungsbericht berücksichtigten und nicht berücksichtigten Unternehmen

- Veränderungen im Beteiligungsportfolio

- Umweltziele der öffentlichen Hand, soweit für die Beteiligungen von Belang

- Umweltbezogene Beteiligungsstrategie der Verwaltung

- Ansprechpartner der Beteiligungsverwaltung

Für jedes Unternehmen

■ Umsatz, Beschäftigungszahlen, Geschäftszweck, Besonderheiten im Kalenderjahr, Unternehmensbeteiligungen, wirtschaftliche Lage des Unternehmens, Ertrag oder Zuschussbedarf, Vertreterinnen und Vertreter in den Aufsichtsgremien mit Adresse und Telefonnummer,

■ umweltrelevante Aspekte der Produkte und Dienstleistungen, produktbezogene Umweltziele des Unternehmens und Entwicklung der entsprechenden zielbezogenen Umweltkennzahlen des Unternehmens über mehrere Jahre,

■ prozessbezogene Umweltziele des Unternehmens und zielbezogene Umweltkennzahlen des Unternehmens über mehrere Jahre,

■ herausragende Umweltschutzmaßnahmen der Unternehmen im abgelaufenen Kalenderjahr sowie deren Kosten und Erträge,

■ Umweltziele und jeweils zur Realisierung geplante Maßnahmen und Fristen,

■ Aktivitäten des Unternehmens zur Abstimmung der Unternehmensstrategie mit den Eigentümern und den interessierten Kreisen.

Sie sollten bei den Unternehmen darauf hinwirken, dass sie die wesentlichen unternehmensbezogenen Angaben des Beteiligungsberichts bereits in die Geschäfts- oder Umweltberichte beziehungsweise Umwelterklärungen aufnehmen. Wenn eine derartige Berichterstattung für alle Unternehmen realisiert wird, kann der eigentliche Beteiligungsbericht entweder sehr kurz ausfallen oder es müssen viele Informationen nur noch zitiert werden.

12.5 Einführungsstrategie für ein umweltorientiertes Beteiligungscontrolling

Informieren Sie die Beteiligungsunternehmen frühzeitig über das geplante Vorgehen hinsichtlich der Steuerung der Beteiligungen. Sorgen Sie für ein professionelles Projektmanagement und planen Sie sorgfältig die am Anfang stehende Informationsphase. Dafür eignet sich am besten eine Checkliste mit den benötigten Informationen und den erforderlichen Informationsquellen:

1. Unabdingbar ist es, sich die politische Unterstützung über einen Grundsatzbeschluss zu sichern. Bereiten Sie den Grundsatzbeschluss über die Einführung eines umweltorientierten Beteiligungscontrollings gründlich vor. Nutzen Sie die Beispiele in diesem Handbuch, um die Vorteile eines umweltorientierten Beteiligungscontrollings zu illustrieren. Bestimmen Sie, welches Budget und welche Personalressourcen benötigt werden.

2. Suchen Sie sich Verbündete. In diesem Zusammenhang ist es besonders wichtig, die Unterstützung der Personen zu gewinnen, die von der öffentlichen Hand in die Aufsichtsräte und Kontrollgremien entsandt wurden.

3. Zur Situationsanalyse und Bestandsaufnahme verschaffen Sie sich einen Überblick über die Unternehmensbeteiligungen sowie deren Umweltrelevanz. Insbesondere bei größeren Städten oder Landesverwaltungen kann die Zahl der

Unternehmensbeteiligungen im dreistelligen Bereich liegen. Nutzen Sie Geschäftsberichte und, falls vorhanden, Umweltberichte der Unternehmen, an denen die öffentliche Hand beteiligt ist, um diese Informationen zu gewinnen.

4. Klären Sie, welche Umweltziele international, national und für Ihre Region festgelegt wurden. Ein nationales Ziel ist zum Beispiel die geplante CO_2-Reduzierung, die sich die Bundesregierung vorgenommen hat. Leiten Sie daraus Prioritäten für das umweltorientierte Beteiligungscontrolling ab.

5. Erstellen Sie eine Matrix, die eine Beziehung zwischen den Umweltzielen und den Beteiligungsgesellschaften herstellt. Operationalisieren Sie anschließend die Umweltziele für die einzelnen Unternehmensbeteiligungen, indem Sie bestimmen, welche Beteiligungsgesellschaft zu welchem Ziel welchen Beitrag leisten kann. Dies bedeutet, dass die raumbezogenen Umweltziele auf die möglichen Beiträge der einzelnen Unternehmen heruntergebrochen werden.

6. Entwickeln Sie auf dieser Basis zielbezogene, unternehmensspezifische Kennzahlen, die den Möglichkeiten und Fähigkeiten der unterschiedlichen Unternehmen angemessen sind.

7. Setzen Sie Prioritäten. Welche Unternehmen können mit möglichst geringem Aufwand einen besonders großen Beitrag zur Erfüllung bestimmter Umweltziele leisten? Legen Sie die Schwerpunkte des Umweltcontrollings für jedes Beteiligungsunternehmen fest. Ein Stadttheater zum Beispiel verursacht andere und in jedem Fall geringere Umwelteinwirkungen als der kommunale Abfallwirtschaftsbetrieb. Darüber hinaus können die Planungsphasen und die Abstände zwischen den Kontrollen bei einem Theaterbetrieb verlängert werden, während bei einem Abfallwirtschaftsbetrieb ein differenziertes und zeitnahes Umweltcontrolling sinnvoll ist.

8. Sie werden den Aufbau eines umweltorientierten Beteiligungscontrollings wahrscheinlich nicht in allen beteiligten Unternehmen gleichzeitig in Angriff nehmen können, weil Ihnen die dafür notwendigen Ressourcen nicht zur Verfügung stehen. Wählen Sie in diesem Fall Modellunternehmen aus, in denen Sie mit der Umsetzung beginnen. Erstellen Sie eine Prioritätenliste, in der Sie berücksichtigen, wie aufgeschlossen das Management in den jeweiligen Beteiligungsunternehmen gegenüber einem Umweltcontrolling ist. Um schnell zu überzeugenden Ergebnissen zu gelangen, ist die Akzeptanz der Managementebene sehr wichtig. Beraten Sie die ausgewählten Modellunternehmen in der Aufbauphase bei der Zusammenstellung der relevanten Daten. Weniger aufwändig gestaltet sich die Datenanalyse für die Unternehmen, die bereits ein funktionierendes Umweltmanagementsystem nach EMAS beziehungsweise ISO 14001 installiert haben. Stimmen Sie Ihre Umweltziele mit den Beteiligungsunternehmen ab und legen Sie gemeinsam mit diesen die notwendigen Ressourcen fest. Ermitteln Sie, wie die Umweltziele in die vorhandenen Unternehmensplanungen integriert werden können und welche rechtlichen sowie vertraglichen Rahmenbedingungen für das Beteiligungscontrolling gelten. Schätzen Sie ab, welche Auswirkungen sich durch die Einführung eines Umweltcontrollings in den einzelnen Betrieben ergeben und ob die Umsetzung von Umweltzielen durch finanzielle Anreize gefördert werden könnte.

9. Finden Sie gemeinsam mit den Modellunternehmen heraus, welche organisatorischen Voraussetzungen geschaffen werden müssen, um die Umweltziele zu erreichen. Bedenken Sie auch, dass es zusätzlich einer innerbetrieblichen Umsetzungskontrolle bedarf.

10. Vereinbaren Sie mit den größeren Unternehmen die regelmäßige Erstellung von Umweltberichten oder Umwelterklärungen, in denen die Unternehmen selbst über die gesetzten Ziele sowie deren Umsetzung informieren.

11. Für eine erfolgreiche Einführung und Etablierung des Umweltcontrollings im Rahmen der Beteiligungsverwaltung empfiehlt es sich, die Verantwortung einer Person zu übertragen. Dieser Hauptverantwortliche sollte hierarchisch weit oben angesiedelt sein, etwa ein Amtsleiter, um die Akzeptanz bei den Unternehmensbeteiligungen zu fördern. Ihn sollten hauptamtliche Mitarbeiter unterstützen, die in erster Linie die Zusammenarbeit mit den von der öffentlichen Hand eingerichteten Kontrollgremien koordinieren.

12. Nach der Einführung können Sie ein Benchmarkingsystem aufbauen, mit dem Sie die Umweltleistungen der beteiligten Unternehmen untereinander oder mit den Beteiligungen anderer öffentlicher Institutionen vergleichen. Nutzen Sie in diesem Zusammenhang die Vergleichsringe der Kommunalen Gemeinschaftsstelle für Verwaltungsvereinfachung (KGSt). Informationen dazu finden Sie im Internet unter www.iko-netz.de.

13. Verwenden Sie das installierte System auch weiterhin, um das Erreichen der vereinbarten Umweltziele zu überprüfen. Fassen Sie die Ergebnisse des umweltorientierten Beteiligungscontrollings in einem jährlichen Beteiligungsbericht zusammen.

14. Kommunizieren Sie mit der Öffentlichkeit, indem Sie in Presseerklärungen und Informationsbroschüren über Ihre Erfolge berichten.

Literatur

Ade, K. (Hrsg.): Handbuch Kommunales Beteiligungsmanagement. Stuttgart 1997.

Bundesumweltministerium / Umweltbundesamt (BMU / UBA) (Hrsg.): Handbuch Umweltcontrolling. 2. Auflage, München 2001.

Bundesumweltministerium / Umweltbundesamt (BMU / UBA) (Hrsg.): Leitfaden Betriebliche Umweltkennzahlen. Bonn / Berlin 1997.

Kommunale Gemeinschaftsstelle für Verwaltungsvereinfachung (KGSt) (Hrsg.): Handbuch Kommunale Beteiligungen. Köln 1994.

Umweltbundesamt (UBA): Umweltcontrolling im Bereich der öffentlichen Hand (Vorstudie). Texte 8 / 99. Berlin 1999.

13. Beispiele des Umweltcontrollings aus elf Funktionsbereichen

Die Beispiele in diesem Kapitel demonstrieren die Anwendung von Umweltcontrolling in verschiedenen Funktionsbereichen der öffentlichen Hand. Sie informieren über den Ablauf des jeweiligen Projekts, seine Schwerpunkte und die dabei erzielten Erfolge. Eine Reihe der Beispiele realisiert Umweltcontrolling als Baustein des Umweltmanagementsystems, andere bauen Umweltcontrolling davon unabhängig auf. Zu jedem Beispiel finden Sie Erfahrungsberichte, Leitfäden, Literatur zu den Projekten und Kontaktadressen. So erfahren Sie wichtige Hintergründe zu den einzelnen Funktionsbereichen und lernen deren typische Umwelteinwirkungen kennen. Kapitel 13 ermöglicht Ihnen somit, auf Erfahrungen aus und Empfehlungen für Ihren spezifischen Funktionsbereich zurückzugreifen.

13.1 Funktionsbereich Kommune

Stadt Bad Harzburg

Bad Harzburg ist ein am nördlichen Harzrand gelegener Kurort und gleichzeitig Mittelzentrum mit circa 25.000 Einwohnern. Als Heilbad und Fremdenverkehrsort hat die Stadt seit Mitte des letzten Jahrhunderts einen hervorragenden Ruf. Gleichzeitig gehören Teile Bad Harzburgs zu einem alten Bergbau- und Industriestandort am Nordharz. Diese unterschiedlichen Funktionen der Stadt erzeugen ökologische Konfliktpotenziale, lösen jedoch auch Erwartungshaltungen aus, die eine besonders sensible Vorgehensweise im Bereich Umweltschutz notwendig machen. Um das gesamte Verwaltungshandeln zu optimieren, unternahm Bad Harzburg bereits Anfang der neunziger Jahre erste Versuche mit einer kommunalen Umweltverträglichkeitsprüfung. Dabei zeigte sich, dass ein solches Verfahren für eine Stadt dieser Größe und Struktur nicht geeignet war. Gemeinsam mit einer Umweltberatungsfirma, mit der die Stadt Bad Harzburg zeitweilig zusammengearbeitet hatte, sollte nun ein Umweltcontrollingsystem auf die Stadtverwaltung übertragen werden, ein System, das bis dahin nur im privatwirtschaftlichen Bereich Anwendung fand.

Die Einführung des Umweltcontrollings ermöglicht der Stadtverwaltung, umweltrelevante Probleme zu erkennen, diese zu analysieren und Abhilfe zu schaffen. Dabei spielt dieses Instrument keine über- oder untergeordnete Rolle, sondern wird gleichwertig neben anderen Kriterien wie Wirtschaftlichkeit in die Entscheidungsprozesse von Rat und Verwaltung einbezogen.

👍 Erfolge

⟹ Die Bestandsaufnahme ermöglichte eine sichere Prioritätenbildung bei der Planung Energie sparender Maßnahmen in der Gebäudewirtschaft.

⟹ Die im neu organisierten Beschaffungswesen eingeführten Positiv/Negativ-Listen haben sich als Arbeitshilfen bewährt. Neuansammlung ökologisch bedenklicher Produkte mit zweifelhaftem Nutzen konnte vermieden werden.

⟹ Die Zahl der gelagerten Gefahrstoffe wurde von circa 200 auf circa 80 reduziert. Rechtssicherheit entstand durch Aufstellung eines Gefahrstoffkatasters und Umsetzung der Forderungen aus der Gefahrstoffverordnung.

📖 Literatur

Beckröge, T.: Vier Jahre Umweltcontrolling in Bad Harzburg. In: Tagungsband zur Tagung „Umweltcontrolling im Bereich der öffentlichen Hand", Schriftenreihe IÖW 150/00. Berlin 2000.

Stadt Bad Harzburg (Hrsg.): Leitfaden zum Pilotprojekt der Stadt Bad Harzburg „Kommunales Öko-Controlling". Bad Harzburg 1997.

✉ Kontakt

Stadtverwaltung Bad Harzburg, Bauamt, Thomas Beckröge
Postfach 14 63, 38667 Bad Harzburg
Tel.: 0 53 22/74-6 05, Fax: 0 53 22/74-2 78

Hintergrund Funktionsbereich Kommunen

Durch das große Spektrum gemeindlicher Tätigkeiten werden vielfältige Umwelteinwirkungen verursacht. Diese erwachsen aus dem meist umfangreichen Gebäude- und Flächenbestand, aus nutzungsintensiven Einrichtungen wie Kindergärten und Schulen sowie aus umweltrelevanten Aufgaben wie Abfallentsorgung und Abwasserreinigung.

⊠ Umwelteinwirkungen durch Kommunen

⟹ Energieverbrauch für die Beheizung der Gebäude, den Fuhrpark sowie die Beleuchtung

⟹ Materialverbrauch

⟹ Abfallaufkommen

⟹ Gefahrstofflagerung und Verbrauch (Reinigungsmittel, Bauhof)

Folgende Aspekte sollten Sie bei der Einführung von Umweltcontrolling in Gemeinden beachten:

■ Zusammenspiel mit den politischen Gremien

Bei der Einführung eines Umweltcontrollingsystems in einer kommunalen Verwaltung ist – im Gegensatz zu privatwirtschaftlichen Betrieben – auch das Zusammenspiel mit den politischen Gremien der Stadt von Bedeutung. Obwohl ein solches Projekt umweltpolitisch meist positiv gesehen wird, sind doch die Bedenken wegen der für die Stadt entstehenden hohen finanziellen Kosten aus dem Weg zu räumen.

■ Wirtschaftliche Aspekte

Immer wieder treten finanzielle Hemmnisse auf, die mit der schlechten Haushaltslage begründet oder auch nur von den Mitarbeiterinnen und Mitarbeitern befürchtet werden. Doch hat sich gezeigt, dass kommunaler Umweltschutz häufig mit Einsparungen verbunden ist. Dies trifft in erster Linie für den Bereich Energie zu, in dem sich die Kosten in vielen Fällen senken lassen.

Umweltkostenrechnung bei der Stadtverwaltung Nürnberg

Die Stadtverwaltung Nürnberg beschäftigt circa 10.000 Menschen in rund 60 Dienststellen und verwaltet etwa 1.200 Liegenschaften. Dabei gliedert die Verwaltung zunehmend Aktivitäten aus oder führt sie als Beteiligung. Das Gesamthaushaltsvolumen 1999 (Verwaltungshaushalt und Vermögenshaushalt) betrug circa 1,4 Milliarden Euro, der Schuldenstand lag Ende 2000 bei rund 1.800 Euro pro Einwohner. Neben der Budgetierung und dezentralen Ressourcenverantwortung ist die Kosten- und Leistungsrechnung (KLR) ein wichtiger Bestandteil des notwendigen, umfassenden Reformprozesses bei der Stadtverwaltung Nürnberg. Die Einführung einer flächendeckenden KLR begann im Jahr 1999. Ihre Aufgabe ist es, Informationen für Planung, Steuerung und Kontrolle der Wirtschaftlichkeit des Verwaltungsgeschehens bereitzustellen. Die Dienststellen sind so in der Lage, ihre Kosten- und Leistungsstrukturen zu ermitteln sowie eigene Spielräume zu erkennen und zu nutzen. Zugleich liefert die KLR die Grundlage für die Kalkulation von Gebühren, Entgelten und Preisen. Nicht zuletzt schafft sie eine gewisse Transparenz bei der Verwendung von Steuergeldern. Durch die Einführung der KLR sollten folgende Nutzeffekte erzielt werden:

■ bessere Kosten- und Leistungstransparenz,

■ Informationsbasis für die Wirtschaftlichkeitskontrolle und die Kalkulation der Stückkosten,

■ Vereinfachung der Gebührenkalkulation,

■ eine notwendige Ergänzung für die outputorientierte Budgetierung sowie

■ wesentliche Unterstützung bei Entscheidungen.

Eine besondere Rolle spielt im Zusammenhang mit der KLR die Umweltkostenrechnung, die derzeit bei der Stadtverwaltung entsteht: Im Sinne eines innerbetrieblichen Informationssystems werden zunächst die internen umweltrelevanten Kosten ermittelt und anschließend den entsprechenden Kostenstellen und/oder Kostenträgern weitgehend verursachungsgerecht zugeordnet.

Um die Umweltkostenrechnung flächendeckend in der Stadtverwaltung aufzubauen, wurde ein Koordinationsteam eingesetzt, das aus Vertretern des Bau-, Umwelt- und Finanzreferats besteht. Diese Zusammensetzung macht deutlich: Das Thema „Umweltkostenrechnung" betrifft sowohl die Umweltfachdienststellen mit entsprechend umweltorientierter Ausrichtung als auch die Finanzdienststellen mit ihrem kostenrechnerischen Schwerpunkt.

Bei der Ermittlung interner Umweltkosten, zum Beispiel in den Bereichen Energie, Abfallentsorgung, Wasser- und Abwasser, gelten bestimmte Vorgaben verbindlich für alle Dienststellen. Diese so genannten Pflichtkostenarten sind budgetrelevant, das bedeutet, sie bilden einen Teil des Budgets, mit dem eine Dienststelle wirtschaften muss. Die Einsparungen bei den umweltrelevanten Kosten kann eine Dienststelle somit für andere Anschaffungen verwenden. Unter anderem sind folgende Pflichtkostenarten zu erfassen:

Nummer	Bezeichnung	Nummer	Bezeichnung
5402 0000	Kanal	5432 0000	Strom
5403 0000	Abfallbeseitigung	5433 0000	Wasser
5404 0000	Straßenreinigung	5434 0000	Fernwärme
5431 0000	Gas	5435 0000	Sonstiges

Tab. 13.1: Einige Pflichtkostenarten mit Umweltbezug in der KLR bei der Stadt Nürnberg

Neben der Erhebung interner Umweltkosten ist auch ihre verursachungsgerechte Zuordnung auf die Kostenstellen und/oder Kostenträger von entscheidender Bedeutung. Daher werden die Kostenstellen und Kostenträger nach organisatorischen und entsprechend funktionellen Aspekten gebildet. Die Verantwortlichkeiten müssen dabei klar geregelt sein.

👍 Erfolge

⇨ Ergebnis der KLR ist eine Kostentransparenz, die hilft, Schwerpunkte bei umweltbezogenen und kostenwirksamen Maßnahmen zu setzen. So ließ sich zum Beispiel ermitteln, dass die Volksschulen einen relevanten Anteil an den Umweltkosten der gesamten Stadtverwaltung verursachen (s. Tab. 13.2).

Kostenart	Gruppie-rungs-ziffer	Kosten der Stadt (Mio. €)	Kosten der Volksschu-len (€)	Anteil der Volksschu-len (%)
Hausmüll	540	1,1	304.000	28
Abwasser	540	1,0	192.000	20
Gas/Strom/Wasser	543	7,35	880.000	12
Heizung	544	5,05	1.410.000	28
Gesamt		14,5	2.790.000	19

Tab. 13.2: Anteil der Volksschulen an umweltrelevanten Kosten der Stadtverwaltung

📖 Literatur

Stadt Nürnberg: Handbuch der erweiterten Budgetverantwortung. 2. Aufl., Nürnberg 2000.
Stadt Nürnberg, Hochbauamt: Erfahrungsbericht des Kommunalen Energie- und Wassermanagements der Stadt Nürnberg. Erscheint jährlich.

✉ Kontakt

Stadtverwaltung Nürnberg, Umweltamt, Dr. Susanne Schimmack
    Lina-Ammon-Str. 28, 90317 Nürnberg
    Tel.: 09 11/2 31-38 40, Fax: 09 11/2 31-38 37
    E-Mail: uwa.schimmack@gmx.de
Stadtverwaltung Nürnberg, Finanzreferat, Dr. Christine Meyer
    Theresienstr. 7, 90317 Nürnberg
    Tel.: 09 11/2 31-29 41, Fax: 09 11/2 31-52 02
    E-Mail: christine_meyer@ka.stadt.nuernberg.de

Zwei größere Problemfelder waren für den Einführungsprozess der KLR sowie speziell der Umweltkostenrechnung von Anfang an relevant. Dabei handelte es sich zum einen um die Motivierung der Mitarbeiter und Mitarbeiterinnen, zum anderen um die nötige flächendeckende EDV-Ausstattung.

Gerade weil die Dienststellen im Rahmen der Verwaltungsreform mit vielen neuen (nicht immer besseren) Arbeitsinstrumenten und -methoden konfrontiert sind, ist es sehr wichtig, die Mitarbeiter vom Nutzen einer KLR, speziell einer Umweltkostenrechnung, zu überzeugen. Die Stadtverwaltung Nürnberg geht dabei folgendermaßen vor: Einerseits bietet das Finanzreferat eine kostenlose Beratung zur Einführung der KLR an, um Ängste und Vorbehalte der Mitarbeiter abzubauen. Andererseits werden speziell die Umweltkosten in die Budgetierung miteinbezogen, so dass zusätzlich finanzielle Anreize für die einzelnen Dienststellen bestehen.

13.2 Funktionsbereich Schulen und Bildungsstätten

Kooperationsmodell des Bayerischen Kultusministeriums

Um Umweltbelastungen von Schulen zu reduzieren und gleichzeitig pädagogische Ziele zu erreichen, wurde in einem bayerischen Modellvorhaben in den Jahren 1997 bis 1999 eine Methodik entwickelt, die es erlaubt, Umweltschutz als festen Bestandteil der Umwelterziehung in den Schulalltag zu integrieren. Im Mittelpunkt stand dabei die Erprobung von an Schulen angepasste Verhaltensweisen. Das Projekt fand schulartübergreifend an zehn Volks-, Real-, Berufsschulen und Gymnasien statt. Die daraus resultierenden Empfehlungen fasst ein Praxisleitfaden zusammen.

Die folgende Tabelle zeigt, welche Schulen, Kommunen und Patenfirmen an dem Pilotprojekt beteiligt waren:

Schulen	Kommunen/Sach-aufwandsträger	Patenfirmen
Allgäu-Gymnasium Kempten	Stadt Kempten	Wacker-Chemie GmbH, Zweckverband für Abfall-wirtschaft Kempten, Allgäuer Gebäudereinigung GmbH

Berufsschule Mindel-heim	Landkreis Unterallgäu	Grob GmbH & Co. KG, Schneider AG, Sparkasse, Raiffeisen-Kreisverband
Hertzhaimer Gymnasium Trostberg	Landkreis Traunstein	SKW Trostberg AG
Maristenkolleg Mindel-heim	Diözese Augsburg	Baufritz GmbH & Co. KG
Montessori Grund- und Hauptschule Wertingen	Montessori Förderverein	Ciba Spezialitätenchemie Pferrsee GmbH, Grünbeck GmbH
Gymnasium und Staatliche Realschule Geretsried	Landkreis Bad-Tölz – Wolfratshausen	EMPE-Findlay Industries GmbH, Rudolf Chemie GmbH & Co. KG, Böhme Chemie GmbH, Burgmann GmbH & Co. KG
Staatliche Realschule und Hanns-Seidel-Gymnasium Hösbach	Landratsamt Aschaffenburg	Hebel Alzenau GmbH, Deutsche Kleiderspedition GmbH
Thomas-Mann-Gymnasium München	Stadt München	HypoVereinsbank AG

Tab. 13.3: Teilnehmer des bayerischen Pilotprojekts „Umweltaudit an Schulen"

Die Schüler erhoben den Großteil der Daten selbst und entwickelten entsprechende Maßnahmen. Den Lehrern fiel die Rolle des Koordinators beziehungsweise Moderators zu. Von Anfang an beteiligten sich außerdem der (kommunale) Sachaufwandsträger – der in der Regel für die Abfall-, Energie- und Wasserkosten aufkommen muss – sowie lokal ansässige Patenfirmen mit Umwelterfahrung. So hatten die Schülerinnen und Schüler einerseits kompetente Ansprechpartner vor Ort, andererseits konnten die kommunalen Schulträger Erfahrungen aus den Pilotprojekten direkt auf andere Schulen übertragen. Auch für die Firmen lagen die Vorteile der Schulkooperationen auf der Hand: Zum einen konnten engagierte Nachwuchskräfte bereits in der Schule zum Umweltschutz motiviert werden, zum anderen war das Projekt eine gute Gelegenheit zur Öffentlichkeitsarbeit. Die Kosten der externen Projektbegleitung übernahmen anteilig die Kommunen und die beteiligten Firmen.

Das bayerische Modellvorhaben stieß auf breite Resonanz in Deutschland und darüber hinaus. Beispielsweise führen derzeit rund 35 Düsseldorfer Schulen im Rahmen der Agenda 21 mit Unterstützung der Wirtschaft entsprechende Projekte durch. Weitere Folgeprojekte sind aus dem Raum Frankfurt, Hof und Münster sowie – initiiert durch die UNESCO – aus der italienischen Provinz Veneto bekannt. Der im Rahmen des Pilotprojekts entstandene Praxisleitfaden ermöglicht es den Schulen, das System eigenständig und auf ihre jeweiligen pädagogischen Ziele ausgerichtet einzuführen. Die öffentlichen Träger gewinnen ebenfalls, da die Verbrauchskosten sinken und sich – betrachtet man alle Schulen zusammen – beträchtliche Einsparpotenziale ergeben.

👍 Erfolge

➡ Einsparungen bei den Verbrauchskosten (z.B. Energie, Wasser, Abfall) alleine durch verhaltensbedingte Maßnahmen von bis zu 15 Prozent

➡ Umwelterziehung sowie Sensibilisierung der Schüler durch „Learning by doing" im tagtäglichen Wirkungsraum

➡ Entwicklung einer positiven Grundeinstellung zur Schule und daraus resultierend verantwortungsbewusstes Verhalten

➡ Schüler und Lehrer übertragen Erlerntes auch auf den privaten Bereich

➡ Teamarbeit und Projektorganisation als erster Einstieg in berufliche Schlüsselqualifikationen

➡ Verbreitung des Grundgedankens zum vorbeugenden Umweltschutz im Dialog mit der Wirtschaft

📖 Literatur

Bayerisches Staatsministerium für Unterricht und Kultus/Bayerisches Staatsministerium für Landesentwicklung und Umweltfragen/Institut für Management und Umwelt: Umweltaudit an Schulen – Ein neues Instrument zur Umwelterziehung, Praxisleitfaden. Bezug: Druckhaus Kastner, Schloßhof 2–4, 85283 Wolnzach, circa zwölf Euro (Kommunen, Agenda-21-Gruppen und Patenfirmen können zur Verbreitung an Schulen Zehnerpakete zum Vorzugspreis von circa 50 Euro bestellen.)

Umweltberichte oder -erklärungen können gegen circa drei Euro in Briefmarken bei den beteiligten Pilotschulen angefordert werden (Adressen im Leitfaden/Bezugsmenge nach Vorrat).

✉ Kontakt

Institut für Management und Umwelt, Thomas Strauß
.Tel.: 08 21/3 43 66-21, Fax: 08 21/3 43 66-39
Staatsministerium für Unterricht und Kultus, Andrea Hafner
Tel.: 0 89/21 86-26 20, Fax: 0 89/21 86-28 08
Staatsinstitut für Schulpädagogik und Bildungsforschung, Helmut Ellrott
Tel.: 0 89/92 14-21 76, Fax: 0 89/92 14-31 24

Hintergrund Funktionsbereich Schulen und Bildungsstätten

Für Schulen und Bildungseinrichtungen ist es weder finanziell machbar noch pädagogisch sinnvoll, externes Know-how zum Umweltcontrolling „einzukaufen". Vielmehr können sie in ihrem Bildungsauftrag eigeninitiativ schulische Ziele der Umwelterziehung mit gewünschten Einspareffekten verknüpfen. Für Schulen heißt dies, dass der eigene Schul-„Betrieb" Unterrichtsgegenstand wird. Im Schulalltag bieten sich in den verschiedenen Fächern (Biologie, Chemie, Erdkunde, Physik, Wirtschaft etc.) mit unterschiedlichen methodischen Konzepten (z.B. Projektunterricht, Wahlfächer, Facharbeiten, Studientage) vielfältige Ansatzpunkte, Umweltthemen schulspezifisch umzusetzen. Die Schüler beteiligen sich meistens mit großer Freude an den Recherchen über ihre Schule. Auf diese Weise ist es möglich, ökologischen Nutzen und pädagogische Lernziele gleichermaßen zu erreichen. Dabei hat sich gezeigt, dass in allen Schulen – von Volks- über Real- und Berufsschulen bis hin zu den Gymnasien – Umweltschutzprojekte realisiert werden können.

Bei den Pilotprojekten haben sich fünf Kernuntersuchungsbereiche für das Umweltcontrolling an Schulen herauskristallisiert, die je nach individuellen Möglichkeiten und im Laufe der Zeit ergänzt werden können. Die größten Einsparpotenziale liegen in den Bereichen Wasser, Abfall und Energie. Darüber hinaus gibt es weitere Untersuchungsgebiete, die vor allem dann einen besonderen Reiz haben, wenn es möglich ist, die Inhalte vor Ort pädagogisch zu vertiefen (z.B. Schulgelände/Artenvielfalt, Schulküche/Ernährung, Elektrosmog/Strahlenschutz).

⊠ **Umwelteinwirkungen durch Schulen**

Kernbereiche

⇨ Heizenergie (Lüftverhalten, Heizungssteuerung)

⇨ Wasserverbrauch (Spartasten, Toilettenspülungen)

⇨ Stromverbrauch (Beleuchtung, Lüftungsanlagen, Heizungspumpen)

⇨ Abfall (Mehrwegautomaten, Mülltrennung und -verwertung)

⇨ Papier- und Materialverbrauch (Papierarten, doppelseitiges Kopieren, Folien, Labormaterial etc.)

Ergänzungsbereiche

⇨ Schulgelände (Flächennutzung, Vielfalt der Tier-/Pflanzenarten, Dünge-, Spritz- oder Auftaumittel)

⇨ Ernährung (Pausenverpflegung, Schulküche)

⇨ Strahlenschutz (Elektrosmog, Radonbelastung)

⇨ Verkehr (Verkehrsträger, Energieverbrauch, Fahrtenkilometer)

⇨ Schulveranstaltungen (Wandertag, Skiwoche, Schulfeste etc.)

Für ein erfolgreiches Umweltcontrolling ist es unerlässlich, Aufgaben zu verteilen und zu delegieren. Die Koordination der Projekte und die Beschlussfassung zu Untersuchungen, Ergebnissen und zukünftigen Zielsetzungen sollte ein – vielleicht schon bestehendes – Gremium übernehmen, dem Vertreter aller schulischen Gruppen angehören. Projektteams aus Schülern und Lehrern sowie dem Hausmeister, dem Sachaufwandsträger und gegebenenfalls weiteren Projektpartnern führen dann arbeitsteilig die einzelnen Untersuchungsschritte durch und setzen die Ergebnisse um. Gelingt es, auch jahrgangsstufenübergreifende Elemente in die Projektorganisation zu integrieren, können die älteren Schüler ihr Wissen bei der Weiterführung des Umweltcontrollings einbringen. Für den Erfolg des Vorhabens ist darüber hinaus entscheidend, dass

■ mehrere Lehrer verschiedener Fächer einbezogen werden.
    Der langfristige Erfolg des Umweltcontrollings als Schulprojekt hängt maßgeblich von der Zahl der Lehrer ab, die aktiv daran mitarbeiten. Deshalb soll-

ten sich möglichst viele Fachlehrerinnen und -lehrer unterrichtsbegleitend an der Durchführung beteiligen.

■ verschiedene Unterrichtsansätze kombiniert werden.
Die Identifikation der Schulgemeinschaft mit den Verbesserungszielen des Umweltcontrollings ist umso größer, je mehr Schüler und Lehrer beteiligt sind. Andererseits nimmt die Qualität der Arbeit zu, wenn sich die Schüler (und Lehrer) in überschaubaren Gruppen intensiver mit der Erfassung und Bewertung der Umweltsituation auseinander setzen können. Im Schulalltag ist daher die Kombination verschiedener Ansätze der Schlüssel zum Erfolg.

■ Kooperationspartner einbezogen werden.
Der Sachaufwandsträger muss beim Umweltcontrolling unbedingt mitwirken. Ohne seine Zustimmung können keine baulichen Veränderungen bewirkt werden. Er entscheidet auch über kleinere Einsparinvestitionen (z.B. Bewegungsmelder für Beleuchtung, Spararmaturen etc.). Außerdem ist der Sachaufwandsträger Dienstherr des für das Umweltcontrolling unentbehrlichen Hausmeisters.
Lokal ansässige Firmen mit Umwelterfahrung sind geeignete Partner für Kooperationsprojekte: Durch den Austausch von Fachinformationen mit einem Unternehmen ergeben sich neue Herangehensweisen an das Umweltcontrolling als Unterrichtsthema. Weitere externe Ansprechpartner sind die Ver- und Entsorgungsbetriebe vor Ort. Energieversorgungsunternehmen haben oftmals Schulabteilungen eingerichtet und können in den Bereichen Strom und Heizung unterstützend mitwirken.

13.3 Funktionsbereich Freizeiteinrichtungen

Stadtverwaltung Wuppertal, Stadtbetrieb Jugend und Freizeit

Der Stadtbetrieb Jugend und Freizeit ist nach der Reform des Unternehmens „Stadtverwaltung Wuppertal" aus der traditionellen Abteilung Jugendarbeit/Jugendförderung (Jugendpflege) des Jugendamts Wuppertal hervorgegangen. Im Rahmen eines von der Deutschen Bundesstiftung Umwelt, Osnabrück, geförderten Modellprojekts in den Jahren 1996 und 1997 wurde der Stadtbetrieb einer tiefergehenden Umweltprüfung unterzogen. Ziel war es, am Beispiel dieses Betriebs das Umweltmanagementsystem der Stadt Wuppertal zu untersuchen und weiterzuentwickeln. Die Ergebnisse lagen 1997 vor. Im Spätsommer 1998 wurde dann die Entscheidung getroffen, das Umweltmanagementsystem des Stadtbetriebs so weit zu optimieren, dass es einer Überprüfung nach der EMAS-Verordnung standhält.

Die erste Umweltprüfung befasste sich mit den Themen „Umweltfreundliches Beschaffen", „Abfallentsorgung", „Gebäude und Energie" sowie „Betriebsinduzierter Verkehr". Zu den Schwerpunkten zählten die drei zuerst genannten Bereiche, da sich hier der höchste Bedarf und die größten Einwirkungsmöglichkeiten abzeichneten. Im weiteren Verlauf wurde die Umweltprüfung aber auch auf andere Bereiche ausgedehnt und systematisiert.

👍 **Erfolge**

⇨ Erschließung und Nutzung von Einsparpotenzialen (besonders beim Energie-verbrauch für die Gebäude) sowie getrennte Sammlung und Entsorgung von Verpackungs- und Papierabfällen in sämtlichen Gebäuden.

⇨ Verbesserte Abstimmung zwischen Stadtbetrieb und Gebäudebewirtschaf-tung. Organisation als Mieter-Vermieter-Verhältnis.

⇨ Im März 1999 validierte ein externer Gutachter die Umweltklärung von 15 Standorten des Stadtbetriebs Jugend und Freizeit gemäß der EMAS-Verord-nung. Damit konnte Wuppertal als erste größere Kommune in Nordrhein-Westfalen eigene Standorte in das Register eintragen lassen.

⇨ Der Stadtbetrieb erwartet durch die Realisierung des Managementpro-gramms in den nächsten zwei Jahren finanzielle Einsparungen in sechsstelli-ger Höhe. Diese ergeben sich im Wesentlichen aus verminderten Umweltein-wirkungen bei der Gebäudebewirtschaftung.

📖 **Literatur**

Stadtverwaltung Wuppertal, Stadtbetrieb Jugend und Freizeit (Hrsg.): Umwelterklärung '99. Wuppertal 1999.

✉ **Kontakt**

Stadtverwaltung Wuppertal, Stadtbetrieb Jugend und Freizeit, Heribert Kunst
(Umweltmanagementbeauftragter)
Alexanderstr. 18, 42269 Wuppertal
Tel.: 02 02/5 63 20 73, Fax: 02 02/5 63 85 43
E-Mail: Heribert.Kunst@stadt-wuppertal.de

Hintergrund Funktionsbereich Freizeiteinrichtungen

Viele Freizeiteinrichtungen – insbesondere jene für Kinder und Jugendliche – pla-nen und realisieren seit Jahren umweltbezogene Projekte. Solche Einrichtungen eignen sich daher besonders für Pilotprojekte vor Ort, da sowohl die Leitung als auch die Beschäftigten ein ausgeprägtes Bewusstsein für Fragen des Umwelt-schutzes entwickelt haben.

⊗ **Umwelteinwirkungen durch Freizeiteinrichtungen**

⇨ Lärmbelästigungen durch Veranstaltungen

⇨ Hohe Restabfallmengen nach Veranstaltungen

⇨ Energie- und Ressourcenverbrauch für im Einzelfall aufwändige Technik, Verwendung von Einwegmaterialien

⇨ Wasserverbrauch

⇨ Abwasserbelastung und -menge

Folgende Aspekte sind für die Einführung von Umweltcontrolling in Jugend- und Freizeiteinrichtungen von Bedeutung:

■ Information und Kommunikation
Einrichtungen der Kinder- und Jugendarbeit umfassen häufig mehrere Standorte und verschiedenartige Aufgabengebiete. Daher liegen die wesentlichen Systemschwachstellen in der unzureichenden Kommunikation über Ziele und Anforderungen des Umweltmanagements sowie in Unklarheiten darüber, wer für die Entwicklung und Umsetzung von Maßnahmen verantwortlich ist.

■ Erfassung der Verbräuche
Die Höhe der Energie- und Wasserkosten sind den einzelnen Einrichtungen selten bekannt, da diese über das Gebäudemanagement Wuppertal an den Stadtbetrieb Jugend und Freizeit weitergeleitet werden.

13.4 Funktionsbereich Kultureinrichtungen

Opern- und Schauspielhaus der Stadtverwaltung Nürnberg

Um die Ressourcenschonung voranzutreiben und zugleich einen Beitrag zur Konsolidierung des städtischen Haushalts zu leisten, hat sich die Stadtverwaltung Nürnberg das Ziel gesetzt, sukzessive ein Umweltmanagementsystem in allen Dienststellen einzuführen. So wurden Umweltleitlinien für die Stadtverwaltung erarbeitet und verabschiedet. Der Umweltausschuss beschloss die dezentrale Umweltverantwortung der Dienststellenverantwortlichen und eine Aufbauorganisation für die gesamte Stadtverwaltung.

Das Umweltmanagementsystem in Nürnberg steht auf zwei Säulen: Standortbezogene Maßnahmen werden ergänzt durch querschnittsorientierte, die gesamte Verwaltung betreffende Konzepte – denn von Anfang an war klar, dass es unmöglich ist, in einer Stadtverwaltung mit 1.200 Liegenschaften jeden einzelnen Standort zu untersuchen. So wurde zum Beispiel ein Kommunales Energiemanagement (KEM) beim Hochbauamt eingerichtet. Des Weiteren gibt es ein referatsübergreifendes Umweltteam beim Umweltamt, das sich mit den Bereichen Abfall, Immissionsschutz, Boden- und Gewässerschutz, Gefahrstoffe, Beschaffungswesen und Abwasserreinigung beschäftigt. Hier wirken auch die Mitarbeiter des KEM für die Bereiche Energie- und Wassereinsparung mit.

Als standortbezogene Maßnahme wurde das Nürnberger Opern- und Schauspielhaus als erstes deutsches Theater im Jahr 2000 nach EMAS validiert. Hierbei stand dem Opern- und Schauspielhaus seit Anfang 1998 ein Umweltberater zur Seite. Die bei einem ersten Umweltcheck 1997 entdeckten Schwachstellen sind inzwischen größtenteils behoben.

👍 Erfolge

▷ Die Abwasserbelastung konnte 1998 durch arbeitsorganisatorische und -technische Maßnahmen (Restlacksammlung in Kanistern) so weit reduziert werden, dass seitdem keine der Probeentnahmen Mängel aufwies.

▷ Ein verbessertes Konzept zur Abfalltrennung wurde eingeführt, in dem erstmalig die Abfallarten (Papier, Glas, Textilien, Holz, Biomüll, DSD-Abfälle und andere mehr) detailliert erfasst werden. 1999 fielen am Theater circa 45 Tonnen Restmüll, 15 Kubikmeter (m³) Farbschlamm, circa 30 Tonnen Holz, 67 Tonnen Altpapier, 114 m³ DSD-Abfälle und 3,6 Tonnen Glas an.

⇨ Ein aktuelles Gefahrstoffverzeichnis mit Sicherheitsdatenblättern und Betriebsanweisungen zu 35 Gefahrstoffen und weiteren 50 nicht unbedenklichen Stoffen liegt seit 1998 vor und kann in den Werkstätten eingesehen werden. Der Umgang mit Farbstoffen am Arbeitsplatz wurde überprüft und die Lagerung verbessert. Mitarbeitergespräche trugen dazu bei, die Arbeitssicherheit systematisch zu erhöhen.

⇨ Durch arbeitstechnische Änderungen beim Umgang mit Restlacken im Malsaal konnte die Anschaffung einer zusätzlichen Abwasseraufbereitungsanlage für 30.000 bis 50.000 Euro und laufende Kosten von jährlich etwa 3.750 Euro für Reinigungs- und Wartungsarbeiten vermieden werden.

⇨ Der Umbau einer Trafostation führte zu jährlichen Einsparungen von circa 2.000 Euro Stromkosten.

⇨ Ein Umweltmanagementhandbuch fasst alle umweltrelevanten Vorgänge und Tätigkeiten (Ablauforganisation) zusammen. Eine Aufbauorganisation (Organigramm) für umweltrelevante Belange liegt ebenfalls vor.

Aufgrund dieser ersten und späteren Erfolge konnte das Theater im Februar 2000 durch einen Umweltgutachter validiert werden.

📖 Literatur

Umweltamt Nürnberg (Hrsg.): Öko-Audit in der Stadtverwaltung. Abschlussbericht zum Bayerischen Modellprojekt. März 2000.
Umweltamt Nürnberg (Hrsg.): Öko-Audit in der Stadtverwaltung Nürnberg. Ergebnisbericht. März 2000.

✉ Kontakt

Stadt Nürnberg, Umweltamt, Dr. Susanne Schimmack
    Lina-Ammon-Straße 28, 90317 Nürnberg
    Tel.: 09 11/2 31-38 40, Fax: 09 11/2 31-38 37
    E-Mail: uwa.schimmack@gmx.de

Hintergrund Funktionsbereich Kultureinrichtungen

Obwohl es überraschen mag, sind städtische Bühnen (Oper, Theater, Orchester, Ballett) im Rahmen des Umweltmanagements eine wichtige Organisationseinheit. Ein Blick hinter die Kulissen zeigt, dass von ihnen zahlreiche Umwelteinwirkungen ausgehen. So zählt das Theater der Stadt Nürnberg zu den größten Heizungs- und Stromverbrauchern sowie Abfallverursachern der Stadtverwaltung. Außerdem setzen die Produktionswerkstätten eine Vielzahl von Gefahrstoffen ein und es fällt schadstoffbelastetes Abwasser an. Die gesamten (internen) Umweltkosten machten 1999 circa 350.000 Euro und somit rund sieben Prozent des Sachkostenbudgets aus.

⊠ Umwelteinwirkungen durch Kultureinrichtungen

⇨ Heizenergie-, Strom- und Wasserverbrauch

⇨ Abwasserbelastung zum Beispiel durch Schadstoffeinsatz in den Produktionsstätten oder Schlamm aus der Töpferei

⇨ Abfälle nach Großveranstaltungen

⇨ Lärmbelästigungen durch Besucherverkehre

Folgende Aspekte sind für die Einführung von Umweltcontrolling in Kultureinrichtungen von Bedeutung:

- **Fehlendes Bewusstsein für Umweltfragen**
  Für die Leitung und die Beschäftigten von großen Kultureinrichtungen, zum Beispiel eines Opernhauses, spielen Fragen des Umweltschutzes eine eher untergeordnete Rolle, da sie jenseits der dominierenden künstlerischen Belange liegen. Auf der anderen Seite stehen Kultureinrichtungen im Blickpunkt der Öffentlichkeit und werden aufgrund der mit dem Spielbetrieb verbundenen hohen Kosten zunehmend kritisch begutachtet. Daher stellen hier die Umsetzung von Umweltentlastungsmaßnahmen und die Ausschöpfung von damit verbundenen Kostensenkungspotenzialen eine besondere Herausforderung dar.

- **Fehlende Kostentransparenz**
  Die fehlende Mitarbeitermotivation für umweltbezogene Maßnahmen resultiert nicht zuletzt daraus, dass viele Einrichtungen immer noch nicht über eine funktionierende KLR verfügen. Die damit verbundene Kostenarten-, Kostenstellen- und Kostenträgerrechnung wäre jedoch Voraussetzung, um die Umweltkosten der Einrichtung transparent und vergleichbar zu machen (vgl. Kap. 13.1).

13.5 Funktionsbereich Versorgungs- und Verkehrsbetriebe

Heidelberger Versorgungs- und Verkehrsbetriebe GmbH

Die Heidelberger Versorgungs- und Verkehrsbetriebe GmbH (HVV) beliefern über die Tochtergesellschaft Stadtwerke Heidelberg (SWH) ihre Kunden mit Strom, Erdgas, Fernwärme und Wasser. Die Heidelberger Straßen- und Bergbahn AG (HSB), eine weitere Tochter der HVV, sichert den öffentlichen Personennahverkehr im Stadtgebiet. Insgesamt beschäftigt das Unternehmen über 1.400 Mitarbeiterinnen und Mitarbeiter. Die HVV hat, unterstützt durch die Landesanstalt für Umweltschutz in Karlsruhe sowie durch externe Berater, bundesweit als erster Versorgungs- und Verkehrsbetrieb ein Umweltmanagementsystem nach EMAS eingeführt und in diesem Rahmen ein Umweltcontrollingsystem aufgebaut. Bedeutende Umwelteinwirkungen der HVV treten auch außerhalb des Werksgeländes durch die Verkehrsmittel auf. Die HVV hat daher im Umweltcontrollingsystem beispielsweise nicht nur Daten bezüglich des Flächenverbrauchs durch Gebäude und Werksgelände, sondern auch die Bahnkörper betreffende Daten erfasst. Wichtige Kennzahlen sind außerdem die Emissionen von Kohlendioxid (CO_2), Stickoxiden (NO_x) und Kohlenmonoxid (CO) der Busse sowie der Energieverbrauch der Straßenbahnen.

👍 Erfolge

Viele Maßnahmen haben nicht nur zur Entlastung der Umwelt, sondern auch zu finanziellen Einsparungen geführt, die durchaus vorzeigbar sind:

⇨ Bei der HSB konnte mit Hilfe technischer Maßnahmen der Fahrstromverbrauch reduziert werden. Eine höhere Vernetzung und eine Querschnittserweiterung im Fahrdrahtnetz verringerten die Leitungsverluste erheblich und erhöhten die Abnahmemenge bei der Bremsstromrückspeisung. Der Wasserverbrauch reduzierte sich aufgrund einer Umstellung bei der Wasseraufbereitung in der Waschanlage sowie durch verlängerte Betriebszeiten zwischen zwei Ölwechseln. Der Heizenergieverbrauch konnte durch eine verbesserte Gebäudetechnik gesenkt werden.

⇨ Bei der SWH wurde vor allem der Eigenverbrauch an Wasser, Fernwärme und Strom verringert. Insgesamt können damit jährlich etwa 150.000 Euro eingespart werden. Die geplanten Energierückgewinnungsanlagen im Erdgassowie Wassernetz lassen weitere Einsparungen erwarten.

Viele Erfolge sind aber nicht quantifizierbar, unter anderem die konstruktive Zusammenarbeit im Umweltschutzausschuss, die systematische Herangehensweise an Umweltfragen sowie die höhere Rechtssicherheit.

📖 Literatur

Heidelberger Versorgungs- und Verkehrsbetriebe (HVV): Umwelterklärung 1996 und Umwelterklärung 1998.

Landesanstalt für Umweltschutz (LfU) (Hrsg.): Umweltmanagement für Verkehrsbetriebe. Karlsruhe 1996.

Verband Deutscher Verkehrsunternehmen (VDV): Umweltmanagement in Verkehrsunternehmen. Köln 1999.

✉ Kontakt

Heidelberger Versorgungs- und Verkehrsbetriebe GmbH, Dipl.-Ing. Richard Riden
Kurfürsten-Anlage 50, 69115 Heidelberg
Tel.: 0 62 21/5 13-26 70, Fax: 0 62 21/5 13-33 21

Hintergrund Funktionsbereich Versorgungs- und Verkehrsbetriebe

Den kommunalen Verkehrsunternehmen als Träger des öffentlichen Personennahverkehrs (ÖPNV) fällt es zunehmend schwer, sich gegen ihren Konkurrenten Nummer eins – das Auto – durchzusetzen. Der Anteil des öffentlichen Verkehrs an der Personenverkehrsleistung in Deutschland lag im Jahr 1997 bei 17 Prozent. Der ÖPNV wird von den Bürgerinnen und Bürgern nur dann genutzt, wenn er häufige Taktzeiten bietet und vergleichsweise billig ist. Bisher sichern aber nur Subventionen von Bund, Ländern und Gemeinden die Preise. Meist wird der ÖPNV durch die Kommunen mit den Einnahmen des Stromverkaufs finanziell unterstützt. Dies wird sich aber bald ändern: Die Liberalisierung des Strommarkts hat zu Preissenkungen geführt, die eine Quersubventionierung des ÖPNV aus dem bislang lukrativen Stromgeschäft erschweren. Diese Entwicklung wird sich allerdings nicht nur auf die Angebote von Bus und Bahn auswirken, sondern auf die gesamte Produktpalette, denn die Unternehmen werden sich neuen Marktfeldern öffnen müssen, um ihren künftigen Bestand zu sichern.

Einerseits erschweren diese Rahmenbedingungen die Einführung von Umweltcontrollingsystemen, da freiwilliges Umweltengagement bei verstärktem wirtschaftlichem Druck häufig als kaum finanzierbarer „Luxus" gewertet wird. Andererseits kommt Umweltschutz jedoch gerade jetzt als wichtige Komponente einer offensiven Wettbewerbsstrategie in Frage, vor allem weil die kommunale Öffentlichkeit die Tätigkeitsfelder von Verbundunternehmen wie die HVV – Energieversorgung und ÖPNV – aufmerksam beobachtet. Das Marketing als Umweltverbund ist aber nur dann glaubwürdig für die Öffentlichkeit, wenn es ihr eine schlüssige Corporate Identity vermittelt. Hier bieten das Umweltcontrolling oder ein Umweltmanagementsystem nach EMAS oder ISO 14001 gute Möglichkeiten.

⊗ Umwelteinwirkungen durch Versorgungs- und Verkehrsunternehmen

⇨ Energieverbrauch und Emissionen durch Raumwärme und betriebsbedingten Stromverbrauch, Netzverluste, Fahrzeugflotte

⇨ Verbrauch von Betriebsmitteln beziehungsweise Gefahrstoffen (Schmierstoffe, Motor- und Getriebeöle, Kaltreiniger, sonstige Reinigungsmittel, Lacke, Pestizide, Streusalz etc.)

⇨ Wasserverbrauch (Reinigung, öffentliche Sanitäranlagen)

⇨ Abfälle (Altöl, Batterien, Schlammfanginhalt, Benzin- beziehungsweise Ölabscheiderinhalt, Schlämme aus Tankreinigung und Fasswäsche etc.)

⇨ Abwasserbelastung und -menge

⇨ Lärm (Fahrzeugflotte)

⇨ Erschütterungen (Straßenbahnen, Schienennetz)

⇨ Elektrosmog (Ortsnetzstationen, Umspannanlagen)

⇨ Gegebenenfalls Altlasten

⇨ Indirekte Umwelteinwirkungen durch Auswahl bestimmter Energieformen (Elektrizität, Erdgas, Fernwärme)

Ein Reihe von Aspekten sind für die Einführung von Umweltcontrolling in Versorgungs- und Verkehrsbetrieben bedeutend:

■ Erfassung der Umwelteinwirkungen
Bei den Verkehrs- und Versorgungsunternehmen entstehen sowohl direkte als auch indirekte Umwelteinwirkungen. Im Rahmen des Umweltcontrollings sollten alle im Einflussbereich liegenden, bedeutenden und ermittelbaren Umwelteinwirkungen erfasst werden.

Bei Verkehrsunternehmen sind dies zum einen die vom Standort direkt verursachten Umwelteinwirkungen, zum anderen jene, die von der im Auftrag des Unternehmens eingesetzten Fahrzeugflotte und den dazugehörigen Trassen ausgehen.

Bei Versorgungsunternehmen zählen dazu sowohl die direkten Umwelteinwirkungen durch Tätigkeiten am Betriebsstandort und das Versorgungsnetz als auch indirekte Umwelteinwirkungen durch „Rohstoffe", also die verschiedenen bereitgestellten Energien. Der Handlungsspielraum der Unternehmen hat sich durch die Liberalisierung des Strommarkts erweitert. Die Herkunft des Stroms spielt jetzt ebenfalls eine Rolle, da neue Anbieter hinzugekommen sind. Ein solcher Prozess ist auch für den Erdgasmarkt absehbar. Diese Entwicklung sollten die ökologischen Bilanzen widerspiegeln.

- Vorstellung der Ergebnisse in Aufsichtsrat, Gemeinderat und Öffentlichkeit
  Verkehrs- und Versorgungsunternehmen sind auf gute Zusammenarbeit mit Aufsichtsrat und Gemeinderat angewiesen. Daher ist es notwendig, diese Gremien regelmäßig über Fortschritte und Ergebnisse des Einführungsprozesses zu informieren. Die interessierten Mitglieder sollten aussagekräftige Berichte erhalten und die Gelegenheit zu persönlichen Rückfragen haben. Dasselbe gilt für die Öffentlichkeit.

- Anbindung des Unternehmens an kommunale umweltpolitische Leitlinien
  Kommunalverwaltungen sollten die Ziele der Unternehmen in die Zielvereinbarungen des Beteiligungscontrollings aufnehmen und das Unternehmen in die umweltpolitischen Leitlinien, Ziele und Programme der Kommune einbinden. Besonders die verkehrs- und energiepolitischen Leitlinien der Kommune gilt es zu berücksichtigen. Weiter sind die vom Unternehmen genutzten Flächen gemäß den ökologischen Grundsätzen der kommunalen Flächenbewirtschaftung zu bewirtschaften.

13.6 Funktionsbereich Bauhof

Bauhof der Stadtverwaltung Leutkirch

Im Bauhof der Stadt Leutkirch sind insgesamt etwa 40 Mitarbeiter beschäftigt. Ihr Aufgabenbereich umfasst Unterhaltungsarbeiten an städtischen Gebäuden, Stadtreinigung, Grünflächenpflege, Straßendienst, Gewässerpflege und anderes mehr. Der Bauhof verfügt über einen Maschinen- und Fuhrpark sowie über eine Werkstätte. Im Rahmen des baden-württembergischen Modellprojekts PLENUM wurde in den Jahren 1997 und 1998 ein Umweltmanagementsystem nach EMAS im Bauhof eingeführt. Teil dieses Systems war auch das Umweltcontrolling.

Da das Umweltmanagementsystem in Leutkirch verwaltungsübergreifend aufgebaut wurde, waren zentral wahrgenommene Serviceaufgaben wie Energiemanagement oder Gebäudeverwaltung über die Prüfung durch die dafür zuständigen Ämter schon abgedeckt. Ergänzend untersuchte Leutkirch die spezifischen Abläufe im Bauhof und stellte die erforderlichen Daten im Rahmen der Umweltprüfung zusammen. Vorrangiger Handlungsbedarf ergab sich bei der Grünflächenpflege, der Abfallentsorgung und dem Einsatz an Betriebsmitteln. Diese Bereiche wurden daher genauer überprüft. Das zuständige Team bildete der Bauhofleiter, der Leiter der Stadtgärtnerei sowie der Malermeister des Bauhofs. Der Leiter des Tiefbauamts und der Umweltreferent der Stadt Leutkirch sicherten die Anbindung an das Umweltauditteam der Stadtverwaltung, das zudem ein externer Berater unterstützte.

👍 Erfolge

⇨ Die Ergebnisse der Datenerhebung beseitigten erfolgreich die anfängliche Skepsis der Mitarbeiter: Die Zahlen im ökologischen Kontenrahmen bewiesen, dass die Tätigkeiten im Bauhof Umwelteinwirkungen verursachten, die nach Möglichkeit reduziert werden sollten.

⇨ Die Verantwortlichkeiten für umweltrelevante Aufgaben und Abläufe sind nun eindeutig geregelt. In den Bereichen Abfall und Gefahrstoffe wurden Ansprechpartner für den Umweltbeauftragten benannt.

⇨ Für die Mitarbeiter war es wichtig, ihre Leistungen durch die Umwelterklärung nach außen darstellen zu können.

⇨ Im Jahr 1999 wurden erste Ergebnisse der Umsetzung des Umweltprogramms dokumentiert.

📖 Literatur

Bayerisches Staatsministerium für Landesentwicklung und Umweltfragen (Hrsg.):
Die umweltbewußte Gemeinde. Leitfaden für eine nachhaltige Kommunalentwicklung.
Band II – Maßnahmenbeschreibungen. München 1996.
Der umweltverträgliche Bauhof. Kapitel VIII, 2.
Kreativität und Innovation auf dem Wertstoffhof. Kapitel IX, 5.
Einrichtung einer Wertstoffbörse. Kapitel IX, 6.
Stadt Leutkirch: Umwelterklärung 1998 und vereinfachte Umwelterklärung 1999 für die Standorte Rathaus, Bauhof, Schulzentrum. Leutkirch 1999 und 2000.

✉ Kontakt

Stadtverwaltung Leutkirch, Stadtbauamt, Michael Krumböck
(Umweltmanagementbeauftragter)
Spitalgasse 1, 88299 Leutkirch
Tel.: 0 75 61 / 87-1 72, Fax: 0 75 61 / 87-51 72
E-Mail: Michael.Krumboeck@Leutkirch.de

Hintergrund Funktionsbereich Bauhof

Bauhöfe sind meistens als kommunale Einrichtungen organisiert und einem Amt der Verwaltung unterstellt. Sie werden allerdings in vielen Fällen im Zuge der Verwaltungsreform und Privatisierung teilweise zusammen mit dem gemeindeeigenen Fuhrpark in Form eines Servicebetriebs ausgelagert und in eine private Rechtsform überführt. Bauhöfe lösen eine Vielzahl von Umwelteinwirkungen aus. Zum einen werden am Standort selbst umweltrelevante Arbeiten ausgeführt: Dazu zählen vor allem Tätigkeiten in den Werkstätten, im Fuhr- und Maschinenpark sowie im Wertstoffhof. Hier sind eine Reihe einschlägiger Rechtsvorschriften zu beachten, die über die Regelungen zur Gebäudetechnik hinausgehen. Vor allem zum Umgang mit sowie zur Lagerung und Entsorgung von Stoffen gibt es genaue Vorgaben. Darüber hinaus wirken sich die verschiedenen Tätigkeiten eines Bauhofs, die außerhalb des Betriebsgeländes erledigt werden, auf die Umwelt aus: Straßenunterhalt und Winterdienst, Garten- und Landschaftsbau, Gebäudeunterhalt, Gewässerpflege und Abfallsammlung.

⊠ **Umwelteinwirkungen durch Bauhöfe**

⇨ Energieverbrauch und Emissionen durch Fuhrpark, Raumwärme und Strom

⇨ Verbrauch von Betriebsmitteln beziehungsweise Gefahrstoffen (Schmierstoffe, Motor- und Getriebeöle, Kaltreiniger, sonstige Reinigungsmittel, Lacke, Pestizide, Streugut etc.)

⇨ Wasserverbrauch (Fahrzeugreinigung, Gärtnerei)

⇨ Abfälle (Altöl, Batterien, Schlammfang- und Ölabscheiderinhalt etc.)

⇨ Abwasserbelastung (z.B. durch ölhaltige Abwässer der Fahrzeugreinigung)

⇨ Lärm (Fuhrpark, Werkstatt, Straßenreinigung, Streugutbeladung etc.)

Die Umwelteinwirkungen eines Bauhofs sind aber nicht immer negativ, sie können die Umwelt auch positiv beeinflussen. Dies gilt vor allem für die Berücksichtigung ökologischer Kriterien bei der Pflege von Gewässern, Frei- und Grünflächen. Positiv wirkt sich beispielsweise die Anpflanzung einheimischer, standortgerechter Arten aus.

Ein Reihe von Aspekten sind für die Einführung von Umweltcontrolling auf dem Bauhof bedeutend:

■ Anbindung an die Verwaltung sicherstellen
Wichtig ist es, das Umweltcontrollingsystem im Bauhof mit allen Abteilungen beziehungsweise Organisationseinheiten zu vernetzen, die für verwandte Aufgabenbereiche zuständig sind: Dazu zählen etwa Gartenbau- und Grünflächenverwaltung, Gebäudeverwaltung, -sanierung und -reinigung sowie gegebenenfalls Energiemanagement.

■ Aufgabenbereiche nacheinander vertieft prüfen
Bauhöfe erfüllen eine Vielzahl von Aufgaben. Dieses breite Spektrum erfordert gegebenenfalls, die einzelnen Tätigkeiten nacheinander intensiver zu betrachten. In vielen Fällen ist es daher sinnvoll, sich mit der ersten Umweltprüfung einen Überblick zu verschaffen und erst später diejenigen Schwerpunkte auszuwählen, die genauer betrachtet werden sollen.

13.7 Funktionsbereich Allgemeine Verwaltung

Bayerisches Staatsministerium für Landesentwicklung und Umweltfragen (BStMLU)

Hauptziel des im Juli 1996 begonnenen Projekts war die Durchführung der ersten Umweltprüfung und die darauf basierende Einrichtung eines Umweltmanagement- und Betriebsprüfungssystems, das der EMAS-Verordnung entspricht. Die externe Beratung bei diesem Projekt war im Dezember 1997 abgeschlossen. Gemäß dem zu diesem Zeitpunkt gültigen Stand der Verordnung bezog sich das Umweltmanagement auf die Tätigkeiten in dem Gebäude des BStMLU am Standort Rosenkavalierplatz 2.

Hier waren neben dem Umweltministerium zwei schulpädagogische Institute, Teile des Landesamts für Umweltschutz sowie ein städtischer Kindergarten untergebracht. Den 826 Mitarbeitern stand eine Nutzfläche von circa 34.000 Quadratmetern (m²) zur Verfügung. Davon waren 580 Personen und 63 Prozent der Fläche dem BStMLU zuzuordnen. Da die genannten Institutionen das Grundstück gemeinsam nutzten, konnten die Daten nicht durchgängig getrennt für das Ministerium erfasst werden.

Nach den Vorgaben der EMAS-Verordnung führte das BStMLU eine erste Umweltprüfung durch, dokumentierte das Umweltmanagement in einem Handbuch und erarbeitete eine Umwelterklärung. Im Rahmen der ersten Umweltprüfung baute das interne Auditteam gemeinsam mit externen Beratern Elemente eines Umweltcontrollings auf. Zudem entstand ein Kontenrahmen für die betriebliche Umweltbilanz mit den Daten des Erhebungsjahrs 1996. Der auf das Ministerium zugeschnittene Kennzahlenkatalog bildete den Grundstein für ein kontinuierliches Umweltcontrolling.

Das BStMLU ist das erste Ministerium in Deutschland, das ein Umweltmanagementsystem nach EMAS aufgebaut hat. Eine Besonderheit dieses Projekts ist, dass das Umweltmanagementsystem geprüft und die Umwelterklärung durch einen zugelassenen Umweltgutachter validiert wurde.

👍 Erfolge

⇨ Mehr Transparenz in Bezug auf Quantität und Qualität der Gefahrstoffe, die im Ministerium eingesetzt werden. Aufbau eines funktionierenden Gefahrstoffmanagements, das über die rechtlichen Forderungen hinausgeht,

⇨ Erschließung und Nutzung von Einsparpotenzialen von bis zu zehn Prozent bei Treibstoff, Energie-, Papierverbrauch und der Restmüllmenge,

⇨ Erschließung von erheblichen Kostensenkungspotenzialen,

⇨ trotz vielfältiger Vorleistungen im verwaltungsinternen Umweltschutz wurde eine stringente Umweltorganisation erst mit der Abwicklung des Umweltmanagementprojekts aufgebaut,

⇨ Verbesserung der ämterübergreifenden Zusammenarbeit sowie der Kommunikation zwischen Hochbauamt und Ministerium über die umweltgerechte Durchführung von Baumaßnahmen,

⇨ Imagegewinn durch die Veröffentlichung der Umwelterklärung und die Verpflichtung zur kontinuierlichen Verbesserung der Umweltleistung.

📖 Literatur

Bayerisches Staatsministerium für Landesentwicklung und Umweltfragen (BStMLU) (Hrsg.): Umwelterklärung 1997. In: Information, Umwelt & Entwicklung Bayern, 4/97.

✉ Kontakt

Bayerisches Staatsministerium für Landesentwicklung und Umweltfragen
   Hausadresse: Rosenkavalierplatz 2, 81925 München
   Postfachadresse: Postfach 81 01 40, 81901 München
   Referat Organisation, 11; Fax: 0 89/92 14-25 80, Internet: www.bayern.de/stmlu

Hintergrund Funktionsbereich Allgemeine Verwaltung

Die Öffentlichkeit wie auch die Mitarbeiter unterschätzen häufig den Stellenwert des Umweltschutzes in Bezug auf Verwaltungen. Dabei können Energie- und Wasserverbrauch oder Abfallmenge einer Verwaltung durchaus dieselbe Größenordnung erreichen wie in einem Produktionsunternehmen mit der gleichen Zahl an Beschäftigten. Typische Umweltbelastungen, die durch Behörden verursacht werden, sind im Folgenden aufgezeigt.

⊗ Umwelteinwirkungen durch die Allgemeine Verwaltung

⇨ Energieverbrauch für Beheizung der Gebäude, Klimaanlagen, Beleuchtung, Bürogeräte und Aufzuge

⇨ Wasserverbrauch in sanitären Anlagen sowie in der Kantine

⇨ Papierverbrauch

⇨ Abfallaufkommen

⇨ Verbrauch von Reinigungsmitteln

⇨ Verkehrsaufkommen

⇨ In Laboratorien und Werkstätten: Umgang mit Gefahrstoffen, hoher Wasserverbrauch, Verursachung von stark belasteten Abwässern, Emissionen und Sonderabfällen

⇨ Durchführung von Baumaßnahmen

Alle Behörden unterliegen besonderen Vorgaben zum betrieblichen Umweltschutz. Dass sich dies positiv auf das Umweltverhalten auswirkt, zeichnet sich in Bayern ab. Hier bemüht sich die Verwaltung, den Umweltrichtlinien öffentliches Auftragswesen, den umweltorientierten Vorgaben der Bayerischen Haushaltsordnung und der Haushaltsvollzugsrichtlinien oder selbstgesetzten Standards aus dem Behördenleitfaden Umweltschutz zu entsprechen.

Andere Vorgaben dagegen, beispielsweise bestimmte Ausschreibungsmodi bei der Vergabe von Aufträgen, können auch negative Umwelteinwirkungen nach sich ziehen. So ist die Entscheidung für europäische Anbieter mit einem erhöhten Transportaufwand und dadurch mit entsprechend nachteiligen Umwelteinwirkungen verbunden. Restriktive Rahmenbedingungen für die staatliche Verwaltung behindern unter Umständen die Entwicklung kreativer Lösungen im betrieblichen Umweltschutz. In Zeiten staatlicher Modernisierung und Reorganisation kann aber die Einführung moderner Managementstrategien die Verwaltung bei den Bemühungen um ein internes Umweltmanagement unterstützen.

Den in der privaten Wirtschaft angewandten Kostenrechnungssystemen und der Haushaltsplanung der öffentlichen Hand liegen derzeit noch grundsätzlich andere Mechanismen zugrunde. Doch die staatliche Haushaltswirtschaft in Bayern hat seit dem Nachtragshaushalt 1998 eine wesentliche Änderung und Ergänzung erfahren: Um Wirtschaftlichkeit und Leistungsfähigkeit zu sichern, wurde eine flächendeckende dezentrale Budgetverantwortung unter Einbeziehung der entsprechenden Verwaltungsbetriebsmittel eingeführt. Im Rahmen dieser dezentralen Budgetverantwortung sind die einzelnen Budgethaushaltsstellen gegenseitig deckungsfähig, das heißt, Minderausgaben bei einzelnen Positionen können nunmehr einen Mehrbedarf an anderer Stelle decken. Neu ist darüber hinaus, dass bestehende Ausgabereste grundsätzlich in das jeweils nächste Haushaltsjahr übertragbar sind und dies in der Praxis tatsächlich auch geschieht. Auf diese Weise können Einsparungen beim Energieverbrauch oder der Abfallentsorgung für andere notwendige Beschaffungen verwendet werden. Dies dürfte durchaus das Engagement einzelner Mitarbeiter fördern, Kosten einzusparen, und sich damit auch positiv auf den Umweltschutz auswirken.

13.8 Funktionsbereich Landesliegenschaften

Liegenschaften und Gebäude des Landes Niedersachsen

Das Land Niedersachsen ist Eigentümer von rund 9.700 Bauwerken, darunter etwa 7.600 Gebäude mit einer Hauptnutzfläche von 4,57 Millionen m². Um diesen beachtlichen Liegenschafts- und Gebäudebestand möglichst effizient zu betreiben, wird das Energie- und Gebäudemanagement durch ein landesweites Verbrauchs- und Kostencontrolling unterstützt.

Die Staatshochbauverwaltung hat 1998 und 1999 erstmals Jahresberichte zum Kosten- und Verbrauchscontrolling in den landeseigenen Liegenschaften vorgelegt. Der Bericht 1999 informiert über die 1998 ermittelten energiewirtschaftlichen Daten und Baunutzungskosten sowie über deren Entwicklung im Zeitraum von 1991 bis 1998. Er beschreibt weiter die Steuerungsmittel und Aktivitäten, die diese Entwicklung mit begründen, sowie die darauf aufbauenden Maßnahmen.

Eine der wesentlichen Voraussetzungen für das Verbrauchs- und Kostencontrolling ist die integrierte, EDV-gestützte Erfassung und Auswertung der Liegenschafts- und Gebäudedaten sowie der Verbrauchs- und Kostendaten (System MAGELLAN – Management- und Auskunftssystem für Gebäude und Liegenschaften des Landes Niedersachsen). Basierend auf den Daten aus dem Verbrauchs- und Kostencontrolling wurde das Aktionsprogramm Energieeinsparung und die Solarinitiative des Landes Niedersachsen (APES) vorbereitet und in die mittelfristige Finanzplanung eingebracht.

Im Rahmen eines Pilotprojekts, in dem für den Gebäudebestand der Staatshochbauämter Benchmarks für Flächenverbräuche und Baunutzungskosten entwickelt werden, erarbeitet sich die Staatshochbauverwaltung zudem eine Kernkompetenz im Facility Management. In einem weiteren Pilotprojekt wird unter dem Titel „Landesbehörden-Energiesparaktion Niedersachsen (LENI)" erprobt, wie sich durch Veränderung des Nutzerverhaltens zusätzliche Energieeinsparungen erzielen lassen.

👍 Erfolge

Die Auswertung der Verbräuche und Kosten für Energie, Wasser und Abwasser in den Landesliegenschaften für das Jahr 1998 führte zu folgenden Ergebnissen:

⇨ Bei Wärme- und Stromkosten wurden kontinuierlich Einsparungen erzielt.

⇨ Der Wärmeverbrauch konnte seit 1991 um nunmehr 18 Prozent reduziert werden. Dies entspricht einer Verminderung des jährlichen CO_2-Ausstoßes um rund 65.000 Tonnen. Durch den Verbrauchsrückgang wurden im Zeitraum 1992 bis 1998 rund eine Million Megawattstunden (MWh) Heizenergie beziehungsweise rund 30 Millionen Euro eingespart.

⇨ Der Stromverbrauch hatte sich aufgrund des zunehmenden Einsatzes elektrischer Geräte – insbesondere durch den Ausbau der Informationstechnik – bis 1993 jährlich erhöht. Seit 1994 ist der Stromverbrauch wieder leicht zurückgegangen, 1998 lag er rund vier Prozent unter dem Verbrauch des Jahres 1991.

⇨ Im Betrachtungszeitraum konnte der Wasserverbrauch stetig um rund 18 Prozent gesenkt werden. Dies entspricht einer Einsparung von rund 3,3 Millionen m³ Wasser sowie der entsprechenden Abwassermenge und von circa zehn Millionen Euro im Zeitraum 1992 bis 1998. Dies hat dazu beigetragen, dass trotz erheblicher Erhöhungen der Wasser- und Abwassergebühren im gleichen Zeitraum die Kosten nahezu unverändert geblieben sind.

📖 Literatur

Niedersächsische Staatshochbauverwaltung, Landesbauabteilung der Oberfinanzdirektion Hannover (Hrsg.): Energie- und Gebäudemanagement des Landes Niedersachsen – Verbrauchs- und Kostencontrolling. Jahresbericht 1999 über die Baunutzungskosten der Liegenschaften und Gebäude des Landes Niedersachsen. Hannover 1999.

✉ Kontakt

Oberfinanzdirektion Hannover, Landesbauabteilung, Thomas R. Popp, Waterloostraße 4, 30169 Hannover, Tel.: 05 11 / 1 01-28 43, Fax: 05 11 / 1 01-24 99, E-Mail: thomas.popp@ofd-lba.niedersachsen.de, Internet: www.ofd-hannover.de / sbn.

Hintergrund Funktionsbereich Landesliegenschaften

Rund 75 Prozent des landeseigenen Gebäudebestands wurden bereits vor der ersten Wärmeschutzverordnung (1977) errichtet. Daher haben Maßnahmen zur Reduzierung des Wärmeverbrauchs im Baubestand eine besonders große Bedeutung. Die Aktivitäten der Landesregierung zur Reduzierung des CO_2-Ausstoßes lassen bei diesen Gebäuden den größten Erfolg erwarten.

Der Gebäudebestand setzt sich aus einer Vielzahl von Bauwerksarten zusammen, die in verschiedene Klassen eingeteilt sind. Die Zuordnung reicht von Parlaments-, Gerichts- und Verwaltungsgebäuden über Einrichtungen wie Schulen oder Sportbauten bis hin zu Bauwerken für technische Zwecke. Erschwerend kommt für das Gebäudemanagement und -controlling hinzu, dass die einzelnen Bauwerke zu unterschiedlichen Ressorts gehören. So finden sich etwa die Gebäude für wissenschaftliche Lehre und Forschung beim Ministerium für Wissenschaft und Kultur, Verwaltungsgebäude dagegen vor allem beim Innenministerium.

⊠ Umwelteinwirkungen durch Landesliegenschaften

Entsprechend der heterogenen Nutzung von Landesliegenschaften, ergeben sich viele verschiedene relevante Umwelteinwirkungen:

⇨ Ressourcenverbäuche (Energieträger, Rohstoffe und Wasser)

⇨ Emissionen stofflicher Art (Abfall, Abwasser, Abluft)

⇨ Schallemissionen

⇨ Flächenbeanspruchung

Folgende Aspekte sind für die Einführung von Umweltcontrolling in Landeseinrichtungen von besonderer Bedeutung:

■ Zuständigkeiten
In den einzelnen Bundesländern ist die Zuständigkeit für die Energie- und Gebäudebewirtschaftung in Landeseinrichtungen uneinheitlich geregelt. Die Hauptverantwortung kann entweder beim Finanzressort (z.B. Baden-Württemberg, Hessen, Niedersachsen) oder beim Innenressort (z.B. Bayern) liegen. Einen Großteil der Aufgaben erledigen dezentral die Bezirksregierungen und die einzelnen gebäudenutzenden Verwaltungen oder Einrichtungen (z.B. Universitäten, Krankenhäuser).

■ Dezentrale Standorte
Das Energiemanagement sowie die allgemeine Betriebsüberwachung bei den Gebäuden der Länder ist durch die dezentrale Anordnung der Behördenstandorte sowie die unterschiedliche Größenordnung der Wärmebedarfe der Einzelobjekte erschwert. Dies lässt ein einheitliches Vorgehen nicht zu. Während für Planung, Bau und Sanierung noch wirksame Ansätze zur Beeinflussung der Energieeffizienz praktiziert werden können, hemmen der große räumliche Abstand zum örtlichen Betriebspersonal und den Gebäudenutzern sowie die wenig zeitnahe Betriebsüberwachung (jährliche Verbrauchsmeldungen) die Umsetzung organisatorischer Maßnahmen.

13.9 Funktionsbereich Hochschulen

Technische Universität Berlin (TUB)

Die TU Berlin ist mit ihren etwa 37.000 Mitgliedern, dazu zählen Lehrende, Forschende, Verwaltungsangestellte und Studierende, vom Umfang her mit einem großen Wirtschaftsunternehmen vergleichbar. Die etwa 200 Gebäude an über 20 Standorten beherbergen 14 Fachbereiche der Natur- und Ingenieur- sowie Sozial- und Geisteswissenschaften. In den Bereichen Forschung und Lehre der Universität ist der Umweltschutz bereits seit über 20 Jahren verankert. Die Institutionalisierung des betrieblichen Umweltschutzes begann im Jahr 1991, als – zum ersten Mal an einer deutschen Hochschule – zwei Umweltbeauftragte eingesetzt wurden. Heute ist der Umweltschutz eine der drei Säulen des Stabsbereichs Sicherheitstechnische Dienste und Umweltschutz. Er wird durch circa 200 nebenamtliche Sicherheits- und Umweltbeauftragte in den Instituten und Abteilungen vertreten.

Die 1997 formulierten Umweltleitlinien der Universität umfassen sowohl die Betriebsökologie als auch den Bereich Forschung und Lehre.

Um Schwachstellen und Erfordernisse des Umweltschutzes an der Universität aufzuspüren, baut die TU im Rahmen der Strukturreform derzeit ein Umweltmanagementsystem nach EMAS an drei Instituten auf. Eine Dienstvereinbarung zum Öko-Audit haben der Präsident und der Personalrat der TU Berlin Ende 1999 unterzeichnet. Im Berichtswesen des Präsidenten wird regelmäßig über Umweltschutz berichtet.

👍 Erfolge

⇨ Gewachsenes allgemeines Umweltbewusstsein durch Information (z.B. „Loseblattsammlung Umweltschutz" im Internet, Weiterbildungsmaßnahmen, regelmäßige Begehungen durch die Umweltbeauftragten) sowie durch Motivation und Anreizsysteme (z.B. Ansätze zur Dezentralisierung und Budgetierung von Kosten, der Wettbewerb „Energie sparen und Umweltschutz" mit Ideenprämierung).

⇨ Rückgang des Strom- und Wasserverbrauchs sowie der Abwassermenge durch Umrüstung auf Ressourcen sparende, moderne Technik (z.B. in den Bereichen wissenschaftliche Geräte, Klima- und Kühltechnik, Gebäudebeheizung). Ermöglicht wurden die hierfür nötigen Investitionen 1995 bis 1996 durch die Einstellung eines Haushaltstitels „Energieeinsparung", der drei Prozent der jährlichen Energiekosten der beiden Jahre umfasste.

⇨ Verbesserung der Abwasserqualität (Abtrennung von Verunreinigungen an der Quelle und deren Entsorgung als Sonderabfall).

⇨ Umsetzung von Maßnahmen zur Verringerung der Abfallmenge (z.B. Weiterverwendung von Geräten und Möbeln) und von Sonderabfällen.

⇨ Risikominderung durch Information und Transparenz (z.B. zentrales Online-gefahrstoffkataster inklusive Chemikalienbörse).

📖 Literatur

Umweltbericht der Technischen Universität Berlin 1998.
    Download unter: www.eco-campus.net
Viebahn, P./Matthies, M. (Hrsg.): Umweltmanagement an Hochschulen. Konzepte, Strategien, Lösungen. Bochum 1999.

✉ Kontakt

Technische Universität Berlin, Abt. Sicherheitstechnische Dienste und Umweltschutz,
    Herbert Sörje, Straße des 17. Juni 135, 10623 Berlin
    Tel.: 0 30/3 14-2 12 00, Fax: 0 30/3 14-2 11 45
Weitere Informationen zum Thema und einen Überblick über Umweltschutzprojekte an Hochschulen bietet das „Netzwerk für eine umweltgerechte Entwicklung der Hochschulen" im Internet unter: www.eco-campus.net

Hintergrund Funktionsbereich Hochschule

Die Umwelteinwirkungen durch Hochschulen gehen über den Verbrauch erheblicher Papiermengen oder den Energieverbrauch zur Beheizung großer Gebäude weit hinaus. Gerade Hochschulen mit stark naturwissenschaftlich-technischer Ausrichtung können die Umwelt erheblich beeinträchtigen. Im Rahmen der Forschungs- und Lehrtätigkeit wird in Laboratorien mit Gefahrstoffen gearbeitet. Flüchtige Lösungsmittel entweichen, Chemikalien können ins Abwasser gelangen und es entstehen Sonderabfälle.

⊠ Umwelteinwirkungen durch Hochschulen

⇨ Energieverbrauch für Beheizung und Belüftung der Gebäude, Kühlanlagen, Beleuchtung, Büro- und technische Versuchsgeräte

⇨ Wasserverbrauch in sanitären Anlagen und in der Küche, Wasseraufbereitung und -kühlung

⇨ Papierverbrauch

⇨ Abfallaufkommen

⇨ Verkehrsaufkommen

⇨ Laboratorien und Werkstätten: Umgang mit Gefahrstoffen, hoher Energie- und Wasserverbrauch, Risiko der Verursachung von stark belasteten Abwässern, Emissionen und Sonderabfällen

Ein Reihe von Aspekten sind für die Einführung von Umweltcontrolling in Hochschulen bedeutend:

■ Umweltschutz in Forschung und Lehre
Wie kaum eine andere öffentliche Einrichtung haben Hochschulen die Möglichkeit, das Leitbild der nachhaltigen Entwicklung in die Gesellschaft zu tragen. So stellen die Studierenden nicht nur ein erhebliches Potenzial dar, um den betrieblichen Umweltschutz an der Hochschule voranzutreiben. Konkrete Umweltschutzprojekte, Diplom- oder Promotionsarbeiten helfen auch dabei, dass Umweltprobleme bewusst wahrgenommen werden. Die im Rahmen solcher Projekte gesammelten Erfahrungen können die Absolventinnen und Absolventen in der späteren beruflichen Praxis einsetzen. Hochschulen bieten darüber hinaus ideale Bedingungen, um die Vernetzung innerhalb der Umweltforschung zu fördern und interdisziplinäre Projekte anzustoßen.

■ Information, Motivation, Beteiligung
Da die finanziellen Steuerungsmöglichkeiten im Rahmen kameralistischer Rechnungslegung vielerorts noch gering sind, ist es umso dringlicher, alle Angehörigen der Hochschule sowie Vertreter der wichtigen Gremien für Umweltschutzmaßnahmen zu gewinnen. Dies kann durch intensive Information, Motivation sowie eine frühzeitige Beteiligung an der Vorbereitung, Planung und Umsetzung der Projekte geschehen. Insbesondere die Unterstützung der Hochschulleitung ist wichtig, damit Umweltschutzmaßnahmen die nötige Akzeptanz erreichen. Doch auch andere Schlüsselpersonen in der Organisationsstruktur wie die Fachbereichs- sowie Institutsleiterinnen und -leiter gilt es für Umweltthemen zu gewinnen, damit diese wiederum ihre Mitarbeiterinnen und Mitarbeiter zum Mitmachen motivieren.

■ Kostentransparenz und Budgetierung
Die Eigenverantwortung einzelner Verwaltungseinheiten – vor allem auch in Sachen Umweltschutz – kann durch Budgetierung der Mittel angeregt und gestärkt werden. Der Mechanismus der Mittelzuweisung motiviert jeden einzelnen Bereich, wirtschaftlich zu arbeiten. Hierzu gehört auch, mit Ressourcen sparsam umzugehen sowie in ökologisch und ökonomisch sinnvolle, moderne Technik zu investieren.

■ Mangelnde Transparenz und Steuerungsmöglichkeiten
Um die geeigneten Maßnahmen zur Reduzierung der Umweltbeeinträchtigungen oder des Ressourcenverbrauchs ergreifen zu können, muss zunächst transparent gemacht werden, welche Verwaltungseinheiten in welchem Maße Verursacher sind. Zum anderen muss es möglich sein, diejenigen Einheiten zu belohnen, die zum Beispiel sparsamer mit Ressourcen umgehen. Die TUB plant, Stromkosten zu budgetieren und die Kosten den Verursachern eindeutig zuzuweisen, so dass diese dann von Einsparungen profitieren.

13.10 Funktionsbereich Krankenhäuser

Universitätsklinikum Freiburg

Um die Umwelteinwirkungen des Universitätsklinikums Freiburg systematisch zu erfassen, zu kontrollieren und zu reduzieren, entschlossen sich Mitarbeiterinnen und Mitarbeiter des Instituts für Umweltmedizin und Krankenhaushygiene 1994, ein Umweltmanagement nach EMAS aufzubauen. Mit diesem Projekt des Uniklinikums Freiburg, eines der größten Krankenhäuser Deutschlands, wurde EMAS zum ersten Mal auf ein Krankenhaus angewandt. Die Umweltprüfung wurde zunächst in der Hautklinik, einem separaten Klinikbereich, durchgeführt und schließlich auf das gesamte Klinikum ausgedehnt. Aufgrund ihrer überschaubaren Größe mit etwa 80 Planbetten und der begrenzten Prozesse bot die Uni-Hautklinik den idealen Rahmen, um erste Erfahrungen zu sammeln. Die Umsetzung erfolgte mit Fördermitteln des Umweltministeriums Baden-Württemberg und mit fachlicher Unterstützung durch einen externen wissenschaftlichen Projektbeirat. Dieses Projekt war der Auslöser für ein kontinuierliches Umweltcontrolling im Klinikum. Der Aufbau eines Öko-Kontenrahmens und die Ermittlung von Umweltkennzahlen ermöglichten es, erste ökologische Schwachstellen zu erkennen und zu beheben. Die ins Leben gerufene „Umweltlenkungsgruppe" mit Vertretern aus allen wichtigen Krankenhausbereichen ist bis heute aktiv. Sie stellt neben den Mitarbeiterinnen und Mitarbeitern, bei denen das Projekt auf eine sehr positive Resonanz stieß, einen wichtigen Motor dar, die Umweltsituation im Klinikum schrittweise zu verbessern.

👍 **Erfolge**

⇨ Verbesserung der Entscheidungsprozesse durch die Einrichtung einer dezernatsübergreifenden Umweltlenkungsgruppe

⇨ Verbesserung des Mitarbeiterbewusstseins unter anderem durch Einrichtung eines Umwelttelefons

⇨ Erschließung und Nutzung von Einsparpotenzialen (Wasser-, Reinigungs-
mittel- und Batterieverbrauch, Recyclingpapiereinsatz)

⇨ Imagegewinn durch Veröffentlichung eines Umweltberichts 1995

⇨ Erstellung eines übertragbaren Öko-Kontenrahmens und krankenhausspezi-
fischer Umweltkennzahlen zum Vergleich mit anderen Krankenhäusern

📖 Literatur

Hubner, P./Möhlich, M. et al.: Vorbereitung eines standardisierten Umweltmanagements
unter Berücksichtigung der Entwicklung und Einführung innovativer Vermeidungs-
und Verminderungsstrategien in europäischen Kliniken. Abschlußbericht und Leitfaden des Life-Projekts 95/D/A41/EU/24. Freiburg 1998.
Landesanstalt für Umweltschutz/Ministerium für Umwelt und Verkehr Baden Württem-
berg (Hrsg.): Umweltmanagement für Krankenhäuser. Leitfaden zur Anwendung der
EG-Öko-Audit-Verordnung. Karlsruhe 1996.
Landeshygieniker Steyermark/Hygieneinstitut der Universität Graz (Hrsg.): Umweltmanagement im Krankenhaus – Möglichkeiten und Grenzen. Tagungsband zum 4. Wolf-
gang Rücker Symposium. Band 18. Graz 1998.

✉ Kontakt

Uniklinikum Freiburg,
Institut für Umweltmedizin und Krankenhaushygiene
Hagstetterstr. 55, 79106 Freiburg
Dr. Peter Hubner, Tel.: 07 61/2 70 54 68, Fax: 07 61/2 70 54 64
E-Mail: phubner@iuk3.ukl.uni-freiburg.de
P.D. Dr. Klaus Kümmerer, Tel.: 07 61/2 70 54 64, Fax: 07 61/2 70 54 64
E-Mail: kkuemmerer@iuk3.ukl.uni-freiburg.de

Hintergrund Funktionsbereich Krankenhaus

In Zeiten knapper Kassen stehen Krankenhäuser wie viele andere Einrichtungen
im Gesundheitswesen unter einem hohen Kostendruck. Probleme des Umweltschutzes finden unter diesen Umständen oft wenig Berücksichtigung. Dabei wird
der Gedanke vernachlässigt, dass Umweltschutz gerade unter derartigen Rahmenbedingungen ein wichtiger Wettbewerbsfaktor ist, der Kosten senken und
Mitarbeiter motivieren kann. Die Umwelteinwirkungen, die durch Krankenhäuser verursacht werden, sind vielfältig.

⊗ Umwelteinwirkungen durch Krankenhäuser

⇨ Energie- und Ressourcenverbrauch für aufwändige Technik, Verwendung
von Einwegmaterialien

⇨ Wasserverbrauch

⇨ Abwasserbelastung durch Medikamente, Desinfektionsmittel, Reinigungsmittel etc.

⇨ Sonderabfälle (zum Teil infektiös, radioaktiv)

⇨ Hohe Abfallmenge durch Verpackungen und Einwegprodukte

Ein Reihe von Aspekten sind für die Einführung von Umweltcontrolling in Krankenhäusern bedeutend:

■ Dreiteilige Organisationsform: Ärzte, Pflege, Verwaltung
Krankenhäuser sind hochkomplexe Organisationen. Sie werden von drei separaten Gruppen getragen: der Ärzteschaft, dem Pflegedienst und der Verwaltung. Jede dieser Gruppen ist durch spezifische Arbeitsfelder, Sichtweisen und Zielsetzungen geprägt. Dies kann zu wesentlichen Zielkonflikten innerhalb der Organisation führen.
Darüber hinaus gibt es in Krankenhäusern Einzelabteilungen oder -kliniken, die von verschiedenen Chefärzten geleitet werden. Fehlende Kontinuität in den Entscheidungsstrukturen kann die Einführung und Funktionstüchtigkeit von Umweltcontrolling behindern. Bei den drei Gruppen Ärzte, Pflegedienst und Verwaltung ist das Umweltbewusstsein unterschiedlich stark ausgeprägt. Die Ergebnisse einer europäischen Studie (Hubner/Möhlich et al., 1998) belegen, dass beim Pflegedienst meist ein hohes, bei den Ärzten hingegen ein niedriges Umweltbewusstsein besteht.

■ Ungenügende Kapazitäten
Der Kostendruck im Gesundheitswesen führt dazu, dass nur begrenzt personelle und finanzielle Kapazitäten für Umweltschutzmaßnahmen zur Verfügung stehen. Zudem erschwert die duale Finanzierungsstruktur in Krankenhäusern Umweltschutzinvestitionen.

■ Grenzen des Umweltschutzes
Umweltschutz im Krankenhaus stößt dort an Grenzen, wo die Gesundheit des Patienten berührt wird. Medizinische Faktoren und Fragen der Hygiene stehen dabei stets im Vordergrund und auch Wirtschaftlichkeitsaspekte sind dabei oft entscheidend.

■ Projektteam aus internen Mitarbeitern und externem Begleiter
Es empfiehlt sich, die Einführung des Umweltcontrollings in die Hände eines Projektteams zu legen, das aus internen Mitarbeitern und einem externen, beratenden Begleiter mit Erfahrung im Krankenhausbereich besteht. Der externe Begleiter bringt das notwendige Know-how über Umweltcontrolling und Projektmanagement ein. Dies ist sicher hilfreich, denn viele Erkenntnisse aus dem Umweltcontrolling in Gewerbe und Industrie lassen sich auf den technischen Krankenhausbereich (Verwaltung, Materialwirtschaft, Küche, Wäscherei, Technik) übertragen. Jedoch ist der medizinisch-pflegerische Bereich eigenen Gesetzmäßigkeiten unterworfen. An dieser Stelle sind die internen Mitarbeiter des Teams gefragt.

13.11 Funktionsbereich Umwelt- und Wissenschaftsverwaltung

Umweltbundesamt Berlin

Das Umweltbundesamt (UBA) mit seinen ungefähr 1.000 Planstellen ist die größte wissenschaftliche Umweltbehörde in Deutschland. Das Amt nimmt vielfältige

Aufgaben auf allen Feldern des Umweltschutzes wahr. Dazu gehören die Betreuung, Koordinierung und Durchführung von Umweltforschungsvorhaben, die wissenschaftliche Politikberatung, die Lieferung von Umweltdaten und die Information der Öffentlichkeit über Umweltfragen.

Im Jahr 1999 fiel die Entscheidung, den Aufbau eines Umweltmanagementsystems in Angriff zu nehmen. Zur Unterstützung wurde ein erfahrener Berater ausgewählt (vgl. Kap. 3 zum Vorgehen bei der Auswahl). Am Hauptsitz des UBA am Berliner Bismarckplatz wurde im ersten Halbjahr 2000 die Umweltprüfung durchgeführt. Die Koordination hatte ein Umweltausschuss übernommen, in dem neben der Amtsleitung und dem Umweltbeauftragen Vertreter aller Fachbereiche, der Zentralabteilung und der Personalvertretung sowie die Fachkraft für Arbeitssicherheit mitgearbeitet haben. Die Amtsleitung formulierte dann Umweltleitlinien (vgl. Kap. 3), die das allgemeine Leitbild des UBA mit Blick auf den amtsinternen Umweltschutz ergänzen und präzisieren.

Schwerpunkt der Aktivitäten war, die mit der Nutzung der Liegenschaft, den Dienstreisen sowie den „Produkten und Dienstleistungen" des UBA verbundenen direkten und indirekten Umwelteinwirkungen zu ermitteln. Wesentliche Umweltkennzahlen verglich das Amt im Rahmen eines Benchmarkings mit den Werten anderer Verwaltungsorganisationen (vgl. Kap. 5 zum Benchmarking). Geprüft – aufgrund der Ergebnisse einer Grobanalyse dann aber verworfen – wurde auch der Abschluss eines Energiespar-Contracting-Vertrags für den Standort. Statt dessen verwirklichte das UBA die als wirtschaftlich ermittelten Maßnahmen zur Energieeinsparung in eigener Regie.

Im März 2001 wurde das Umweltmanagementsystem am Standort Bismarckplatz im Vorgriff auf die novellierte EMAS-Verordnung als erste Bundesbehörde durch einen Umweltgutachter auditiert.

👍 Erfolge

⇨ Verbesserung der Planungs- und Entscheidungsprozesse durch zeitnah verfügbare Daten zu Umwelteinwirkungen und den damit verbundenen Kosten.

⇨ Erschließung und Nutzung von Einsparpotenzialen (z.B. beim Heizenergie- und Stromverbrauch).

⇨ Verbesserung des Umweltbewusstseins der Mitarbeiterinnen und Mitarbeiter hinsichtlich der Auswirkungen der eigenen Tätigkeit.

⇨ Aufbau eines Erfahrungsschatzes zur gezielten Förderung einschlägiger Pilotprojekte in anderen Behörden.

📖 Literatur

Umweltbundesamt (Hrsg.): Umwelterklärung 2001. Berlin 2001.

✉ Kontakt

Umweltbundesamt, Fachgebiet I 2.2, Postfach 33 00 22, 14191 Berlin, Andreas Lorenz (Umweltbeauftragter), Tel.: 0 30/89 03-20 35, Fax: 0 30/89 03-29 06, E-Mail: andreas.lorenz@uba.de, Internet: www.umweltbundesamt.de.

Hintergrund Umwelt- und Wissenschaftsverwaltung

Mit Blick auf die hervorgerufenen Umwelteinwirkungen stellt das Umweltressort und insbesondere das UBA als wissenschaftliche Umweltbehörde innerhalb der öffentlichen Verwaltung eine Besonderheit dar. Denn im Umweltressort ist Umweltschutz nicht nur eine von mehreren Bedingungen, die neben anderen bei der Optimierung der eigentlichen Ziele und Tätigkeiten der Behörde zu beachten ist. Vielmehr ist es das zentrale Anliegen der Tätigkeiten und Dienstleistungen einer wissenschaftlichen Umweltbehörde, positive indirekte Umwelteinwirkungen hervorzubringen und damit zur Umweltentlastung beizutragen. Zugleich geht die Arbeit aber auch mit den typischen Umwelteinwirkungen einer großen Verwaltungsbehörde einher. Deshalb besitzen der behördeninterne Umweltschutz und seine kontinuierliche Verbesserung den gleichen Stellenwert wie in anderen Organisationen.

Im Folgenden werden einige Erfahrungen des UBA im Spannungsfeld beider Blickwinkel beleuchtet.

■ Beteiligung der Mitarbeiterinnen und Mitarbeiter
Ausschlaggebend für die erfolgreiche Durchführung des internen Umweltaudits war die intensive Einbindung aller Mitarbeiterinnen und Mitarbeiter des Amts. Die zusätzliche Arbeitsbelastung für viele Beschäftigte, die Informationen für die Umweltprüfung zu erheben hatten oder an der Erarbeitung und Diskussion der relevanten Dokumente beteiligt waren, galt es zu kompensieren. Dies ist nur möglich, wenn die Kolleginnen und Kollegen über Ziel und Zweck gut informiert sind und erleben, dass der Gesamtprozess die tägliche Arbeit einfacher und nicht schwieriger macht.
Im UBA wurden deshalb die Beschäftigten regelmäßig mit Rundschreiben des Umweltbeauftragten über das Vorgehen informiert und mit Umweltschutz-Tipps über Möglichkeiten umweltgerechten Verhaltens am Arbeitsplatz informiert.

> *Beispiel: Auszug aus einer UBA-internen „Umweltschutzinfo"*
> *Computer und Monitor: Die Bereitschaft, den Computer auszuschalten, wenn gerade nicht daran gearbeitet wird, hängt von vielen Faktoren ab: Wird zum Beispiel eine wichtige E-Mail erwartet? Wie lange dauern das Herunterfahren des Rechners und der Neustart? Und spart das überhaupt in nennenswertem Umfang Energie? Das Fachgebiet I 2.5 hat hierzu Messungen vorgenommen und ermittelt, dass die Leistungsaufnahme je nach PC-Monitor-Kombination zwischen 60 und 85 Watt beträgt, die alleine durch das Ausschalten des Monitors um etwa 50 Watt reduziert werden kann. Fazit: Schalten alle Beschäftigten des Amtes in ihrer Mittagspause auch nur den Monitor aus, spart dies im Jahr fast 5.000 kWh oder grob geschätzt 3.250 kg CO_2, wird der Rechner in dieser halben Stunde ganz heruntergefahren, werden sogar beinahe 7.000 kWh oder 4.550 kg CO_2 vermieden. Machen Sie mit!*

Zusätzlich standen alle für das Umweltmanagement relevanten Dokumente im Intranet zur Einsicht zur Verfügung. Die Beschäftigten hatten auch die Möglichkeit, im Rahmen einer Umfrage eigene Anregungen und Beobachtungen zum amtsinternen Umweltschutz beizutragen. Als wichtig hat sich die intensive Einbindung des Personalrats erwiesen: Es zeigte sich, dass es nicht genügt, allein Informationen bereitzuhalten und eine Vertrauensperson einzubinden. Eine aktive Informationspolitik stellt ebenfalls – gerade auch gegenüber dem Personalrat – eine wichtige Voraussetzung für einen erfolgreichen Einführungsprozess dar.

■ Analyse und Bewertung der indirekten Umwelteinwirkungen

Die Tätigkeiten, Produkte und Dienstleistungen des UBA sind dem Umweltschutz verpflichtet und zielen deshalb darauf ab, positive indirekte Umwelteinwirkungen hervorzubringen. Zur laufenden Optimierung der positiven Umwelteinwirkungen der fachlichen Tätigkeiten des Amts existieren im UBA bereits unabhängig vom Umweltmanagement Instrumente zur Evaluierung der fachlichen Tätigkeit und zur Qualitätssicherung. Dazu zählen die Jahresplanungsgespräche mit dem Bundesumweltministerium, die mittelfristige Planung der Schwerpunktaufgaben und die Aufgabenkritik. Eine nachträgliche Korrektur der „Produktgestaltung" zur Berücksichtigung von Umwelteinwirkungen ist daher im Allgemeinen nicht erforderlich.

Dennoch kann die Wahrnehmung einzelner Aufgaben des UBA auch negative indirekte Umwelteinwirkungen mit sich bringen. Es ist im UBA deshalb nicht weniger als in anderen Organisationen erforderlich, Tätigkeiten und Produkte auf mögliche negative Umwelteinwirkungen hin zu analysieren und sich nicht mit der Feststellung zufriedenzugeben, überwiegend für positive indirekte Umwelteinwirkungen verantwortlich zu sein.

Obwohl die methodischen Diskussionen zu diesem Punkt noch nicht abgeschlossen sind, deutet eine erste Analyse im Umweltausschuss des UBA darauf hin, dass die wesentlichen negativen indirekten Umwelteinwirkungen der Tätigkeiten und Produkte des Amts im Bereich des induzierten Verkehrs zu suchen sind. Dies wird zukünftig durch eine verfeinerte Analyse zu bestätigen sein.

Indirekte Umwelteinwirkungen ergeben sich zudem aus Beschaffungsentscheidungen und aus der Zusammenarbeit mit externen Vertragspartnern. Die fördernde Einflussnahme auf Umweltschutzaktivitäten außerhalb des Amts ist bereits seit langem Praxis im UBA, indem beispielsweise die Verträge mit Dienstleistern und Lieferanten auch umweltschutzbezogene Klauseln enthalten. Zukünftig soll dies jedoch weiter systematisiert und zudem geprüft werden, ob, auf welche Weise und in welchem Umfang auch auf wissenschaftliche Vertragspartner Einfluss genommen werden kann und sollte.

Anhang

Begriffserläuterungen

Abfall (nach Kreislaufwirtschafts- und Abfallgesetz): Alle beweglichen Sachen, deren sich ihr Besitzer entledigt, entledigen will oder entledigen muss. Dabei wird zwischen Abfall zur Verwertung und Abfall zur Beseitigung unterschieden.

Abfallbilanz (nach Kreislaufwirtschafts- und Abfallgesetz): Ab bestimmten Mengen vorgeschriebene Auflistung der Abfallmengen und der Abfallentsorgung für das abgelaufene Geschäftsjahr.

Abfallwirtschaftskonzept (nach Kreislaufwirtschafts- und Abfallgesetz): Ab bestimmten Mengen vorgeschriebene Prognose der Abfallmengenentwicklung und Abfallentsorgungswege sowie möglicher Vermeidungs- und Verwertungsverfahren für die kommenden fünf Geschäftsjahre.

Ablauforganisation: Gestaltung der Arbeitsvorgänge und Arbeitsabläufe in einer Verwaltung. Sie betrifft das Zusammenwirken der Beschäftigten, der Arbeitsmittel und Gegenstände im Hinblick auf die zweckmäßige Erfüllung der Aufgabe.

Abluft: Alle in die Atmosphäre entweichenden und die natürliche Zusammensetzung der Luft verändernden Gase, Rauche, Ruße, Aerosole, Dämpfe, Geruchsstoffe und Stäube.

Abwasser (nach Abwasserabgabengesetz): Das durch häuslichen, gewerblichen, landwirtschaftlichen und sonstigen Gebrauch in seinen Eigenschaften veränderte Wasser (Schmutzwasser).

Audit: Überprüfung der Wirksamkeit von festgelegten organisatorischen Maßnahmen innerhalb eines Systems mittels Soll-Ist-Vergleich, Dokumentation des entsprechenden Geschehens und Auswertung inklusive Einbindung der gewonnenen Erfahrungen in das auditierte System.

Aufbauorganisation: Gestaltung des Aufbaus der Behörde mit ihren hierarchischen Strukturen, die Gliederung in Abteilungen, Referate, Arbeitsgruppen und Ähnliches.

Benchmarking: Vergleich von Behörden oder Organisationseinheiten ähnlichen Zuschnitts anhand eines gemeinsamen Maßstabes mit dem Ziel, einen Leistungswettbewerb zu schaffen, den „Besten" zu ermitteln und voneinander zu lernen. Durch Benchmarking können Kosten und Qualität eines Produktes analysiert und verbessert werden (Quervergleich). Zusätzlich können die Leistungen einer Verwaltung im Vergleich zum Vorjahr (Längsvergleich oder Zeitreihenvergleich) sowie im Verhältnis zu den angestrebten Zielen (Soll-Ist-Vergleich) verglichen werden.

Berichtswesen: Regelmäßige Berichte im Rahmen von Controllingsystemen an die vorgesetzte Verwaltungsstelle oder das politische Organ. Dabei hat eine Konzentration auf steuerungsrelevante Daten aus der Sicht des Berichtsempfängers zu erfolgen. Üblicherweise wird unterschieden zwischen festgelegten Berichtssystemen (Standardberichte), Melde- und Warnsystemen (Ausnahmeberichte) sowie Abruf- und Auskunftssystemen (Bedarfsberichte).

Beteiligungscontrolling: Kontrolle und Steuerung der ganz oder teilweise im Besitz einer Gemeinde, eines Landes oder des Bundes befindlichen Betriebe und Gesellschaften im Sinne einer einheitlichen Konzernsteuerung nach allgemeinen fachlichen, etwa umweltpolitischen Zielen. Regelmäßig ist dazu ein Beteiligungsbericht zu erstellen.

Betriebsprüfer (nach EMAS): Eine Person oder eine Gruppe, die zur Belegschaft der Organisation gehört oder von außerhalb kommt, im Namen der Organisationsleitung handelt, einzeln oder als Gruppe über die in EMAS Anhang II 2.4 genannten fachlichen Qualifikationen verfügt und deren Unabhängigkeit von den geprüften Tätigkeiten groß genug ist, um eine objektive Beurteilung vorzunehmen.

Betriebsprüfungszyklus (nach EMAS): Zeitraum innerhalb dessen alle Tätigkeiten einer Organisation einer Betriebsprüfung unterzogen werden.

Budgetierung: Einer Organisationseinheit der Verwaltung (zum Beispiel Dezernat oder Amt) wird eine bestimmte Gesamtsumme an Geld jährlich zur Verfügung gestellt, die sie zur Erreichung der vereinbarten Ziele nach eigenem Ermessen verwenden kann. Unterschieden wird zwischen der inputorientierten Budgetierung, bei der lediglich Finanzziele vorgegeben werden, und der outputorientierten Budgetierung, bei der die Vorgabe der Finanzziele mit Sachzielen verknüpft wird (Orientierung des Budgets an der Gesamtheit der vereinbarten Produkte und Produkt-„Preise").

Controlling: Planungs-, Informations- und Kontrollinstrument bei der Steuerung und Koordination von Prozessen. Ausgangspunkt ist die Planung und Vereinbarung von Zielen sowie Kennzahlen, anhand derer regelmäßig Erfolgskontrollen durchgeführt werden.

Dezentrale Ressourcen- und Ergebnisverantwortung: Zusammenführung von Sach- und Ressourcenverantwortung in nachgeordneten Behörden oder in Fachabteilungen. Dazu gehören die eigenverantwortliche Entscheidung und Verantwortung über die Mittelverwendung auf der Verwaltungsebene, die die Aufgaben oder Leistungen erbringt. Ziele der Ressourcen- und Ergebnisverantwortung sind eine Effizienzsteigerung sowie die Erhöhung der Motivation und die Steigerung des Kostenbewusstseins der Mitarbeiterinnen und Mitarbeiter.
Voraussetzung dafür sind insbesondere klare Ziele für die Aufgaben- und Leistungserbringung.

Dezentralisierung: Übertragung der Aufgaben auf mehrere Stellen.

EG-Umweltaudit-Verordnung: Umgangssprachliche Bezeichnung für die Verordnung (EWG) Nr. 1836/93 des Rates vom 29. Juni 1993 über die freiwillige Beteiligung gewerblicher Unternehmen an einem Gemeinschaftssystem für das Umweltmanagement und die Umweltbetriebsprüfung. Die Rahmenbedingungen für die Umsetzung in Deutschland wurden im Umweltauditgesetz (UAG) 1995 und in einer Erweiterungsverordnung (UAG-ErwV) 1998 konkretisiert. Die Verordnung wurde im Frühjahr 2001 in einer überarbeiteten Fassung (EMAS II) erlassen, die Organisationen aller Art die Teilnahme ermöglicht.

EMAS: Abkürzung für „Eco-Management and Audit Scheme", vgl. EG-Umweltaudit-Verordnung.

Emissionen: Luft- und Wasserverun-
reinigungen, Geräusche, Erschütterungen, Licht, Wärme, Strahlen und ähnliche Erscheinungen, die von einer Anlage ausgehen.

Gefahrstoffe: Stoffe oder Zubereitungen, die eine der in § 3 Abs. 1 des Chemi-
kaliengesetzes (ChemG) aufgeführten
Eigenschaften aufweisen, das heißt ex-
plosionsgefährlich, brandfördernd, ent-
zündlich, giftig, gesundheitsschädlich,
ätzend, reizend, sensibilisierend, Krebs
erzeugend, fortpflanzungsgefährdend,
erbgutverändernd oder umweltgefähr-
lich sind.

Geschäftsprozess: Ein Geschäftsprozess wird vom Ergebnis beziehungsweise vom Kunden her und im Hinblick auf
die durch den Prozess erzielte Wertschöpfung definiert. Die Neugestaltung
der Geschäftsprozesse versucht, traditionell sparten- beziehungsweise funktionsorientierte Organisationsstrukturen im Sinne einer durchgängigen Pro-
zessorganisation zu überwinden und
durch Reduzierung der Schnittstellen
sowie der Liege- und Durchlaufzeiten
Beschleunigungen und Verbesserungen
der Prozesse zu erzielen.

Input (ökologisch) (nach ISO 14040):
Stoff oder Energie, der beziehungsweise die einem Prozess zugeführt wird.

Input-Steuerung (verwaltungsökonomisch): Traditionelle Steuerung der öffentlichen Verwaltung durch materielle
Gesetze, die Inhalt, Verfahren und
Grenzen der Tätigkeit der Verwaltung
regeln, sowie durch Bereitstellung finanzieller Mittel (Personal- und Sachmittel) im Haushaltsplan, die eine
Obergrenze und Zweckbindung für die
Ausgaben der Verwaltung enthalten.
Im Gegensatz dazu liegt die im Rahmen
des Neuen Steuerungsmodells ange-

strebte Output-Steuerung, die sich an
den Ergebnissen (Produkten) des Verwaltungshandelns orientiert.

Interessierte Kreise (nach EMAS): Personen oder Gruppen, auch Behörden,
die die Umweltleistung einer Organisation betrifft oder die hiervon berührt
sind.

Kontenrahmen, ökologischer: Ord-
nungssystem zur Strukturierung der
Stoff- und Energiebilanz nach Stoffen
oder Energien, die ökologisch gleich
oder ähnlich zu beurteilen sind.

**Kontinuierliche Verbesserung der
Umweltleistung** (nach EMAS): Prozess
jährlicher Verbesserungen der messba-
ren Ergebnisse des Umweltmanagementsystems, bezogen auf die Manage-
mentmaßnahmen der Organisation hinsichtlich ihrer wesentlichen Umweltaspekte auf der Grundlage ihrer Umweltpolitik und ihrer Umweltzielsetzungen und -einzelziele, wobei diese Verbesserungen nicht in allen Tätigkeitsberei-
chen zugleich erfolgen müssen.

Kosten- und Leistungsrechnung (KLR):
Erfasst die Kosten einer Periode (z.B.
eines Jahres), die infolge von Aufgaben-
wahrnehmung entstanden sind und
stellt diesen die erbrachten Leistungen
gegenüber. Mit der KLR können die
Kosten staatlicher Leistungen erfasst,
transparent gemacht und bewertet werden. Dies ermöglicht Wirtschaftlich-
keitskontrollen und Kostenkalkulation.
Die KLR beantwortet die Frage: Wer
(Kostenstelle: Organisationseinheit) tut
was (Tätigkeit, Sachbearbeitung, Füh-
rungs- oder Verwaltungstätigkeit) wofür (Kostenträger: Produkt/Dienstleis-
tung: Bescheid, Ermittlung, Bundes-
straße) und womit (Kostenarten: Perso-
nal-, Sach-, Dienstleistungs- und kalkulatorische Kosten)?

Leitbild: Bildet den Orientierungsrahmen für das Handeln und Verhalten aller Beschäftigten in der Behörde. Es beschreibt die Zielvorstellung einer modernen Behörde.

Lokale Agenda 21: Als Aktionsprogramm der UN-Konferenz für Umwelt und Entwicklung (UNCED) 1992 in Rio de Janeiro wurde die so genannte Agenda 21 zur Einleitung einer nachhaltig umweltgerechten Entwicklung (sustainable development) verabschiedet. In Kapitel 28 des Aktionsplans sind die Kommunen weltweit aufgefordert, den durch die Agenda 21 vorgegebenen Rahmen auf lokaler Ebene weiter auszugestalten.

Neues Steuerungsmodell: Das Neue Steuerungsmodell wurde nach dem Muster der Kommunalen Gemeinschaftsstelle (KGSt) in den Kommunalverwaltungen eingeführt. Danach sollen Politik und Verwaltung stärker an betriebswirtschaftlichen Managementmodellen, unter anderem auch Controlling, sowie an einer Dienstleistungs- und Kundenorientierung ausgerichtet werden.
International ist dieses Modell unter dem Namen New Public Management bekannt, in der Schweiz spricht man vom Wirkungsorientierten Verwaltungshandeln.

Öko-Audit: vgl. Umweltbetriebsprüfung

Ökobilanz (nach ISO 14040): Zusammenstellung und Beurteilung der Input- und Output-Flüsse und der potenziellen Umweltwirkungen eines Produktsystems im Verlauf seines Lebenswegs.

Öko-Controlling: vgl. Umweltcontrolling

Ökologisches Rechnungswesen: Zusammenfassende Bezeichnung der buchhalterischen Aufgaben im Rahmen des Umweltcontrollings inklusive der Umweltkostenrechnung.

Organisation (nach EMAS): Eine Gesellschaft, eine Körperschaft, ein Betrieb, ein Unternehmen, eine Behörde oder eine Einrichtung beziehungsweise einen Teil oder eine Kombination hiervon, mit oder ohne Rechtspersönlichkeit, öffentlich oder privat, mit eigenen Funktionen und eigener Verwaltung.

Output (ökologisch) (nach ISO 14040): Stoff oder Energie, der beziehungsweise die von einem Modul (Prozess) abgegeben wird.

Output-Steuerung (verwaltungsökonomisch): vgl. Input-Steuerung (verwaltungsökonomisch)

Outsourcing: Auslagerung von Produkten und Dienstleistungen an Unternehmen.

Produkt: Ergebnisse des Verwaltungshandelns werden im Rahmen des Neuen Steuerungsmodells als Produkte bezeichnet. Sie beschreiben sowohl die Verwaltungsleistungen (Informationsträger) als auch die damit verbundenen Kosten (Kostenträger). Produkte sind die Grundlage für Zielvereinbarungen und outputorientierte Budgetierung.

Public Private Partnership: Sammelbegriff für unterschiedliche Kooperationsmodelle zwischen Hoheitsträgern und Privaten zur Erfüllung einer öffentlichen Aufgabe.

Qualitätsmanagement: In Anlehnung an Konzepte eines Total Quality Managements (TQM) in der Privatwirtschaft sowie an internationale Quali-

tätsstandards (ISO 9000er Serie) um-
schreibt dieser Begriff Maßnahmen in
Verwaltungen zur Optimierung der
Produkte, der Prozesse sowie der gesamten Organisation.

Recycling: Erneute stoffliche Verwendung oder Verwertung von Produkten
oder Abfällen zur Ressourcenschonung.

Ressourcen: Produktionsmittel wie
Personalleistung, Sachmittel, Geld,
aber auch Zeit, Wissen etc.

Sachbilanz (nach ISO 14040): Die Phase
der Ökobilanz, die sich auf die Zusammenstellung und Quantifizierung von
In- und Outputs eines gegebenen Produktsystems im Verlauf seines Lebenswegs bezieht.

Standort (nach EMAS): Das gesamte
Gelände an einem geografisch bestimmten Ort, das der Kontrolle einer
Organisation untersteht und an dem
Tätigkeiten ausgeführt, Produkte hergestellt und Dienstleistungen erbracht
werden, einschließlich der gesamten
Infrastruktur, aller Ausrüstungen und
aller Materialien.

Stoff- und Energiebilanz: Flussrech-
nung für ein stoffliches System. Sie
kann zum Beispiel für ein Wirtschaftsunternehmen, einen Produktionspro-
zess oder ein Produkt (und seinen Lebenszyklus) aufgestellt werden und
weist in der Regel (Ausnahme Produkt-
bilanz) einen Periodenbezug auf. Eine
Stoff- und Energiebilanz stellt In- und
Outputs eines Systems gegenüber und
vergleicht sie miteinander.

Störfall: Nach Störfallverordnung (12.
BImSchVO) die Störung des bestim-
mungsgemäßen Betriebs, bei der ein in
der Störfallverordnung aufgeführter
Stoff durch Ereignisse wie größere

Emissionen, Brände oder Explosionen
sofort oder später eine ernste Gefahr
hervorruft, das heißt, das Leben von
Menschen bedroht, eine schwere Ge-
sundheitsbeeinträchtigung eines oder
einer Vielzahl von Menschen verursacht oder eine Umweltschädigung, die
das Gemeinwohl beeinträchtigen würde, bewirkt.

Strategisches Management: In letzter
Zeit finden auch in Verwaltungen Ansätze eines strategischen Managements
stärker Berücksichtigung, das sich nicht
nur mit den Produkten (Output, Ergebnisse), sondern auch mit den Wirkungen des Verwaltungshandelns befasst.
Dabei gibt es Berührungspunkte zu
dem Konzept einer nachhaltigen Entwicklung sowie zu Prozessen einer Lokalen Agenda 21.

Umwelt (nach ISO 14001): Umgebung,
in der eine Organisation tätig ist; dazu
gehören Luft, Wasser, Land, natürliche
Ressourcen, Flora, Fauna, der Mensch
sowie deren Wechselwirkungen.

Umweltaspekt (nach EMAS): Ein
Aspekt der Tätigkeiten, Produkte oder
Dienstleistungen einer Organisation,
der Auswirkungen auf die Umwelt haben kann. (Der Begriff ist inhaltlich
weitgehend identisch mit Umwelteinwirkung).

Umweltaudit: vgl. Umweltbetriebsprüfung

Umweltauswirkung (nach EMAS):
Jede positive oder negative Veränderung der Umwelt, die ganz oder teilweise aufgrund der Tätigkeiten, Produkte oder Dienstleistungen einer Organisation eintritt.

Umweltbeauftragter: Sammelbegriff
für die nach Bundes-Immissionsschutz-

gesetz (BImSchG), Wasserhaushaltsgesetz (WHG), Kreislaufwirtschafts- und
Abfallgesetz (KrW-/AbfG) und Gen-
technikgesetz (GenTG) bestellten Betriebsbeauftragten für Immissionsschutz, Gewässerschutz, Abfall und
gentechnische Sicherheit. Umgangs-
sprachlich auch Bezeichnung für
hauptamtlich mit Umweltfragen beschäftigte Personen.

Umweltbericht (nach DIN 33922): Bericht einer Organisation für die Öffentlichkeit mit einer Beschreibung und Beurteilung ihrer wesentlichen Umweltaspekte.

Umweltbetriebsprüfung (nach EMAS):
Managementinstrument, das eine systematische, dokumentierte, regelmäßige
und objektive Bewertung der Umweltleistung der Organisation, des Managementsystems und der Verfahren zum
Schutz der Umwelt umfasst und folgenden Zielen dient:
– Erleichterung der Management-
kontrolle von Verhaltensweisen, die
eine Auswirkung auf die Umwelt haben können.
– Beurteilung der Übereinstim-
mung mit der Umweltpolitik der Organisation, einschließlich ihrer Umweltzielsetzungen und -einzelziele.

Umweltcontrolling: Bereichsübergrei-
fendes Führungskonzept innerhalb des
Umweltmanagements mit Informa-
tions-, Planungs-, Steuerungs- und
Kontrollfunktion. Es ist auf die Erfassung der Stoff- und Energiedaten, ihrer
ökologischen Einwirkungen und deren
rechtliche und gesellschaftliche Bewertung sowie auf die damit zusammenhängenden Kosten und Erlöse ausgerichtet. Umweltcontrolling gestaltet
das Umweltinformationssystem, berei-
tet Umweltinformationen entscheidungsorientiert auf und ermöglicht so

die Beschlussfassung zu umweltrelevanten Themen und die Festlegung von
Umweltzielen durch das Umweltmanagement.

Umweltcontrollingsystem: Teil des gesamten Umweltmanagementsystems,
der die Organisationsstruktur, Zuständigkeiten, Verhaltensweisen, förmlichen Verfahren, Abläufe und Mittel für
die Durchführung des Umweltcontrollings umfasst.

Umwelteinwirkung, direkte: Entsteht
als Folge der konkreten Tätigkeiten einer Organisation, weist einen engen
zeitlichen und örtlichen Bezug zu dieser auf und kann von ihr kontrolliert
werden.

Umwelteinwirkung, indirekte: Entsteht im Zusammenhang mit Tätigkeiten, Produkten oder Dienstleistungen
der Organisation, ohne von ihr kontrolliert werden zu können. Ein Einfluss
der Organisation auf indirekte Umwelteinwirkungen ist dennoch oft gegeben.

Umwelterklärung (nach EMAS Anhang III 3.2 a bis g): Abgefasste Erklärung, die zum Ziel hat, die interessierten Kreise über die Umweltauswirkungen und die Umweltleistung der Organisation zu informieren.

Umweltgutachter, zugelassener (nach
EMAS): Eine von der zu begutachten-
den Organisation unabhängige Person
oder Organisation, die gemäß den in
EMAS beschriebenen Bedingungen
und Verfahren des Artikels 4 zugelassen worden ist.

Umwelthandlungsziel: Gibt Zwischen-
ziele an, um die in Umweltqualitätszielen beschriebenen Zustände der Umwelt zu erreichen.

Umweltinformationssystem: Informationssystem, das die im Rahmen des Umweltcontrollings benötigten entscheidungs- und kontrollrelevanten Umweltdaten bereitstellt. Es legt die Art und Weise der Sammlung, Aufbereitung, Darstellung und Weiterleitung der Daten fest und kann teilweise EDV-gestützt sein. In kleinen Verwaltungen sind jedoch auch nicht EDV-gestützte Formen eines Umweltinformationssystems möglich.

Umweltkennzahl (Umweltleistungskennzahl) (nach ISO 14031): Spezifische Größe, die Auskunft über die Umweltleistung einer Organisation gibt.

Umweltleistung (nach EMAS): Die Ergebnisse des Managements der Organisation hinsichtlich ihrer Umweltaspekte.

Umweltleistungsbewertung (nach ISO 14031): Prozess zur Unterstützung von Entscheidungen des Managements, die sich auf die Umweltleistung einer Organisation beziehen. Dazu gehören die Auswahl von Kennzahlen, Datenerfassung und -analyse, Berichterstattung und Kommunikation sowie die regelmäßige Überprüfung und Verbesserung dieses Prozesses.

Umweltleitlinien: vgl. Umweltpolitik

Umweltmanagement: Umfasst diejenigen Aspekte des Managements, die eine umweltorientierte Unternehmenspolitik bestimmen, implementieren sowie einer Kontrolle der Umsetzung dienen.

Umweltmanagementsystem (nach EMAS): Der Teil des gesamten Managementsystems, der die Organisationsstruktur, Planungstätigkeiten, Verantwortlichkeiten, Verhaltensweisen, Vorgehensweisen, Verfahren und Mittel für die Festlegung, Durchführung, Verwirklichung, Überprüfung und Fortführung der Umweltpolitik betrifft.

Umweltorientierte Wirtschaftlichkeits- und Investitionsrechnung: Eine Erweiterung der klassischen Wirtschaftlichkeits- und Investitionsrechnung, die davon ausgeht, dass jede Investitionsentscheidung auch Umweltschutzaspekte berührt. In der umweltorientierten Investitionsrechnung werden die mit dem Investitionsobjekt verbundenen Stoff- und Energieflüsse erfasst und in die Ermittlung der Wirtschaftlichkeit einbezogen.

In die Investitionsentscheidung sind neben dem Ergebnis der Investitionsrechnung auch unsichere Sachverhalte (ggf. durch Bildung unterschiedlicher Szenarien) und qualitative Faktoren einzubeziehen.

Umweltpolitik (nach EMAS): Die umweltbezogenen Gesamtziele und Handlungsgrundsätze einer Organisation, einschließlich der Einhaltung aller einschlägigen Umweltvorschriften und der Verpflichtung zur kontinuierlichen Verbesserung der Umweltleistung. Die Umweltpolitik bildet den Rahmen zur Festlegung und Prüfung der Umweltzielsetzungen und -einzelziele.

Umweltprogramm (nach EMAS): Beschreibung der zur Erreichung der Umweltzielsetzungen und -einzelziele getroffenen oder geplanten Maßnahmen (Verantwortlichkeiten und Mittel) und der zur Erreichung der Umweltzielsetzungen und -einzelziele festgelegten Fristen.

Umweltprüfung (nach EMAS): Erste umfassende Untersuchung der Umweltfragen, der Umweltauswirkungen und der Umweltleistung im Zusammenhang mit den Tätigkeiten einer Organisation.

Umweltqualitätsziele: Charakterisieren einen anzustrebenden Zustand der Umwelt oder bestimmter Teilbereiche. Sie enthalten sowohl naturwissenschaftliche als auch gesellschaftlich-ethische Elemente. Umweltqualitätsziele werden objekt- oder medienbezogen für Mensch und / oder Umwelt festgelegt, sind also immissions- oder wirkungsbezogen.

Umweltschutz: Maßnahmen zum Schutz und zur Wiederherstellung der Lebensgrundlage von Menschen, Tieren und Pflanzen.

Umweltschutzkosten: Alle Kosten, die aufgrund von gesetzlichem oder gesellschaftlichem Druck sowie auf freiwilliger Basis in der Organisation entstehen und zur Vermeidung von Umwelteinwirkungen beitragen sollen.

Umweltverträglichkeitsprüfung (UVP): Umfasst die Ermittlung und Beschreibung der Auswirkungen eines Vorhabens auf die Schutzgüter. Die im Rahmen eines öffentlichen Genehmigungsverfahrens durchgeführte UVP ist ein unselbstständiger Teil verwaltungsbehördlicher Verfahren, der zur Zulassung des jeweiligen Vorhabens erforderlich ist. Im Rahmen der UVP werden keine Entscheidungen getroffen, sie hat lediglich entscheidungsvorbereitenden Charakter.
Eine UVP kann auch unabhängig von Genehmigungsverfahren innerbetrieblich zur Vorbereitung von Investitionsentscheidungen durchgeführt oder im Rahmen von Planungsverfahren eingesetzt werden.

Umweltziele: Unter diesem Begriff werden Umwelthandlungsziele und Umweltqualitätsziele zusammengefasst.

Umweltzielsetzung (nach EMAS): Ein sich aus der Umweltpolitik ergebendes und nach Möglichkeit zu quantifizierendes Gesamtziel, das sich eine Organisation gesetzt hat.

Umweltzustandsindikator (nach ISO 14031): Spezifische Größe, die Informationen über den lokalen, regionalen, nationalen oder globalen Zustand der Umwelt liefert.

Vergleiche: vgl. Benchmarking

Verwaltungscontrolling: vgl. Controlling

Zielvereinbarungen: Zielvereinbarungen (Kontraktmanagement) stellen im Gegensatz zur einseitigen Vorgabe (Weisung) eine kooperative Handlungsform dar und sind in einem auf Dialog ausgerichteten Prozess zu erarbeiten. Sie dienen sowohl der Verbesserung der Sachzielerfüllung durch Nutzung gemeinsamen Wissens, als auch durch Einbeziehung der Mitarbeiter deren Motivation bei der Umsetzung der vereinbarten Ziele. Zielvereinbarungen umfassen mindestens Festlegungen zu qualitativen und quantitativen Leistungszielen, Finanzzielen und einzusetzenden Mitteln.

Zulassungssystem (nach EMAS): Ein System für die Zulassung von Umweltgutachtern und für die Aufsicht über sie, das von einer unparteiischen Stelle oder Organisation betrieben wird, die von einem Mitgliedstaat benannt oder geschaffen wurde (Zulassungsstelle), mit ausreichenden Mitteln und fachlichen Qualifikationen sowie geeigneten Verfahren, um die in der EMAS-Verordnung für ein solches System festgelegten Aufgaben wahrnehmen zu können.

Adressen

Vertiefende Informationen zu unterschiedlichen Themen des Umweltcontrollings erhalten Sie unter den nachfolgenden Adressen. Diese wurden mehrfach geprüft, dennoch sind sie nur kurze Zeit aktuell, da Institutionen umziehen oder umbenannt werden. Auf einem der möglichen Wege – Post, Telefon, Fax oder Internet – sollten Sie die genannten Institutionen jedoch auffinden können.

Internet

Das Internet hat sich in den vergangenen Jahren zu einer wichtigen Plattform für eine schnelle Informationssuche und -vermittlung entwickelt. Ergänzend zu den Postadressen finden Sie deshalb auch Internetadressen. Unter der Rubrik „Info-Dienste, Online-Datenbanken" sind ausschließlich Internetadressen aufgeführt. Im Internet erhalten Sie vertiefende Informationen und können Publikationen bestellen oder „herunterladen". Im Regelfall ist die Adresse der „homepage" genannt, von dort aus können Sie sich weiter orientieren. Sollte dies nicht möglich sein, bieten sich Ihnen alternative Möglichkeiten, an die gewünschten Informationen zu gelangen:

■ Suchen Sie zum Beispiel den Namen der gewünschten Institution mit einer der üblichen Suchmaschinen.

■ Suchen Sie insbesondere Landesinstitutionen unter dem „Portal" des jeweiligen Bundeslandes. So finden Sie beispielsweise viele Informationen über brandenburgische Institutionen unter der Internetadresse www.brandenburg.de.

■ Informationen auf Bundesebene erhalten Sie unter den folgenden „Portalen": www.bund.de, www.bundesregierung.de und www.bundestag.de.

Umfangreiche Umweltinformationen stehen Ihnen auch im Umweltinformationsnetz Deutschland GEIN (German Environmental Information Network) zur Verfügung. Es ist in enger Bund-Länder-Kooperation im Auftrag des Bundesumweltministeriums und des Umweltbundesamts entstanden. Sie erreichen die Homepage unter der Adresse www.gein.de. Mit GEIN stellen Bund und Länder Wissen zu Umweltthemen aus vielen öffentlichen Einrichtungen zur Verfügung. Unter anderem finden Sie aktuelle Links zu den meisten unten aufgeführten Institutionen des Bundes und der Länder. GEIN ist ausführlich auf der Seite 333f. beschrieben.

Informationen rund um das Umweltcontrolling enthält die Homepage des Umweltbundesamts (www.umweltbundesamt.de). In der Rubrik „Umweltcontrolling im Netz" finden Sie eine Reihe von Downloads, viele Links und eine Inhaltsübersicht der 2. Auflage des „Handbuch Umweltcontrolling" für die Wirtschaft, welches insbesondere für das Umweltcontrolling von Beteiligungsunternehmen von Interesse ist (s. auch www.bmu.de).

Bundesbehörden für Umwelt

Bundesministerium für Umwelt, Naturschutz und Reaktorsicherheit
  1. Dienstsitz: Heinrich-von-Stephan-Straße 1, 53048 Bonn, Tel.: 0 18 88/3 05-0,
  Fax: 0 18 88/3 05-32 25
  2. Dienstsitz: Alexanderplatz 6, 10178 Berlin, Tel.: 0 18 88/3 05-0, Fax: 0 18 88/3 05-43 75
  Internet: www.bmu.de

Umweltbundesamt (UBA), Bismarckplatz 1, 14193 Berlin, Tel.: 0 30/89 03-0,
  Fax: 0 30/89 03-22 85
  Internet: www.umweltbundesamt.de

Landesbehörden für Umwelt

Ministerium für Umwelt und Verkehr Baden-Württemberg, Kernerplatz 9, 70182 Stuttgart,
  Tel.: 07 11/1 26-0, Fax: 07 11/1 26-27 80
  Internet: www.uvm.baden-wuerttemberg.de

Landesanstalt für Umweltschutz Baden-Württemberg, Griesbachstraße 1, 76185 Karlsruhe,
  Tel.: 07 21/9 83-0, Fax: 07 21/9 83-14 56
  Internet: www.lfu.baden-wuerttemberg.de

Bayerisches Staatsministerium für Landesentwicklung und Umweltfragen, Rosenkavalierplatz 2, 81925 München, Tel.: 0 89/92 14-0, Fax: 0 89/92 14-22 66
  Internet: www.bayern.de

Bayerisches Landesamt für Umweltschutz, Bürgermeister-Ulrich-Straße 160, 86177 Augsburg, Tel.: 08 21/90 71-0, Fax: 08 21/90 71-55 56
  Internet: www.bayern.de

Senatsverwaltung für Stadtentwicklung des Landes Berlin, Am Köllnischen Park 3, 10173
  Berlin, Tel.: 0 30/90 25-0, Fax: 0 30/90 25-11 04/11 05
  Internet: www.sensut.berlin.de

Ministerium für Landwirtschaft, Umweltschutz und Raumordnung des Landes Branden-
  burg, Heinrich-Mann-Allee 103, 14473 Potsdam, Tel.: 03 31/8 66-0,
  Fax: 03 31/8 66-70 03/-70 68
  Internet: www.brandenburg.de

Landesumweltamt Brandenburg, Berliner Straße 21–25, 14467 Potsdam, Tel.: 03 31/23 23-0,
  Fax: 03 31/23 23-2 23

Senator für Bau und Umwelt Freie Hansestadt Bremen, Hanseatenhof 5, 28195 Bremen,
  Tel.: 04 21/3 61-25 16, Fax: 04 21/3 61-60 13
  Internet: www.umwelt.bremen.de

Umweltbehörde der Freien und Hansestadt Hamburg, Billstraße 84, 20539 Hamburg,
  Tel.: 0 40/4 28 45-0, Fax: 0 40/4 28 45-32 93
  Internet: www.hamburg.de

Hessisches Ministerium für Umwelt, Landwirtschaft und Forsten, Mainzer Straße 80, 65189
   Wiesbaden, Tel.: 06 11/8 15-0, Fax: 06 11/8 15-19 41
   Internet: www.mulf.hessen.de

Hessisches Landesamt für Umwelt und Geologie, Rheingaustraße 186, 65203 Wiesbaden,
   Tel.: 06 11/69 39-0, Fax: 06 11/69 39-5 55
   Internet: www.hlug.de

Umweltministerium Mecklenburg-Vorpommern, Schloßstraße 6–8, 19053 Schwerin,
   Tel.: 03 85/5 88-0, Fax: 03 85/5 88-87 17
   Internet: www.mv-regierung.de

Landesamt für Umwelt, Naturschutz und Geologie Mecklenburg-Vorpommern, Goldber-
   gerstraße 12, 18273 Güstrow, Tel.: 0 38 43/7 77-0, Fax: 0 38 43/7 77-1 06
   Internet: www.lung.mv-regierung.de

Niedersächsisches Umweltministerium, Archivstraße 2, 30169 Hannover, Tel.: 05 11/1 20-0,
   Fax: 05 11/1 20-33 99
   Internet: www.mu.niedersachsen.de

Niedersächsisches Landesamt für Ökologie, An der Scharlake 39, 31135 Hildesheim,
   Tel.: 0 51 21/5 09-0, Fax: 0 51 21/5 09-1 96
   Internet: www.nloe.de

Ministerium für Umwelt und Naturschutz, Landwirtschaft und Verbraucherschutz des Lan-
   des Nordrhein-Westfalen, Schwannstraße 3, 40476 Düsseldorf, Tel.: 02 11/45 66-0,
   Fax: 02 11/45 66-3 88
   Internet: www.munlv.nrw.de

Landesumweltamt Nordrhein-Westfalen, Wallneyer Straße 6, 45133 Essen, Tel.: 02 01/
   79 95-0, Fax: 02 01/79 95-14 48
   Internet: www.lua.nrw.de

Ministerium für Umwelt und Forsten in Rheinland-Pfalz, Kaiser-Friedrich-Straße 1, 55116
   Mainz, Tel.: 0 61 31/16-0, Fax: 0 61 31/16-46 46
   Internet: www.muf.rpl.de

Landesamt für Umweltschutz und Gewerbeaufsicht, Amtsgerichtsplatz 1, 55276 Oppen-
   heim, Tel.: 0 61 33/94 50-0, Fax: 0 61 33/94 50-1 55

Ministerium für Umwelt des Saarlandes, Keplerstraße 18, 66117 Saarbrücken, Tel.: 06 81/
   5 01-00, Fax: 06 81/5 01-45 21
   Internet: www.umwelt.saarland.de

Landesamt für Umweltschutz, Don-Bosco-Straße 1, 66119 Saarbrücken, Tel.: 06 81/85 00-0,
   Fax: 06 81/85 00-3 84
   Internet: www.lfu.saarland.de

Sächsisches Staatsministerium für Umwelt und Landwirtschaft, Archivstraße 1, 01097 Dresden, Tel.: 03 51/5 64-0, Fax: 03 51/5 64-69 47
Internet: www.smul.sachsen.de

Sächsisches Landesamt für Umwelt und Geologie, Zur Wetterwarte 11, 01109 Dresden, Tel.: 03 51/89 28-0, Fax: 03 51/89 28-1 02
Internet: www.lfug.de

Ministerium für Raumordnung, Landwirtschaft und Umwelt des Landes Sachsen-Anhalt, Olvenstedter Straße 4, 39108 Magdeburg, Tel.: 03 91/5 67-01, Fax: 03 91/5 67-17 26/-17 27
Internet: www.mu.sachsen-anhalt.de

Landesamt für Umweltschutz Sachsen-Anhalt, Reideburger Straße 47, 06116 Halle (Saale), Tel.: 03 45/57 04-0, Fax: 03 45/57 04-1 05
Internet: www.mu.sachsen-anhalt.de

Ministerium für Umwelt, Natur und Forsten des Landes Schleswig-Holstein, Mercatorstraße 3, 24106 Kiel, Tel.: 04 31/9 88-0, Fax: 04 31/9 88-72 39
Internet: www.schleswig-holstein.de

Landesamt für Natur und Umwelt Schleswig Holstein, Hamburger Chaussee 25, 24220 Flintbek, Tel.: 0 43 47/7 04-0, Fax: 0 43 47/7 04-1 12
Internet: www.lanu.landsh.de

Thüringer Ministerium für Landwirtschaft, Naturschutz und Umwelt, Beethovenplatz 3, 99096 Erfurt, Tel.: 03 61/3 79-00, Fax: 03 61/3 79-99 50
Internet: www.thueringen.de

Thüringer Landesanstalt für Umwelt, Prüssingstraße 25, 07745 Jena, Tel.: 0 36 41/6 84-0, Fax: 0 36 41/6 84-2 22
Internet: www.tlu-jena.de

Kommunale Spitzenverbände

Deutscher Städtetag,
Hauptgeschäftsstelle Berlin, Straße des 17. Juni 112, 10623 Berlin, Tel.: 0 30/3 77 11-0, Fax: 0 30/3 77 11-9 99, E-Mail: post@staedtetag.de
Hauptgeschäftsstelle Köln, Lindenallee 13–17, 50968 Köln, Tel.: 02 21/37 71-0, Fax: 02 21/37 71-1 28, E-Mail: post@staedtetag.de
Internet: www.staedtetag.de

Deutscher Städte- und Gemeindebund (DStGB),
Hauptgeschäftsstelle: Marienstraße 6, 12207 Berlin, Tel.: 03 0/7 73 07-0, Fax: 0 30/7 73 07-2 00
Bonner Büro: August-Bebel-Allee 6, 53175 Bonn, Tel.: 02 28/9 59 62-0, Fax: 02 28/9 59 62-22
Internet: www.dstgb.de

Deutscher Landkreistag (DLT), Lennéstraße 17, 10785 Berlin, Tel.: 0 30/59 00 97-0,
  Fax: 0 30/59 00 97-4 50
  Internet: www.landkreistag.de

Energieagenturen

Deutsche Energie-Agentur GmbH (DEnA), c/o Bundesministeriums für Wirtschaft und
  Technologie, Scharnhorststraße 34–37, 10115 Berlin, Tel.: 0 30/20 14-76 88,
  Fax: 0 30/20 14-51 12
  Internet: www.deutsche-energieagentur.de

Berliner Energieagentur GmbH, Rudolfstraße 9, 10245 Berlin, Tel.: 0 30/29 33 30-0,
  Fax: 0 30/29 33 30-99
  Internet: www.berliner-e-agentur.de

EffizienzOffensive Energie Rheinland-Pfalz EOR e.V. Geschäftsstelle, Merkurstraße 45,
  67663 Kaiserslautern, Tel.: 06 31/3 50 30 20, Fax: 06 31/3 50 30 22

Energieagentur Lippe GmbH, Rathausstraße 23, 33813 Oerlinghausen, Tel.: 0 52 02/49 09-0,
  Fax: 0 52 02/49 09-50

Energieagentur Mecklenburg-Vorpommern GmbH (mea), Hopfenbruchweg 6, 19059
  Schwerin, Tel.: 03 85/75 52-8 60, Fax: 03 85/75 52-8 22

Energieagentur Mittelfranken, Am Plärrer 43, Hochhaus, 90429 Nürnberg, Tel.: 09 11/
  2 71-32 50, Fax: 09 11/2 71-32 58
  Internet: ww.fen.baynet.de/eam

Energieagentur NRW, Morianstraße 32, 42103 Wuppertal, Tel.: 02 02/2 45 52-0,
  Fax: 02 02/2 45 52-30
  Internet: www.ea-nrw.de

Energieagentur Oberfranken e.V., Kressenstein 19, 95326 Kulmbach, Tel.: 0 92 21/82 39-10,
  Fax: 0 92 21/82 39-29
  Internet: www.energieagentur-oberfranken.de

Energieagentur Regio Freiburg, Urachstraße 3, 79102 Freiburg, Tel.: 07 61/7 91 77-10,
  Fax: 07 61/7 91 77-19
  Internet: www.energieagentur-freiburg.de

Energieagentur Sachsen-Anhalt GmbH (ESA), Universitätsplatz 10, 39104 Magdeburg,
  Tel.: 03 91/7 37 72-0, Fax: 03 91/7 37 72-23

Energie-Agentur Weyhe GmbH (EAW), Rathausplatz 1, 28844 Weyhe, Tel.: 0 42 03/7 12 52,
  Fax: 0 42 03/7 11 42

Energieberatungszentrum Stuttgart e.V., Gutenbergstraße 76, 70176 Stuttgart, Tel.: 07 11/
  6 16 65 55-0, Fax: 07 11/6 15 65 55-11

Energie-Dienstleistungs-Zentrum Rheingau-Taunus GmbH, Rheinstraße 4, 65385 Rüdesheim, Tel.: 0 67 22/90 02-0, Fax: 0 67 22/90 02-55

ENERGIE 2000 e.V. Energieagentur im Landkreis Kassel, Ritterstraße 1, 34466 Wolfhagen, Tel.: 0 56 92/9 87-158/-157, Fax: 0 56 92/9 87-2 00

hessenENERGIE GmbH, Mainzer Straße 98–102, 65189 Wiesbaden, Tel.: 06 11/7 46 23-15, Fax: 06 11/71 82 24
Internet: www.hessenENERGIE.de

Investitionsbank Schleswig-Holstein Energieagentur, Fleethörn 29–31, 24103 Kiel, Tel.: 04 31/9 00-36 60, Fax: 04 31/9 00-36 52
Internet: www.ibank-sh.de/umwelt

Klimaschutz- und Energieagentur Baden-Württemberg GmbH (KEA), Griesbachstraße 10, 76185 Karlsruhe, Tel.: 07 21/9 84 71-0, Fax: 07 21/9 84 71-20

Klimaschutz- und Energie-Beratungsagentur KLIBA gGmbH, Adenauerplatz 2, 69115 Heidelberg, Tel.: 0 62 21/60 38-08, Fax: 0 62 21/60 38-13

Mitteldeutsche Energieagentur c/o Institut für Energetik und Umwelt gemeinnützige GmbH, Torgauer Straße 116, 04347 Leipzig, Tel.: 03 41/2 43 40, Fax: 03 41/2 43 43 33
Internet: www.energetik-leipzig.de

Münchner Energie-Agentur GmbH (MEA), Oberanger 16, 80331 München, Tel.: 0 89/23 55 61 10, Fax: 0 89/23 55 61 25
Internet: www.tam-tam.de/Dienstleistung

Niedersächsische Energieagentur (NEA), Rühmkorffstraße 1, 30163 Hannover, Tel.: 05 11/9 65 29-0, Fax: 05 11/9 65 29-99
Internet: www.niedersaechsische-energie-agentur.de

Norddeutsche Energieagentur für Industrie und Gewerbe GmbH (NEA), Heidenkampsweg 101, 20097 Hamburg, Tel.: 0 40/23 78 27-0, Fax: 0 40/23 78 27-10
Internet: www.nea-hamburg.de

Saarländische Energieagentur GmbH (SEA), Altenkesseler Straße 17, 66115 Saarbrücken, Tel.: 06 81/97 62-1 70, Fax: 06 81/97 62-1 75
Internet: www.sea.saarland.de

Unabhängige EnergieBeratungsAgentur der Landkreise Nürnberger Land und Roth (ENA), Landratsamt Roth, Weinbergweg 1, 91154 Roth, Tel.: 0 91 71/8 14 00, Fax: 0 91 71/9 13 01
Internet: www.nuernberger-land.de/ENA

Westfälische Energieagentur Ruhr (WEA) Gesellschaft für rationelle und umweltschonende Eenrgieverwendung mbH, Kampstraße 88–96, 44137 Dortmund, Tel.: 02 31/18 21-90, Fax: 02 31/18 21-9 99
Internet: www.weagmbh.de

ZukunftsAgentur Brandenburg (ZAB), Steinstraße 104–106, 14480 Potsdam, Tel.: 03 31/
6 60-0, Fax: 03 31/6 60-12 34
Internet: www.zab-brandenburg.de

Umweltverbände

Bund für Umwelt und Naturschutz e.V. (BUND), Bundesgeschäftsstelle, Am Köllnischen
Park 1, 10179 Berlin, Tel.: 0 30/27 58 64-0, Fax: 0 30/27 58 64-40
Internet: www.bund.net

Bundesverband Bürgerinitiativen Umweltschutz e.V. (BBU), Prinz-Albert-Straße 73, 53113
Bonn 1, Tel.: 02 28/21 40 32, Fax: 02 28/21 40 33
Internet: www.bbu-online.de

Deutscher Naturschutzring (DNR), Am Michaelshof 8–10, 53177 Bonn, Tel.: 02 28/35 90 05,
Fax: 02 28/35 90 96
Internet: www.dnr.de

Greenpeace e.V., Große Elbstraße 39, 22767 Hamburg, Tel.: 0 40/3 06 18-0, Fax: 0 40/3 06 18-1 00
Internet: www.greenpeace.de

Naturschutzbund Deutschland e.V. (NABU), Bundesgeschäftsstelle, Herbert-Rabius-Straße
26, 53225 Bonn, Tel.: 02 28/40 36-0, Fax: 02 28/40 36-2 00
Internet: www.nabu.de

Robin Wood e.V., Langemarckstraße 210, 28199 Bremen, Tel.: 04 21/5 98 28-8,
Fax: 04 21/5 98 28-72
Internet: www.umwelt.org/robin-wood

World Wide Fund for Nature (WWF) Deutschland, Rebstöcker Straße 55, 60326 Frankfurt,
Tel.: 0 69/7 91 44-0, Fax: 0 69/61 72 21
Internet: www.wwf.de

Verbraucherverbände

Arbeitsgemeinschaft der Verbraucherverbände e.V. (AgV), Heilsbachstraße 20, 53123 Bonn,
Tel.: 02 28/64 89-0, Fax: 02 28/64 42 58
Internet: www.agv.de

Bund der Energieverbraucher e.V., Grabenstraße 17, 53619 Rheinbreitbach, Tel.: 0 22 24/
9 22 70, Fax: 0 22 24/1 03 21

Bundesverband der Energie-Abnehmer e.V. (VEA), Zeißstraße 72, 30519 Hannover,
Tel.: 05 11/98 48-0, Fax: 05 11/98 48-2 88

Die Verbraucher Initiative e.V., Elsenstraße 106, 12435 Berlin, Tel.: 0 30/53 60 73-3,
Fax: 0 30/53 60 73-45
Internet: www.verbraucher.org

Umweltmanagementsysteme

Deutsche Akkreditierungs- und Zulassungsgesellschaft für Umweltgutachter mbH (DAU),
  Adenauerallee 148, 53113 Bonn, Tel.: 02 28/1 04-22 20, Fax: 02 28/1 04-22 26
  Internet: www.ihk.de

Trägergemeinschaft für Akkreditierung GmbH, Gartenstraße 6, 60594 Frankfurt am Main,
  Tel.: 0 69/61 09 43-11, Fax: 0 69/61 09 43-44
  Internet: www.tga-gmbh.de

Normung

DIN-Normenausschuß Grundlagen des Umweltschutzes (NAGUS), Burggrafenstraße 6,
  10787 Berlin, Tel.: 0 30/26 01-0, Fax: 0 30/26 01-12 31
  Internet: www.din.de

Berufsständische Verbände und Arbeitskreise

Arbeitskreis Maschinen- und Elektrotechnik staatlicher und kommunaler Verwaltungen
  (AMEV), Geschäftsstelle im Bundesministerium für Verkehr, Bau- und Wohnungswesen, Krausenstraße 17–20, 10117 Berlin, Tel.: 0 30/20 08-73 29, Fax: 0 30/20 08-19 20

Arbeitsgemeinschaft kommunaler Versorgungsunternehmen zur Förderung rationeller,
  sparsamer und umweltschonender Energieverwendung und rationeller Wasserverwendung im VKU (ASEW), Volksgartenstraße 22, 50677 Köln, Tel.: 02 21/93 18 19-0,
  Fax: 02 21/93 18 19-9
  Internet: www.asew.de

Bundesverband der Deutschen Gas- und Wasserwirtschaft (BGW) e.V., Josef-Wirmer-
  Straße 1, 53123 Bonn, Tel.: 02 28/25 98-0, Fax: 02 28/25 98-1 20
  Internet: www.bgw.de

Bundesverband Sekundärrohstoffe und Entsorgung e.V. (bvse), Hohe Straße 73, 53119 Bonn,
  Tel.: 02 28/9 88 49-0, Fax: 02 28/9 88 49-99
  Internet: www.bvse.de

Gewerkschaft Öffentliche Dienste, Transport und Verkehr (ÖTV), Hauptverwaltung, Postfach 10 36 62, 70031 Stuttgart, Tel.: 07 11/20 97-0, Fax: 07 11/20 97-4 62
  Internet: www.oetv.de

Verband Beratender Ingenieure (VBI), Ausschuß für Umweltschutz, Budapester Straße 31,
  10787 Berlin, Tel.: 0 30/2 60 62-0, Fax: 0 30/2 60 62-1 00
  Internet: www.vbi.de

Vereinigung Deutscher Elektrizitätswerke (VDEW), Stresemannallee 23, 60596 Frank-
  furt/Main, Tel.: 0 69/63 04-1, Fax: 0 69/63 04-2 89
  Internet: www.strom.de

Vereinigung für Abwasser, Abfall und Gewässerschutz, Theodor-Heuss-Allee 17,
  53773 Hennef, Postfach 11 65, 53758 Hennef, Tel.: 0 22 42/8 72-0, Fax: 0 22 42/8 72-1 35
  Internet: www.atv.de

Verein der Betriebsbeauftragten für Umweltschutz e.V. (VBU), Alfredstraße 77–79, 45130 Essen, Tel.: 02 01/77 20-11, Fax: 02 01/77 20-14

Verein Deutscher Ingenieure (VDI), Graf-Recke-Straße 84, 40239 Düsseldorf,
  Postfach 10 11 39, 40002 Düsseldorf, Tel.: 02 11/62 14-0, Fax: 02 11/62 14-5 75
  Internet: www.vdi.de

VDI-Koordinierungsstelle Umwelttechnik (VDI-KUT), Graf-Recke-Straße 84, 40239 Düsseldorf, Postfach 10 11 39, 40002 Düsseldorf, Tel.: 02 11/62 14-4 15, Fax: 02 11/62 14-1 51
  Internet: www.vdi.de

VDI-Gesellschaft Energietechnik (VDI-GET), Arbeitskreis Umwelttechnik, Graf-Recke-
  Straße 84, 40239 Düsseldorf, Postfach 10 11 39, 40002 Düsseldorf, Tel.: 02 11/62 14-2 19,
  Fax: 02 11/62 14-5 75
  Internet: www.vdi.de

Verband Deutscher Verkehrsunternehmen (VDV), Kamekestraße 37–39, 50672 Köln,
  Tel.: 02 21/5 79 79-0, Fax: 02 21/51 42 72
  Internet: www.vdv.de

Verband Kommunale Abfallwirtschaft und Stadtreinigung e.V. (VKS), Brohler Straße 13,
  50968 Köln, Tel.: 02 21/3 77 03 85/3 95, Fax: 02 21/3 77 03 71
  Internet: www.vks-koeln.de

Verband kommunaler Unternehmen (VkU), Brohler Straße 13, 50968 Köln, Tel.: 02 21/
  37 70-0, Fax: 02 21/37 70-2 66
  Internet: www.vku.de

Forschungsinstitute

Ages GmbH Gesellschaft für Energieplanung und Systemanalyse, Klosterstraße 3,
  48143 Münster, Tel.: 02 51/4 84 78 10, Fax: 02 51/4 84 78 40
  Internet: www.ages-gmbh.de

Arbeitsgemeinschaft Ökologischer Forschungsinstitute (AGÖF), Im Energie- und Umwelt-
  zentrum am Deister, 31832 Springe-Eldagsen, Tel.: 0 50 44/9 75 75, Fax: 0 50 44/9 75 77
  Internet: www.agoef.de

Deutsches Institut für Urbanistik, Straße des 17. Juni 112, 10623 Berlin, Tel.: 0 30/3 90 01-0,
  Fax: 0 30/3 90 01-1 00, E-Mail: difu@difu.de
  Internet: www.difu.de

Institut für ökologisches Recycling e.V. (IFÖR), Kurfürstenstraße 14, 10785 Berlin,
  Tel.: 0 30/2 62 80 21, Fax: 0 30/2 65 03 66
  Internet: www.ecotechnikum.net/ifoer

Institut für ökologische Wirtschaftsforschung GmbH (IÖW), Potsdamer Straße 105, 10785 Berlin, Tel.: 0 30/88 45 94-0, Fax: 0 30/8 82 54 39
Internet: www.ioew.de

IKO-Netz der Kommunalen Gemeinschaftsstelle, Lindenallee 13–17, 50968 Köln, Tel.: 02 21/3 76 89-9 50, Fax: 02 21/3 76 89-9 59
Internet: www.iko-netz.de

Kommunale Gemeinschaftsstelle (KGSt) Lindenallee 13–17, 50968 Köln, Tel.: 02 21/ 3 76 89-20, Fax: 02 21/3 76 89-59
Internet: www.kgst.de

Öko-Institut e.V., Geschäftsstelle Freiburg, Postfach 62 26, 79038 Freiburg, Tel.: 07 61/4 52 95-0, Fax: 07 61/47 54 37
Internet: www.oeko-institut.org

Katalyse Institut für angewandte Umweltforschung e.V., Remigiusstraße 21, 50937 Köln, Tel.: 02 21/94 40 48-0, Fax: 02 21/94 40 48-9
Internet: www.katalyse.de

Institut für Energie und Umweltforschung GmbH (ifeu), Wilckensstraße 3, 69120 Heidelberg, Tel.: 0 62 21/47 67-0, Fax: 0 62 21/47 67-19
Internet: www.ifeu.de

Wuppertal Institut für Klima, Umwelt, Energie GmbH, Döppersberg 19, 42103 Wuppertal, Tel.: 02 02/24 92-0, Fax: 02 02/24 92-1 08
Internet: www.wupperinst.org

Arbeitssicherheit/Arbeitsschutz

Berufsgenossenschaftliches Institut für Arbeitssicherheit (BIA), Alte Heerstraße 111, 53754 St. Augustin, Tel.: 0 22 41/2 31-02, Fax: 0 22 41/2 31-22 34,
Internet: www.hvbg.de

Bundesanstalt für Arbeitsschutz und Unfallforschung, Ausschuß für gefährliche Arbeitsstoffe (AGA), Friedrich-Henkel-Weg 1–25, 44149 Dortmund, Tel.: 02 31/90 71-0, Fax: 02 31/90 71-4 54
Internet: www.baua.de

Gesellschaft für Arbeitswissenschaft (GfA), Geschäftsstelle, Ardeystraße 67, 44139 Dortmund, Tel.: 02 31/12 42 43, Fax: 02 31/7 21 21 54
Internet: www.gfa-online.de

Institut für Arbeitswissenschaft der RWTH Aachen, Bergdriesch 27, 52062 Aachen, Tel.: 02 41/80-48 00, Fax: 02 41/88 88-1 31
Internet: www.iaw.rwth-aachen.de

Verein für Umwelt- und Arbeitsschutz e.V. (VUA), Bauernstraße 2, 28203 Bremen, Tel.: 04 21/70 22 03, Fax: 04 21/70 74 72

Materialwirtschaft

Bundesanstalt für Materialforschung und -prüfung (BAM), Unter den Eichen 87, 12205
  Berlin, Tel.: 0 30/81 04-0, Fax: 0 30/8 11 20 29
  Internet: www.bam.de

Bundesverband Materialwirtschaft und Einkauf e.V. (BME), Bolongarostraße 82,
  65929 Frankfurt, Tel.: 0 69/3 08 38-0, Fax: 0 69/3 08 38-1 99
  Internet: www.bme.de

Entsorgung und Recycling

Bundesverband der Deutschen Entsorgungswirtschaft e.V. (BDE), Schönhauser Straße 3,
  50968 Köln, Tel.: 02 21/93 47 00-0, Fax: 02 21/93 47 00-90
  Internet: www.bde.org

Deutsche Gesellschaft für Abfallwirtschaft e.V., Gustav-Meyer-Allee 25, 13355 Berlin,
  Tel.: 0 30/4 63 52 34, Fax: 0 30/4 63 84 16
  Internet: www.dgaw.de

Deutsche Gesellschaft zum Bau und Betrieb von Endlagern für Abfallstoffe mbH (DBE),
  Eschenstraße 55, 31224 Peine, Tel.: 0 51 71/43-0, Fax: 0 51 71/43-12 18
  Internet: www.dbe.de

Duales System Deutschland GmbH (DSD), Frankfurter Straße 720–726, 51145 Köln oder über
  eigene PLZ 51170 Köln, Tel.: 0 22 03/9 37-0, Fax: 0 22 03/9 37-1 90
  Internet: www.gruener-punkt.de

Länderarbeitsgemeinschaft Abfall (LAGA), c/o Ministerium für Umwelt und Naturschutz,
  Landwirtschaft und Verbraucherschutz des Landes Nordrhein-Westfalen, Schwann-
  straße 3, 40476 Düsseldorf, Tel.: 02 11/45 66-5 24, Fax: 02 11/45 66-3 88
  Internet: www.mu.niedersachsen.de

Verband kommunaler Abfallwirtschaft und Stadtreinigung (VKS), Brohler Straße 13,
  50968 Köln, Tel.: 02 21/37 70-3 85/-3 95, Fax:02 21/37 70-3 71
  Internet: www.vks-koeln.de

Recyclingbörse des Deutschen Industrie- und Handelstages, Bonner Talweg 17, 53113 Bonn,
  Tel.: 02 28/22 84-1 64, Fax: 02 28/22 84-2 21
  Internet: http://recy.ihk.de

Verkehr und Logistik

Allgemeiner Deutscher Fahrrad-Club (ADFC), Bundesgeschäftsstelle, Grünenstraße 8–9,
  28199 Bremen, Tel.: 04 21/3 46 29-0, Fax: 04 21/3 46 29-50
  Internet: www.adfc.de

Bundesverband CarSharing e.V. (BCS), Hausmannstraße 9–10, 30159 Hannover,
Tel.: 05 11/7 10 04 74, Fax: 05 11/1 69 02 54
Internet: www.carsharing.de

Verkehrsclub Deutschland (VCD), Eifelstraße 2, 53119 Bonn, Tel.: 02 28/9 85 85-0,
Fax: 02 28/9 85 85-10
Internet: www.vcd.org

Bauwesen

Arbeitskreis ökologischer Holzbau e.V. (AKÖH e.V.), Stedefreunder Straße 306,
32051 Herford, Tel.: 0 52 21/34 79 43, Fax: 0 52 21/3 32 20
Internet: www.akoeh.de

Berufsverband deutscher Baubiologen e.V., Oberwiesenthaler Straße 18, 91207 Lauf,
Tel.: 0 91 23/98 40-12, Fax: 0 91 23/98 40-13
Internet: www.baubiologie.net

Bundesverband der Deutschen Recycling-Baustoff-Industrie e.V., Düsseldorfer Straße 50,
47051 Duisburg, Tel.: 02 03/9 92 39-0, Fax: 02 03/9 92 39-99

Bundesverband Gesundes Bauen und Wohnen e.V., Postfach 1543, 38005 Braunschweig,
Tel.: 05 31/35 28 51, Fax: 05 31/35 52 12
Internet: www.bv-gbw.de

Institut für Baubiologie und Ökologie, Holzham 25, 83115 Neubeuern, Tel.: 0 80 35/20 39,
Fax: 0 80 35/81 64
Internet: www.baubiologie-ibn.de

Ökologisch Bauen und Wohnen e.V., Grundstraße 17, 20257 Hamburg, Tel.: 0 40/49 76 96,
Fax: 0 40/4 90 81 02

Öko-Zentrum NRW, Sachsenweg 8, 59073 Hamm, Tel.: 0 23 81/3 02 20-0,
Fax: 0 23 81/3 02 20-30
Internet: www.oekozentrum-nrw.de

Förderprogramme

Bundesministerium für Wirtschaft und Technologie,
Dienstbereich Berlin: Scharnhorst Straße 34–37, 10115 Berlin, Tel.: 0 18 88/6 15-9,
Fax: 0 18 88/6 15-70 10
Dienstbereich Bonn: Villemombler Straße 76, 53107 Bonn, Tel.: 0 18 88/6 15-0,
Fax: 0 18 88/6 15-44 36
Internet: www.bmwi.de (Förderdatenbank mit Förderprogrammen des Bundes, der
Länder und der EU)

Bundesamt für Wirtschaft und Ausfuhrkontrolle (BAFA), Frankfurter Straße 29–35,
65760 Eschborn, Tel.: 0 61 96/9 08-0, Fax: 0 61 96/9 08-8 00
Internet: www.bafa.de (Energie)

Deutsche Ausgleichsbank, Ludwig-Erhard-Platz 1–3, 53179 Bonn, Tel.: 02 28/8 31-0,
Fax: 02 28/8 31-22 55
Internet: www.dta.de

Kreditanstalt für Wiederaufbau (KfW), Palmengartenstraße 5–9, 60325 Frankfurt am Main,
Tel.: 0 69/74 31-0, Fax: 0 69/74 31-29 44
Internet: www.kfw.de

Europäische Investitionsbank, 100, Boulevard Konrad Adenauer, L-2950 Luxemburg,
Tel.: 00 35/2/4 37-91, Fax: 00 35/2/4 37-7 04
Internet: www.bei.org

Recht/Haftungsrecht

Arbeitskreis für Umweltrecht, Godesberger Allee 108–112, 53175 Bonn, Tel.: 02 28/2 69-22 16,
Fax: 02 28/2 69-22 52

Informationsdienst Umweltrecht e.V. & Arbeitskreis Recht des BUND Hessen, Schleusen-
straße 18, 60327 Frankfurt, Tel.: 0 69/25 24 77, Fax: 0 69/25 27 48

Info-Dienste/Online-Datenbanken

Informationsdienst der Europäischen Union (EU): www.cordis.lu (Informationen, Datenbank, Dokumentenarchiv)

CEDAR: www.univie.ac.at (Zentrale Europäische Umweltdatenbank der International So-
ciety for Environmental Protection, Zugriff kostenlos)

ChemFinder: www.chemfinder.com und www.chemfinder.chemsoft.com (kostenlose Such-
maschine für chemische Verbindungen)

Deutsche Bibliotheken Online: www.hbz-nrw.de (Übersicht über alle in Deutschland an das
Internet angeschlossenen Bibliotheken, mit Recherchemöglichkeit)

Fach Informationszentrum (FIZ) Karlsruhe: www.fiz-karlsruhe.de (große Auswahl von Umwelt-Datenbanken, auf die kostenpflichtig zugegriffen werden kann)

German Environmental Information Network (GEIN): www.gein.de. Das Umweltinformationsnetz Deutschland GEIN erschließt die Webseiten von 60 Behörden und anderen öffentlichen Einrichtungen. Es dient als Informationsbroker für Umweltinformationen in
Deutschland. Eine Ausweitung des Informationskreises ist vorgesehen.
Hinter dem Informationsangebot von GEIN stehen über 90.000 einzelne statische Webseiten (Februar 2001) sowie zahlreiche Schnittstellen zu Datenbanken (dynamische Webangebote).
GEIN macht dynamische Webangebote zugänglich, die für andere Suchmaschinen im
Verborgenen liegen. Gerade in solchen Datenbanken liegen Fachdaten vor, die in Verbindung mit anderen Informationen auffindbar werden. Es bestehen Schnittstellen zu
folgenden Datenbanken (Stand Februar 2001):

– Umweltdatenkataloge des Bundes und der Länder (UDK)
– Umweltobjektkatalog (UOK)
– Umweltliteraturdatenbank Ulidat
– Umweltforschungsdatenbank Ufordat
– Geographisches Informationssystem Umwelt GISU
– Auszüge aus dem Gemeinsamen Stoffdatenpool des Bundes und der Länder (GSBL)
– Umweltprobenbank des Bundes (UPB)
– Umweltdaten online des Ministeriums für Umwelt, Naturschutz, Landwirtschaft und
  Verbraucherschutz des Landes Nordrhein-Westfalen (MUNLV NRW)
Nutzern von GEIN stehen verschiedene Möglichkeiten zur Verfügung, um Informatio-
nen zu finden:
– Nach Umweltthemen zusammengestellte Portalseiten
– Einfache Textsuche
– Suche über Fachvokabular (Thesaurus) nach Thema, Raum und Zeit
– Spezialgebiete mit einem vertieften Zugang zu ausgewählten Themen
– Unterstützung durch einen „Lotsen"
Der „Lotse" unterstützt Sie dabei, den richtigen Informationsweg zu finden und auch
das treffende Fachvokabular für die Suche auszuwählen. Als Fachvokabular stellt das
Umweltbundesamt einen Umweltthesaurus und einen neu entwickelten Geo-Thesaurus
zur Verfügung. Ein Umweltkalender hilft beim Auffinden des Zeitbezugs von Umwelt-
ereignissen.

Globale Umweltinformationen: www.envirolink.org (Informationen zu Aktionen, Netzwer-
ken, Publikationen, Umweltlinks u.v.m.)

Health Gate: www.healthgate.com (Zusammenfassung einiger Umwelt-Datenbanken
[Medline, Cancerlit, Bioethicsline] mit einfacher und fortgeschrittener kostenloser Such-
möglichkeit)

Ökomedia: www.oekomedia.org/ oekoweb (Medieninformationsservice, redaktionell be-
treute Linkdatenbank mit Beiträgen aus Print- und Online-Medien sowie einer Abstract-
Datenbank aus zumeist deutschsprachigen Publikationen)

u-punkt, Umweltinformationsdienst für die Wirtschaft: www.u-punkt.de (Datenbank mit
Auswertungen von über 70 Fachzeitschriften, Gesetz- und Verordnungsblättern zu allen
Umweltthemen in Kurzfassungen einsehbar)

UIS-Online: www.sensut.berlin.de/SenSUT/Umwelt (hierarchischer Umweltdatenkatalog,
Stoffdatenkatalog)

Umweltmanagement Internet-Service: www.umis.de (Magazinbeiträge und Kurzmeldun-
gen zum Thema Umweltmanagement mit einer kostenlosen Expertendatei zum betrieblichen Umweltschutz)
  www.umis.de/magazin.html (tagesaktuelle Newsdatenbank mit Stichwortabfrage und
Volltextsuche in archivierten Agenturmeldungen, Pressemitteilungen, Ankündigun-
gen, umfangreichreiches Offline-Magazin)
  www.umis.de/links.html (Linksammlung mit kommentiertem Einstieg zu Umweltinformationen)

www.umis.de/links/bildung.html (Übersicht über Organisationen, Forschungsein-
richtungen und Unternehmen zum Thema Umweltaus- und fortbildung)
www.umis.de/links/organisationen.html (Zusammenstellung nationaler und interna-
tionaler Verbraucherorganisationen)
www.umis.de/links/management.html (Auswahl von Beratungsunternehmen im Bereich Umweltmanagement)

Umwelt-Online: www.umweltonline.de (Datenbank mit Anbietern von umweltorientierten
Dienstleistungen und Produkten, alle relevanten rechtlichen Regelungen zum Thema
Umweltschutz, Arbeitssicherheit, Gefahrstoffe, Anlagensicherheit)

Umweltforum Europa: www.mut-online.de (Veranstaltungskalender, Wertstoffbörse,
Kenndaten, Datenbank für Fachliteratur, Sicherheitsdatenblätter)

Umweltmanagement unter einem D.A.CH: umweltdatenbank.de (Überblick über Organisationen, die im Bereich des Umweltmanagements, Öko-Audit und ISO 14001 in Deutschland, Österreich und der Schweiz tätig sind)

Umweltfirmen-Informationssystem der Industrie- und Handelskammern in Deutschland:
www.umfis.de (Präsentation von Unternehmen und Institutionen, die Produkte oder
Dienstleistungen im Umweltbereich anbieten)

Recyclers-Info: www.recyclers-info.de (umfangreiche Informationen und reichhaltige
Linksammlung zum Thema Recycling und Umweltmanagement)

Umwelttechnik im Internet: umweltnet.de (News Service, Wissen, Sicherheit/Geld/Märk-
te, Themensuche)

Offizielle Seiten der Wasserversorgung: www.wasser.de (alle Informationen über Wasser;
Wasser-Server mit Stadtwerke-Adressen)

World Ressources Institute (WRI): www.wri.org (Publikationen zu Landwirtschaft, Klima,
Wald, Ozeane, Nachhaltige Entwicklung u.v.m.)

One World Web: www.oneworldweb.de/ (Informationen und Visionen zu Umwelt, Entwicklung, Frieden sowie zur kommunalen Agenda 21)

World Watch Institute: www.worldwatch.org (globale Probleme, Wirtschaft und Umwelt,
Publikationen)

Deutsches UVP-Netz: www.laum.uni-hannover.de/uvp/uvp-netz (Infobriefe, Aktuelles
zum Thema Umweltmanagement, allgemeine Umweltthemen)

Umweltrecht

Weltweites Umweltrecht (www.law.indiana.edu/v-lib/ (Weltweites Umweltrecht der Datenbank der Indiana University School of Law Library)

Umweltrecht: www.umweltonline.de (Volltext-Recherche Umweltrecht der Online-Um-
weltmesse)

Umweltrechtsdatenbank URDB: www.genios.de (kostenpflichtige Umweltrechtsdatenbank)

Forum Deutsches Recht: www.recht.de (Umweltrelevante Gesetze und Rechtsnormen im
Forum Deutsches Recht. Diskussionsforen)

Juris: www.juris-sb.de: Literatur und Hinweise zum Umweltrecht: Nachweise der bibliogra-
phischen Angaben und inhaltserschließender Schlagwörter umweltrechtlicher Literatur
(Bücher, Zeitschriften, graue Literatur usw.)

Juristische Informationen im Internet: www.jura.uni-sb.de/internet/ (Rechtsnormen,
Linksammlung zur internationalen Gesetzgebung)

Linkliste Recht: www.ulb.ac.be/ceese/meta/cdsde.html (gut gepflegte Linksammlung
zum Thema Umwelt, mehrsprachig, sämtliche verfügbaren Datenbanken)

Umweltrecht Online: umweltrecht.tsx.org/ (Umfassende Sammlung zum Umweltrecht)

Universität Saarbrücken: www.jura.uni-sb.de (weltweite juristische Informationen, sehr gut
nach Rechtsgebieten strukturiert)

Zeitungen, Zeitschriften

Das Alternative Branchenbuch: www.eco-world.de (unter „ECO-Address" findet sich ein
Online-Nachschlagewerk für Verbraucher, Anbieter und Hersteller ökologischer Produkte; „ECO-Shop" ist die größte ökologische Einkaufsplattform im Internet)

ÖKO-TEST Magazin: www.oekotest.de/ (Online-Ausgabe mit kostenloser Volltext-Suche in
Online-Ausgaben)

Umweltmagazin: www.umweltmagazin.de (Online-Ausgabe mit kostenloser Volltext-Suche in Online-Ausgaben)

Autoren

Christiane Ballschuh, Institut für ökologische Wirtschaftsforschung (IÖW), Berlin

> *Kapitel 13*

Jens Clausen, Institut für ökologische Wirtschaftsforschung (IÖW), Hannover

> *Kapitel 1, 3, 6 und 13*

Heike Flämig, Institut für ökologische Wirtschaftsforschung (IÖW), Berlin, seit 1999 Technische Universität Hamburg-Harburg, European Centre for Transportation and Logistics (ECTL)

> *Kapitel 4.6*

Ellen Frings, ifeu – Institut für Energie- und Umweltforschung GmbH, Heidelberg

> *Kapitel 5, 10, 11 und 13*

Dr. Birgit Frischmuth, Deutsches Institut für Urbanistik (Difu), Berlin

> *Kapitel 7 und 8*

Dr. Busso Grabow, Deutsches Institut für Urbanistik (Difu), Berlin

> *Kapitel 6*

Dagmar Hänisch, Deutsches Institut für Urbanistik (Difu), Berlin

> *Kapitel 4.1 und 4.4*

Sabine Heegner, Gesamtpersonalrat Landeshauptstadt Hannover, seit 2001 Technologie- und Innovationsagentur in Bayern e.V. (tibay), München

> *Kapitel 3*

Prof. Dr. Hermann Hill, Deutsche Hochschule für Verwaltungswissenschaften, Speyer

> *Kapitel 2*

Eva Kammerer, Institut für Management und Umwelt (IMU), Augsburg

> *Kapitel 13*

Heinz Kottmann, Institut für ökologische Wirtschaftsforschung (IÖW), Berlin, seit 1999 BHK Holz und Kunststoff KG, Büren

> *Kapitel 1 und 3*

Jens Libbe, Deutsches Institut für Urbanistik (Difu), Berlin

> *Kapitel 1, 4.1, 4.2, 4.3, 4.4, 4.6, 4.7 und 13*

Rainer Rauberger, Institut für Management und Umwelt (IMU), Augsburg,
seit 2000 Henkel KgaA, Düsseldorf

> *Kapitel 5 und 13*

Michael Reidenbach, Deutsches Institut für Urbanistik (Difu), Berlin

> *Kapitel 9*

Dr. Stefan Trenz, Ökotec Management GmbH, Berlin,
seit 2000 Ford AG, Köln

> *Kapitel 4.5 und 12*

Abkürzungsverzeichnis

AbwAG	Abwasserabgabengesetz
AMEV	Arbeitskreis Maschinen- und Elektrotechnik staatlicher und kommunaler Verwaltungen
AOX	Adsorbierbare organische Halogenverbindungen
ARGEBAU	Fachkommission Haustechnik und Krankenhausbau
AWK	Abfallwirtschaftskonzept
BAB	Betriebsabrechnungsbogen
BHO	Bundeshaushaltsordnung
BImSchG	Bundes-Immissionsschutzgesetz
BImSchV	Bundes-Immissionsschutzverordnung
BMF	Bundesministerium der Finanzen
BMI	Bundesministerium des Innern
BMU	Bundesministerium für Umwelt, Naturschutz und Reaktorsicherheit
BMV (BMVBW)	Bundesministerium für Verkehr (jetzt: Bundesministerium für Verkehr, Bau- und Wohnungswesen)
BSHG	Bundessozialhilfegesetz
BStMLU	Bayerisches Staatsministerium für Landesentwicklung und Umweltfragen
BStMUK	Bayerisches Staatsministerium für Unterricht und Kultus
BStWVT	Bayerisches Staatsministerium für Wirtschaft, Verkehr und Technologie
BSB_5	Biologischer Sauerstoffbedarf
CH_4	Methan
CO	Kohlenmonoxid
CO_2	Kohlendioxid
CSB	Chemischer Sauerstoffbedarf
DAU	Deutsche Akkreditierungs- und Zulassungsgesellschaft für Umweltgutachter
DBU	Deutsche Bundesstiftung Umwelt
Difu	Deutsches Institut für Urbanistik
DIN	Deutsches Institut für Normung
EAK	Europäischer Abfallkatalog
EMAS	Eco-Management and Audit Scheme (EU-Verordnung 1836/93)
EN	Europäische Norm
EU	Europäische Union
FCKW	Fluorchlorkohlenwasserstoffe

FKW	Fluorkohlenwasserstoffe
GbV	Gefahrgutbeauftragtenverordnung
GEFMA	German Facility Management Association (Deutscher Verband für Facility Management)
GefStoffV	Gefahrstoffverordnung
GemHVO	Gemeindehaushaltsverordnung
GEMIS	Gesamt-Emissions-Modell Integrierter Systeme
GLT	Gebäudeleittechnik
HC	Kohlenwasserstoffe
HLfU	Hessische Landesanstalt für Umwelt
HLU	Hilfe zum Lebensunterhalt
HMLUF	Hessisches Ministerium für Umwelt, Landwirtschaft und Forsten
ISO	International Standardization Organization
KEM	Kommunales Energiemanagement
KGSt	Kommunale Gemeinschaftsstelle für Verwaltungs- vereinfachung
KLR	Kosten- und Leistungsrechnung
KrW-/AbfG	Kreislaufwirtschafts- und Abfallgesetz
KVP	Kontinuierlicher Verbesserungsprozess
LfU	Landesanstalt für Umweltschutz Baden-Württemberg
LHO	Landeshaushaltsordnung
MAK	Maximale Arbeitsplatzkonzentration
MIV	Motorisierter Individualverkehr
N	Stickstoff
NMVOC	Nicht methanhaltige flüchtige organische Substanzen
NO_x	Stickstoffoxide
ÖPNV	Öffentlicher Personennahverkehr
P	Phosphor
PJ	Petajoule
SO_2	Schwefeldioxid
TGA	Trägergemeinschaft für Akkreditierung
TRbF	Technische Regeln für brennbare Flüssigkeiten
TQM	Total Quality Management
UAG	Umweltauditgesetz
UBA	Umweltbundesamt
UIG	Umweltinformationsgesetz

UVM	Ministerium für Umwelt und Verkehr Baden-Württemberg
VbF	Verordnung brennbarer Flüssigkeiten
VCD	Verkehrsclub Deutschland
VDI	Verein Deutscher Ingenieure
VgV	Vergabeverordnung
VOB	Verdingungsordnung für Bauleistungen
VOC	Volatile Organic Compounds (flüchtige organische Verbindungen)
VOL	Verdingungsordnung für Leistungen
VOF	Verdingungsordnung für freiberufliche Leistungen
VR	Vergleichsring der Kommunalen Gemeinschaftsstelle für Verwaltungsvereinfachung (KGSt)
VwV	Verwaltungsvorschrift
WGK	Wassergefährdungsklasse
WHG	Wasserhaushaltsgesetz

Index